北京大學《儒藏》編纂與研究中心　編

U0958979

《儒藏》精華編選刊

儀禮集釋（上）

[南宋]李如圭　撰
楊　華
李志剛　校點

北京大學出版社
PEKING UNIVERSITY PRESS

圖書在版編目(CIP)數據

儀禮集釋 ： 全二册 / （南宋）李如圭撰；北京大學《儒藏》編纂與研究中心編. —北京：北京大學出版社，2024.5
（《儒藏》精華編選刊）
ISBN 978-7-301-34999-1

Ⅰ.①儀… Ⅱ.①李…②北… Ⅲ.①《儀禮》－研究 Ⅳ.①B222.25

中國國家版本館CIP數據核字（2024）第082758號

書　　名	儀禮集釋 YILI JISHI
著作責任者	〔南宋〕李如圭　撰 楊華　李志剛　校點 北京大學《儒藏》編纂與研究中心　編
策劃統籌	馬辛民
責任編輯	李笑瑩　王　應
標準書號	ISBN 978-7-301-34999-1
出版發行	北京大學出版社
地　　址	北京市海淀區成府路205號　100871
網　　址	http://www.pup.cn　新浪微博：@北京大學出版社
電子郵箱	編輯部 dj@pup.cn　總編室 zpup@pup.cn
電　　話	郵購部 010-62752015　發行部 010-62750672 編輯部 010-62756449
印 刷 者	三河市北燕印裝有限公司
經 銷 者	新華書店
	650毫米×980毫米　16開本　50.75印張　322千字 2024年5月第1版　2024年5月第1次印刷
定　　價	200.00元（全二册）

目録

校點説明

《儀禮》爲禮之本經，漢武帝時立於官學。漢魏時禮家輩出，如西漢有高堂生、蕭奮、后倉、戴德、戴聖五人，東漢有曹充、董鈞等，到東漢末更有大儒鄭玄爲之作注，三國時王肅亦嘗注《儀禮》。唐人賈公彦曾爲鄭注作疏。宋熙寧中，王安石廢罷《儀禮》，不再列入科舉科目，致使研習者日少。在宋代理學背景下，治《儀禮》者鮮出。今存北宋聶崇義《新定三禮圖》、南宋張淳《儀禮識誤》、魏了翁《儀禮要義》、李如圭《儀禮集釋》，以及朱熹《儀禮經傳通解》、朱熹弟子楊復《儀禮圖》等。這些著作對研究《儀禮》與宋代經學史有重要意義。

李如圭（一一六六—？），字寶之，廬陵人。南宋紹熙癸丑（一一九三）進士，官至福建路撫司幹辦（陳振孫《直齋書録解題》）。《宋史》無傳。撰《儀禮集釋》《儀禮綱目》《儀禮釋宫》《周禮會注》等書。今存《儀禮集釋》三十卷、《儀禮釋宫》一卷。《宋史·藝文志》載「李如圭《儀禮集釋》十七卷」，然則《儀禮集釋》本是以篇爲卷，世無傳本，乾隆間清儒奉敕從《永樂大典》中輯出，排纂成書。十七篇中，十五篇首尾完具，僅《鄉射》《大射》二禮釋文全失，其他篇亦偶有殘缺。今之三十卷，蓋四庫館臣因其各卷篇頁太多，文句稍繁，析而成之。

雖生當理學盛世，李如圭卻深得禮學名物制度之實，所撰《儀禮釋宫》，多有發明。如辨析大夫士亦有左右房，清儒贊其「辨析詳明，深得經意，發先儒之所未發，大抵類此，非以空言説禮者所能也」（見《儀禮釋宫》四庫提要）。其《儀禮集釋》亦如此。如《喪服》「倚廬」之制，詳盡核實，予人以親見之感。再如《士冠禮》鄭注「闑，門橛」，如圭釋曰：「闑，門中央所竪短木也。」如圭既擅長名物制度，又補申經注之未達，且語言簡明清晰，一無雜陋之弊。又，如圭釋《儀禮》能總結禮儀通例。如《喪服》「子嫁，反在父之室，爲父三年」條，鄭注未明其變服之例，如圭釋曰：「出則爲父三年者，已絶夫族，于本親還服其本服也。喪之變服，必因虞、祥之節故變。而重服者，亦因其節乃變。」既指明此爲變服，又拈出變服「必因虞、祥之節」，使禮之通例明白無礙。《喪服》「大夫之適子爲妻」條，如圭曰：「凡言子者，父在之稱。」可見如圭擅於探究經文編纂文法，能深入經意，又能出入經文，條貫禮經大義。

李如圭治《儀禮》，圓融通達，簡明易曉，無後世治禮者之雜蕪枝蔓，但於經注多有應釋而未釋者。未釋之經注文，大有疑義存焉。又，如圭證禮，常引用五經原典，前人經説鮮有引用。但覆覈賈公彦《儀禮注疏》，可發現《集釋》多有暗襲賈疏處。如《士冠禮》「主人酬賓」條，《集釋》曰：「尊卑獻數多少不同，及其酬幣，惟于奠酬之節一行而已。」又《士昏禮》

「主人如賓服，迎于門外，再拜，賓不荅拜。揖入」條，《集釋》曰：「聘，賓不荅拜，言辟。此不言辟者，士卑，無君臣禮。」皆爲暗襲賈疏。李如圭總結經文文法，偶有失當之處。如《公食大夫禮》「公當楣北鄉，至再拜，賓降也，公再拜」條，如圭釋曰：「凡言『也』者，皆與下事爲節。」今甘肅武威漢墓出土有《儀禮》九篇，經沈文倬考證其爲「《禮》今文、《禮》古文以外之古文或本」（見《〈禮〉漢簡異文釋》），經文中多次出現「也」字，且多爲語辭，無義，可見李如圭此釋未確。

李如圭《集釋》於禮器禮物、禮例禮義往往能通貫全經而釋之，佳義疊出。雖偶有不當之處，不足爲病。今之治《禮》者，若能取其精華，摒其瑕疵，出入經注，定能篤實於名物考證，熟稔於禮例禮義，可收事半功倍之效。

《儀禮》於明萬曆北監本「十三經」中，經、注、疏脱誤最甚，時人少有察覺。李如圭於宋時尚見《儀禮》古本，清戴震詳考《集釋》，據以校正經注脱訛衍者，有數百餘處。就此而言，《儀禮集釋》對校勘《儀禮》，價值甚大。

關於版本，今存《集釋》除文淵閣四庫本（簡稱「四庫本」）外，還有三禮館稿本（簡稱「稿本」）、《武英殿聚珍版叢書》本（簡稱「殿本」）、《墨海金壺》本、《經苑叢書》本（簡稱「《經苑》本」）、《叢書集成初編》本（簡稱「集成本」）。稿本屬三禮館臣抄録《永樂大典》之草稿，未正式成書，其後的四庫本據之編纂整理，《儀禮集釋》方才重現於世，此二本差異不大。其他三本均祖四庫本。殿本於乾隆四十七年（一七八二）完成。《經苑》本道、咸年間由嘉興錢儀吉於大梁書院輯刊，同治七年（一八六八）由王儒行等刻印，民國十一年（一九二二）出補刊本。經對校後發現，《經苑》本版式、字體與殿本完全相同，應源於殿本。集成本編於民國時期，出現最晚，與殿本大同而稍異。殿本較四庫本雖稍後出，但戴震校勘記完備，利用殿本，常能發現四庫本的訛脱，加之殿本刻版精良，故此次校勘，以殿本爲底本，以四庫本、《經苑》本和集成本爲校本。稿本爲未成之書，抄手手誤處，四庫本多已糾正，故此次校勘不予採用，又《墨海金壺》本乃覆刻《四庫全書》原本，校勘價值不高，亦不予採用。在經文與鄭注有疑義之處，適當參校朱熹《儀禮經傳通解》（簡稱「朱熹《通解》」）和中華書局影印阮刻《十三經注疏》（簡稱「阮本《儀禮注疏》」）等。

《集釋》對後世影響甚大，清人胡培翬《儀禮正義》多有引用，故亦可用胡氏之書校對《集釋》。通核《儀禮正義》原文，除去於校勘無價值者，共得胡培翬引《集釋》且與現存版本皆異者近四十處。如《公食大夫禮》「旁四列，西北上」，各本《集釋》曰：「殽，骨體也，爲正饌。胾，切肉也，爲庶羞。肉，謂之羹。羹則殽也。」而胡培翬所引在「羹則殽也」之「則」後有「設」字，乃文順義通。諸如此類者甚多。胡培翬曾購殿本《集釋》（見《研六室文鈔》之

《儀禮集釋書後》)，但所引亦與殿本有異，其書對校勘《集釋》有重要意義，故此次校勘，亦予以參考(簡稱「胡培翬《正義》」)。底本原有戴震校勘記，但與四庫本、胡培翬《正義》對校後，發現文字間有異同，亦有四庫本、胡培翬《正義》所録戴氏校勘記不見於底本之處，今並出校説明。

校點者　楊　華　李志剛

儀禮集釋序

古者禮儀三百，威儀三千，其節備矣。漢興，高堂生傳《士禮》，止十七篇。魯徐生善爲頌，爲禮官大夫。顔師古曰「頌」與「容」同。而瑕丘蕭奮以禮至淮陽太守。東海孟卿事蕭奮，以授后倉。倉説禮數萬言，號曰《后氏曲臺記》，授戴德、戴聖。鄭康成云五傳弟子，則高堂生、蕭奮、后倉、二戴凡五人。所傳即《儀禮》之書也。《漢舊儀》：「有二郎爲此頌貌威儀事。天下郡國有頌史，皆詣魯學之。」蓋周旋曲折必習而後能，其善盤辟爲頌而不知經者有矣，未有不習于儀而能通其意者也。自漢以來，禮日益壞，其大經大本固已晦蝕不明。所謂頌貌威儀之事，僅存此書，世亦莫有知者，此學士大夫之責也。然其節目之繁、文義之密，驟而讀之，未易曉解，甚或不能以句。后倉所説泯没無傳，鄭注又時有疎略，汶心竊病之。

近得廬陵李君如圭所著《集釋》，窮探博采，出入經傳，以發明前人之未備。攷論宫室之制則有《釋宫》，分别章句之指則有《綱目》，其有志于古而用力之勤如此。學者能玩而繹之，則知禮與天地竝，其周旋、揖讓、登降，進退，莫非天理之流行，人道之所以立。先王之盛化行俗美與夫後世之不如古，皆由于禮之興廢而不可誣也。則是書于世教，豈小補哉！遂刻之桂林郡之學宫，與同志者共之。陳汶撰。

儀禮集釋卷一

士冠禮第一

鄭《目録》云：童子任職居士位，年二十而冠。主人玄冠、朝服，則是仕于諸侯。天子之士，朝服、皮弁、素積。古者四民世事，士之子恒爲士。冠禮于五禮屬嘉禮。大、小戴及《别録》，此皆第一。

釋曰：童子居士位，年二十而冠之禮也。班固曰：「帝王質文世有損益。至周，事爲之制，威儀三千。周衰，諸侯惡其害己，滅去其籍，至秦大壞。漢興，魯高堂生傳《禮》十七篇。古經者，出于魯淹中及孔氏，與十七篇文相似，多三十九篇。」今《儀禮》十七篇，則高堂生所傳者也。古經所多三十九篇，字皆篆書，絶無師説。此十七篇之次，因劉向《别録》。戴德篇次，初《士冠禮》至《士相見禮》三篇，與《别録》同次，《士喪禮》四，《既夕禮》五，《士虞禮》六，《特牲饋食禮》七，《少牢饋食禮》八，《有司》九，《鄉飲酒禮》十，《鄉射禮》十一，《燕禮》十二，《大射儀》十三，《聘禮》十四，《公食大夫禮》十五，《覲禮》十六，《喪服》十七。戴聖則《大射儀》已前七篇，亦同《别録》之次，而《士虞禮》八，《喪服》九，《特牲饋食禮》十，《少牢饋食禮》十一，《有司》十二，《士喪禮》十三，《既夕禮》十四，《聘禮》十五，《公食大夫禮》十六，《覲禮》十七。

士冠禮。筮于庿門。館本案：「庿」，原本作「廟」，下同，唐石經作「庿」。陸德明《經典釋文》云：「庿，劉昌宗音廟。」則知古本無作「廟」者，今從《釋文》及石經爲正。

鄭注：筮者，以蓍問日吉凶于《易》也。冠必筮日于庿門者，重以成人之禮，成子孫也。庿謂禰庿。不于堂者，嫌蓍之靈由庿神。

釋曰：龜爲卜，筴爲筮。凡言庿者，皆禰庿。《昏禮》行事于庿，記云「受諸禰庿」是也。其非禰庿，則皆舉庿名以別之。

主人玄冠、朝服、緇帶、素韠，即位于門東，西面。

鄭注：主人，將冠者之父兄也。玄冠，委貌也。朝服者，十五升布衣而素裳也。衣不言色者，衣與冠同也。筮必朝服者，案：今注疏本脱「者」字。尊蓍龜之道。案：此下今注疏本有「也」字。緇帶，黑繒帶。案：此下今注疏本有「也」字。士帶博二寸，再繚四寸，屈垂三尺。素韠，白韋韠，案：此下今注疏本有「也」字。長三尺，上廣一尺，下廣二尺，其頸五寸，肩革帶博二寸。天子與其臣玄冕以眡朔，案：「眡」，各本作「視」。張淳《儀禮識誤》云：「《釋文》眡音視，陸既音視，正文非『視』字明矣。」皮弁以日眡朝。諸侯與其臣皮弁以眡朔，朝服以日眡朝。凡染黑，五入爲緅，七入爲緇，玄則六入與？

釋曰：禮之通例，衣與冠同色，黃衣黃冠是也，裳與韠同色，素積素韠是也。此玄冠素韠，故其服緇衣而素裳。❶帶，大帶也。韠，蔽膝也。古者佃漁而食，因衣其皮，先知蔽前，後知蔽後。後王易之以布帛，而猶存其蔽前者，不忘本也。門東，門外之東。天子之朝服皮弁，諸侯之朝服玄冠。主人玄冠、朝服，則諸侯之士矣。朝服尊于玄端。冠時，主人玄端。尊蓍龜，故筮時朝服。《特牲饋食禮》筮日與祭同服玄端者，蓍不可尊于先祖。玄冠，如字，下冠同，冠弁、以冠、布冠、冠箱、執冠、齊冠、喪冠同。大夫已上，大帶博四寸。士再繞腰，共爲四寸。帶之反屈向上又垂而下者，則皆三尺。頸，韠之中央肩，其兩角皆上繫于革帶者。

有司如主人服，即位于西方，東面，北上。

鄭注：有司，群吏有事者，謂主人之吏，所自辟除府史已下，案：此下今注疏本有「也」字。今時卒吏及假吏是也。案：「吏」下，今注疏本有「皆」字。

筮與席、所卦者具饌于西塾。

鄭注：筮所以問吉凶，謂蓍也。所卦者，所以畫地記爻。《易》曰：「六畫而成卦。」饌，陳也。具，俱也。西塾，門外西堂也。

布席于門中，闑西閾外，西面。

鄭注：闑，門橛。案：此下今注疏本有「也」字。閾，閫也。古文「闑」爲「槷」，「閾」爲「蹙」。

---

❶「緇衣」，胡培翬《正義》引《集釋》作「玄衣」。

釋曰：闑，門中央所竪短木也。閾，門限也。闑西而曰門中者，舉大分言之。「闑」與「槷」音義同。《穀梁傳》曰：「置旃以爲轅門，葛覆質以爲槷。」古文，即出於孔氏壁中，字以篆書者。

筮人執筴，抽上韇，兼執之，進，受命于主人。 案：此「于」字，唐石經作「於」，應從前後作「于」爲正。

鄭注：筮人，有司主三《易》者。案：此下今注疏本有「也」字。韇，藏筴之器。案：此下今注疏本有「也」字。今時藏弓矢者，謂之韇丸也。案：「丸」，今注疏本訛作「几」。兼，并也。進，前也，自西方而前。受命者，當知所筮也。

釋曰：筴，蓍也。下韇以承筴，上韇韜之。案：此下《永樂大典》内删去原文，注云「餘同賈疏」。今取疏義補之。《少牢》云：❶「史左執筮，右抽上韇，兼與筮執之，東面受命于主人。得主人命訖，史曰：『諾。』西面于門西，抽下韇，左執筮，右兼執韇，以擊筮，乃釋韇立筮。」此云筴，彼云筮，一也。《少牢》具陳，此不言者，文不具，當與彼同。按，《三正記》：「大夫蓍五尺，故立筮；士之蓍三尺，當坐筮。」與彼異也。但筮法不殊，此亦應不異。

宰自右少退，贊命。

鄭注：宰，有司主政教者。案：此下今注疏本有「也」字。自，由也。贊，佐也。命，告也。佐主人告

❶ 自「少牢云」至「與彼異也」，凡一百零一字，四庫本均在戴校内。案，四庫本是。

所以筮也。《少儀》曰：「贊幣自左，詔辭自右。」

釋曰：有司，各司其事者。宰，則總衆職者也。「仲弓爲季氏宰，問政，子曰：『先有司。』」少退，後于主人。

筮人許諾，右還，即席坐，西面。卦者在左。

鄭注：即，就也。東面受命，右還北行就席。卦者，有司主畫地識爻者。案：此下今注疏本有「也」字。

卒筮，書卦，執以示主人。

鄭注：卒，已也。書卦者，筮人以方寫所得之卦。案：此句下今注疏本有「也」字。

釋曰：方，板也。

主人受，眡，反之。

鄭注：反，還也。

筮人還，東面。旅占，卒，進，告吉。

鄭注：旅，衆也。還與其屬共占之。古文「旅」作「臚」。

釋曰：以《易》辭占其吉凶也。《洪範》曰：「三人占，則從二人之言。」

若不吉，則筮遠日，如初儀。

鄭注：遠日，旬之外。

釋曰：《曲禮》曰：「旬之外曰遠某日。吉事先近日。」《夏小正》曰：「二月，綏多女士，冠子、取婦之時。」是則冠有常月。

徹筮席。

鄭注：徹，去也，斂也。

宗人告事畢。

鄭注：宗人，有司主禮者。案：此下今注疏本有「也」字。

主人戒賓。賓禮辭，許。

鄭注：戒，警也，告也。賓，主人之僚友。古者有吉事，則樂與賢者勸成之。案：「勸」，今注疏本訛作「歡」。有凶事，則欲與賢者哀戚之。今將冠子，故就告僚友，使來。禮辭，一辭而許。案：此下今注疏本有「也」字。再辭而許曰固辭，三辭曰終辭，不許也。

主人再拜，賓荅拜。案：「荅」，今注疏本作「答」，此從唐石經。下同。**主人退，賓拜送。**

鄭注：退，去也，歸也。

前期三日，筮賓，如求日之儀。

鄭注：前期三日，空二日也。筮賓，筮其可使冠子者。賢者恒吉。《冠義》曰：「古者冠禮筮日、筮賓，所以敬冠事。敬冠事所以重禮，重禮所以爲國本。」

乃宿賓。賓如主人服，出門左，西面，再拜。主人東面，荅拜。

鄭注：宿，進也。宿者必先戒，戒不必宿。其不宿者爲衆賓，或悉來或否。主人朝服。

釋曰：筮日朝服，至此無改服之文，知皆朝服。朝服者，常時相見所服也。

乃宿賓，賓許。主人再拜，賓荅拜。主人退，賓拜送。

鄭注：乃宿賓者，親相見，致其辭。

宿贊冠者一人，亦如之。

鄭注：贊冠者，佐賓爲冠事者，謂賓若他官之屬，中士若下士也。宿之以筮賓之明日。

釋曰：贊者皆降賓、主一等，若主人下士，亦取下士爲贊，禮窮則同故也。宿賓、宿贊冠者同日。

厥明夕，爲期于廟門之外。案：此「廟」字，原本及今注疏本並作「廟」，唐石經作「庿」，今從石經爲正。**主人立于門東，兄弟在其南，少退，西面，北上。有司皆如宿服，立于西方，東面，北上。**

鄭注：厥，其也。宿服，朝服。

擯者請期，宰告曰：「質明行事。」

鄭注：擯者，有司佐禮者，在主人曰擯，在客曰介。質，正也。宰告曰：「旦日正明行冠事。」

告兄弟及有司。

鄭注：擯者告也。

釋曰：兄弟、有司在列而猶告之者，審慎重冠事。

告事畢。

鄭注：宗人告也。

擯者告期于賓之家。夙興，設洗，直于東榮，南北以堂深。水在洗東。

鄭注：夙，早也。興，起也。洗，承盥洗者棄水器也，士用鐵。榮，屋翼也。周制，自卿大夫以下，其室爲夏屋。水器尊卑皆用金罍，及大小異。案：「及」，今注疏攷證擬改作「其」。

釋曰：直，當也。榮，《説文》曰：「屋梠之兩頭起也。」梠，楚謂之梠，齊謂之檐。檐頭之起者，如翬之飛，故榮又謂之屋翼。周制，天子、諸侯爲殷人四阿之屋，東西南北皆有霤；大夫已下爲夏后氏南北兩下之屋，無東霤而有東榮。《燕禮》：「洗當東霤。」大夫、士禮，洗當東榮，其處則同耳。以堂深者，洗北去堂遠近取于堂廉至北壁之遠近也。盥手洗爵之時，恐水穢地，故設洗承而棄之。凡設水用罍，沃盥用枓，見《少牢饋食禮》。

陳服于房中西墉下，東領，北上。

鄭注：墉，牆也。案：今注疏本無「也」字。

爵弁服、纁裳，純衣、緇帶、韎韐。

鄭注：此與君祭之服。《雜記》曰：「士弁而祭于公。」爵弁者，冕之次，其色赤而微黑，如爵頭然，或謂之緅，其布三十升。纁裳，淺絳裳。凡染絳，一入謂之縓，再染謂之赬，案：「染」，各本作「入」。張淳《儀禮識誤》云：「《釋文》『再染，如琰反，下二字同』，蓋以三入、四入，皆『染』字也。《爾雅》有『再染』、『三染』之文，此鄭氏用『染』字之據。若染絳之染，則去聲也。」三染謂之纁，朱則四染與？純衣，絲衣也。餘衣皆用布，惟冕與爵弁服用絲耳。先裳後衣者，欲令下近緇，明衣與帶同色。案：「衣」字原本訛在「明」字上，據疏文改正。韎韐，緼韍也。士緼韍而幽衡，合韋爲之。士染以茅蒐，因以名焉。今齊人名蒨爲「韎韐」。案：疏云：「周公時名蒨草爲韎草，以此韎染韋，合之爲韐，因名韍爲韎韐。」是蒨一名韎，而韍名韎韐，蒨不得名韎韐也。「韐」字乃衍文。韍之制似韠。冠弁不與衣陳，案：「冠弁」下，各本衍「者」字，今據疏刪正。而言于上，以冠名服耳。今文「纁」皆作「熏」。

釋曰：爵弁服者，冕服之次，士服之上者也。凡冕以木爲體，長尺六寸，廣八寸，低前一寸二分，以三十升布衣之，上玄下纁，前後有旒。其服玄衣而纁裳，有章。爵弁前後平，無旒，又爵色爲異耳。其服無章，亦純衣、纁裳。古緇、紂二字竝行，據布爲色，則字爲緇，據帛爲色，則字爲紂。純即紂字之轉也。《爾雅》曰：「一染謂之縓，再染謂之赬，三染謂之纁。」《考工記》曰：「三入爲纁，五入爲緅，七入爲緇。」自纁已上爲絳，自緅已下爲黑。若以纁入赤則爲朱，以纁入黑則爲紺。又以紺入黑則爲緅，玄在緅、緇之間。緅即爵也，其色黑多而赤少，與緇、玄同類。故玄冠、爵弁皆緇衣也。韎韐者，士之韍也，合韋爲之，故謂之韐。染以茅蒐。茅蒐一名蒨，可以染絳。韋昭謂急疾呼「茅蒐」成「韎」，故因名其所染爲韎韐。而齊人又名蒨爲韎韐也。案：齊人名「蒨」

爲「韎」，即韋昭所謂「急疾呼茅蒐成韎」也。李氏據鄭注誤本，不知「韐」字屬衍文。他服謂之韠，祭服謂之韍。韍有龍章、山、火之飾。士無飾，韎韋而已。「與君」音預，下「與君」同。緼，赤黄間色。幽，黑色也。衡，佩玉之衡也。

皮弁服、素積、緇帶、素韠。

鄭注：此與君視朔之服也。皮弁者，以白鹿皮爲冠，象上古也。積猶辟也，以素爲裳，辟蹙其要中。皮弁之衣，用布亦十五升，其色象焉。

釋曰：古者以鳥獸之皮冒而句領，皮弁象之。服不言色者，衣與冠同色也。素，素白繒。

玄端，玄裳、黄裳、雜裳可也。緇帶，爵韠。

鄭注：此莫夕于朝之服。玄端，即朝服之衣易其裳耳。上士玄裳，中士黄裳，下士雜裳。雜裳者，前玄後黄。案：「前後」原本訛作「上下」。據疏云：「前陽後陰，故知前玄後黄也。」今從疏文改正。《易》曰：「夫玄黄者，天地之雜也。天玄而地黄。」士皆爵韋爲韠，其爵同。不以玄冠名服者，是爲緇布冠陳之。《玉藻》曰：「韠，君朱，大夫素，士爵韋。」

釋曰：謂之端者，用正幅爲之。朝服、冕服亦得端名。《語》曰「端章甫」，記曰「端冕而聽古樂」是也。可也者，三等，士惟其所宜服者陳之。裳雖有三，而爵俱爲士，故同用爵韠，爵亦雜色也。帶有二，大帶以束衣，革帶以繫韠、繫佩。舉韠則有革帶可知。莫見曰夕。

緇布冠，缺項，青組纓屬于缺。緇纚，廣終幅，長六尺。皮弁笄，爵弁笄，緇組紘，纁邊，同篋。

鄭注：缺，讀如「有頍者弁」之「頍」。緇布冠無笄。案：此下各本衍「者」字，今據疏删正。著頍圍髮際，結項中，隅爲四綴，以固冠也。項中有𦁤，亦由固頍爲之耳。今未冠笄者著卷幘，頍象之所生也。滕、薛名「蔮」爲「頍」。屬，猶著。纚，今之幘梁。案：此下今注疏本有「也」字。終，充也。纚一幅長六尺，足以韜髮而結之矣。笄，今之簪。有笄者，屈組爲紘，垂爲飾。無笄者，纓而結其條。纁邊，組側赤也。同篋，謂以上凡六物。案：「以」原本訛作「此」。張淳《儀禮識誤》據《釋文》改爲「以」，今注疏本作「謂此以上」。隋方曰篋。案：「隋」，今注疏本作「墮」。

釋曰：六物者，缺項青組纓一、緇纚二、皮弁笄三、爵弁笄四，緇組紘皮弁、爵弁皆有之，爲六。緇布冠無笄，冠武以下別爲頍，頍之兩端爲𦁤，以繩穿之，結于項上。其上四隅綴于武，又以二組左右著于頍，垂于頤下結之。其有笄者，則以組繫于笄之左，繞頤仰屬于笄之右。屈繫之組，垂者曰纓，屈者曰紘。

櫛實于簞。

鄭注：簞，笥也。

蒲筵二，在南。

鄭注：筵，席也。

側尊一甒醴，在服北。有篚實勺、觶、角柶，脯醢，南上。

鄭注：側，猶特也，無偶曰側。置酒曰尊。側者，無玄酒。服北者，纁裳北也。篚，竹器，如笭者。勺，尊升，❶所以㪺酒也。爵三升曰觶。柶，狀如匕，以角爲之者，欲滑也。南上者，篚次尊，籩、豆次篚。古文「甒」作「廡」。

釋曰：凡醴無玄酒而有柶。一豆一籩者，籩實脯而豆實醢。按下行。案：此下原本缺。

爵弁、皮弁、緇布冠，各一匴，執以待于西坫南，南面，東上。賓升則東面。

鄭注：爵弁者，制如冕，黑色，但無繅耳。《周禮》：「王之皮弁，會五采玉璂，象邸，玉笄。諸侯及孤卿大夫之冕、皮弁，各以其等爲之。」則士之皮弁又無玉象邸飾。緇布冠，今小吏冠其遺象也。匴，竹器名，今之冠箱也。執之者，有司也。坫在堂角。古文「匴」爲「篹」，「坫」爲「檐」。案：原本云「古文『匴』作『纂』，『坫』作『襜』」，今從張淳《儀禮識誤》據《釋文》訂改。

釋曰：西坫，堂西南隅之坫也，以土爲之。執匴者，賓未入南面，賓升東面，以向賓也。繅，繩貫旒者。會，户外、古外二反，縫中也。璂，結也，弁頂之柢也。

主人玄端爵韠，立于阼階下，直東序，西面。

鄭注：玄端，士入廟之服也。阼，猶酢也，東階所以荅酢賓客也。堂東西牆謂之序。

❶「升」，阮本《儀禮注疏》校勘記引金曰追説以爲「斗」之訛。

兄弟畢袗玄，立于洗東，西面，北上。

鄭注：兄弟，主人親戚也。畢，猶盡也。袗，同也。玄者，玄衣、玄裳也，緇帶、韠。位在洗東，退于主人。不爵韠者，降于主人也。古文「袗」爲「均」也。

釋曰：兄弟之服，衣、裳、帶與上士同，惟不以爵韠爲降耳。

擯者玄端，負東塾。

鄭注：東塾，門内東堂，負之北面。

將冠者采衣，紒，在房中，南面。

鄭注：采衣，未冠者所服。《玉藻》曰：「童子之節也，緇布衣，錦緣，錦紳并紐，錦束髮，皆朱錦也。」紒，結髮。古文「紒」爲「結」。

釋曰：以朱錦爲總束髮。又以爲大帶，并約帶之紐及爲緇布衣之緣。童子尚華飾。

賓如主人服，贊者玄端從之，立于外門之外。

鄭注：外門，大門外。

擯者告。

鄭注：告者，出請入告。

釋曰：出請賓所以來，故入告主人。

主人迎，出門左，西面再拜。賓荅拜。

鄭注：左，東也。出以東爲左，入以東爲右。

釋曰：古者宫必南鄉，主人迎，出門左，出以東爲左也。主人入門而右，客入門而左，入以東爲右也。

主人揖贊者，與賓揖，先入。

鄭注：贊者賤，揖之而已。又與賓揖。先入道之，贊者隨賓。

每曲揖。

鄭注：周左宗廟。入外門將東曲，揖，直廟將北曲，又揖。

釋曰：廟在寢東，既入大門曲而東，主人在南，賓在北，揖。至廟南曲而北，主人在東，賓在西，又揖。

至于廟門，案：「廟」，各本作「廟」，今據唐石經改。**揖入。三揖，至于階，三讓。**

鄭注：入門將右曲，揖。將北曲，揖。當碑，揖。

釋曰：既入廟門，主人右趨堂塗，將背客，宜揖。當堂塗，俱北鄉，又揖。前行當碑，碑三分庭一，在北，庭之節，又宜揖也。三者，禮之大節，尊卑同。

主人升，立于序端，西面。賓西序，東面。

鄭注：主人、賓俱升，立相鄉。

贊者盥，案：此下各本有「于洗西」三字，因注云「盥于洗西」，後人妄增加經文耳。據疏云「贊者盥于洗西」，無正文，可證唐初本猶無此三字。**升，立于房中，西面，南上。**

鄭注：盥于洗西，由賓階升也。立于房中，近其事也。南上，尊于主人之贊者。古文「盥」皆作「浣」。

釋曰：盥，盥手也。凡主人盥于洗北，賓盥于洗南。盥于洗西，下賓也。贊者之事在篋簞，皆陳于房。西面，立于將冠者之東南。贊冠者一人，而云「南上」，明與主人之贊者竝立，敬賓之贊者，序之于上。

主人之贊者，筵于東序少北，西面。

鄭注：主人之贊者，其屬中士若下士。筵，布席也。東序，主人位也。適子冠于阼，少北，辟主人。

將冠者出房，南面。

鄭注：南面，立于房外之西，待賓命。

釋曰：《昬禮》：「母南面于房外，女出于母左。」知房外南面者，皆于房戶外之西。其房外之東，則南當阼階矣。

贊者奠纚、笄、櫛于筵南端。

鄭注：贊者，賓之贊冠者也。奠，停也。古文「櫛」爲「節」。

賓揖將冠者。將冠者即筵坐，贊者坐，櫛，設纚。

鄭注：即，就。設，施。

賓降，主人降。賓辭，主人對。

鄭注：主人降，爲賓將盥，不敢安位也。辭對之辭未聞。

賓盥卒，壹揖壹讓，升。主人升，復初位。

鄭注：揖讓皆壹者，降于初。古文「壹」皆作「一」。

釋曰：賓盥者，將有事，先自絜也。

賓筵前坐，正纚，興，降西階一等。執冠者升一等，東面授賓。

鄭注：正纚者，將加冠，宜親之。興，起也。降，下也。下一等，升一等，則中等相授。冠，緇布冠也。

賓右手執項，左手執前，進容，乃祝，坐如初。乃冠，興，復位，贊者卒。

鄭注：進容者，行翔而前鶬焉。至則立祝。坐如初，坐筵前。興，起也。復位，西序東面。卒，謂設缺項、結纓也。

冠者興，賓揖之，適房，服玄端爵韠，出房，南面。

鄭注：復出房南面者，一加禮成，觀衆以容體。

釋曰：冠于堂，服于房，以冠爲重也。《冠義》曰：「冠而後服備，服備而後容體正，顔色齊，辭令順。」觀，示也。

賓揖之，即筵坐，櫛，設笄。賓盥，正纚如初。降二等，受皮弁，右執項，左執前，進祝，加之如初，復位。贊者卒紘。

鄭注：如初，爲不見者言也。卒紘，謂繫屬之。

釋曰：不見，謂辭對主人，升、復位之類。案：此下《永樂大典》内删去原文，注云餘同賈疏，今取疏義補之。櫛者，脱緇布冠更櫛也。笄有二：一是紒内安髮之笄，一是皮弁及六冕固冠之笄。今此櫛訖未加冠，即言設笄，宜是安髮之笄。緇布冠亦有之。緇布冠不言設笄而言設纚，皮弁言設笄不言設纚，互見爲義。繫屬之者，左相繫定，右相屈繫，擬解時易。

興。賓揖之。適房，服素積、素韠，容，出房，南面。

鄭注：容者，再加彌成，其儀益繁。

賓降三等，受爵弁，加之。服纁裳、韎韐。其他如加皮弁之儀。

鄭注：降三等，下至地。他，謂卒紘容出。

徹皮弁、冠、櫛、筵，入于房。

鄭注：徹者，贊冠者、主人之贊者爲之。

筵於户西，南面。

鄭注：筵，主人之贊者。户西，室户西。

釋曰：寢廟以室爲主，故室户專得户名。凡言户者皆室户，房户則兼言房以别之。

贊者洗于房中，側酌醴，加柶，覆之，面葉。

鄭注：洗，盥而洗爵者。《昏禮》曰：「房中之洗在北堂，直室東隅，篚在洗東，北面盥。」側酌者，言無爲之薦者。面，前也。葉，柶大端。贊酌者，賓尊，不入房。古文「葉」爲「擖」。

釋曰：凡洗爵必先盥手，盥有不洗者。無爲之薦，自酌自薦也。柶，醴匕也，其兩端枋細而葉大。贊者面葉以授賓，賓迎受，得面枋以授冠者，冠者亦迎受，得面葉以扱醴也。爲，于僞反。

賓揖，冠者就筵，筵西，南面。賓受醴于户東，加柶，面枋，筵前北面。

鄭注：户東，室户東。今文「枋」爲「柄」。

冠者筵西拜受觶，賓東面荅拜。

鄭注：筵西拜，南面拜也。賓還荅拜于西序之位。❶東面者，明成人與爲禮，異于荅主人。

❶「西」，原作「東」，據阮本《儀禮注疏》、胡培翬《正義》改。

釋曰：凡賓荅主人，拜于西階上，北面。又主人禮賓，皆云拜送。此云荅拜，亦異于主人。

薦脯醢。

鄭注：贊冠者也。

冠者即筵坐，左執觶，右祭脯醢，以柶祭醴三，興。筵末坐，啐醴，建柶，興。案：《釋文》云：「捷柶，初洽反，本又作『插』，亦作『扱』。」張淳《儀禮識誤》以爲注之「扱柶」，《釋文》作「捷柶」。李如圭以爲經之「建柶」，《釋文》作「捷柶」。今注疏本此處經文作「捷柶興」，乃誤據《釋文》改經。攷之他篇，經文仍作「建柶」，不得此處獨異，唐石經亦作「建柶」，則《釋文》指注非指經明矣。**降筵，坐奠觶，拜，執觶，興。賓荅拜。**

鄭注：建柶，扱柶于醴中，案：「扱」，《釋文》作「捷」，今攷此即《釋文》所云亦作「扱」者，是唐初已非一本，無庸改「扱」爲「捷」。其拜皆如初。古文「啐」爲「呼」。

釋曰：祭，謂取少許祭先世造此食者，不忘本也。凡醴不卒觶，啐之而禮成。上拜，拜受觶。此拜，拜禮成。其卒觶者，則卒觶乃拜。《曾子問》曰：「將冠子，冠者至，聞齊衰、大功之喪，如之何？孔子曰：『内喪則廢。外喪則冠而不醴，徹饌而埽，即位而哭。如冠者未至，則廢。』」内喪謂同門者。冠者謂賓及贊者也。廢者，喪成服，因喪而冠。建，陸作「捷」。案：此下原本缺。

冠者奠觶于薦東，降筵，北面坐取脯，降自西階，適東壁，北面見于母。

鄭注：薦東，薦左。凡奠爵，將舉者于右，不舉者于左。適東壁者，出闈門也。時母在闈門之外。婦人入廟由闈門。

釋曰：凡言薦，謂籩、豆也。南面者以東爲左。取脯，明得禮也。案：此下《永樂大典》内删去原文，注云賈疏見前，當是疏引《雜記》「入自闈門升自側階」，鄭注云「宫中之門曰闈門」，今《集釋》僅缺此數語。

母拜受，子拜送，母又拜。

鄭注：婦人于丈夫，雖其子猶俠拜。

賓降，直西序，東面。主人降，復初位。

鄭注：初位，初至階讓升之位。

冠者立于西階東，南面。賓字之，冠者對。

鄭注：對，應也。其辭未聞。

賓出，主人送于廟門外。

鄭注：不出外門，將醴之。

請醴賓。賓禮辭，許。賓就次。

鄭注：此「醴」當作「禮」。禮賓者，謝其自勤勞也。案：今注疏本脱此九字。次，門外更衣處也，以帷幕簟席爲之。案：「以」，今注疏本訛作「必」。

釋曰：士之醴子、醴賓、醴婦，經皆作「醴」，不必改爲「禮」。大夫以上乃曰「儐」曰「禮」耳。《聘禮》：「次以帷。」士或用簟席。

冠者見于兄弟。案：此「于」字，唐石經作「於」，應從前後作「于」爲正。**兄弟再拜，冠者荅拜。見贊者，西**

面拜，亦如之。

鄭注：見贊者西面拜，則見兄弟東面拜。贊者後賓出。

入見姑、姊，如見母。

鄭注：入，入寢門也。廟在寢門外。如見母者，亦北面，姑與姊亦俠拜。案：此下今注疏本有「也」字。不見妹，妹卑。

釋曰：未字見母，已字見兄弟。急于母，緩于兄弟。不言見父，與賓者冠訖是見已。

乃易服。服玄冠、玄端、爵韠，奠摯見于君。遂以摯見于鄉大夫、鄉先生。案：此「于」字，唐石經作「於」，應同上句作「于」爲正。

鄭注：易服不朝服者，非朝事也。摯，雉也。鄉先生，鄉中老人爲卿大夫致仕者。

乃醴賓以壹獻之禮。

鄭注：壹獻者，主人獻賓而已，即燕無亞獻者。獻、酢、酬，賓、主人各兩爵而禮成。《特牲》、《少牢饋食之禮》獻尸，此其類也。士禮一獻，卿大夫三獻。禮賓不用柶者，案：「禮賓」，今注疏本訛作「賓醴」。泲其醴。《內則》曰：「飲，重醴，案：此下原本衍「清糟」二字，今據《內則》删正。稻醴清、糟，黍醴清、糟，粱醴案：今注疏本脱此十字。清、糟。」凡醴事，質者用糟，文者用清。

釋曰：壹獻之禮，主人獻賓，賓酢主人，主人復自飲酬賓，賓奠而不舉，即燕坐。案：此下原本缺。

主人酬賓，束帛、儷皮。

鄭注：飲賓客而從之以財貨曰酬，所以申暢厚意也。案：「厚」下，原本衍「之」字，今據注疏本删正。束帛，十端也。儷皮，兩鹿皮也。古文「儷」爲「離」。

釋曰：諸侯用虎豹皮，餘人麋鹿皮可也。案：此下《永樂大典》内删去原文，注云餘同前賈疏。今取疏義補之。《大戴禮》云：❶「禮幣，采飾而四馬。」是大夫禮，多與士異。《禮器》云「琥璜爵」，鄭云「天子酬諸侯，諸侯相酬以此玉將幣」，則又異于大夫也。尊卑獻數多少不同，及其酬幣，惟于奠酬之節一行而已。凡言束者，無問脯與錦，皆以十爲數。

贊者皆與。贊冠者爲介。

鄭注：贊者，衆賓也。皆與，亦飲酒爲衆賓。介，賓之輔，以贊爲之，尊之。飲酒之禮，賢者爲賓，其次爲介。

釋曰：《大戴禮》曰：「公冠，饗之以三獻之禮，無介無樂，皆玄端。其酬幣朱錦采、四馬。」

賓出。主人送于外門外，再拜，歸賓俎。

鄭注：一獻之禮，有薦有俎，其牲未聞，使人歸諸賓家也。

若不醴，則醮用酒。

---

❶「大戴禮云」至「皆以十爲數」，凡八十四字，四庫本入戴校。

鄭注：若不醴，謂國有舊俗可行，聖人用焉，不改舊也。❶《曲禮》曰：「君子行禮，不求變俗。祭祀之禮，居喪之服，哭泣之位，皆如其國之故，謹修其法而審行之。」是。案：此下今注疏本有「也」字。酌而無酬酢曰醮。「醴」亦當爲「禮」。

釋曰：醴尚質，無酬酢。酒本有酬酢，故無酬酢者爲醮。

尊于房户之間，兩甒，有禁，玄酒在西，加勺，南枋。

鄭注：房户間者，房西室户東也。禁，承尊之器也，名之爲禁者，因爲酒戒也。玄酒，新水也，雖今不用，猶設之，不忘古也。

釋曰：醴在房，酒在堂，酒事文也。凡醴無冪，醮亦不用冪。從醴質，古未有醴酪，以水當酒之用。後世以其色玄，故謂之玄酒。

洗，有篚在西，南順。

鄭注：洗，庭洗，當東榮，南北以堂深。篚亦以盛勺、觶，陳于洗西。南順，北爲上也。

釋曰：篚亦有識，爲上下也。

始加，醮用脯醢。賓降，取爵于篚，辭降如初。卒洗，升酌。

鄭注：始加者，言一加一醮也。加冠于東序，醮之于户西，同耳。始醮亦薦脯醢。賓降者，爵在

---

❶「舊」，朱熹《通解》、胡培翬《正義》作「者」。

庭，酒在堂，將自酌也。辭降如初，如將冠時降盥，辭主人降也。凡薦出自東房。

冠者拜受，賓荅拜如初。

鄭注：贊者筵于户西，賓升，揖冠者就筵，乃酌。冠者南面拜受。賓授爵，東面荅拜，如醴禮也。

於賓荅拜，贊者則亦薦之。

冠者升筵坐，左執爵，右祭脯醢，祭酒，興，筵末坐，啐酒，降筵拜。賓荅拜。冠者奠爵于薦東，立于筵西。

鄭注：冠者立，俟賓命。賓揖之，則就東序之筵。

釋曰：不卒爵者，從醴禮。

徹薦、爵，筵、尊不徹。

鄭注：徹薦與爵者，辟後加也。不徹筵、尊，三加可相因，由便也。

加皮弁，如初儀。再醮，攝酒，其他皆如初。

鄭注：攝，猶整也。整酒謂撓之。今文「攝」爲「聶」。

釋曰：撓，攪益之示新也。酒云攝，明因前。

加爵弁，如初儀。三醮，有乾肉折俎，嚌之，其他如初。北面取脯，見于母。

鄭注：乾肉，牲體之脯也。折其體以爲俎。嚌，嘗之。

若殺，則特豚，載合升，離肺實于鼎，設扃鼏。

鄭注：特豚，一豚也。凡牲皆用左胖。煮于鑊曰亨，在鼎曰升，在俎曰載。載合升者，明亨與載皆合左右胖。離，割也。割肺者，使可祭也，可嚌也。今文「扃」爲「鉉」，古文「鼏」爲「密」。

釋曰：《説文》曰：「豚，小豕也。」周祭肺，離割之不絶其中央少者，食時乃絶以祭，既又嚌之，是謂離肺，一名舉肺，一名嚌肺，言舉之以嚌也。扃所以扛鼎，鼏覆之。牲體在俎，亦得升名，下云「肴升折俎」，《少牢饋食禮》云「升羊載右胖」是也。周人尚右胖，用左胖者，蓋異代之禮。

始醮，如初。

鄭注：亦薦脯醢，徹薦、爵。筵、尊不徹矣。

再醮，兩豆，葵菹、蠃醢。兩籩，栗、脯。

鄭注：蠃醢，蝓蝓醢。今文「蠃」爲「蝸」。

三醮，攝酒如再醮，加俎，嚌之，皆如初。嚌肺。

鄭注：攝酒如再醮，則再醮亦攝之矣。「加俎，嚌之」，「嚌」當爲「祭」，字之誤也。祭俎如初，如祭脯醢。

釋曰：上于「再醮」不言攝酒，此言于「三醮」，互相備也。凡俎必祭而後嚌，故鄭謂上「嚌」字當爲「祭」。如圭謂，「如初」皆謂如不殺者也，「嚌之如初」如嚌乾肉折俎，其所異者，嚌肺耳。

卒醮，取籩脯以降，如初。若孤子，則父兄戒、宿。

鄭注：父兄，諸父諸兄。

冠之日，主人紒而迎賓，拜，揖，讓，立于序端，皆如冠主，禮于阼。

鄭注：冠主，冠者親父，若宗兄也。古文「紒」爲「結」，今文「禮」作「醴」。

釋曰：禮，當從今文作「醴」。醴重而醮輕。孤子禮盛，醴而不醮也。且士之醴子，無作「禮」字者。

凡拜，北面于阼階上，賓亦北面于西階上荅拜。

釋曰：《大戴禮》曰：「公冠自爲主，迎賓，揖，升自阼，立于席北。❶既醴，降自阼。其餘自爲主者，其降也自西階以異，其餘皆與公同也。」《曾子問》曰：「父没而冠，則已冠掃地而祭于禰，已祭而見伯父、叔父，而后饗冠者。」饗冠者，謂禮賓也。

若殺，則舉鼎陳于門外，直東塾，北面。

鄭注：孤子得申禮，盛之。父在，有鼎不陳于門外。

若庶子，則冠于房外，南面，遂醮焉。

鄭注：房外謂尊東也。不于阼階，非代也。不醮于客位，成而不尊。

---

❶「北」字，《大戴禮記·公冠》原文無。

釋曰：適子不醴則醮，庶子醮而不醴。醮三舉而醴一酌，以簡爲貴也。醮用酒而醴用醴，以質爲貴也。醮有折俎，醴惟脯醢而已，以少爲貴，不尚味也。適子冠與醮異處，以變爲敬。庶子冠而遂醮，略之。此適庶之辨也。

冠者母不在，則使人受脯于西階下。戒賓，曰：「某有子某，將加布于其首，願吾子之教之也。」

鄭注：吾子，相親之辭。吾，我也。子，男子之美稱。古文「某」爲「謀」。

賓對曰：「某不敏，恐不能共事，以病吾子，敢辭。」

鄭注：病，猶辱也。古文「病」爲「秉」。

主人曰：「某猶願吾子之終教之也。」賓對曰：「吾子重有命，某敢不從。」

鄭注：敢不從，許之辭。

釋曰：此所謂「一辭而許曰禮辭」也。

宿，曰：「某將加布于某之首，案：此「于」字，唐石經作「於」，應從前後作「于」爲正。**吾子將莅之，敢宿。」**

賓對曰：「某敢不夙興。」

鄭注：莅，臨也。今文無「對」。

始加，祝曰：「令月吉日，始加元服。

鄭注：令、吉，皆善也。元，首也。

釋曰：服，古音蒲北反，下同。

「棄爾幼志，順爾成德。壽考維祺，介爾景福。」

鄭注：爾，女也。既冠爲成德。祺，祥也。介、景，皆大也。因冠而戒，且勸之。女如是，則有壽考之祥，大女之大福也。

釋曰：古「順」、「慎」通用。既冠，責以爲人子，爲人弟，爲人臣，爲人少者之禮，皆成人之德也。《家語》曰：「成王年十三而嗣立，明年冠。周公命祝雍祝王。祝雍曰：『使王近于民，遠于年，嗇于時，惠于財，親賢而任能。』其頌曰：『令月吉日，王始加元服，去王幼志，服衮職，欽若昊天，六合是式，率爾祖考，永永無極。』」此周公之制也。福，古音拍逼反，下同。

再加，曰：「吉月令辰，乃申爾服。

鄭注：辰，子、丑也。申，重也。

「敬爾威儀，淑慎爾德。眉壽萬年，永受胡福。」

鄭注：胡，猶遐也，遠也，遠無窮。古文「眉」作「麋」。

三加，曰：**「以歲之正，以月之令，咸加爾服。** 案：「加」，原本訛作「服」，今據唐石經改正。

鄭注：正，猶善也。咸，皆也。皆加女之三服，謂緇布冠、皮弁、爵弁也。

「兄弟具在，以成厥德。

鄭注：厥，其也。案：今注疏本脱此三字。

「黄耇無疆，受天之慶。」

鄭注：黄，黄髮也。耇，凍梨也。案：「梨」，今注疏本作「棃」。皆壽徵也。疆，竟。

釋曰：黄髮，髮白而復黄也。凍梨，面似凍梨色也。慶，古音羌，下同。此辭「正」與「令」叶，「服」與「德」叶，「疆」與「慶」叶。

醴辭曰：「甘醴惟厚，嘉薦令芳。

鄭注：嘉，善也。善薦，謂脯醢。芳，香也。

「拜受祭之，以定爾祥。承天之休，壽考不忘。」

鄭注：休，美也。案：今注疏本脱此三字。不忘，長有令名。

醮辭曰：「旨酒既清，嘉薦亶時。

鄭注：亶，誠也。古文「亶」爲「癉」。

「始加元服，兄弟具來。孝友時格，永乃保之。」

鄭注：善父母爲孝，善兄弟爲友。時，是也。格，致也。永，長也。保，安也。行此乃能保之。今文「格」爲「嘏」。凡醮者不祝。

釋曰：醮者于醮乃有辭，冠時不祝。來，古音力之反。

再醮，曰：「旨酒既湑，嘉薦伊脯。

鄭注：湑，清也。伊，惟也。

「乃申爾服，禮儀有序。祭此嘉爵，承天之祜。」

鄭注：祜，福也。

三醮，曰：「旨酒令芳，籩豆有楚。

鄭注：旨，美也。楚，陳列之貌。

釋曰：再醮，徹始醮之籩豆而別薦。三醮則因之，惟加俎而已。是以始醮、再醮之辭皆云「嘉薦」，三醮直云「籩豆有楚」也。

「咸加爾服，肴升折俎。

鄭注：肴升折俎亦謂豚。案：此七字，今注疏本在下「受福無疆」之下。

「承天之慶，受福無疆。」字，辭曰：「禮儀既備，令月吉日，昭告爾字。

鄭注：昭，明也。案：此三字，今注疏本在下「爰字孔嘉」之下。

「爰字孔嘉，髦士攸宜。

鄭注：爰，于也。孔，甚也。案：此六字，今注疏本接上注「昭明也」之下。髦，俊也。攸，所也。案：此六字，今注疏本在下「永受保之」之下。

釋曰：嘉，古音姬，與「宜」字叶。

「宜之于假，永受保之，曰伯某甫。」仲、叔、季，惟其所當。

鄭注：于，猶爲也。假，大也。宜之是爲大矣。案：此十三字，今注疏本接上「攸所也」之下。伯、仲、叔、季，長幼之稱。甫是丈夫之美稱。孔子爲尼甫，周大夫有嘉甫，宋大夫有孔甫，是其類。「甫」字或作「父」。

釋曰：惟其所當者，當其次則稱之。若次仲，則曰仲某甫。夏殷質，次積于仲。周文，次積于叔。二十曰伯某甫，至五十則又舍其二十之字，直以伯仲別之。《檀弓》曰：「幼名，冠字，五十以伯仲，死謚，周道也。」假，古音古，隔句與「甫」叶，「之」隔句與「宜」叶。

屨，夏用葛。玄端黑屨，青絇繶純，純博寸。

鄭注：屨者，順裳色。玄端黑屨，以玄裳爲正也。絇之言拘也，以爲行戒，狀如刀衣鼻，在屨頭。繶，縫中紃也。純，緣也。三者皆青。博，廣也。

素積白屨，以魁柎之。緇絇繶純，純博寸。

鄭注：魁，蜃蛤。柎，注也。

爵弁纁屨，黑絇繶純，純博寸。

鄭注：爵弁屨以黑爲飾。爵弁尊，其屨飾以繢次。

釋曰：爵弁纁裳，故纁屨。畫繢之事，青與白、白與黑、玄與黃對，方爲繢次。青與赤、赤與白、白與黑、黑與青比，方爲黼次。凡舃之飾如繢次，屨之飾如繡次。上黑屨以青爲飾，白屨以緇爲飾，如繡次也。纁屨當以白爲飾，而乃以繢次黑爲飾者，尊爵弁，故飾其屨與舃同。複下曰舃，禪下曰屨。天子、諸侯乃冕服用舃，他服用屨。爵弁服者，冕服之次也。三服見屨不同者，屨同裳色，禮例之常。故皮弁以裳挈屨，玄端屨一而裳三，故舍裳而以衣挈屨。冕服亦玄衣、纁裳而用舃，故爵弁以弁挈屨也。

冬，皮屨可也。不屨繐屨。

鄭注：繐屨，喪屨也。屨不灰治曰繐。

釋曰：屨，冬皮夏葛，春宜從夏，秋宜從冬。魏人以葛屨履霜，《詩》刺其褊。《喪服》有繐衰，知繐屨喪屨也。《曾子問》曰：「如將冠子而未及期日，而有齊衰、大功之喪，則因喪服而冠。除喪不改冠。」《雜記》曰：「以喪冠者，雖三年之喪可也。大功之末，可以冠子，可以嫁子。父小功之末，可以冠子，可以嫁子，可以取婦。己雖小功，既卒哭，可以冠、取妻，下殤之小功則不可。」

記。冠義。始冠，緇布之冠也。大古冠布，齊則緇之。其緌也，孔子曰：「吾未之聞也，冠而敝之可也。」

鄭注：大古，唐虞以上。緌，纓飾。未之聞，大古質，蓋亦無飾。案：今注疏本脱「蓋亦」二字。重古始冠，冠其齊冠、白布冠，今之喪冠是也。

釋曰：《雜記》曰：「大白冠、緇布之冠，皆不緌。」大白即大古白布冠也。《玉藻》曰：「始冠緇布冠，自諸侯下達，冠而敝之可也。」緇布冠繢緌，諸侯之冠也。」緇布冠，士以上冠而敝棄之，庶人則常服之。《詩》云「彼都人士，臺笠緇撮」是也。撮謂其制小，僅可撮其紒也。凡記，皆補經所不備者。蓋當時所記，亦或後世追記之。

適子冠于阼，以著代也。醮于客位，加有成也。案：此二「于」字，唐石經並作「於」，應從前後作「于」爲正。

鄭注：醮，夏、殷之禮每加于阼階，醮之于客位，所以尊敬之，成其爲人也。案：今注疏本脱此二十五字。

釋曰：客位，户西也。户西者，尊處。凡賓皆位于此，故謂之客位。

三加彌尊，諭其志也。

鄭注：彌，猶益也。冠服後加益尊。諭其志者，欲其德之進也。案：今注疏本脱此二十字。

冠而字之，敬其名也。

鄭注：名者質，所受于父母。冠，成人益文，故敬之也。今文無「之」。案：今注疏本脱「也」字及「今文無之」四字。

委貌，周道也。章甫，殷道也。毋追，夏后氏之道也。

鄭注：委，猶安也，案：此句之上，今注疏本有「或謂委貌爲玄冠」七字，乃後人誤以《儀禮經傳通解》之文竄入于此。言所以安正容貌。章，明也。殷質，言以表明丈夫也。甫或爲父，今文爲斧。毋，發聲也。追，猶堆也。夏后氏質，以其形名之。三冠皆所常服以行道也。其制之異同未之聞。

周弁、殷冔、夏收。

鄭注：弁名出于槃，槃，大也，言所以自光大也。冔名出于幠，幠，覆也，言所以自覆飾也。收言所以收斂髮也。案：此下今注疏本有「齊所服而祭也」六字，亦後人誤以《經傳通解》之文竄入者。其制之異亦未聞。案：今注疏本脱「亦」字。

三王共皮弁、素積。

鄭注：質不變。

釋曰：歷記此者，緇布冠始加，皮弁再加，周弁三加。後言皮弁者，見此先代之冠，百王同之。委貌，即易服服玄冠者也。

無大夫冠禮，而有其昬禮。古者五十而后爵，何大夫冠禮之有？

鄭注：據時有未冠而命爲大夫者。周之初禮，年未五十而有賢才者，試以大夫之事，猶服士服，行士禮。二十而冠，急成人也；五十乃爵，重官人也。大夫或時改取，案：今本作「娶」。有昬禮是也。

釋曰：《喪服》：「大夫爲昆弟之長殤小功。」大夫有兄殤，是未二十而試爲大夫也。已爲大夫，則冠矣。所謂大夫冠而不爲殤也，雖早冠亦行士禮，而冠無大夫冠禮也。記之時有之，非也。

公侯之有冠禮也，夏之末造也。

鄭注：造，作也。自夏初已上，諸侯雖父死子繼，年未滿五十者亦服士服，行士禮，五十乃命也。至其衰末，上下相亂，篡弒所由生，故作公侯冠禮以正君臣也。《坊記》曰：「君不與同姓同車，與異姓同車不同服，示民不嫌也。以此坊民，民猶得同姓以弒其君也。」案：「也」，今本作「者」。

釋曰：《家語》曰：「古者王世子雖幼，其即位則尊爲人君。人君，治成人之事者，何冠之有？然則諸侯之冠異天子與？曰：『君薨而世子主喪，是亦冠也已。人君無所殊也。諸侯之有冠禮也，夏之末造也，有自來矣。今無譏焉！』」《春秋傳》曰：「晋侯以魯公宴于河上，問公年，曰：『十二年矣，可以冠矣。』公還，及衛，冠于成公之廟，假鍾磬焉。」《書》曰：「王與大夫盡弁，以啓金縢之書。」説者以爲成王時年十五，則天子、諸侯不必二十而冠也。《大戴禮》曰：「公冠，四加玄冕，天子儗焉。」或曰「四」當爲「三」，「玄」當爲「衮」字之誤。

天子之元子猶士也，天下無生而貴者也。

鄭注：元子，世子也。無生而貴，皆由下升。

釋曰：此明天子、元子亦依士禮而冠也。《大戴禮》曰：「太子與庶子冠禮與士同，其饗賓也皆同。」

繼世以立諸侯，象賢也。

鄭注：象，法也。爲子孫能法先祖之賢，故使之繼世也。

釋曰：古者四民世事，士之于常爲士。案：此下原本缺。

以官爵人，德之殺也。

鄭注：殺，猶衰也。德大者爵以大官，德小者爵以小官。

死而謚，今也。古者生無爵，死無謚。

鄭注：今謂周衰，記之時也。古謂殷。殷士生不爲爵，死不爲謚。周制以士爲爵，死猶不爲謚耳，下大夫也。今記之時，士死則謚之，非也。謚之由魯莊公始也。

儀禮集釋卷二

士昏禮第二

鄭《目録》云：士娶妻之禮，以昏爲期，因而名焉。必以昏者，陽往而陰來，日入三商爲昏。昏禮于五禮屬嘉禮。大、小戴及《别録》此皆第二。

昏禮。下達，納采用鴈。

鄭注：達，通也。案：「通」下，今注疏本有「達」字。將欲與彼合昏姻，必先使媒氏下通其言，女氏許之，乃後使人納其采擇之禮。用鴈爲摯者，取其順陰陽往來。案：此十二字，今注疏本在「皆所以養廉恥」句下，又「用鴈」上有「納采而」三字。《詩》云：「取妻如之何？匪媒不得。」昏必由媒，交接設紹介，皆所以養廉恥。

釋曰：案：此下原本缺。

主人筵于户西，西上，右几。

鄭注：主人，女父也。筵，爲神布席也。户西者尊處，將以先祖之遺體許人，故受其禮于禰廟也。案：今注疏本無「也」字。席西上，右設几，神不統于人。席有首尾。

釋曰：席西上。案：此下原本缺。

使者玄端至。

鄭注：使者，夫家之屬若群吏使往來者。玄端，士莫夕之服，又服以事其廟。有司緇裳。

釋曰：屬，謂君命之士。吏，謂府史也。使者于主人廟中行事，故亦服玄端。緇裳即玄裳，據上士而言。《冠禮》云：「有司如主人服。」使者，所吏反，後「使者」「奉使」皆同。

擯者出請事，入告。

鄭注：擯者，有司佐禮者。請，猶問也。禮不必事，雖知，猶問之，重慎也。

主人如賓服，迎于門外，再拜。賓不荅拜。揖入。

鄭注：門外，大門外。不荅拜者，奉使不敢當其盛禮。

釋曰：聘，賓不荅拜，言辟。此不言辟者，士卑，無君臣禮。

至于廟門，案：此句「廟」字，唐石經作「廟」，應從前後作「庿」爲正。**揖入。三揖，至于階，三讓。**

鄭注：入三揖者，至内霤，將曲揖；既曲，北面揖；當碑，揖。

釋曰：内霤，門内霤也。霤，屋檐滴處。

主人以賓升，西面。賓升西階，當阿，東面致命。主人阼階上，北面，再拜。

鄭注：阿，棟也。入堂深，示親親。今文「阿」爲「庪」。

釋曰：士之廟，五架中脊爲棟。棟北之架下當室户，棟南之架爲楣，楣南之架爲庪。凡賓皆當楣。此深入當棟，示親親也。庪，居委、居綺二反。

授于楹間，南面。

鄭注：授于楹間，明爲合好，其節同也。南面，竝授也。

釋曰：楹，柱也，堂上有兩楹。楹間，堂東西之中也。凡敵者，授受于楹間。《聘禮》：「受玉于中堂與東楹之間。」中堂者，堂南北之中，入楣之北而未及棟也。東楹之間，君行一，臣行二也。此昏禮，使者與主人亦非敵，而授于楹間者，明合好，故令其遠近之節同。賓主俱南面。

賓降，出。主人降，授老鴈。

鄭注：老，群吏之尊者。

釋曰：猶公卿大夫之室老也。賓出廟門，主人授鴈，立待後事。

擯者出請。

鄭注：不必賓之事有無。

賓執鴈，請問名，主人許。賓入，授如初禮。

鄭注：問名者，將歸卜其吉凶。古文「禮」爲「醴」。

擯者出請，賓告事畢，入告。出，請醴賓。

鄭注：此「醴」亦當爲「禮」。禮賓者，欲厚之。

賓禮辭，許。

鄭注：禮辭，一辭。

主人徹几改筵，東上，側尊甒，醴于房中。

鄭注：徹几改筵者，鄉爲神，今爲人。側尊，亦言無玄酒。側尊于房中，亦有篚有籩豆，如冠禮之設。

主人迎賓于廟門外，案：「廟」字從唐石經。**揖讓如初，升。主人北面再拜。賓西階上北面荅拜。主人拂几，授校，拜送。賓以几辟，北面設于坐，左之，西階上荅拜。**

鄭注：拂，拭也。拭几者，尊賓，新之也。校，几足。辟，逡遁。案：「遁」，原本訛作「巡」，張淳《識誤》云：「《儀禮》『逡遁』字，凡十有一，獨于此作『巡』，未知孰據。今注疏本作『遁』，據以改正。」❶古文「校」爲「技」。案：「技」，今注疏本作「枝」。❷

釋曰：北面拜，拜賓至也。以几辟者，賓卑也。凡受几，皆横受之。及其設，皆旋几縱執，乃

❶ 四庫本戴校與此有異，作「原本訛作『巡』。張淳云《儀禮》『逡遁』字凡十一，《釋文》皆作『遁』」。

❷ 四庫本戴校與此有異，作「今注疏本訛作『技』」。

設之。

贊者酌醴，加角柶，面葉，出于房。

鄭注：贊，佐也，佐主人酌事也。贊者亦洗酌，加角柶覆之，如冠禮矣。出房南面，待主人捂受。

案：「捂」，原本及今注疏本竝作「迎」，張淳引《釋文》「捂授，吾故反」，又引《既夕禮》「若無器，則捂授之」注曰「謂對相授」，可證注文本「捂」字，後人改爲「迎」，今訂正。古文「葉」作「擖」。

主人受醴，面枋，筵前西北面。賓拜受醴，復位，主人阼階上拜送。

鄭注：主人西北面疑立，待賓即筵也。賓復位于西階上北面，明相尊敬。此筵不主爲飲食起。

贊者薦脯醢。

鄭注：薦，進。

賓即筵坐，左執觶，祭脯醢，以柶祭醴三，西階上北面坐，啐醴，建柶，興，坐奠觶，遂拜。主人荅拜。

鄭注：即，就也。左執觶，則祭以右手也。凡祭，于脯醢之豆間。必所爲祭者，謙敬示有所先也。啐，嘗也。嘗之者，成主人意。建，猶扱也。興，起也。奠，停也。

釋曰：《公食大夫》豆多者祭于上豆之間。知凡祭，皆于籩、豆之間也。

賓即筵，奠于薦左，降筵，北面坐取脯。主人辭。

鄭注：薦左，籩、豆之東。降，下也。自取脯者，尊主人之賜，將歸執以反命。辭者，辭其親徹。

賓降，授人脯，出。主人送于門外，再拜。

鄭注：人，謂使者從者。授于階下西面，然後出，去。

納吉，用鴈，如納采禮。

鄭注：歸卜于廟，得吉兆，復使使者往告，昏姻之事于是定。

納徵，玄纁、束帛、儷皮，如納吉禮。

鄭注：徵，成也，使使者納幣以成。昏禮用玄纁者，象陰陽備也。束帛，十端也。《周禮》曰：「凡嫁子、取妻入幣，純帛無過五兩。」儷，兩也。執束帛以致命。兩皮爲庭實。皮，鹿皮。今文「纁」皆作「熏」。

釋曰：《雜記》曰：「納幣一束，束五兩，兩五尋。」兩，兩端也。每端二丈，兩端相向，卷之爲一兩。五兩，玄三纁二，象陽奇陰偶也。諸侯加以大璋，天子加以穀圭，❶庶人則用緇帛，無纁。用緇者，婦人陰也。納徵用幣，故又謂之納幣。何休曰：「玄纁，取其順天地。❷儷皮者，鹿皮，所以重古。」凡陳于庭者曰「庭實」。

請期，用鴈。主人辭。賓許，告期，如納徵禮。

鄭注：主人辭者，陽倡陰和，期日宜由夫家來也。夫家必先卜之，得吉日，乃使使者往辭，即

❶「天子加以穀圭」，胡培翬《正義》引《集釋》在「諸侯加以大璋」上。

❷「地」下，四庫本有「也」字。

告之。

期，初昏，陳三鼎于寢門外東方，北面，北上。其實特豚，合升，去蹄，舉肺、脊二，祭肺二；魚十有四；腊一肫，髀不升。皆飪。設扃鼏。

鄭注：期，取妻之日。鼎三者，升豚、魚、腊也。寢，壻之室也。北面，鄉内也。特，猶一也。合升，案：原本脱此二字，據今注疏本補。合左右胖升于鼎也。去蹄，蹄甲不用也。舉肺、脊者，食時所先舉也。肺者，氣之主也，周人尚焉。脊者，體之正也，食時即祭之。飯必舉之，貴之也。每皆二者，夫婦各一耳。凡魚之正十五而鼎，減一爲十四者，欲其敵偶也。腊，兔腊也。肫，或作「純」。純，全也。凡腊用全。髀不升者，近竅，賤也。飪，孰也。扃所以扛鼎，鼏覆之。古文「純」爲「鈞」，「髀」爲「脾」。今文「扃」作「鉉」，「鼏」皆作「密」。

釋曰：《特牲饋食禮》「陳鼎當門」，重昏禮，攝盛，故如《少牢禮》「陳鼎東方」也。合升者，夫婦各一胖，所謂共牢也。去蹄，謂其踐地，穢惡也。肺有二：其一舉肺，離割之，使食時可祭可嚌，又名離肺、嚌肺；其一祭肺，刌切之以祭，又名刌肺、切肺。祭時二肺俱有，生人食惟有舉肺。此具二肺者，鬼神陰陽也。祭用魚十有五，此亦因之而減其一。生人之魚數則異乎此。凡牲止用一胖，腊則左右體脅相配，故得純名。《少牢禮》「腊用麋」，知士兔腊而已。《曲禮》曰：「兔曰明視。」徐鉉《説文》曰：「鼏，以木横貫鼎耳舉之，即《易》『玉鉉』也。」

設洗于阼階東南。

鄭注：洗，所以承盥洗之器棄水者。

饌于房中，醯醬二豆，菹醢四豆，兼巾之。黍稷四敦，皆蓋。

鄭注：醯醬者，以醯和醬，生人尚褻味。兼巾之者，六豆共巾也。巾爲禦塵，蓋爲尚温。《周禮》曰：「食齊視春時。」

釋曰：醬以醯和之，故名醯醬，下經直言醬也。惟《公食大夫》及此禮有醯醬。

大羹湆在爨。

鄭注：大羹湆，煮肉汁也。大古之羹無鹽菜。爨，火上。❶《周禮》曰：「羹齊視夏時。」今文「湆」皆作「汁」。

釋曰：湆，汁也。《郊特牲》：「大羹不和。」後王更有鉶羹致以五味，猶存大羹，不忘古也。羹尚熱，故設時乃取之于爨。大羹，竝如字。

尊于室中北墉下，有禁。玄酒在西。綌幂，案：「幂」，今注疏本訛作「幂」，❷攷《周禮·幂人》「以疏布巾幂八尊」，《説文》作「幎」，云《周禮》有「幎人」，是「幂」即「幎」字之變體。**加勺，皆南枋。**

---

❶「火上」，胡培翬《正義》作「竈也」。

❷「幂」，四庫本作「冪」，當是。

鄭注：墉，牆也。禁，所以庋甒者。玄酒，不忘古也。綌，麤葛。今文「枋」作「柄」。

尊于房户之東，無玄酒。篚在南，實四爵，合卺。

鄭注：無玄酒者，略之也。夫婦酌于内尊，其餘酌于外尊。合卺，破匏也。四爵兩卺凡六，爲夫婦各三酳。一升曰爵。

釋曰：外尊無冪，以尊厭卑也。《燕禮》：「方圜壺亦無冪。」《郊特牲》曰：「共牢而食，同尊卑也。器用陶、匏，尚禮然也。三王作牢，用陶、匏。」大古禮器。大古無共牢之禮，三王作之。而用大古之器，重夫婦之始也。

主人爵弁，纁裳緇袉。案：「袉」，唐石經及各本竝訛作「袘」，今據《説文》改正。**從者畢玄端，乘墨車。從車二乘，執燭前馬。**

鄭注：主人，壻也。壻爲婦主。爵弁而纁裳，玄冕之次。大夫已上親迎，冕服。冕服迎者，鬼神之。鬼神之者，所以重之親之。纁裳者，衣緇衣。不言衣與帶而言袉者，空其文，明其與袉俱用緇。袉，謂緣。❶袉之言施，以緇緣裳，象陽氣下施。從者，有司也。乘貳車，案：「貳」，各本訛作「二」，今據疏文改正。從行者也。畢，猶皆也。墨車，漆車。士而乘墨車，攝盛也。執燭前馬，使

❶「謂」，四庫本作「爲」。

從役持炬火居前炤道。❶

釋曰：《郊特牲》曰：「玄冕齋戒，鬼神陰陽也。」言敬此夫婦之道，如事鬼神也。凡昏，各用其上服。五冕色俱玄，故謂之玄冕。爵弁，則士服之上也。《雜記》曰：「士弁而親迎。」《巾車職》曰：「大夫乘墨車，士乘棧車。」棧車漆而不革輓，墨車革鞔而漆之。大夫有貳車，士無貳車。此有之者，亦攝盛。

婦車亦如之，有裧。

鄭注：亦如之者，車同等。士妻之車，夫家共之。大夫已上嫁女，則自以車送之。裧，車裳帷，❷《周禮》謂之「容」。車有容，則固有蓋。

釋曰：《春秋傳·宣五年》：「秋，齊高固來逆叔姬。冬，高固及叔姬來反馬。」反馬者，留其車也。留車，妻之道。反馬，壻之義。此大夫已上自以其車送女也。《詩》曰：「漸車帷裳。」

至于門外。

鄭注：婦家大門之外。

主人筵于户西，西上，右几。

❶ 「從」，四庫本及阮本《儀禮注疏》作「徒」。

❷ 「帷」，四庫本及阮本《儀禮注疏》作「幃」。

鄭注：主人，女父也。筵，爲神布席。

釋曰：凡逆者，皆受女于廟。《春秋傳》，楚公子圍娶于鄭公孫段氏，鄭人請墠聽命，圍不可。鄭人曰：「其敢愛豐氏之祧。」又曰：「圍布几筵，告于莊、共之廟而來。」則來逆者亦告廟。《曲禮》曰：「齊戒以告鬼神。」

女次，純衣纁袡，立于房中，南面。

鄭注：次，首飾也，今時髲也。《周禮》追師掌爲副、編、次。純衣，絲衣。女從者畢袗玄，則此衣亦玄矣。案：原本脱「衣」字，據疏文補正。袡，亦緣也。袡之言任也，以纁緣其衣，象陰氣上任也。凡婦人不常施袡之衣，盛昏禮，爲此服。《喪大記》曰：「復衣不以袡。」明非常。

釋曰：次，次第髮長短爲之。《少牢饋食禮》所謂「主婦髲鬄」也。女亦纚笄。命婦衣褖衣者，服次、純衣、褖衣也。褖衣色黑，士妻助祭之服，盛昏禮，故服之。不言裳者，婦人之服連衣裳。

姆纚、笄、宵衣，在其右。

鄭注：姆，婦人年五十無子，出而不復嫁，能以婦道教人者，若今時乳母矣。案：今注疏本脱「矣」字。纚，縚髮。笄，今時簪也。纚亦廣充幅，長六尺。「宵」讀爲《詩》「素衣朱綃」之「綃」。《魯詩》以綃爲綺屬也。姆亦玄衣，以綃爲領，因以爲名，且相别耳。姆左女右，❶當詔以婦禮。

❶「左」，四庫本及阮本《儀禮注疏》作「在」。

女從者畢袗玄，纚，笄，被纇黼，在其後。

鄭注：女從者，謂姪娣也。《詩》云：案：今注疏本脱「云」字。「諸娣從之，祁祁如雲。」袗，同也。同玄者，上下皆玄。案：此下今注疏本有「也」字。纇，禪也。《詩》云：「素衣朱襮。」《爾雅》云：「黼領謂之襮。」《周禮》曰：「白與黑謂之黼。」天子、諸侯后夫人狄衣。卿大夫之妻，刺黼以爲領，如今偃領矣。士妻始嫁，施禪黼于領上，假盛飾耳。言被，明非常服。

主人玄端，迎于門外，西面，再拜。賓東面荅拜。

鄭注：賓，壻。

主人揖入，賓執鴈從。至于庿門，案：「庿」，各本作「廟」，據唐石經改正。**揖入。三揖，至于階，三讓。**

主人升，西面。賓升，北面，奠鴈，再拜稽首，降，出。婦從，降自西階。主人不降送。

鄭注：賓升奠鴈拜，主人不荅，明主爲授女耳。主人不降送，禮不參。

釋曰：賓奠摯而拜，稽首，壻有子道也。

壻御婦車，授綏，姆辭不受。

鄭注：壻御者，親而下之。綏，所以引升車者。案：此下今注疏本有「《曲禮》曰」三字，據疏釋下二語云《曲禮》文，則注無「《曲禮》曰」可知。僕人之禮，必授人綏。

釋曰：《郊特牲》曰：「壻親御授綏，親之也。」親之也者，親之也。

婦乘以几，姆加景，乃驅。御者代。

鄭注：乘以几者，尚安舒也。景之制蓋如明衣，加之以爲行道禦塵，令衣鮮明也。景亦明也。驅，行也。行輪三周，案：「行」下，今注疏本有「車」字。御者乃代壻。今文「景」作「幜」。

釋曰：乘以几，謂登車時也。《曲禮》曰：「尸乘必以几。」《詩》云：「衣錦褧衣，裳錦褧裳。」以錦爲衣裳，而上加禪縠，庶人妻之嫁服也。《碩人》詩亦云：「衣錦褧衣。」庶人卑，不嫌與國君夫人同。士妻純衣加明衣，非爲其文大著，爲禦風塵耳。

壻乘其車先，俟于門外。

鄭注：壻車在大門外。乘之先者，道之也。男率女，女從男，夫婦剛柔之義自此始也。俟，待也。門外，壻家大門外。

婦至，主人揖婦以入。及寢門，揖入，升自西階。媵布席于奥。案：「媵」下，各本衍「布」字，張淳引《釋文》云「媵席」，中無「布」字。**夫入于室，即席。婦尊西，南面。媵、御沃盥交。**

鄭注：升自西階，道婦入也。媵，送也，謂女從者也。御當爲訝。訝，迎也，謂壻從者也。媵沃壻盥于南洗，御沃婦盥于北洗。夫婦始接，情有廉恥，媵、御交道其志。

釋曰：《詩》云：「好人提提，宛然左辟。」好人，爲容好者。左辟，辟而左，不敢當尊，蓋壻揖婦入之時也。室中西南隅謂之奥。壻爲主，先就席，婦席未設也。沃盥，沃水以盥手也。《春秋外傳》曰：「秦伯歸晋公子女五人，公子使奉匜沃盥。」

贊者徹尊冪。舉者盥，出除鼏，舉鼎入，陳于阼階南，西面，北上。朼俎從設。案：「朼」，各本作「匕」，下同。張淳云：「《釋文》『朼，必履反』，後《士喪禮》『乃朼載』又曰『朼』者，《特牲饋食》『乃朼』、《有司》『朼羊』『朼豕魚』，字皆從『木』。《少牢饋食》『長朼』，古文作『匕』，鄭氏亦改爲『朼』。」

鄭注：執朼者執俎者，從鼎而入，設之。朼，所以別出牲體也。俎，所以載也。

北面載，執而俟。

鄭注：執俎而立，俟豆先設。

朼者逆退，復位于門東，北面，西上。

鄭注：執朼者事畢，逆退由便。至此乃著其位，略賤也。

釋曰：逆退，後入者先退也。

贊者設醬于席前，菹醢在其北。俎入，設于豆東，魚次。腊特于俎北。

鄭注：豆東，菹醢之東。

釋曰：醬爲饌本，先設之，而居右，以右手取之便也。俎，豚俎也。俎以牲體爲主，故豚俎專得俎名。魚次者，次在俎東。

贊設黍于醬東，稷在其東，設湆于醬南。

鄭注：饌要方也。

釋曰：豆東豚魚，醬東黍稷。取其饌方，故特腊，而設湆于醬南。

設對醬于東。

鄭注：對醬，婦醬也，設之當特俎。

釋曰：席前醬右而腊左。奧席之左，當對席之右，故對醬當奧腊也。

菹醢在其南，北上。設黍于腊北，其西稷。設湆于醬北。御布對席。贊啟會，卻于敦南，對敦于北。

鄭注：啟，發也。今文「啟」作「開」，古文「卻」爲「綌」。

釋曰：菹醢北上，醢在菹南，各上其右也。俎亦設于豆西，魚次腊，特于俎南，乃設黍于醬西。曰腊北者，以其次腊設之，其實在俎北也。會，敦蓋也。卻，仰也，仰之于地。

贊告具。揖婦即對筵。皆坐，皆祭，祭薦、黍、稷、肺。

鄭注：贊者西面告饌具也。壻揖婦，使即席。薦，菹醢。

釋曰：肺，祭肺也。

贊爾黍，授肺脊。皆食，以湆、醬，皆祭舉、食舉也。

鄭注：爾，移也，移置席上，便其食也。皆食，食黍也。以，用也。用者，謂啜湆咂醬。案：今注疏本作「謂用口啜湆，用指咂醬」，疏内舉注文亦有「用口」「用指」四字，皆校書者所增，觀《集釋》復解「咂」字云「以指咂之」可證。古文「黍」作「稷」。

釋曰：肺脊，舉肺脊也。以其舉之以祭以食，故又名此肺脊爲舉。咂，以指咂之。

三飯，卒食。

鄭注：卒，已也。同牢示親，不主爲食起，三飯而成禮也。

贊洗爵，❶酌，酳主人。主人拜受。贊户内北面荅拜。酳婦亦如之。皆祭。

鄭注：酳，漱也。酳之言演也，安也。漱，所以絜口，案：「絜」，今注疏本作「潔」，古本皆作「絜」，後同。且演安其所食。酳，酌内尊。

贊以肝從，皆振祭，嚌肝，皆實于菹豆。

鄭注：肝，肝炙也。飲酒宜有肴以安之。

釋曰：振祭，以肝擩鹽中，振之乃祭也。《士虞禮》曰：「賓長以肝從，實于俎，縮，右鹽。」言實不言加，異于祭禮。

卒爵，皆拜。贊荅拜，受爵。再酳如初，無從。三酳用卺，亦如之。

鄭注：亦無從也。案：經文「卒爵皆拜」下，今注疏本有「婦拜見上篇見母章，此篇婦見奠菜一章及《内則》女拜尚右手」凡二十四字，乃後人誤以《儀禮經傳通解》之文竄入于此。

釋曰：《昏義》曰：「昏禮納采、問名、納吉、納徵、請期，皆主人筵几于廟，而拜迎于門外。入揖讓而升，聽命于廟，所以敬慎重正昏禮也。父親醮子而命之迎，男先于女也。子承命以迎，主人筵

❶「爵」，原作「酌」，據四庫本及阮本《儀禮注疏》改。

几于廟而拜迎于門外。壻執鴈入，揖讓升堂，再拜奠鴈，蓋親受之于父母也。降出，御婦車而壻授綏，御輪三周，先俟于門外。婦至，壻揖婦以入，共牢而食，合巹而酳，所以合體同尊卑，以親之也。敬慎重正而后親之，禮之大體，而所以成男女之別，而立夫婦之義也。」

贊洗爵，酌于外尊。案：「于」下，各本衍「户」字，據前，「尊于室中北墉下」是爲内尊，「尊于房户之東」是爲外尊，注止稱爲内尊、外尊，此處疏云「乃酌外尊」，亦無「户」字，今删正。**入户，西北面奠爵，拜。皆荅拜。坐祭，卒爵，拜。皆荅拜。興。**

鄭注：贊酌者自酢也。

主人出，婦復位。

鄭注：復尊西南面之位。

乃徹于房中，如設于室，尊否。

鄭注：徹室中之饌，設于房中，爲媵、御餕之。徹尊不設，有外尊也。

主人説服于房，媵受。婦説服于室，御受。姆授巾。

鄭注：巾，所以自絜清。今文「説」皆作「税」。案：今注疏本無「皆」字。

御衽于奥，媵衽良席在東，皆有枕，北止。

鄭注：衽，卧席也。婦人稱夫曰「良」，《孟子》曰：「將見良人之所之。」案：「見」，《釋文》作「瞯」，云今本亦作「見」。止，足也。古文「止」作「趾」。

主人入，親説婦之纓。

鄭注：入者，從房還入室也。婦人十五許嫁，笄而禮之，因著纓，明有繫也。蓋以五采爲之，其制未聞。

釋曰：《曲禮》曰「女子許嫁，纓」，與《内則》「未冠笄者，衿纓」之「纓」異。

燭出。

鄭注：昏禮畢，將卧息。

媵餕主人之餘，御餕婦餘。贊酌外尊，酳之。

鄭注：外尊，房户外之東尊。

媵侍于户外，呼則聞。

鄭注：爲尊者有所徵求。今文「侍」作「待」。

夙興，婦沐浴，纚、笄、宵衣，以俟見。

鄭注：夙，早也，昏明日之晨。興，起也。俟，待也，待見于舅姑寢門之外。古者命士已上，年十五，父子異宫。

釋曰：纚、笄、宵衣，士妻服也。《特牲饋食禮》：「主婦纚、笄、宵衣。」

質明，贊見婦于舅姑。席于阼，舅即席。席于房外，南面，姑即席。

鄭注：質，平也。房外，房户外之西。古文「舅」作「咎」。案：「舅」下，今注疏本有「皆」字。

婦執笲棗、栗，自門入，升自西階，進拜，奠于席。

鄭注：笲，竹器而衣者，案：「而」，今注疏本訛作「有」。其形蓋如今之筥⿱艹层蘆矣。案：「⿱艹层蘆」，今注疏本作「筊籚」。進拜者，進東面乃拜。奠之者，舅尊，不敢授也。

舅坐撫之，興，答拜。婦還，又拜。

鄭注：還又拜者，還于先拜處拜。婦人與丈夫爲禮，則俠拜。

降階受笲腶脩，案：「腶」，《釋文》作「段」，云「本又作『腶』，同」，唐石經訛作「股」。**升，進，北面拜，奠于席。**

姑坐，舉以興，拜，授人。

鄭注：人，有司。姑執笲以起，答婦拜，授有司徹之。舅則宰徹之。

釋曰：姑舉之，若親受之然。棗、栗義取早自謹敬，腶脩取斷斷自脩正。《公羊傳》曰：「婦見曷用？棗栗云乎，腶脩云乎。」《雜記》曰。案：此下原本缺。

贊醴婦。

鄭注：醴，當爲「禮」。贊禮婦者，以其婦道新成，親厚之。

席于户牖間。

鄭注：室户西牖東，南面位。

側尊甒醴于房中。婦疑立于席西。

鄭注：疑，❶正立自定之貌。

贊者酌醴，加柶，面枋，出房，席前北面。婦東面拜受。贊西階上北面拜送。婦又拜。薦脯醢。

鄭注：婦東面拜，贊北面荅之，變于丈夫始冠成人之禮。

釋曰：始冠者，南面受醴以向賓，賓東面荅拜。此舅姑在東，故婦東面拜受也。又拜者，俠拜。醴，贊酌、贊授，故面枋也。

婦升席，左執觶，右祭脯醢，以柶祭醴三，降席，東面坐，啐醴，建柶，興，拜。贊荅拜。婦又拜，奠于薦東，北面坐，取脯，降出，授人于門外。

鄭注：奠于薦東，升席奠之。取脯降出授人，親徹，且榮得禮。人，謂婦氏人。

舅姑入于室，婦盥饋。

鄭注：饋者，婦道既成，成以孝養。

特豚，合升，側載，無魚腊，無稷，竝南上。其他如取女禮。

鄭注：側載者，右胖載之舅俎，左胖載之姑俎，異尊卑。竝南上者，舅姑共席于奥，其饌各以南

❶「疑」下，四庫本有「立」字。

爲上。其他，謂醬、湇、菹、醢。女，謂婦也。如取婦禮同牢時。今文「竝」當作「併」。案：今注疏本無「今文」二字，似後人因下「當」字，遂删此二字耳。「當」字應是衍文。

婦贊成祭，卒食，一酳，無從。

鄭注：贊成祭者，授處之。今文無「成」也。

席于北墉下。

鄭注：墉，墻也，案：今注疏本脱此三字。室中北牆下。

婦徹，設席前如初，西上。婦餕，舅辭，易醬。

鄭注：婦餕者，即席將餕也。辭易醬者，嫌淬汙。

釋曰。案：此下原本缺。

婦餕姑之饌，御贊祭豆、黍、肺，舉肺、脊。乃食，卒。姑酳之。婦拜受。姑拜送。坐祭，卒爵。姑受，奠之。

鄭注：奠之，案：今注疏本脱此二字。奠于篚。

釋曰：不餕舅餘者，舅尊，嫌相褻。《郊特牲》曰：「舅姑卒食，婦餕餘，私之也。」

婦徹于房中。媵、御餕，姑酳之。雖無娣，媵先。于是與始飯之錯。

鄭注：古者嫁女，必姪、娣從，案：「從」下，今注疏本衍「之」字。謂之媵。姪，兄之子。娣，女弟也。娣尊姪卑。若或無娣，猶先媵，客之也。始飯謂舅姑。錯者，媵餕舅餘，御餕姑餘也。古文「始」

爲「姑」。

釋曰：媵先，先于御也。

舅姑共饗婦以一獻之禮。舅洗于南洗，姑洗于北洗。奠酬。

鄭注：以酒食勞人曰饗。南洗在庭，北洗在北堂。設兩洗者，獻、酬、酢以絜清爲敬。奠酬者，明正禮成，不復舉。凡酬酒皆奠于薦左，不舉。其燕則更使人舉爵。

釋曰：舅獻姑酬，共成一獻也。❶

舅姑先降自西階，婦降自阼階。

鄭注：授之室，使爲主，明代己。

釋曰：《昏義》曰：「夙興，婦沐浴以俟見。質明，贊見婦于舅姑，婦執笲棗、栗、腶脩以見，贊。」

案：此下原本缺。

歸婦俎于婦氏人。

鄭注：言俎，則饗禮有牲矣。婦氏人，丈夫送婦者。使有司歸以婦俎，當以反命于女之父母，明其得禮。

舅饗送者以一獻之禮，酬以束錦。

---

❶「共」，原作「其」，據四庫本改。

鄭注：送者，女家有司也。爵至酬賓，又從之以束錦，所以相厚。古文「錦」皆爲「帛」。案：今注疏本云「皆作帛」。

姑饗婦人送者，酬以束錦。

鄭注：婦人送者，隸子弟之妻妾。凡饗，速之。

釋曰：士卑無臣，自以其子弟爲僕隸。《春秋傳》曰：「士有隸子弟。」速者，就其館召之。

若異邦，則贈丈夫送者以束錦。

鄭注：贈，送也。就賓館。

釋曰：聘賓去，至郊而贈，知此亦就其館也。古者大夫不外娶，嫌外交。士卑不嫌，故有異邦送者。

若舅姑既没，則婦入三月，乃奠菜。

鄭注：没，終也。奠菜者，以篚祭菜也。蓋用堇。

釋曰：三月，天氣變，婦道成。廟見，猶舅姑存時之盥、饋。「堇」，蓋亦取謹敬之義。《内則》有「堇、荁」，音謹。

席于廟奥，東面，右几。席于北方，南面。

鄭注：廟，考妣之廟。北方，墉下。

釋曰：祭設同几，精氣合。廟見象生時，故别席也。

祝盥，婦盥于門外。婦執笲菜，祝帥婦以入。祝告，稱婦之姓，曰：「某氏來婦，致奠嘉菜于皇舅某子。」

鄭注：帥，道也。入，入室也。某氏者，齊女則曰姜氏，魯女則曰姬氏。來婦，案：「婦」，原本及今注疏本竝訛作「歸」，據宋本改正。言來爲婦。嘉，美也。皇，君也。

釋曰：盥于門外，猶沐浴俟見也。

婦拜扱地，坐奠菜于几東，席上。還，又拜如初。

鄭注：扱地，手至地也。婦人扱地，猶男子稽首。

釋曰：皆拜之，重者。几東，「東」字疑。

婦降堂，取笲菜入。祝曰：「某氏來婦，敢告于皇姑某氏。」奠菜于席，如初禮。

鄭注：降堂，階上也。室事交乎户，今降堂者，敬也。于姑言「敢告」，舅尊于姑。

婦出，祝闔牖、户。

鄭注：凡廟無事則閉之。

老醴婦于房中，南面，如舅姑醴婦之禮。

鄭注：因于廟見禮之。

壻饗婦送者丈夫、婦人，如舅姑饗禮。

記。士昏禮，凡行事，必用昏、昕，受諸禰廟。辭無「不腆」，無「辱」。

鄭注：用昕，使者。用昏，壻也。案：此下今注疏本有「壻悉計反，從士、從胥，俗作婿，女之夫」凡十四字，乃《釋文》前「壻之」二字下《音義》誤入于此。腆，善也。賓不稱幣不善，主人不謝來辱。

釋曰：案：此下原本缺。

摯不用死，皮帛必可制。

鄭注：摯，鴈也。皮帛，儷皮、束帛也。

釋曰：士摯用死雉，故明之。皮帛必可制爲衣物，亦告以直信之義。

腊必用鮮，魚用鮒，必殽全。

鄭注：殽全者，不餧敗，案：「餧」，今注疏本作「餒」，《説文》有「餧」無「餒」，云：「餧，飢也。一曰魚敗曰餧。」張參《五經文字》云：「經典相承，❶別作『餒』爲『飢餒』字，以此字爲『餧餉』之『餧』。」字書無文可證。「餒」字古人所無。不剥傷。

釋曰：用鮮，貴新也。鼎九者，腊乃有鮮。用鮒殽全者，取相衣附，全節之義。

女子許嫁，笄而醴之，稱字。

鄭注：許嫁，已受納徵禮也。笄女之禮，猶冠男也，使主婦、女賓執其禮。

---

❶「經」上，胡培翬《正義》引戴校有「餧奴罪反飢也」六字。

祖廟未毁，教于公宫三月。若祖廟已毁，則教于宗室。

鄭注：祖廟，女高祖爲君者之廟也。以有緦麻之親，就尊者之宫，教以婦德、婦言、婦容、婦功。宗室，大宗之家。

問名，主人受鴈，還，西面對。賓受命乃降。

鄭注：受鴈于兩楹間，南面，還于阼階上，對賓以女名。

祭醴，始扱壹祭，案：「壹」，今注疏本作「一」，唐石經亦作「壹」。**及扱再祭。賓右取脯，左奉之，乃歸，執以反命。**

鄭注：反命，謂使者問名、納吉、納徵、請期，還報于壻父。

納徵，執皮，攝之，内文，兼執足，左首。隨入，西上，參分庭一在南。

鄭注：攝，猶辟也。兼執足者，左手執前兩足，右手執後兩足。左首，象生。《曲禮》曰：「執禽者左首。」隨入，爲門中阸狹。西上，中庭位併。

釋曰：内文者，足向上。兼執之，掩其文在内也。隨入室中庭，❶乃竝立北面。

賓致命，釋外足見文。主人受幣。士受皮者自東出于後，自左受，遂坐攝皮，逆退，適東壁。

鄭注：賓致命，主人受幣，庭實所用爲節。士，謂若中士、下士不命者，以主人爲官長。自，

❶「室」，據文義疑衍。

由也。

釋曰：外足，足之遠身者。士。案：此下原本有缺文。來出于執皮者之後，由其左北面受之，後者先反而東。不命之士，官長所自辟除府史之屬。

父醴女而俟迎者，母南面于房外。

鄭注：女既次純衣，父醴之于房中，南面，蓋母薦焉，重昏禮也。女奠爵于薦東，立于位而俟壻。壻至，父出，使擯者請事。母出南面房外，示親授壻，且當戒女也。

女出于母左，父西面戒之，必有正焉，若衣若笄，母戒諸西階上，不降。

鄭注：必有正焉者，以託戒使勿忘。案：「戒」下，今注疏本衍「之」字。

釋曰：衣笄，當在身，見衣笄。案：此下原本缺。

婦乘以几。從者二人坐持几，相對。

鄭注：持几者，重慎之。

釋曰：登車以几，若王后之履石。

婦入寢門，贊者徹尊冪，酌玄酒，三屬于尊，棄餘水于堂下階間，加勺。

鄭注：屬，注也。玄酒，涚水貴新，昏禮又貴新，故事至乃取之，三注于尊中。

笲，緇被纁裏，加于橋。舅荅拜，宰徹笲。

鄭注：被，表也。笲有衣者，婦見舅姑，以飾爲敬。橋，所以庪笲，其制未聞。今文「橋」爲「鐈」。

婦席薦，饌于房。

鄭注：醴婦、饗婦之席薦也。

饗婦，姑薦焉。

鄭注：舅姑共饗婦，舅獻爵，姑薦脯醢。

婦洗在北堂，直室東隅，篚在東，北面盥。

鄭注：洗在北堂，所謂北洗。北堂，房中半以北。洗南北直室東隅，東西直房户與隅間。

釋曰：案：此下原本缺。

婦酢舅，更爵，自薦。

鄭注：更爵，男女不相因也。

不敢辭洗。舅降則辟于房，不敢拜洗。

鄭注：不敢與尊者爲禮。

凡婦人相饗，無降。

鄭注：姑饗婦人送者于房，無降者，以北洗、篚在上。

婦入三月，然後祭行。

鄭注：入夫之室三月之後，于祭乃行，謂助祭也。

釋曰：婦人之從君子，豈以爲必得當之哉！見禮則進，不見禮則退，故嫁者三月而後廟見祭行，祭行而後反馬也。《詩》曰：「未見君子，憂心忡忡。亦既見止，亦既覯止，我心則降。」

庶婦則使人醮之，婦不饋。

鄭注：庶婦，庶子之婦也。使人醮之，不饗也。酒不酬酢曰醮，亦有脯醢。適婦酌之以醴，尊之。庶婦酌之以酒，卑之。其儀則同。不饋者，共養統于適也。

釋曰：適婦，贊醴之。庶婦，亦使人醮之。適婦饋舅姑，舅姑饗婦。庶婦不饋不饗。

昏辭曰：「吾子有惠，貺室某也。

鄭注：昏辭，擯者請事告之辭。吾子，謂女父也。稱有惠，明下達。貺，賜也。室，猶妻也。子謂公冶長可妻也。某，壻名。

「某有先人之禮，使某也請納采。」

鄭注：某，壻父名也。某也，使名也。

對曰：「某之子惷愚，又弗能教。吾子命之，某不敢辭。」

鄭注：對曰者，擯出納賓之辭。某，女父名也。吾子，謂使者。今文「弗」字下無「能」字。❶

❶「字下」，四庫本作「爲不」。

案：「今文」，今注疏本作「古文」。

致命曰：「敢納采。」問名曰：「某既受命，將加諸卜，敢請女爲誰氏？」

鄭注：某，使者名也。誰氏者，謙也，不必其主人之女。

對曰：「吾子有命，且以備數而擇之，某不敢辭。」

鄭注：卒曰某氏，不記之者，明爲主人之女。

醴曰：「子爲事故，至於某之室。某有先人之禮，請醴從者。」

鄭注：言從者，謙不敢斥也。今文「於」爲「于」。

對曰：案：原本脱此二字，據唐石經及今注疏本補。**「某既得將事矣，敢辭。」**

鄭注：將，行。

「先人之禮，敢固以請。」

鄭注：主人辭。固，如故。

「某辭不得命，敢不從也。」

鄭注：賓辭也。不得命者，不得許己之命。案：「許」，今注疏本訛作「辭」。

納吉曰：「吾子有貺命，某加諸卜，占曰吉，使某也敢告。」

鄭注：貺，賜也。賜命謂許以女名也。某，壻父名。

對曰：「某之子不教，惟恐弗堪。子有吉，我與在，某不敢辭。」

鄭注：與，猶兼也。古文「與」爲「豫」。

納徵曰：「吾子有嘉命，貺室某也。某有先人之禮，儷皮、束帛，使某也請納徵。」致命曰：「某敢納徵。」對曰：「吾子順先典，貺某重禮，某不敢辭，敢不承命。」案：原本脱此四字，據唐石經及今注疏本補。

鄭注：典，常也，法也。

請期曰：「吾子有賜命，某既申受命矣。惟是三族之不虞，使某也請吉日。」

鄭注：三族，謂父昆弟、己昆弟、子昆弟。虞，度也。不億度，謂卒有死喪，此三族者，己及子皆爲服期，期服則踰年，欲及今之吉也。《雜記》曰：「大功之末，可以冠子、嫁子。」

對曰：「某既前受命矣，惟命是聽。」

鄭注：前受命者，申前事也。

曰：「某命某聽命于吾子。」

鄭注：曰「某」，壻父名也。

對曰：「某固惟命是聽。」使者曰：「某使某受命，吾子不許，某敢不告期。」曰：「某日。」

鄭注：某，吉日之甲乙。

對曰：「某敢不敬須。」

鄭注：須，待。案：此下今注疏本有「也」字。

凡使者歸，反命曰：「某既得將事矣，敢以禮告。」

鄭注：告，禮所執脯。案：此注，今注疏本在下「主人曰聞命矣」之下。

主人曰：「聞命矣。」父醮子。

鄭注：子，壻。案：此下今注疏本有「也」字。敖繼公《集説》又有「醮之禮如冠醮，與其異者于寢耳」凡十三字。攷《春秋公羊傳》「隱公元年春，王正月」，疏引鄭注《昏義》「醮之禮如冠醮與」，不引《士昏禮》，可證《儀禮》中本無此注，敖氏取《禮記注》入于此耳。

釋曰：醴重而醮輕，女以從人爲重，故父醴。案：此下原本缺。

命之曰：案：唐石經亦作「命之曰」，今注疏本「之」下衍「辭」字。**「往迎爾相，承我宗事。**

鄭注：相，助也。宗事，宗廟之事。

「勖帥以敬先妣之嗣，若則有常。」

鄭注：勖，勉也。若，猶女也。勉帥道婦，案：各本皆訛作「勉帥婦道」，張淳引《釋文》上「帥道」之注云「下『帥道』同」，下『帥道』謂此句也。可證古本乃「勉帥道婦」。以敬其爲先妣之嗣。女之行則當有常，深戒之。《詩》云：「大姒嗣徽音。」案：此注，今注疏本在下「不敢忘命」句之下。❶

子曰：「諾。惟恐弗堪，不敢忘命。」

---

❶ 「之下」下，四庫本有「釋曰易」三字，并綴戴校文「案此下原本缺」六字。

釋曰：《荀子》曰：「親迎之禮，父南鄉而立，子北面而跪，醮而命之：『往迎爾相，成我宗事，隆率以敬先妣之嗣，❶若則有常。』子曰：『諾。惟恐不能，敢忘命矣。』」案：此數句改《儀禮》記文之「承」爲「成」，「勖」爲「隆」，「弗堪」爲「不能」，「不敢忘命」爲「敢忘命矣」，與刊本《荀子》同，今仍原文。

賓至，擯者請，對曰：「吾子命某，以茲初昏，使某將，請承命。」

鄭注：賓，壻也。命某，某，壻父名。茲，此也。將，行也。使某行昏禮來迎。案：此注，今注疏本在下「某固敬具以須」句之下。

對曰：「某固敬具以須。」父送女，命之曰：「戒之敬之，夙夜毋違命。」

鄭注：夙，早也，早起夜卧。命，舅姑之教命。古文「毋」爲「無」。

母施衿結帨，曰：「勉之敬之，夙夜無違宮事。」

鄭注：帨，佩巾。

釋曰：《孟子》曰：「女子之嫁也，母命之往，送之門，曰：『往之女家，必敬必戒，毋違夫子。』」《坊記》曰：「昏禮，壻親迎見于舅姑，舅姑承子以授壻，恐事之違也。以此坊民，婦猶有不至者。」

庶母及門內，施鞶，申之以父母之命，命之曰：「敬恭聽，宗爾父母之言。夙夜無愆，視諸衿鞶。」

鄭注：庶母，父之妾也。鞶，鞶囊也。男鞶革，女鞶絲，所以盛帨巾之屬，爲謹敬。申，重也。

---

❶「隆」，四庫本作「勖」。

宗，尊也。愆，過也。諸，之也。示之以衿鞶者，案：今注疏本脱「者」字。皆託戒使識之也。不示之衣笄者，案：「衣」上，今注疏本衍「以」字。尊者之戒，不嫌忘之。「視」乃正字，今文作「示」，俗誤行之。

壻授綏，姆辭曰：「未教，不足與爲禮也。」案：明監本注疏脱此十四字，唐石經亦有。

鄭注：姆，教人者。案：明監本注疏脱此四字。

宗子無父，母命之。親皆没，己躬命之。

鄭注：宗子者，適長子也。命之，命使者。母命之，在《春秋》「紀裂繻來逆女」是也。躬，猶親也。親命之，則「宋公使公孫壽來納幣」是也。言宗子無父，是有有父者。案：原本脱一「有」字，據今注疏本補。禮，七十老而傳，八十齊喪之事不及。若是者，子代其父爲宗子。其取也，父命之。

釋曰：《春秋公羊》説宋公無母，其來納幣也，自命之。紀有母，其來逆女也，母命之。母命之而不稱使者，婦人無外事。

支子則稱其宗。

鄭注：支子，庶昆弟也。稱其宗子命使者。

弟稱其兄。案：唐石經亦作「弟稱」，今注疏本「弟」下衍「則」字。

鄭注：弟，宗子之母弟。案：今注疏本脱「之」字。

若不親迎，則婦入三月然後壻見，曰：「某以得爲外昏姻，請覿。」

鄭注：女氏稱昏，壻氏稱姻。覿，見也。

釋曰：壻見，見妻之父母也。《爾雅》曰：「婦之黨爲昏兄弟，壻之黨爲姻兄弟。」

主人對曰：「某以得爲外昏姻之數，某之子未得濯摡于祭祀，案：「摡」，唐石經及今注疏本並訛作「溉」。張淳引《釋文》「摡，古代反，《少牢饋食》『摡鼎匕俎』，『摡甑、甗、匕與敦』，『摡豆、籩、勺、爵、觚、觶』，字皆作『摡』」，今考《説文》「摡，滌也」，「溉，灌注也」，二字各别。**是以未敢見。今吾子辱，請吾子之就宫，某將走見。」**

鄭注：主人，女父也。以白造緇曰辱。

釋曰：未濯摡于祭祀，謂婦未祭行。

對曰：「某以非他故，不足以辱命，請終賜見。」

鄭注：非他故，彌親之辭。命，謂將走見之言。今文無「終賜」。

對曰：「某得以爲昏姻之故，案：「得以」，今注疏本作「以得」，今攷上言「某以得爲外昏姻之數」，以者自以也，對稱「某以非他」，故此乃云「某得以爲昏姻之故」。以者指壻以之也。唐石經亦作「某得以爲」。敖繼公疑上言「之數」，此言「之故」，必有一誤，因云「得以」宜作「以得」。不知「以」字在下，正與「故」字語氣相貫，又與上「故」字相應。今注疏本從敖氏説改經耳。**不敢固辭，敢不從！」**

鄭注：不言外，亦彌親之辭。古文曰「外昏姻」。案：明監本脱此六字。

主人出門左，西面。壻入門，東面，奠摯，再拜，出。

鄭注：出門，出内門。入門，入大門。出内門不出大門者，異于賓客也。壻見于寢。奠摯者，壻有子道，不敢授也。摯，雉也。

釋曰：凡見于尊者，奠摯而不授。

擯者以摯出，請受。

鄭注：欲使以賓客禮相見。

壻禮辭，許，受摯，入。主人再拜受，壻再拜送，出。

鄭注：出，已見女父。

釋曰：此禮與聘賓覿主國君之禮同。

見主婦。主婦闔扉，立于其内。

鄭注：主婦，主人之婦也。見主婦者，兄弟之道，宜相親也。闔扉者，婦人無外事。扉，左扉。

釋曰：左扉，東扉也。《士喪禮》：「卜葬日闔東扉，主婦立于其内。」《春秋傳》曰：「婦人送迎不出門，見兄弟不踰閾。」

壻立于門外，東面。主婦一拜，壻荅再拜。主婦又拜，壻出。

鄭注：必先一拜者，婦人于丈夫必俠拜。

主人請醴，及揖讓入，醴以一獻之禮。主婦薦，奠酬無幣。

鄭注：及，與也。無幣，異于賓客。

壻出，主人送，再拜。

儀禮集釋卷三

士相見禮第三

鄭《目録》云：士以職位相親，始承摯相見之禮。《雜記》會葬禮曰：「相見也，反哭而退，朋友虞、祔而退。」士相見于五禮屬賓禮，大、小戴及《别録》皆第三。

士相見之禮。摯，冬用雉，夏用腒，左頭奉之，曰：「某也願見，無由達，某子以命命某見。」

鄭注：摯，所執以至者。君子見所尊敬，❶案：「見」下，今注疏本衍「于」字。必執摯以將其厚意。案：此下，今注疏本衍「也」字。士摯用雉者，取其耿介，交有時，别有倫也。雉必用死者，爲其不可生服也。夏用腒，備腐臭也。左頭，頭陽也。無由達，言久無因緣以自達也。某子，今所因緣之姓名也。以命者，稱述主人之意。今文「頭」爲「脰」。

釋曰：雉，春交秋别，既别不雜，不可。案：此下原本缺。

主人對曰：「某子命某見，吾子有辱，請吾子之就家也，某將走見。」

---

❶「見」下，阮本《儀禮注疏》有「於」字。

鄭注：有，又也。某子命某往見，今吾子又自辱來，序其意也。走，猶往也。今文無「走」。

賓對曰：「某不足以辱命，請終賜見。」

鄭注：命，謂請吾子之就家。

主人對曰：「某不敢爲儀，固請吾子之就家也，某將走見。」

鄭注：「不敢爲儀」，言不敢外貌爲威儀，忠誠欲往也。固，如故也。今文「不」爲「非」，古文云「固以請」。

賓對曰：「某不敢爲儀，固以請。」

鄭注：言如故請終賜見也。今文「不」爲「非」。

主人對曰：「某也固辭不得命，將走見。聞吾子稱摯，敢辭摯。」

鄭注：不得命者，不得見許之命也。走，猶出也。稱，舉也。辭其摯，爲其大崇也。古文曰「某將走見」。

賓對曰：「某不以摯不敢見。」

釋曰：凡始相見及新升爲臣者則有摯，其餘會聚則執笏。又卑見尊及敵。案：此下原本缺。

鄭注：見于所尊敬而無摯，嫌大簡。

主人對曰：「某不足以習禮，敢固辭。」

鄭注：言不足習禮者，不敢當其崇禮來見己。

賓對曰：「某也不依于摯，不敢見，固以請。」

鄭注：言依于摯，謙自卑也。今文無「也」。案：今注疏本脱此四字。

主人對曰：「某也固辭，不得命，敢不敬從。」出迎于門外，再拜。賓荅再拜。主人揖，入門右。賓奉摯，入門左。主人再拜，受。賓再拜，送摯，出。

鄭注：右，就右也。左，就左也。受摯于庭，既拜送，則出矣。案：「既拜」下，各本衍「受」字，據疏舉注文無之，今删正。不受摯于堂，下人君也。今文無「也」。

釋曰：下記云「君在堂升見」，此無升文，則在庭也。士相見之禮，必依于介紹，不苟合也。必依于摯，以道親也。賓至門，主人三辭見，賓稱摯，主人三辭摯，所以致尊嚴也。人苟以説而相親，若者未必争。苟以簡而相親，若者未必怨。士相見者，所以使人重其身而無邇于辱，慎其交而無邇于禍也。

主人請見，賓反見。退，主人送于門外，再拜。

鄭注：請見者，爲賓崇禮來，相接以矜莊，歡心未交也。賓反見，則燕矣。下云「凡燕見于君」至「凡侍坐于君子」，博記反見之燕義。臣初見于君，再拜，奠摯而出。

釋曰：請見，如字，「反見」「復見」同。

主人復見之以其摯，曰：「曏者吾子辱，使某見，請還摯于將命者。」

鄭注：復見之者，禮尚往來也。以其摯，謂曏時所執來者也。曏，曩也。將，猶傳也。傳命者，謂擯相者。案：「者」，今注疏本作「也」。

主人對曰：「某也既得見矣，敢辭。」

鄭注：讓其來荅己也。

賓對曰：「某也非敢求見，請還摯于將命者。」

鄭注：言不敢求見，嫌褻主人，不敢當也。今文無「也」。案：今注疏本脱此四字。

主人對曰：「某也既得見矣，敢固辭。」

鄭注：固，如故也。

賓對曰：「某不敢以聞，固以請于將命者。」

鄭注：言不敢以聞，又益不敢當。

主人對曰：「某也固辭，不得命，敢不從。」

鄭注：許受之也。異日則出迎，同日則否。

釋曰：此不言主人出迎，蓋同日也。《鄉射禮》：「明日息司正，主人猶出迎。」

賓奉摯入，主人再拜，受。賓再拜，送摯，出。主人送于門外，再拜。士見于大夫，終辭其摯。于其

入也，一拜其辱也。賓退，送，再拜。

鄭注：終辭其摯，以將不親荅也。凡不荅而受其摯，惟君于臣耳。大夫于士，不出迎，入一拜，正禮也。送再拜，尊賓。

釋曰：見，如字，下「相見」同。

若嘗爲臣者，案：「嘗」，唐石經作「甞」，即「嘗」之俗體，各本竝譌作「常」，今據石經訂正。**則禮辭其摯，曰：「某也辭，不得命，不敢固辭。」**

鄭注：禮辭，一辭其摯而許也。將不荅而聽其以摯入，有臣道也。

賓入，奠摯，再拜。主人荅壹拜。

鄭注：奠摯，尊卑異，不親授也。古文「壹」爲「一」。

賓出，使擯者還其摯于門外，曰：「某也使某還摯。」

鄭注：還其摯者，辟正君也。

賓對曰：「某也既得見矣，敢辭。」

鄭注：辭君還其摯也。今文無「也」。

擯者對曰：「某也命某，某非敢爲儀也，敢以請。」

鄭注：還摯者請使受之。

賓對曰：「某也夫子之賤私，不足以踐禮，敢固辭。」

鄭注：家臣稱私。踐，行也。言某臣也，不足以行賓客禮。賓客所不荅者，不受摯。

擯者對曰：「某也使某，不敢爲儀也，固以請。」

鄭注：言使某尊君也，或言命某傳言耳。

賓對曰：「某固辭，不得命，敢不從。」再拜，受。

鄭注：受其摯而去之。

下大夫相見以鴈，飾之以布，維之以索，如執雉。

鄭注：鴈，取知時，翔有行列也。飾之以布，謂裁縫衣其身也。維之以索，案：各本脱此三字，張淳引《釋文》「以索，悉各反，注同」，注謂此也。上舉經「飾之以布」全句，此亦舉全句明矣。謂繫聯其足。

釋曰：如執雉，亦左頭奉之。《曲禮》曰：「飾羔、鴈者，以繢蓋于布上，又畫之。」

上大夫相見以羔，飾之以布，四維之結于面，左頭如麛執之。

鄭注：上大夫，卿也。羔，取其從帥，群而不黨也。面，前也。繫聯四足，交出背上，于胷前結之也。「如麛執之」者，秋獻麛，有成禮如之。或曰：「麛，孤之摯也。」其禮蓋謂左執前足，右執後足。」今文「頭」爲「脰」。

釋曰：帥，所類反。

如士相見之禮。

鄭注：大夫雖摯異，其儀猶如士。

始見于君，執摯。至下，容彌蹙。

鄭注：下，謂君所也。蹙，猶促也。促，恭慤貌也。其爲恭，士、大夫一也。

釋曰：臣視君袷已下，故謂君所爲下。

庶人見于君，不爲容，進退走。

鄭注：容，謂趨翔。

士大夫則奠摯，再拜稽首。君荅壹拜。

鄭注：言君荅士大夫一拜，則于庶人不荅之。庶人之摯鶩。古文「壹」作「一」。

釋曰：稽首，拜頭至地，拜之重者也。一拜，《周禮》所謂「奇拜」。拜頭至手者，亦謂之拜手。《曲禮》君于士不荅拜，此荅拜者，新升爲士也。

若他邦之人，則使擯者還其摯，曰：「寡君使某還摯。」賓對曰：「君不有其外臣，臣不敢辭。」再拜稽首，受。凡燕見于君，必辯君之南面。若不得，則正方，不疑君。

鄭注：辯，猶正也。君南面，則臣見正北面。君或時不然，當正東面。若正西面，不得疑君所處邪鄉之。此謂特見圖事，非立賓主之燕也。疑，度之。

釋曰：《曲禮》曰：「立必正方。」

君在堂，升見無方階，辯君所在。

鄭注：升見，升堂見于君也。君近東則升東階，君近西則升西階。

凡言，非對也，妥而後傳言。

鄭注：凡言，謂己爲君言事也。妥，安坐也。傳言，猶出言也。若君問，可對則對，不待安坐也。

古文「妥」爲「綏」。

與君言，言使臣。與大人言，言事君。與老者言，言使弟子。與幼者言，言孝弟于父兄。與衆言，言忠信慈祥。與居官者言，言忠信。

鄭注：博陳燕見言語之儀也。言使臣者，使臣之禮也。大人，卿大夫也。言事君者，臣事君以忠也。祥，善也。居官，謂士已下。

凡與大人言，始視面，中視抱，卒視面。毋改。衆皆若是。

鄭注：始視面，謂觀其顔色，可傳言未也。中視抱，容其思之，且爲敬也。卒視面，察其納己言否也。毋改，謂傳言見荅應之間，當正容體以待之，毋自變動，爲嫌解惰不虚心也。衆，謂諸卿大夫同在此者。皆若是，其視之儀無異也。古文「毋」作「無」，今文「衆」爲「終」。

釋曰：此大人謂君也。《曲禮》：「天子視不上于袷，國君妥視，大夫衡視。」視，謂其臣視之。袷，交領也。妥視上于袷，衡視視面。此視君得視面者，據與君言時。抱，即袷。或曰：「大人亦謂大夫。」

若父則遊目，毋上于面，毋下于帶。

鄭注：子于父，主孝不主敬，所視廣也，因觀安否何如也。今文「父」爲「甫」，古文「毋」作「無」。

案：今注疏本云「爲無」。

釋曰：事親主愛，故異于君也。《曲禮》曰：「士視五步，凡視上于面則敖，下于帶則憂。」五步，謂旁遊目五步也。

若不言，立則視足，坐則視膝。

鄭注：不言，則伺其行起而已。

釋曰：《荀子》云：「坐視膝，立視足，應對言語視面。」

凡侍坐于君子，君子欠伸，問日之早晏，以食具告，改居，則請退可也。

鄭注：君子，謂卿大夫及國中之賢者也。案：今注疏本脱「之」字。志倦則欠，體倦則伸，問日晏近于久也。具，猶辨也。改居，謂自變動也。古文「伸」作「信」，「早」作「蚤」。

釋曰：《曲禮》曰：「侍坐于君子，君子欠伸，撰杖屨，視日蚤莫，❶侍坐者請出矣。」

夜侍坐，問夜，膳葷，請退可也。

---

❶「視」，四庫本作「問」。

鄭注：問夜，問其時數也。膳葷，謂食之。葷，辛物，葱薤之屬，食之可以止卧。案：今注疏本脱「可」字。古文「葷」作「薰」。

若君賜之食，則君祭先飯，徧嘗膳飲而俟。君命之食，然後食。

鄭注：君祭先飯，于其祭食，案：「于」，各本訛作「食」，今據文義改正。臣先飯，示爲君嘗食也。此謂君與臣之禮食。膳，謂進庶羞。既嘗庶羞，則飲，俟君之徧嘗也。今云「呫嘗膳」。

釋曰：孔子侍食于君，君祭先飯。《玉藻》曰：「侍食于先生異爵者，後祭先飯。」

若有將食者，則俟君之食，然後食。

鄭注：將食，猶進食，謂膳宰也。膳宰進食，則臣不嘗食。《周禮·膳夫》：案：此下今注疏本有「授祭」二字。「品嘗食，王乃食。」

釋曰：《玉藻》曰：「若賜之食而君客之，則命之祭，然後祭。先飯，辨嘗羞，飲而俟。若有嘗羞者，則俟君之食，然後食飯，飲而俟。」

若君賜之爵，則下席，再拜稽首，受爵，升席，祭，卒爵而俟。君卒爵，然後授虛爵。

鄭注：受爵者于尊所，至于授爵，坐授人耳。必俟君卒爵者，若欲其釂然也。今文曰「若賜之爵」，無「君」也。

釋曰：《玉藻》曰：「君若賜之爵，則越席再拜稽首，受，登席，祭之，飲，卒爵而俟君卒爵，然後授虛爵。」《曲禮》曰：「侍飲于長者，酒進則起，拜受于尊所。長者舉未釂，少者不敢飲。釂，盡爵也。」《燕禮》曰：「公卒爵，然後飲。」

退坐取屨，隱辟而后屨，君爲之興，則曰：「君無爲興，臣不敢辭。」君若降送之，則不敢顧，辭遂出。

鄭注：謂君若食之飲之而退也。隱辟，俛而逡遁。興，起也。辭君興而不敢辭其降，于己大崇，不敢當也。

大夫則辭退下，比及門，三辭。

鄭注：下，亦降也。

釋曰：大夫尊，得辭降。

若先生異爵者請見之，則辭。辭不得命，則曰：「某無以見，辭不得命，將走見。」先見之。

鄭注：先生，致仕者也。異爵，謂卿大夫也。辭，辭其自降而來。走，猶出也。先見之者，出先拜也。《曲禮》曰：「主人敬賓，則先拜賓。」

非以君命使，則不稱寡。大夫、士則曰「寡君之老」。案：《玉藻》篇：「上大夫曰下臣，擯者曰寡君之老；下大夫自名，擯者曰寡大夫。大夫私事使，私人擯則稱名，公士擯則曰寡大夫、寡君之老。」是上大夫自稱下臣，下大夫自名。擯者稱上大夫曰寡君之老，稱下大夫曰寡大夫。然必公士擯乃得稱之。此文當云「非以君命使，則不稱寡大夫、寡君之老」，正與《玉藻》「公士擯則曰寡大夫、寡君之老」互相爲義，衍「士則曰」三字耳。疏內言：「經直云大夫，鄭兼云士者，經本文是士，則云非以君命使可以兼士也。」疏據本文是。《士相見禮》解注之「士」

字，似作疏時，經猶未有「士」字。又疏辨别經云「大夫，鄭兼云士」，不一語及卿，而今各本注稱大夫、卿、士，足證「卿」字亦訛舛衍文。

鄭注：謂擯贊者辭也。不稱寡者，案：「者」，今注疏本訛作「君」。不言寡君之某，言姓名而已。大夫、士，案：「大夫」下各本衍「卿」字，今據疏删正。其使則皆曰寡君之某。《檀弓》曰：「仕而未有禄者，君有饋焉曰獻，使焉曰寡君。」案：此下各本衍「之老」二字，今據《禮記》删正。

釋曰：《玉藻》曰：「大夫私事使，私人擯則稱名，公士擯則曰寡大夫、寡君之老。」公士爲擯，謂聘也。上大夫曰寡君之老，下大夫曰寡大夫。

凡執幣者不趨，容彌蹙以爲儀。

鄭注：不趨，主慎也。以進而益恭爲威儀耳。今文無「容」。

執玉者則唯舒武，舉前曳踵。

鄭注：唯舒武者，案：各本脱「武」字，據經文補。重玉器，尤慎也。武，迹也。舉前曳踵，備躓跲也。今文無「者」，古文「曳」作「抴」。

釋曰：踵，足後跟也。曳行不離地。《玉藻》曰：「執龜玉，舉前曳踵，蹜蹜如也。」

凡自稱于君，上大夫則曰下臣，案：「上」字，唐石經摩滅，各本訛作「士」，今攷疏云「《玉藻》上大夫曰下臣」，與此同也，經文作「上大夫」明矣。**宅者在邦則曰市井之臣，在野則曰草茅之臣，庶人則曰刺草之臣，他國之人則曰外臣。**案：前云「非以君命使，則不稱寡大夫、寡君之老」，當在此下，錯簡已久。

鄭注：宅者，謂致仕者也。致仕者，案：今注疏本脱此四字。去官而居，宅或在國中，或在野。《周禮·載師》之職：「以宅田任近郊之地。」刺，猶剗除也。案：此五字，今注疏本在下「古文『茅』作『苗』」之下。今文「宅」爲「託」，案：「宅」下，今注疏本衍「或」字。古文「茅」作「苗」。

釋曰：《孟子》曰：「在國曰市井之臣，在野曰草莽之臣，皆謂庶人。」與此異。

儀禮集釋卷四

鄉飲酒禮第四

鄭《目録》云：諸侯之鄉大夫，三年大比，獻賢者、能者于其君，以禮賓之，與之飲酒。于五禮屬嘉禮。大戴此乃第十，小戴及《别録》此皆第四。

鄉飲酒之禮。主人就先生而謀賓、介。

鄭注：主人，謂諸侯之鄉大夫也。先生，鄉中致仕者。賓、介，處士賢者。《周禮·大司徒》之職：「以鄉三物教萬民而賓興之。一曰六德，智、仁、聖、義、中、和；二曰六行，孝、友、睦、婣、任、恤；三曰六藝，禮、樂、射、御、書、數。」《鄉大夫》：「以正月之吉受灋于司徒，退而頒之于其鄉吏，使各以教其所治，以攷其德行，察其道藝。」及「三年大比，而興賢者、能者。鄉老及鄉大夫帥其吏與其衆寡，以禮禮賓之。厥明，獻賢能之書于王」。是禮乃三年正月而一行也。諸侯之鄉大夫貢士于其君，蓋如此云。古者年七十而致仕，老于鄉里，大夫名曰父師，士名曰少師，而教學焉。恒知鄉人之賢者，是以大夫就而謀之。賢者爲賓，其次爲介，又其次爲衆賓。而與之飲酒，是亦將獻之，以禮禮賓之也。今郡國十月行此飲酒禮。以《黨正》每歲「邦索鬼神而祭祀，則以禮屬民而飲酒于序，以正齒位」之説，然此篇無正齒位之事焉。凡鄉黨飲酒，必于民聚之時，欲其見化，知尚賢尊長也。《孟子》曰：「天下有達尊三：爵也，德也，齒也。」

釋曰：《周禮·小胥》：「正樂縣之位，卿大夫判縣，士特縣。凡縣鍾磬，半爲堵，全爲肆。」判縣者，縣東西兩面。特縣者，止縣一面也。鍾磬，編縣之，二八十六枚而在一簴。鍾一堵，磬一堵，謂之肆，每面一肆。諸侯之卿大夫半天子之卿大夫，取一肆分縣之，西縣鍾，東縣磬。士亦半天子之士，縣磬而已。此篫從士禮，惟縣磬而無鍾，知主人者，諸侯之鄉大夫也。處士，處而未仕者。

主人戒賓，賓拜辱。主人荅拜，乃請賓，賓禮辭，許。主人再拜，賓荅拜。

鄭注：戒，警也，告也。拜辱，出拜其自屈辱至己門也。請，告以其所爲來之事。不固辭者，素所有志。

釋曰：《鄉射禮》曰：「賓出迎，再拜。」

主人退，賓拜辱。

鄭注：退，猶去也。去又拜辱者，以送謝之。

介亦如之。

鄭注：如戒賓也。

乃席賓、主人、介。

鄭注：席，敷席也。夙興往戒，歸而敷席。賓席，牖前南面。主人席，阼階上西面。介席，西階上東面。

釋曰：《鄉飲酒義》曰：「四面之坐，象四時也。天地嚴凝之氣，始于西南而盛于西北，此天地之尊嚴氣也，此天地之義氣也。天地温厚之氣始于東北而盛于東南，此天地之盛德氣也，此天地之仁氣也。主人者尊賓，故坐賓于西北，而坐介于西南以輔賓。賓者，接人以義者也，故坐于西北。主人者，接人以仁以德厚者也，故坐于東南。而坐僎于東北，以輔主人也。」又曰：「賓必南鄉，介必東鄉，主人必居東方。」

衆賓之席，皆不屬焉。

鄭注：席衆賓于賓席之西。不屬者，不相續也。皆獨坐，明其德各特。

釋曰：衆賓，衆賓之長，三人也。

尊兩壺于房户間，斯禁。有玄酒，在西。設篚于禁南，東肆。加二勺于兩壺。

鄭注：斯禁，禁切地無足者。玄酒在西，上也。肆，陳也。

釋曰：《玉藻》曰：「凡尊必上玄酒。大夫尊用棜，士用禁。」斯禁，即棜也。無足似棜，故謂之棜。士禁有足。《少儀》曰：「酌者之左爲上尊。」尊南鄉，酌者北面，故西爲上也。東肆者，篚首在西，向東陳之。

設洗于阼階東南，南北以堂深，東西當東榮。水在洗東，篚在洗西，南肆。

鄭注：榮，屋翼。

釋曰：《鄉飲酒義》曰：「鄉人、士、君子，尊于房户之間，賓主共之也。尊有玄酒，貴其質也。羞出自東房，主人共之也。洗當東榮，主人之所以自絜而以事賓也。」又曰：「洗之在阼，其水在洗東，祖天地之左海也。尊有玄酒，教民不忘本也。」

羹定。

鄭注：肉，謂之羹。定，猶孰也。

釋曰：肉孰即定止，不敢煩勞賓，故以羹定爲速賓節也。《春秋傳》：「鄭莊公賜潁考叔食。食舍肉，請以遺母，曰：『小人有母，未嘗君之羹。』」羹即肉也。

主人速賓，賓拜辱。主人荅拜，還，賓拜辱。

鄭注：速，召也。還，猶退。

釋曰：主人尊，故賓拜送。公食大夫，使大夫戒賓，賓遂從之，不拜送。

介亦如之。

鄭注：如賓速也。案：今注疏本作「如速賓也」。

賓及衆賓皆從之。

鄭注：從，猶隨也。言及衆賓，介亦在其中矣。

釋曰：《鄉飲酒義》曰：「主人親速賓及介，而衆賓自從之。」則衆賓，主人不親速。

主人一相迎于門外，再拜賓。賓荅拜。拜介。介荅拜。

鄭注：相，主人之吏，擯贊傳命者。

釋曰：主人立，相乃出迎也。門外，庠門外。鄉學曰庠，庠惟一門耳。

揖衆賓。

鄭注：差益卑也。拜介、揖衆賓，皆西南面。

釋曰：賓、介、衆賓，門外入門及堂位，皆東面，北上。

主人揖先入。

鄭注：揖，揖賓也。先入門而西面。

賓厭介，入門，左。介厭衆賓入。衆賓皆入門，左，北上。

鄭注：皆入門西，東面。賓之屬相厭，變于主人也。推手曰揖，引手曰厭。今文皆作「揖」。又曰「衆賓皆入，左」，無「門」。

主人與賓三揖，至于階，三讓，主人升，賓升。主人阼階上當楣北面再拜，賓西階上當楣北面荅拜。

鄭注：三揖者，將進揖，當陳揖，當碑揖。楣，前梁也。復拜，拜賓至此堂，尊之。

釋曰：主人升，賓升者，主人尊，升一等，賓乃升也。賓主敵者則俱升。既洗禮殺，雖不敵者亦俱升。主人與賓揖，至于階，介及衆賓亦隨賓至西階下而序立。堂塗，謂之陳。

主人坐取爵于篚，降洗。

鄭注：將獻賓也。

賓降。

鄭注：從主人也。

主人坐，奠爵于階前，辭。

鄭注：重以己事煩賓也。事同曰讓，事異曰辭。

賓對。

鄭注：對，荅也。賓主之辭未聞。

主人坐取爵，興，適洗，南面坐，奠爵于篚下，盥，洗。

鄭注：已盥乃洗爵，致絜敬也。今文無「奠」。

釋曰：盥，盥手也。洗，洗爵也。《少儀》曰：「凡洗必盥。」篚下，篚南也。未洗奠爵于篚下，已洗奠爵于篚。

賓進，東北面辭洗。

鄭注：必進東行，示情。

主人坐奠爵于篚，興對。賓復位，當西序，東面。

鄭注：言復位者，明始降時位在此。

主人坐取爵，沃洗者西北面。

鄭注：沃洗者，主人之群吏。

釋曰：沃洗，沃水以洗爵者。

卒洗，主人壹揖壹讓，升。

鄭注：俱升。古文「壹」作「一」。

賓拜洗。主人坐奠爵，遂拜，降盥。

鄭注：復盥，爲手坋汙。

釋曰：以將獻賓，拜手坋塵，不可酌酒也。

賓降。主人辭。賓對，復位，當西序。卒盥，揖讓升。賓西階上疑立。

鄭注：疑，讀爲「疑然從于趙盾」之「疑」。案：「疑然」之「疑」，今注疏本皆作「仡」，因《公羊傳》作「仡然從乎趙盾而入」改此注耳。鄭康成所據之《公羊傳》蓋作「疑」，不作「仡」也。疑，正立自定之貌。案：「正」，明監本訛作「然」。

主人坐取爵，實之賓之席前，西北面獻賓。

鄭注：獻，進也，進酒于賓。

釋曰：西北面，邪向席。

賓西階上拜，主人少退。

鄭注：少退，小辟。案：「小」，各本作「少」，張淳兼引《鄉射》注：「少退，猶小辟也。及少退，小逡遁也。」《釋文》皆作「小」。又「辟」，今注疏本作「避」，據《釋文》云「小辟音避」，則古本不作「避」明矣。

賓進受爵以復位。主人阼階上拜送爵，賓少退。

鄭注：復位，復西階上位。

薦脯醢。

鄭注：薦，進也。進之者，主人有司。

賓升席自西方。

鄭注：升由下也。升必中席。

釋曰：凡升席由下，降由上。❶ 賓席東上，統于主人。

❶ 「降」下，胡培翬引《集釋》有「席」字。

乃設折俎。

鄭注：牲體枝解，節折在俎。

主人阼階東疑立。賓坐，左執爵，祭脯醢。

鄭注：坐，坐于席。祭脯醢者，以右手。

奠爵于薦西，興，右手取肺，卻左手執本，坐，弗繚，右絶末以祭，尚左手，嚌之，興，加于俎。

鄭注：興，起也。肺，離之本端厚大者。繚，猶紾也。大夫已上威儀多，紾絶之。尚左手者，明垂紾之，乃絶其末。嚌，嘗也。

釋曰：薦西，薦右也。凡奠者將舉于右。《少儀》曰：「其有折俎者，取祭，反之，不坐。」反之，加于俎也。卻，仰也。繚，繚祭也。絶，絶祭也。繚祭，以手從肺本循之至末乃絶以祭。絶祭，不循其本，直絶以祭。此賓用士禮，故弗繚。主人亦從士禮，故下祭如賓禮也。祭俎于俎内。《少儀》曰：「凡羞有俎者，則于俎内祭。」

坐捝手，遂祭酒。

鄭注：捝，拭也。古文「捝」作「説」。

釋曰：捝手，爲絶肺染污也。捝手以所佩帨巾。刌肺不捝手。

興，席末坐，啐酒。

鄭注：啐，亦嘗也。

降席，坐，奠爵，拜，告旨，執爵，興。主人阼階上荅拜。

鄭注：降席，席西也。旨，美也。

釋曰：席末啐酒，因降席便，故賓、主人升降皆由下。❶

賓西階上北面坐，卒爵，興，坐奠爵，遂拜，執爵興。主人阼階上荅拜。

鄭注：卒，盡也。于此盡酒者，明此席非專爲飲食起。

釋曰：《鄉飲酒義》曰：「祭薦、祭酒，敬禮也。嚌肺，嘗禮也。啐酒，成禮也。于席末，言是席之正，非專爲飲食也，爲行禮也。此所以貴禮而賤財也。卒觶，致實于西階上，言是席之上，非專爲飲食也，此先禮而後財之義也。先禮而後財，則民作敬讓而不争矣。」又曰：「鄉飲酒之義，主人拜迎賓于庠門之外，入，三揖而后至階，三讓而后升，所以致尊讓也。盥洗揚觶，所以致絜也。拜至、拜洗、拜受、拜送、拜既，所以致敬也。尊讓絜敬也者，君子之所以相接也。君子尊讓則不争，絜敬則不慢，不慢不争則遠于鬭辯矣。不鬭辯則無暴亂之禍矣。斯君子所以免于人禍也。故聖人制之以道。」

賓降洗。

---

❶ 「升」，胡培翬《正義》引《集釋》作「興」。

鄭注：將酢主人。

主人降。

鄭注：亦從賓也。降，降立阼階東，西面。

賓坐奠爵，興，辭。

鄭注：西階前也。

主人對。賓坐取爵，適洗南，北面。主人阼階東，南面辭洗。賓坐，奠爵于篚，興，對。主人復阼階東，西面。賓東北面盥，坐取爵，卒洗，揖讓如初，升。

釋曰：凡洗必盥，辭洗必既洗而後辭。爵已洗，則奠之不于篚下。此經主人辭洗、賓奠爵于篚、對，則既盥洗矣，盥又當如《鄉射禮》繫于「適洗南」之下，互之于後耳。

主人拜洗。賓荅拜，興，降盥如主人禮。賓實爵，主人之席前，東南面酢主人。主人阼階上拜。賓少退。主人進受爵，復位。賓西階上拜送爵，薦脯醢。主人升席自北方，設折俎，祭如賓禮。

鄭注：祭者，祭薦俎及酒，亦嚌啐。

不告旨。

鄭注：酒，己物也。

自席前適阼階上，北面，坐卒爵，興，坐奠爵，遂拜，執爵興。賓西階上荅拜。

鄭注：自席前者，啐酒席末，因從北方降，由便也。

主人坐，奠爵于序端，阼階上北面，再拜，崇酒。賓西階上荅拜。

鄭注：東西牆謂之序。崇，充也，言酒惡相充實。

釋曰：主人崇酒，當賓告旨也。奠爵東序端，以當獻介。

主人坐，取觶于篚，降洗。賓降，主人辭降。賓不辭洗，立當西序，東面。

鄭注：不辭洗者，以其將自飲。

釋曰：自飲而洗者，禮貴絜。

卒洗，揖讓升。賓西階上疑立。主人實觶酬賓，阼階上北面，坐奠觶，遂拜，執觶興。賓西階上荅拜。

鄭注：酬，勸酒也。酬之言周，忠信爲周。

坐祭，遂飲，卒觶，興，坐奠觶，遂拜，執觶興。賓西階上荅拜。主人降洗，賓降辭，如獻禮。升，不拜洗。

鄭注：不拜洗，殺于獻。

賓西階上立。主人實觶賓之席前，北面。賓西階上拜，主人少退，卒拜，進，坐奠觶于薦西。

鄭注：賓已拜，主人奠其觶。

賓辭，坐取觶，復位。主人阼階上拜送。賓北面坐，奠觶于薦東，復位。

鄭注：酬酒不舉，君子不盡人之歡，不竭人之忠，以全交也。

主人揖，降。賓降，立于階西，當序，東面。

鄭注：主人將與介爲禮，賓謙不敢居堂上。

主人以介揖讓升，拜如賓禮。主人坐取爵于東序端，降洗。介降。主人辭降。介辭洗如賓禮，升，不拜洗。

鄭注：介禮殺也。

介西階上立。

鄭注：不言疑者，省文。

釋曰：凡事未至者皆疑立。

主人實爵介之席前，西南面獻介。介西階上北面拜。主人少退。介進，北面受爵，復位。主人介右北面，拜送爵。介少退。

鄭注：主人拜于介右，降尊以就卑也。今文無「北面」。

釋曰：凡禮殺者皆同。

主人立于西階東，薦脯醢。介升席自北方，設折俎，祭如賓禮，不嚌肺，不啐酒，不告旨。自南方降席，北面坐，卒爵，興，坐奠爵，遂拜，執爵興。主人介右荅拜。

鄭注：不嚌啐，下賓。

介降洗，主人復阼階，降辭如初。

鄭注：如賓酢之時。

卒洗，主人盥。

鄭注：盥者，當爲介酌。

介揖讓升，授主人爵于兩楹之間。

鄭注：就尊南授之。介不自酌，下賓。酒者，賓主共之。

釋曰：賓主共之，故尊當在兩楹間。介卑，故不敢自酌。

介西階上立。主人實爵，酢于西階上介右，坐奠爵，遂拜，執爵興。介荅拜。主人坐祭，遂飲，卒爵，興，坐奠爵，遂拜，執爵興。介荅拜。主人坐奠爵于西楹南，介右，再拜崇酒。介荅拜。

鄭注：奠爵西楹南，以當獻衆賓。

主人復阼階，揖降，介降立于賓南。主人西南面三拜衆賓。衆賓皆荅壹拜。

鄭注：三拜、壹拜，案：「壹」，今注疏本作「一」。示徧，不備禮也。不升拜，賤也。

主人揖升，坐取爵于西楹下，降洗，升實爵，于西階上獻衆賓。衆賓之長升。拜受者三人。

鄭注：長，其老者。言三人，則衆賓多矣。

釋曰：賓、介以賢舉，衆賓以年序。衆賓之長三人，❶是爲三賓。《鄉飲酒義》曰：「立賓以象天，立主以象地，設介、僎以象日月，立三賓以象三光。」

主人拜送。

鄭注：于衆賓右。

坐祭立飲，不拜既爵。授主人爵，降復位。

鄭注：既，卒也。卒爵不拜，立飲立授，賤者禮簡。

釋曰：《少儀》曰：「小子舉爵，則坐祭立飲。」下記曰：「立卒爵者，不拜既爵。」

衆賓獻，則不拜受爵，坐祭立飲。

鄭注：次三人以下也。不拜，禮彌簡。

每一人獻，則薦諸其席。

鄭注：謂三人也。

衆賓辯有脯醢。

鄭注：亦每獻薦于其位，位在下。今文「辯」皆作「偏」。

---

❶「衆」上，胡培翬《正義》引《集釋》有「而」字。

釋曰：衆賓于堂下立侍。

主人以爵降，奠于篚。

鄭注：不復用也。

揖讓升，賓厭介升，介厭衆賓升，衆賓序升，即席。

鄭注：序，次也。即，就也。今文「厭」皆爲「揖」。

一人洗，升，舉觶于賓。

鄭注：一人，主人之吏。發酒端曰舉。

釋曰：舉此觶，❶爲旅酬之始。

實觶，西階上坐奠觶，遂拜，執觶興。賓席末荅拜。坐祭，遂飲，卒觶，興，坐奠觶，遂拜，執觶興。賓荅拜。降洗，升，實觶，立于西階上。賓拜。

鄭注：賓拜，拜將受觶。

進，坐奠觶于薦西，賓辭，坐受以興。

鄭注：舉觶不授，下主人也。言坐受者，明行事相接若親受，謙也。

舉觶者西階上拜送，賓坐，奠觶于其所。

---

❶「觶」字，胡培翬《正義》引《集釋》無。

鄭注：所，薦西也。

釋曰：後賓以酬主人，故奠于右。

舉觶者降。

鄭注：事已。

設席于堂廉，東上。

鄭注：爲工布席也。側邊曰廉。《燕禮》曰：「席工于西階上，少東。樂正先升，北面。」此言樂正先升，立于西階東，則工席在階東。

工四人，二瑟，瑟先。相者二人，皆左何瑟，後首，挎越，内弦，右手相。

鄭注：四人，大夫制也。二瑟，二人鼓瑟，則二人歌也。瑟先者，將入，序在前也。相，扶工也。衆賓之少者爲之，每工一人。《鄉射禮》曰：「弟子相工如初入。」天子相工使眡瞭者，凡工，瞽矇也，故有扶之者。「師冕見，及階，子曰『階也』，及席，子曰『席也』。」固相師之道也。案：今注疏本脱「也」字。後首者，變于君也。挎，持也。相瑟者則爲之持瑟。其相歌者，徒相也。越，瑟下孔也。内弦，側擔之者。

釋曰：後首，瑟之首可鼓者，何之在後也。

樂正先升，立于西階東。

鄭注：正，長也。

工入，升自西階，北面坐。相者東面坐，遂授瑟，乃降。

鄭注：降立于西方，近其事。

釋曰：《樂記》曰：「樂師辨乎聲詩，故北面而弦。」《鄉射禮》：「樂正適西方，命弟子贊工遷樂。」知相者，降立西方。

工歌《鹿鳴》《四牡》《皇皇者華》。

鄭注：三者，皆《小雅》篇也。《鹿鳴》，君與臣下及四方之賓燕，講道修政之樂歌也。此采其已有旨酒，以召嘉賓，嘉賓既來，示我以善道。又樂嘉賓有孔昭之明德，可則詨也。案：「詨」，各本作「傚」，據《釋文》載古本作「詨」。《四牡》，君勞使臣之來樂歌也。此采其勤苦王事，念將父母，❶懷歸傷悲，忠孝之至，以勞賓也。《皇皇者華》，君遣使臣之樂歌也。此采其更是勞苦，自以爲不及，欲諮謀于賢知，而以自光明也。

釋曰：《學記》言：「《宵雅》肄三。」亦謂此三詩，則此三詩蓋上下通用之樂。

卒歌，主人獻工，工左瑟，一人拜，不興受爵。主人阼階上拜送爵。

鄭注：一人，工之長也。凡工賤，不爲之洗。

---

❶ 「念」上，四庫本有「及」字。

釋曰：左瑟，辟主人授爵也。不興者，無目不可責其備禮。

薦脯醢，使人相祭。

鄭注：使人相者，相其祭酒、祭薦。

工飲，不拜既爵，授主人爵。

鄭注：坐授之。

衆工則不拜受爵，祭，飲。辯有脯醢，不祭。

鄭注：祭飲，獻酒重，無不祭也。今文「辯」爲「徧」。

大師則爲之洗，賓、介降，主人辭降，工不辭洗。

鄭注：大夫若君賜之樂謂之大師，則爲之洗，尊之也。賓、介降，從主人也。工，大師也。上既言獻工矣，乃言大師者，大師或瑟或歌也。其獻之，瑟則先，歌則後。

釋曰：天子、諸侯有大師常官。大夫，君賜之樂與工亦謂之大師。不辭洗，賤不備禮。

笙入，堂下磬南，北面立，樂《南陔》《白華》《華黍》。

鄭注：笙，吹笙者也，以笙吹此詩以爲樂也。《南陔》《白華》《華黍》，《小雅》篇也，今亡，其義未聞。昔周之興也，周公制禮作樂，采時世之詩以爲樂歌，所以通情相風切也，其有此篇明矣。後世衰微，幽厲尤甚，禮樂之書稍稍廢棄。孔子曰：「吾自衛反魯，然後樂正，《雅》《頌》各得其所。」謂當時在者而復重雜亂者也，惡能存其亡者乎？且正考父校商之名《頌》十二篇于周太師，歸以祀其先王，至孔子二百年之間，五篇而已，此其信也。

釋曰：磬在階間。《郊特牲》曰：「歌者在上，匏竹在下，貴人聲也。」《鹿鳴》曰：「我有嘉賓，鼓瑟吹笙。」《南陔》《白華》《華黍》與《由庚》《崇丘》《由儀》皆以笙奏，故後遂亡其辭。

主人獻之于西階上，一人拜，盡階不升堂，受爵。主人拜送爵。階前坐祭立飲，不拜既爵，升，授主人爵。

鄭注：一人，笙之長者也。笙三人，和一人，凡四人。《鄉射禮》曰：「笙一人，拜于下。」❶

衆笙則不拜受爵，坐祭立飲，辯有脯醢，不祭。

鄭注：亦受爵于西階上，薦之皆于其位，磬南。今文「辯」爲「徧」。

乃間，歌《魚麗》，笙《由庚》，歌《南有嘉魚》，笙《崇丘》，歌《南山有臺》，笙《由儀》。

鄭注：間，代也，謂一歌則一吹。六者皆《小雅》篇也。《魚麗》，言「大平年豐物多也」。此采其物多酒旨，所以優賓也。《南有嘉魚》，言「大平君子有酒，樂與賢者共之也」。此采其能以禮下賢者，賢者纍蔓而歸之，與之燕樂也。❷《南山有臺》，言「大平之治以賢者爲本」。此采其愛友

❶ 「下」，原作「於」，據四庫本、集成本改。

❷ 「燕」字，四庫本重。

賢者，爲邦家之基，民之父母既欲其身之壽考，又欲其名德之長也。《由庚》《崇丘》《由儀》，今亡，其義未聞。

釋曰：《由庚》已下，五篇相次，與《六月》詩序之次同，古篇次如此。

乃合樂，《周南》，《關雎》《葛蕈》案：「蕈」，各本作「覃」，下同。張淳云：「《釋文》葛蕈，大南反。今不作蕈，非古也。」**《卷耳》，《召南》，《鵲巢》《采蘩》《采蘋》。**

鄭注：合樂，謂歌樂與衆聲俱作。《周南》《召南》，《國風》篇也，「王后、國君夫人房中之樂歌也」。《關雎》言「后妃之德」，《葛蕈》言「后妃之職」，《卷耳》言「后妃之志」，《鵲巢》言「國君夫人之德」，《采蘩》言「國君夫人不失職」，《采蘋》言「卿大夫之妻能循其法度」。昔大王、王季居于岐山之陽，躬行《召南》之教，以興王業，及文王而行《周南》之教以受命。《大雅》云：「刑于寡妻，至于兄弟，以御于家邦。」謂此也。其始一國耳。文王作邑于豐，以故地爲卿士之采地，乃分爲二國。周，周公所食。召，召公所食。于時文王三分天下有其二，德化被于南土。是以其詩有仁賢之風者，屬之《召南》焉，有聖人之風者，屬之《周南》焉。夫婦之道，生民之本，王政之端。此六篇者，其教之原也。故國君與其臣下及四方之賓燕，用之合樂也。鄉樂者，《風》也。《小雅》爲諸侯之樂。《大雅》《頌》爲天子之樂。《鄉飲酒》升歌《小雅》，禮盛者可以進取也。《燕》合鄉樂，禮輕者可以逮下也。《春秋傳》曰：「《肆夏》《繁遏》《渠》，天子所以享元侯也。《文王》《大明》《繇》，兩君相見之樂也。」然則諸侯相與燕，升歌《大雅》，合《小雅》。天子與次國、小國之君燕亦如之，與大國之君燕，升歌《頌》合《大雅》。其笙閒之篇，未聞。

釋曰：合樂，謂堂上歌瑟，堂下鍾磬，合奏此詩也。《燕禮》曰：「歌鄉樂《周南》《召南》。」《關雎序》曰：「用之鄉人，用之邦國。」用之鄉人，此禮是也。用之邦國，《燕禮》是也。《鄉飲酒義》曰：「工入，升歌三終，笙入三終，閒歌三終，合樂三終。」歌與笙每篇爲一終，閒歌每閒爲一終。合樂，《鵲巢》合《關雎》，《采蘩》合《葛覃》，采蘋合《卷耳》。每合爲一終。《肆夏》《遏》《渠》，❶頌之族類。

工告于樂正曰：「正歌備。」樂正告于賓，乃降。

鄭注：樂正降者，以正歌備無事也。降立西階東，北面。

釋曰：告于賓者，作樂主爲樂賓。樂正降在笙磬西，❷如其堂上立位。

主人降席自南方。

鄭注：不由北方，由便。

側降。

鄭注：賓、介不從。

---

❶「遏」上，似脱「繁」字。

❷「笙磬」，胡培翬《正義》引《集釋》作「賓」。

作相爲司正。司正禮辭，許諾。主人拜，司正荅拜。

鄭注：作，使也。禮樂之正既成，將留賓，爲有解惰，立司正以監之。拜，拜其許。

釋曰：相，一相，擯贊者。

主人升，復席。司正洗觶，升自西階，阼階上北面受命于主人。主人曰：「請安于賓。」司正告于賓，賓禮辭，許。

鄭注：爲賓欲去，留之，告賓于西階。

司正告于主人，主人阼階上再拜，賓西階上荅拜，司正立于楹間以相拜。皆揖，復席。

鄭注：再拜，拜賓許也。司正既以賓許告主人，遂立楹間以相拜。賓、主人既拜，揖就席。

司正實觶，降自西階，階間北面坐奠觶，退共，少立。

鄭注：階間北面，東西節也。其南北當中庭。共，拱手也。少立，自正慎其位也。已帥而正，孰敢不正？《燕禮》曰：「右還北面。」

釋曰：奠觶者，以顯其事，表其位也。

坐取觶，不祭遂飲，卒觶，興，坐奠觶，遂拜，執觶興，案：此下原本衍「盥」字，唐石經同。疏云：「《鄉射》《大射禮》皆直云『取觶洗，南面反奠于其所』，不云『盥』，此俗本有『盥』者，誤。」蓋賈氏既訂正經文，又于疏内辨之。後人或因石經仍加「盥」字，故《永樂大典》所載《儀禮》有之。今從疏删去。**洗，北面坐奠觶于其所，退立于觶南。**

鄭注：洗觶奠之，示絜敬。立于其南以察衆。

賓北面坐，取俎西之觶，阼階上北面酬主人，主人降席，立于賓東。

鄭注：初起旅酬也。凡旅酬者，少長以齒，終于沃盥者，皆弟長而無遺矣。

賓坐奠觶，遂拜，執觶興。主人荅拜。不祭，立飲，不拜卒觶，不洗，實觶，東南面授主人。

鄭注：賓立飲卒觶，因更酌以鄉主人，將授。

主人阼階上拜，賓少退，主人受觶，賓拜送于主人之西。

鄭注：旅酬同階，禮殺。

釋曰：《鄉射禮》：「拜皆北面。」

賓揖，復席。

鄭注：酬主人訖。

主人西階上酬介，介降席自南方，立于主人之西，如賓酬主人之禮。主人揖，復席。

鄭注：其酌，實觶西南面授介。❶自此已下旅酬，酌者亦如之。

司正升相旅，曰：「某子受酬。」受酬者降席。

鄭注：旅，序也。于是介酬衆賓，衆賓又以次序相酬。某者，衆賓姓也。同姓則以伯仲別之，又

❶「面」字，原無，據阮本《儀禮注疏》、胡培翬《正義》補。

同則以某字别之。❶

司正退，立于序端，東面。

鄭注：辟受酬者，又便其贊上贊下也。始升相，西階西北面。

釋曰：衆賓席在賓西，南面。司正始升，賓命之，故西階西北面。衆受酬者受自左，故司正退辟之。

受酬者自介右。

鄭注：由介東也，尊介，使不失故位。

衆受酬者受自左。

鄭注：後將受酬者皆由西，變于介也。今文無「衆」「酬」也。案：「也」，原本訛作「者」，從今注疏本改正。

拜，興，飲，皆如賓酬主人之禮。

鄭注：嫌賓已下異也。

辯，卒受者以觶降，坐奠于篚。

❶ 「之」下，四庫本有戴校「『某』，今注疏本訛作『其』，據疏云『同姓之中有伯仲同者，則以某甫且字别之』，可證古本作『某』」。

鄭注：辯，辯衆賓之在下者。《鄉射禮》曰：「辯，遂酬在下者，皆升受酬于西階上。」

司正降，復位。

鄭注：觶南之位。

使二人舉觶于賓、介，洗，升實觶于西階上，皆坐奠觶，遂拜，執觶興，賓、介席末荅拜。皆坐祭，遂飲，卒觶，興，坐奠觶，遂拜，執觶興，賓、介席末荅拜。

鄭注：二人，亦主人之吏。若有大夫，則舉觶于賓與大夫。《燕禮》曰：「媵爵者立于洗南，西面，北上，序進盥洗。」

釋曰：二人舉觶，爲無筭爵之始。

逆降，洗，升實觶，皆立于西階上，賓、介皆拜。

鄭注：于席末拜。

釋曰：逆降，後升者先降。

皆進薦西奠之。賓辭，坐取觶以興。介則薦南奠之。介坐，受以興。退，皆拜送，降。賓、介奠于其所。

鄭注：賓言取，介言受，尊卑異文。今文曰「賓受」。

司正升自西階，受命于主人。主人曰：「請坐于賓。」賓辭以俎。

鄭注：至此盛禮俱成，酒清肴乾，賓主百拜，强有力者猶倦焉。案：今注疏本脱「者」字。張而不弛，弛而不張，非文武之道。請坐者，將以賓燕也。俎者，肴之貴者。辭之者，不敢以禮殺當貴者。

釋曰：骨體貴而肉賤。《少儀》曰：「飲酒者，有折俎不坐。」

主人請徹俎，賓許。

鄭注：亦司正傳請告之。

司正降階前，命弟子俟徹俎。

鄭注：西階前也。弟子，賓之少者。俎者，主人之吏設之。使弟子俟徹者，明徹俎，賓之義。

釋曰：徹俎者，敬主人之禮。

司正升，立于序端。案：「序」，原本譌作「席」，今從唐石經改正。

鄭注：待事。

賓降席，北面。主人降席，阼階上北面。介降席，西階上北面。遵者降席，席東，南面。

鄭注：皆立，相須徹俎也。遵者，謂此鄉之人仕至大夫者也。今來助主人樂賓，主人所榮而遵灋者也，因以爲名。或有無，來不來，用時事耳。今文「遵」爲「僎」，或爲「全」。

賓取俎，還授司正，司正以降，賓從之。主人取俎，還授弟子，弟子以降自西階，主人降自阼階。介

取俎，還授弟子，弟子以降，介從之。若有諸公大夫，則使人受俎案：「受」原本訛作「授」，唐石經同，據今注疏本改正。**如賓禮。衆賓皆降。**

鄭注：取俎者皆鄉其席，既授弟子，皆降復初入之位。

説屨，揖讓如初，升，坐。

鄭注：説屨者，爲安燕當坐也。必説于下者，屨賤，不空居堂。説屨，主人先左，賓先右。今文「説」爲「税」。

釋曰：《少儀》曰：「堂上無跣，燕則有之。」

乃羞。

鄭注：羞，進也。所進者，狗胾醢也。鄉設骨體，所以致敬也。今進羞，所以盡愛也。敬之愛之，所以厚賢也。

釋曰：胾，切肉也。薦羞不踰牲，此牲狗則羞者狗胾也，醢則雜餘牲兼作之。

無算爵。

鄭注：算，數也。賓主燕飲，爵行無數，醉而止也。《鄉射禮》曰：「使二人舉觶于賓與大夫。」又曰：「執觶者洗，升實觶，反奠于賓與大夫。」皆是。

釋曰：曏二人所舉觶者，至此二觶竝行，交錯以酬，辯旅在下者，主人之贊者亦與焉。復實二觶反奠之，其爵無算。詳見《鄉射禮》。

無算樂。

鄭注：燕樂亦無數，或閒或合，盡歡而止也。《春秋》襄公二十九年，「吴公子札來聘，請觀于周樂。」此國君之無算。

賓出，奏《陔》。

鄭注：《陔》，《陔夏》也。陔之言戒也。終日燕飲，酒罷以《陔》爲節，明無失禮也。《周禮·鍾師》：「以鍾鼓奏九夏。」是奏《陔夏》，則有鍾鼓矣。鍾鼓者，天子、諸侯備用之，大夫、士鼓而已。蓋建于阼階之西，南鼓。《鄉射禮》曰：「賓興，樂正命奏《陔》。賓降及階，《陔》作，賓出，衆賓皆出。」

釋曰：《詩》亡篇六，《序》皆以篇名釋其義。《南陔》曰「孝子相戒以養」，與鄭氏《陔》之言「戒」義協。《大射禮》：「鍾鼓備有。」《鄉射》曰：「不鼓不釋。」知有鼓而已。

主人送于門外，再拜。

鄭注：門東西面拜也。賓、介不荅拜，禮有終也。

釋曰：《鄉飲酒義》曰：「孔子曰：『吾觀于鄉，而知王道之易易也。』主人親速賓及介，而衆賓自從之。至于門外，主人拜賓及介，而衆賓自入。貴賤之義别矣。三揖至于階，三讓以賓升，拜至，獻酬，辭讓之節繁，及介省矣。至于衆賓，升受，坐祭立飲，不酢而降。隆殺之義辨矣。工入，升歌三終，主人獻之。笙入三終，主人獻之。間歌三終，合樂三終，工告樂備，遂出。一人揚觶，乃立司正焉。知其能和樂而不流也。賓酬主人，主人酬介，介酬衆賓，少長以齒，終于沃洗者焉。知其能弟長而無遺矣。降，說屨，升坐，脩爵無數。飲酒之節，朝不廢朝，莫不廢夕。賓出，主人拜送，節文終遂焉。知其能安燕而不亂也。貴賤明，隆殺辨，和樂而不流，弟長而無遺，安燕而不亂，此五行者，足以正身安國矣。彼國安而天下安，故曰：『吾觀于鄉，而知王道之易易也。』」

賓若有遵者，諸公、大夫，則既一人舉觶，乃入。

鄭注：不干主人正禮也。遵者，諸公、大夫也。謂之賓者，同從外來耳。大國有孤，四命謂之公。

釋曰：賓主獻酬爲正禮。遵者無常，或來或否，故于此乃言之。孤謂之公者，若天子之有三公然。

席于賓東，公三重，大夫再重。

鄭注：席此二者于賓東，尊之，不與鄉人齒也。天子之國，三命者不齒。于諸侯之國，爵爲大夫，則不齒矣。不言遵者，遵者亦卿大夫。

釋曰：賓在户牖間，尊在户東，席遵者又于尊東。❶曰賓東者，繼賓而言耳。其席南面西上，統于尊。士來觀禮者齒于堂下。鄉飲酒之禮所尚三：謀賓、介，尚德也；旅酬以齒，尚年也；大夫重席坐于賓東，尚爵也，三者天下之達尊也。又按《周官·黨正》職云：「國索鬼神而祭祀，則以禮屬民而飲酒于序，以正齒位。一命齒于鄉里，再命齒于父族，三命而不齒。」《鄉飲酒義》又曰：「鄉飲酒之禮，六十者坐，五十者立侍以聽政役，所以明尊長也。六十者三豆，七十者四豆，八十者五豆，九十者六豆，所以明養老也。」此蓋黨正飲酒正齒位之禮。

公如大夫入，主人降，賓、介降，衆賓皆降，復初位。主人迎，揖讓升，公升如賓禮。辭一席，使一人去之。

鄭注：如，讀若今之「若」。主人迎之于門内也。辭一席，謙自同于大夫。

釋曰：不言出，知迎于門内。

大夫則如介禮。有諸公，則辭加席，委于席端。主人不徹。無諸公，則大夫辭加席。主人對，不去加席。

鄭注：加席，上席也。大夫席再重。

明日，賓鄉服以拜賜。案：「賓」下，原本有「服」字，唐石經同。據注言「今文曰賓服鄉服」，是注從古文，無

❶「席」字，胡培翬《正義》引《集釋》無。

「服」字明矣。

鄭注：拜賜，謝恩惠。鄉服，昨日與鄉大夫飲酒之朝服也。不言朝服，未服以朝也。今文曰「賓服鄉服」。

主人如賓服以拜辱。

鄭注：拜賓復自屈辱也。案：「復」，原本訛作「服」，《釋文》云「復自，扶又反」，今注疏本亦作「復」。《鄉射禮》曰：「賓朝服以拜賜于門外，主人不見。如賓服，遂從之，拜辱于門外，乃退。」

主人釋服。

鄭注：釋朝服，更服玄端也。古文「釋」作「舍」。

釋曰：服玄端，燕私輕也。

乃息司正。

鄭注：息，勞也。勞賜昨日贊執事者。獨云司正，司正，庭長也。

無介。

鄭注：勞禮略也，司正爲賓。

不殺。

鄭注：市買，若因所有可也。不殺則無俎。

薦脯醢。

鄭注：羞同也。

羞惟所有。

鄭注：在有何物。

徵惟所欲。

鄭注：徵，召也。

以告于先生、君子可也。

鄭注：告，請也。先生不以筋力爲禮，于是可以來。君子，國中有盛德者。可者，召不召惟所欲。

賓、介不與。

鄭注：禮瀆則褻。古文「與」爲「豫」。❶

鄉樂惟欲。

鄭注：鄉樂，《周南》《召南》六篇之中，惟所欲作，不從次也。不歌《鹿鳴》《魚麗》者，辟國君也。

記。鄉朝服而謀賓、介，皆使能，不宿戒。

鄭注：鄉，鄉人，謂大夫也。朝服，冠玄端、緇帶、素韠、白屨。今郡國行鄉飲酒之禮，玄冠而衣

❶ 「豫」，朱熹《通解》、胡培翬《正義》作「預」。

皮弁服，與禮異。再戒爲宿戒，禮將有事，先戒而復宿戒。案：「復」，各本作「又」，《釋文》于「復」字云「下而復同」，指此也。今從《釋文》改正。

釋曰：冠玄端，玄冠、玄端也。冠與衣帶同色，屨與裳韠同色。

蒲筵，緇布純。

鄭注：筵，席也。純，緣也。

尊綌冪，賓至徹之。

鄭注：綌，葛也。冪，覆尊巾。

其牲狗也。

鄭注：狗取擇人。

亨于堂東北。

鄭注：祖陽氣之所始也。陽氣主養。《易》曰：「天地養萬物，聖人養賢以及萬民。」

釋曰：《鄉飲酒義》曰：「亨狗于東方，祖陽氣之發于東方也。」祖，猶法也。

獻用爵，其他用觶。

鄭注：爵尊，不褻用之。

薦脯五挺，横祭于其上，出自左房。

鄭注：挺，猶膱也。《鄉射禮》曰：「祭半膱，膱長尺有二寸。」左在東，案：明監本脱「左」字。陽也，陽主養。房，饌陳處也。冠禮之饌，脯醢南上。《曲禮》曰：「以脯脩置者，左朐右末。」

釋曰：脯橫于人前，其末居右。祭橫其上，于人則爲從也。脯五挺，通祭而六挺。

俎由東壁，案：「壁」，唐石經訛作「璧」。**自西階升。**

鄭注：亨狗既孰，載之俎，饌于東房。

賓俎：脊、脅、肩、肺。主人俎：脊、脅、臂、肺。❶**介俎：脊、脅、肫、胳、肺。**案：今注疏本無「肫」字，唐石經有。據疏云：「賓用肩，主人用臂，介用胳。其間有臑肫在，而介不用者，蓋以大夫俎，故此闕焉。」是賈疏之本無「肫」字也。疏又云：「或有介俎肫胳竝言者。」是賈氏所見別本有「肫」字也。然注內作「膊」，《釋文》云「劉音純」，而絕不涉及于「肫」，是注及《釋文》皆不知經有「肫」字。使肫、胳兩見，康成必解釋其意，古本無「肫」字明矣。李如圭獨取疏之發明肫、胳兩見者，蓋用賈氏所見別本。**肺皆離。皆右體進腠。**

鄭注：凡牲，前脛骨三，肩、臂、臑也；後脛骨二，膊、胳也。尊者俎尊骨，卑者俎卑骨。《祭統》曰：「凡爲俎者，以骨爲主，案：「主」，今注疏本訛作「上」。骨有貴賤，凡前貴後賤。」離，猶挃也。腠，理也。進理，謂前本也。案：「前」下，今注疏本有「其」字。今文「胳」爲「骼」。案：今注疏本云「作骼」。

釋曰：周人貴肩，賓俎用肩，主人用臂，尊賓也。大夫雖尊，不奪賓主正禮，其俎用臑、肫，卑于主人而尊于介。介用胳。若大夫一人，則介得用肫，故介俎肫、胳兩見。右體者，周所貴也。

---

❶「肺」，原作「脯」，據四庫本、集成本及阮本《儀禮注疏》改。

以爵拜者不徒作。

鄭注：作，起也。言拜既爵者不徒起，起必酢主人。

坐卒爵者，拜既爵。立卒爵者，不拜既爵。

鄭注：降殺各從其宜，不使相錯，惟工不從此禮。

釋曰：工賤不拜既爵，無目，不使立卒爵耳。

凡奠者于左。

鄭注：不飲者，不欲其妨。

釋曰：不妨後奠爵。

將舉于右。

鄭注：便也。

釋曰：以右手舉之便。《少儀》曰：「客爵居左，其飲居右。」介爵、酢爵、僎爵，皆居右。客爵，主人酬賓之爵也。

衆賓之長一人辭洗，如賓禮。

鄭注：于三人之中，復差有尊者。餘二人雖爲之洗，不敢辭。其下不洗。

立者東面，北上。若有北面者，則東上。 案：敖繼公《集説》云：「北面者與東面者相繼，當西上。云『東』者，字誤也。」

鄭注：賢者衆寡無常也，或統于堂，或統于門。

釋曰：立堂下者東面，立門西者北面。

樂正與立者，皆薦以齒。

鄭注：謂其飲之次也。尊樂正同于賓黨，不言飲而言薦，以薦明飲也。既飲，皆薦于其位。樂正位西階東，北面。

凡舉爵，三作而不徒爵。

鄭注：謂獻賓、獻大夫、獻工，皆有薦。

樂作，大夫不入。

鄭注：後樂賢者。

釋曰：大夫之來助主人樂賢，故既樂作不入。後，户豆反，下「後正禮」同。

獻工與笙，取爵于上篚。既獻，奠于下篚。

鄭注：明其異器，敬也。如是則獻大夫亦然。上篚三爵。

釋曰：三爵，獻賓、介、衆賓一，獻工與笙二，獻大夫三。

其笙則獻諸西階上。

鄭注：謂主人拜送爵也。于工拜于阼階上者，以其坐于西階東也。古文無「上」。

釋曰：獻笙固于西階上矣，復記之者，嫌亦于阼階上拜送。

磬，階閒縮霤，北面鼓之。

鄭注：縮，從也。霤以東西爲從。鼓，猶擊也。大夫而特縣，方賓鄉人之賢者，從士禮也。射則磬在東。古文「縮」爲「蹙」。

釋曰：磬階間者，在堂下兩階之間，東西節也。縮霤者，上當堂之南霤，南北節也。凡東西爲橫，南北爲從，南霤則以東西爲從，謂之縮霤。

主人、介，凡升席自北方，降自南方。

鄭注：席南上，升由下，降由上，由便。

司正既舉觶而薦諸其位。

鄭注：司正，主人之屬也。無獻，因其舉觶而薦之。

凡旅，不洗。

鄭注：敬禮殺也。

不洗者不祭。

鄭注：不甚絜也。

釋曰：一人、二人舉觶，洗且祭者，言旅始不可不自絜。

既旅，士不入。

鄭注：後正禮也。既旅則將燕矣。

徹俎，賓、介、遵者之俎。受者以降，遂出授從者。

鄭注：以送之。案：今注疏本脱「以」字。

主人之俎以東。

鄭注：藏于東方。

樂正命奏《陔》，賓出至于階，《陔》作。若有諸公，則大夫于主人之北，西面。

鄭注：其西面者，北上統于公。

主人之贊者西面，北上，不與。

鄭注：贊，佐也，謂主人之屬，佐助主人禮事，徹鼏、沃盥、設薦俎者。西面北上，統于堂也。與，及也。不及，謂不獻酒。

無算爵，然後與。

鄭注：燕乃及之。

儀禮集釋卷五

鄉射禮第五

鄭《目録》云：州長春秋以禮會民而射于州序之禮。謂之鄉者，州，鄉之屬，鄉大夫或在焉，不改其禮。射禮于五禮屬嘉禮，大戴十一，小戴及《别録》皆第五。

鄉射之禮。主人戒賓，賓出迎，再拜，主人荅再拜，乃請。

鄭注：主人，州長也。鄉大夫若在焉，則稱鄉大夫也。戒，猶警也，語也。出迎，出門也。請，告也，告賓以射事。不言拜辱者，案：今注疏本脱「者」字，據宋本補。此爲習民以禮樂，不主爲賓已也。不謀賓者，時不獻賢能事輕也。今郡國行此禮以季春。《周禮》鄉老及鄉大夫三年正月，「獻賢能之書于王，退而以鄉射之禮五物詢衆庶」。諸侯之鄉大夫既貢士于其君，亦用此禮射而詢衆庶乎？

賓禮辭，許。主人再拜，賓荅再拜，主人退，賓送，再拜。

鄭注：退還射宫，省録射事。

無介。

鄭注：雖先飲酒，主于射也，其序賓之禮略。

乃席賓，南面，東上，

鄭注：不言于户牖之間者，此射于序。

衆賓之席，繼而西。

鄭注：言繼者，甫欲習衆庶，未有所殊别。

席主人于阼階上，西面。

鄭注：阼階，東階。

尊于賓席之東，兩壺，斯禁，左玄酒，皆加勺，篚在其南，東肆。

鄭注：斯禁，禁切地無足者也。設尊者北面，西曰左，尚之也。肆，陳也。

設洗于阼階東南，南北以堂深，東西當東榮。水在洗東，篚在洗西，南肆。

鄭注：榮，屋翼也。

縣于洗東北，西面。

鄭注：此縣謂磬也。縣于東方，辟射位也。但縣磬者，半天子之士，無鍾。

乃張侯，下綱不及地武。

鄭注：侯，謂所射布也。綱，持舌繩也。武，迹也，中人之迹尺二寸。侯象人，綱即其足也，是以取數焉。

不繫左下綱，中掩束之。

鄭注：事未至也。

乏，參侯道居侯黨之一，西五步。

鄭注：容，謂之乏，所以爲獲者御矢也。侯道五十步，此乏去侯北十丈，西三丈。

羹定。

鄭注：肉謂之羹。定，猶孰也。案：「孰」從宋本，今注疏本作「熟」，下同。謂狗孰可食。

主人朝服，乃速賓。賓朝服出迎，再拜。主人荅再拜，退。賓送，再拜。

鄭注：速，召也。射，賓輕也，戒時玄端。今郡國行此鄉射禮皮弁服，與禮爲異。

賓及衆賓遂從之。及門，主人一相出迎于門外，再拜。賓荅再拜。

鄭注：相，主人家臣，擯贊傳命者。

揖衆賓。

鄭注：差卑禮宜異。

主人以賓揖，先入。

鄭注：以，猶與也。先入，入門右，西面。

賓厭衆賓，衆賓皆入門左，東面北上。賓少進。

鄭注：引手曰厭。少進，差在前也。今文皆曰「揖衆賓」。

主人以賓三揖，皆行。及階，三讓。主人升一等，賓升。

鄭注：三讓而主人先升者，是主人先讓于賓。不俱升者，賓客之道，進宜難也。

主人阼階上，當楣，北面再拜。賓西階上，當楣，北面荅再拜。

鄭注：主人拜賓至此堂。

主人坐取爵于上篚，以降。

鄭注：將獻賓也。

賓降。

鄭注：從主人也。

主人阼階前，西面，坐奠爵，興，辭降。

鄭注：重以主人事煩賓也。今文無「阼階」。

賓對。

鄭注：對，荅。

主人坐取爵，興，適洗，南面，坐奠爵于篚下，盥洗。

鄭注：盥手乃洗爵，案：「乃」，今注疏本譌作「又」，從宋本改。致絜敬也。古文「盥」皆作「浣」。

賓進，東北面辭洗。

鄭注：必進者，方辭洗，宜違其位也。案：今注疏本脱「其」字，據宋本補。又《鄉飲酒禮》疏引此注亦有「其」字。言東北面，則位南于洗矣。

主人坐，奠爵于篚，興，對。賓反位。

鄭注：反從降之位也。《鄉飲酒》曰：「當西序，東面。」

主人卒洗，壹揖壹讓，以賓升。賓西階上，北面拜洗。主人阼階上，北面奠爵，遂荅拜。乃降。

鄭注：乃降，將更盥也。古文「壹」皆作「一」。

賓降，主人辭降，賓對。主人卒盥，壹揖壹讓，升。賓升，西階上疑立。

鄭注：疑，止也，有矜莊之色。

主人坐取爵，實之賓之席前，案：唐石經作「賓席之前」，據《鄉飲酒禮》亦言「實之賓之席前」，其餘經文稱「某之席前」者甚多，絶不云「席之前」，當是石經誤倒。**西北面獻賓。**

鄭注：進酒于賓也。案：今注疏本脱「酒」字，據宋本補。凡進物曰獻。

賓西階上，北面拜。主人少退。

鄭注：少退，猶少辟也。

賓進，受爵于席前，復位。

鄭注：復位，西階上位。

主人阼階上，拜送爵。賓少退，薦脯醢。

鄭注：薦，進。

賓升席自西方。

鄭注：賓升、降由下也。

乃設折俎。

鄭注：牲體枝解、節折以實俎也。

主人阼階東疑立。賓坐，左執爵，右祭脯醢，奠爵于薦西，興，取肺，坐，絶祭。

鄭注：卻左手執本，右手絶末以祭也。肺離上爲本，下爲末。

尚左手嚌之。

鄭注：嚌，嘗也。右手在下，絶以授口，嘗之。

興，加于俎，坐，捝手執爵，遂祭酒，興，席末坐，啐酒。

鄭注：捝，拭也。啐，嘗也。古文「捝」作「帨」。案：「帨」，今注疏本訛作「説」，據宋本改。

降席，坐奠爵，拜，告旨。

鄭注：降席，席西也。旨，美也。

執爵興，主人阼階上荅拜。賓西階上北面坐，卒爵，興，坐奠爵。遂拜，執爵，興。

鄭注：卒，盡。

主人阼階上荅拜。賓以虚爵降。

鄭注：將洗以酢主人。

主人降。

鄭注：從賓也，降立阼階東，西面，當東序。

賓西階前東面，坐奠爵，興，辭降。主人對。賓坐取爵，適洗，北面，坐奠爵于篚下，興，盥洗。

鄭注：賓北面盥洗，自外來。

主人阼階之東，南面辭洗。賓坐奠爵于篚，興，對。主人反位。

鄭注：反位，從降之位也，主人辭洗進。案：此下今注疏本衍「也」字，據宋本删。

賓卒洗，揖讓如初，升。主人拜洗，賓荅拜，興，降盥如主人之禮。賓升，實爵主人之席前，東南面酢主人。

鄭注：酢，報。

主人阼階上拜，賓少退，主人進受爵，復位。賓西階上拜送爵，薦脯醢。主人升席自北方，乃設折俎，祭如賓禮。

鄭注：祭薦俎及酒，亦嚌啐。

不告旨。

鄭注：酒，己物。

自席前適阼階上，北面，坐卒爵，興，坐奠爵，遂拜，執爵興。賓西階上，北面荅拜。

鄭注：自，由也。啐酒于席末，由前降，便也。

主人坐奠爵于序端，阼階上再拜，崇酒。賓西階上荅再拜。

鄭注：序端，東序頭也。崇，充也，謝酒惡相充滿也。

主人坐取觶于篚，以降。

鄭注：將酬賓。

賓降。主人奠觶，辭降。賓對，東面立。主人坐，取觶，洗。賓不辭洗。

鄭注：不辭洗，以其將自飲。

卒洗，揖讓升。賓西階上疑立。主人實觶，酬之阼階上，北面，坐奠觶，遂拜，執觶興。

鄭注：酬，勸酒。

賓西階上，北面荅拜。主人坐祭，遂飲。卒觶，興，坐奠觶，遂拜，執觶興。賓西階上北面荅拜。主人降洗，賓降辭，如獻禮。

鄭注：以將酌己。

升，不拜洗。

鄭注：酬禮殺也。

賓西階上立。主人實觶賓之席前，北面。

鄭注：酬賓。

賓西階上拜，主人坐奠觶于薦西。賓辭，坐取觶以興，反位。

鄭注：賓辭，辭主人復親酌己。

主人阼階上拜送。賓北面，坐奠觶于薦東，反位。

鄭注：酬酒不舉。

主人揖，降。賓降，東面立于西階西，當西序。

鄭注：主人將與衆賓爲禮，賓謙不敢獨居堂。

主人西南面，三拜衆賓。衆賓皆荅壹拜。

鄭注：三拜，示徧也。壹拜不備禮也。獻賓畢，乃與衆賓拜，敬不能並。

主人揖，升，坐取爵于序端，降洗，升，實爵，西階上獻衆賓。衆賓之長升，拜受者三人。

鄭注：長，其老者。言三人，則衆賓多矣。國以多德行道藝爲榮，何常數之有乎？

主人拜送。

鄭注：拜送爵于衆賓右。

坐祭立飲，不拜。既爵，授主人爵。降，復位。

鄭注：既，盡。

衆賓皆不拜，受爵，坐祭立飲。

鄭注：自第四以下又不拜受爵，禮彌略。

每一人獻，則薦諸其席。

鄭注：諸，於。

衆賓辯有脯醢。

鄭注：薦于其位。

主人以虚爵降，奠于篚。

鄭注：不復用。

揖讓，升。賓厭衆賓，升。衆賓皆升，就席。一人洗，舉觶于賓。

鄭注：一人，主人之吏。

升，賓觶，西階上坐奠觶，拜，執觶興。賓席末荅拜。舉觶者坐祭，遂飲，卒觶興，坐奠觶，拜，執觶興。賓荅拜，降洗，升，賓之西階上北面。

鄭注：將進奠觶。

賓拜。

鄭注：拜受觶。

舉觶者進，坐奠觶于薦西。

鄭注：不授，賤不敢也。

賓辭，坐取以興。

鄭注：若親受然。

舉觶者西階上拜送。賓反，奠于其所。舉觶者降。大夫若有遵者，則入門左。

鄭注：謂此鄉之人爲大夫者也。謂之遵者，方以禮樂化民，欲其遵法之也。其士也，于旅乃入。卿、大夫、士非鄉人，禮亦然，主于鄉人耳。今文「遵」爲「僎」。

主人降。

鄭注：迎大夫于門内也。不出門，别于賓。

賓及衆賓皆降，復初位。

鄭注：不敢居堂，俟大夫入也。初位，門内東面。

主人揖讓，以大夫升，拜至。大夫荅拜。主人以爵降。大夫降。主人辭降。大夫辭洗如賓禮。席于尊東。

鄭注：尊東，明與賓夾尊也。不言東上，統于尊也。

升，不拜洗。主人實爵，席前獻于大夫。大夫西階上拜，進受爵，反位。主人大夫之右拜送。大夫辭加席，主人對，不去加席。

鄭注：辭之者，謙不敢以己尊加賢者也。案：今注疏本脱「敢」字，據宋本補，攷疏内引注文亦有「敢」字。不去者，大夫再重席，正也。賓一重席。

乃薦脯醢。大夫升席，設折俎，祭如賓禮。不嚌肺，不啐酒，不告旨，西階上卒爵，拜。主人荅拜。

鄭注：凡所不者，殺于賓也。大夫升席由東方。

大夫降，洗。

鄭注：將酢主人也。大夫若衆則辯獻，長乃酢。

主人復阼階，降，辭如初。卒洗，主人盥。

鄭注：盥者，雖將酌自飲，尊大夫不敢褻。

揖讓，升。大夫授主人爵于兩楹間，復位。主人實爵，以酢于西階上，坐奠爵，拜。大夫荅拜。坐祭，卒爵，拜。大夫荅拜。主人坐，奠爵于西楹南，再拜崇酒。大夫荅拜。主人復阼階，揖降。

鄭注：將升賓。

大夫降，立于賓南。

鄭注：雖尊，不奪人之正禮。

主人揖讓，以賓升。大夫及衆賓皆升，就席。席工于西階上，少東。樂正先升，北面立于其西。

鄭注：言少東者，明樂正西側階。不欲大東，辟射位。

工四人，二瑟，瑟先。相者皆左何瑟，面鼓，執越，内弦，右手相。入，升自西階，北面，東上。工坐，相者坐，授瑟乃降。

鄭注：瑟先，賤者先就事也。相，扶工也。面，前也。鼓在前，變于君也。執越，内弦，右手相，由便也。越，瑟下孔，所以發越其聲者也。案：今注疏本脱「者」字，從宋本補。前越言執者，内有弦結，手入之淺也。相者降，立西方。

笙入，立于縣中，西面。

鄭注：堂下樂相從也。縣中，磬東立，西面。

乃合樂，《周南》：《關雎》《葛覃》《卷耳》，《召南》：《鵲巢》《采蘩》《采蘋》。案：「蘩」，從唐石經，今注疏本作「繁」。

鄭注：不歌不笙不閒，志在射，略于樂也。不略合樂者，《周南》《召南》之風，鄉樂也，不可略其正也。昔太王、王季、文王，始居岐山之陽，躬行《召南》之教，以成王業。案：今注疏本脱「召南之教」四字，據宋本補。至三分天下而有其二，案：今注疏本脱「而有其二」四字，據宋本補。乃宣《周南》之化，案：「周南」下，今注疏本衍「召南」二字，據宋本删。本其德之初，「刑于寡妻，至于兄弟，以御于家邦」，故謂之鄉樂，用之房中以及朝廷饗、燕、鄉射、飲酒。此六篇其風化之原也，是以合金、石、絲、竹而歌之。

工不興，告于樂正，曰：「正歌備。」

鄭注：不興者，瞽矇禮略也。

樂正告于賓，乃降。

鄭注：樂正降者，堂上正樂畢也。降立西階東，北面。

主人取爵于上篚，獻工。大師則爲之洗。

鄭注：尊之也。君賜大夫樂，又從之以其人，謂之大師。案：此下今注疏本衍「也」字，據宋本删。

賓降，主人辭降。

鄭注：大夫不降，尊也。

工不辭洗。卒洗，升，實爵。工不興，左瑟。一人拜受爵。

鄭注：左瑟，辟主人授爵也。一人，無大師則工之長者。

主人阼階上拜送爵，薦脯醢，使人相祭。

鄭注：人，相者。

工飲，不拜既爵，授主人爵。衆工不拜，受爵，祭飲。辯有脯醢，不祭。

鄭注：祭飲，不興，受爵，坐祭坐飲。

不洗，遂獻笙于西階上。

鄭注：不洗者，賤也。衆工而不洗矣，而著笙不洗者，案：「著」，今注疏本訛作「衆」，據宋本改。笙賤于衆工，正君賜之，猶不洗也。

笙一人拜于下，盡階，不升堂，受爵。主人拜送爵。階前坐祭立飲，不拜既爵，升，授主人爵。衆笙不拜受爵，坐祭立飲。辯有脯醢，不祭。主人以爵降，奠于篚，反，升就席。

鄭注：亦揖讓以賓升，衆賓皆升。

主人降席自南方。

鄭注：禮殺由便。

側降。

鄭注：賓不從降。

作相爲司正。司正禮辭，許諾。主人再拜。司正荅拜。

鄭注：爵備樂畢，將留賓以事。爲有懈倦失禮，立司正以監之，察儀法也。《詩》云：「既立之監，或佐之史。」

主人升，就席。司正洗觶，升自西階，由楹内適阼階上，北面，受命于主人。

鄭注：洗觶者，當酌以表其位，顯其事也。楹内，楹北。

西階上北面，請安于賓。

鄭注：傳主人之命。

賓禮辭，許。司正告于主人，遂立于楹間，以相拜。

鄭注：相，謂贊主人及賓相拜之辭。

主人阼階上再拜。賓西階上荅再拜。皆揖，就席。

鄭注：爲已安也，今文「揖」爲「升」。

司正實觶，降自西階，中庭北面，坐奠觶，興退，少立。

鄭注：奠觶，表其位也。少立，自修正，慎其位也。古文曰「少退立」。

進，坐取觶，興，反坐，不祭，遂卒觶，興，坐奠觶，拜，執觶興，洗，北面坐奠于其所。

鄭注：今文「坐取觶」無「進」，又曰「坐奠之拜」。

興，少退，北面立于觶南。

鄭注：立觶南，亦其故擯位。

未旅。

鄭注：旅，序也。未以次序相酬，以將射也。旅則禮終也。

三耦俟于堂西，南面，東上。

鄭注：司正既立，司射選弟子之中德行道藝之高者，以爲三耦，使俟事于此。

司射適堂西，袒、決、遂，取弓于階西，兼挾乘矢，升自西階。階上北面，告于賓曰：「弓矢既具，有司請射。」

鄭注：司射，主人之吏也。于堂西袒、決、遂者，主人無次隱蔽而已。袒，左免衣也。決，猶闓也，以象骨爲之，著右大擘指，❶以鉤弦闓體也。遂，射韝也，以韋爲之，所以遂弦者也，其非射時則謂之拾。拾，斂也，所以蔽膚斂衣也。方持弦矢曰「挾」。乘矢，四矢也。《大射》曰：「挾乘矢于弓外，見鏃于弣，右巨指鉤弦。」古文「挾」皆作「接」。

賓對曰：「某不能，爲二三子。」許諾。

鄭注：言某不能，謙也。二三子，謂衆賓已下。

❶「擘」，四庫本作「臂」。

司射適阼階上，東北面，案：敖繼公云：「阼階上告主人當北面，『東』似衍文。」**告于主人曰：「請射于賓，賓許。」司射降自西階，階前西面，命弟子納射器。**

鄭注：弟子，賓黨之年少者也。納，内也。射器，弓、矢、決、拾、旌、中、籌、楅、豐也。賓黨東面，主人之吏西面。

乃納射器，皆在堂西。賓與大夫之弓倚于西序，矢在弓下，北括。衆弓倚于堂西，矢在其上。

鄭注：上堂西廉。矢亦北括。

主人之弓、矢在東序東。

鄭注：亦倚于東序也。矢在其下，北括。

司射不釋弓、矢，遂以比三耦于堂西。三耦之南，北面，命上射曰：「某御于子。」命下射曰：「子與某子射。」

鄭注：比，選次其才相近者也。古文曰「某從于子」。

司正爲司馬。

鄭注：兼官由便也。立司正爲涖酒爾，今射，司正無事。

司馬命張侯，弟子説束，遂繫左下綱。

鄭注：事至也。今文「説」皆作「税」。

司馬又命獲者倚旌于侯中。

鄭注：爲當負侯也。獲者亦弟子也，謂之獲者，以事名之。

獲者由西方坐取旌，倚于侯中，乃退。樂正適西方，命弟子贊工，遷樂于下。

鄭注：當辟射也，贊，佐也。遷，徙也。

弟子相工如初入，降自西階，阼階下之東南，堂前三笴，西面，北上，坐。

鄭注：笴，矢榦也。今文無「南」。

樂正北面，立于其南。

鄭注：北面，鄉堂，不與工序也。

司射猶挾乘矢以命三耦，各與其耦讓取弓、矢，拾。

鄭注：猶，有故之辭。拾，更也。

三耦皆袒、決、遂。有司左執弣，右執弦而授弓。

鄭注：有司，弟子納射器者也。凡納射器者，皆執以俟事。

遂授矢。

鄭注：受于納矢而授之。

三耦皆執弓，搢三而挾一个。

鄭注：未違侯處也。搢，插也，插于帶右。

司射先立于所設中之西南，東面。三耦皆進，由司射之西，立于其西南，東面北上而俟。司射東面立于三耦之北，搢三而挾一個。

鄭注：爲當誘射也，固東面矣。復言之者，明却時還。

揖進，當階北面揖，及階揖，升堂揖。豫則鉤楹內，堂則由楹外。當左物，北面揖。

鄭注：鉤楹，繞楹而東也，序無室可以深也。周立四代之學于國，而又以有虞氏之庠爲鄉學。《鄉飲酒義》曰「主人迎賓于庠門外」是也。庠之制有堂有室也，今言豫者，謂州學也，讀如「成周宣榭災」之「榭」，《周禮》作「序」。凡屋無室曰榭，宜從「榭」。州立榭者，下鄉也。左物，下物也。今文「豫」爲「序」。序乃夏后氏之學，亦非也。

及物，揖。左足履物，不方足，還視侯中，俯正足。

鄭注：方，猶併也，志在于射。左足至，右足還，併足則是立也。南面視侯之中，乃俯視，併正其足。

不去旌。

鄭注：以其不獲。

誘射。

鄭注：誘，猶教也。

將乘矢。

鄭注：將，行也。行四矢，象有事于四方。

執弓不挾，右執弦。

鄭注：不挾，矢盡。

南面揖，揖如升射。降出，于其位南適堂西，改取一个挾之。

鄭注：改，更也，不射而挾之示有事也。今文曰「適序西」。

遂適階西，取扑，搢之以反位。

鄭注：扑，所以撻犯教者，《書》云：「扑作教刑。」

司馬命獲者執旌以負侯。

鄭注：欲令射者見侯與旌，深有志于中。

獲者適侯，執旌負侯而俟。

鄭注：俟，待也。今文「俟」爲「立」。

司射還，當上耦，西面，作上耦射。

鄭注：還，左還也。作，使也。

司射反位，上耦揖進。上射在左，竝行。當階北面揖，及階揖。上射先升三等，下射從之中等。

鄭注：中，猶閒也。

上射升堂，少左。下射升，上射揖，竝行。

鄭注：竝，併也，併東行。

皆當其物北面揖，及物揖，皆左足履物，還視侯中，合足而俟。司馬適堂西，不決、遂，袒執弓。

鄭注：不決遂，因不射不備。

出于司射之南，升自西階，鉤楹，由上射之後，西南面立于物閒，右執簫，南揚弓，命去侯。

鄭注：鉤楹，以當由上射者之後也。簫，弓末也。《大射》曰：「左執弣。」揚，猶舉也。

獲者執旌許諾，聲不絕以至于乏，坐，東南偃旌，❶興而俟。

鄭注：聲不絕，不以宮、商，不絕而已。鄉射威儀省。偃，猶仆也。

司馬出于下射之南，還其後，降自西階。反，由司射之南適堂西，釋弓，襲，反位，立于司射之南。

鄭注：圍下射者，明爲二人，命去侯。

司射進，與司馬交于階前，相左，由堂下西階之東，北面視上射，命曰：「無射獲，無獵獲。」上射揖。

司射退，反位。

---

❶「南」，四庫本及阮本《儀禮注疏》、胡培翚《正義》作「面」。

鄭注：射獲，謂矢中人也。獵，矢從傍。

乃射。上射既發，挾弓矢而后下射射。拾發，以將乘矢。

鄭注：古文「而后」作「後」，非也。《孝經説》「然后曰」，案：今注疏本脱此十四字，據宋本補。攷疏内云引《孝經説》，取《孝經緯援神契》文。彼《説》：「《孝經》云『然後能保其社稷』之等，皆作『后』。」后者，後也。今注文蓋後人妄删。后者，後也。案：今注疏本脱「者」字，據宋本補。當從「后」。

獲者坐而獲。

鄭注：射者中則大言獲。獲，得也。射，講武師田之類，案：今注疏本脱「師」字，據宋本補。是以中爲獲也。

舉旌以宫，偃旌以商。

鄭注：宫爲君，商爲臣。聲和律吕相生。

獲而未釋獲。

鄭注：但大言獲，未釋其算。

卒射，皆執弓不挾，南面揖，揖如升射。

鄭注：不挾，亦右執弦，如司射。

上射降三等，下射少右從之，中等，竝行，上射于左。

鄭注：降，下。

與升射者相左交于階前，相揖。由司馬之南適堂西，釋弓，説決拾，襲而俟于堂西，南面，東上。三耦卒射亦如之。案：「三耦」誤，敖繼公云：「三當作二，二耦謂次耦，下耦也。」司射去扑，倚于西階之西，升堂，北面告于賓曰：「三耦卒射。」

賓揖。

鄭注：去扑乃升，不敢佩刑器即尊者之側。

鄭注：以揖然之。

司射降，搢扑，反位。司馬適堂西，袒執弓，由其位南進，與司射交于階前，相左，升自西階，鉤楹，自右物之後，立于物閒，西南面揖弓，命取矢。

鄭注：揖，推之也。

獲者執旌許諾，聲不絶，以旌負侯而俟。

鄭注：俟弟子取矢，以旌指教之。

司馬出于左物之南，還其後，降自西階，遂適堂前，北面立于所設楅之南，命弟子設楅。

鄭注：楅，猶幅也，所以承笴齊矢者。

乃設楅于中庭南，當洗，東肆。

鄭注：東肆，統于賓。

司馬由司射之南退，釋弓于堂西，襲，反位。弟子取矢，北面坐委于楅，北括，乃退。司馬襲，進當楅南，北面坐，左右撫矢而乘之。

鄭注：撫，拊之也，就委矢，左右手撫而四四數分之也。上既言襲矣，復言之者，嫌有事即袒也。凡事升堂乃袒。

若矢不備，則司馬又袒執弓如初，升，命曰：「取矢不索。」

鄭注：索，猶盡也。

弟子自西方應曰：「諾。」乃復求矢加于楅。

鄭注：增故曰加。曏獲者許諾，至此弟子曰諾，事同，互相明。

司射倚扑于階西，升，請射于賓如初。賓許諾。賓、主人、大夫若皆與射，則遂告于賓，適阼階上告于主人。主人與賓爲耦。

鄭注：言若者，或射或否，在時欲耳。射者繹己之志，君子務焉。大夫，遵者也。告賓曰：「主人御于子。」告主人曰：「子與賓射。」

遂告于大夫。大夫雖衆，皆與士爲耦。以耦告于大夫曰：案：今注疏本脱「以耦」二字，據唐石經補。**「某御于子。」**

鄭注：大夫皆與士爲耦，謙也。來觀禮，同爵自相與耦，則嫌自尊别也。大夫爲下射而云「御于子」，尊大夫也。士，謂衆賓之在下者，及群士來觀禮者也。禮，一命已下齒于鄉里。

西階上北面，作衆賓射。

鄭注：作，使。

司射降，搢扑，由司馬之南適堂西，立，比衆耦。

鄭注：衆耦，大夫耦及衆賓也，命大夫之耦曰：「子與某子射。」其命衆耦如三耦。

衆賓將與射者皆降，由司馬之南適堂西，繼三耦而立，東上，大夫之耦爲上。若有東面者，則北上。

鄭注：言若有者，大夫、士來觀禮及衆賓多，無數也。

賓、主人與大夫皆未降。

鄭注：言未降者，見其志在射。

司射乃比衆耦，辯。

鄭注：衆賓射者降，比之耦乃偏。

遂命三耦拾取矢。司射反位。

鄭注：反位者，俟其袒、決、遂來。

三耦拾取矢，皆袒、決、遂，案：下乃云「司射作上耦取矢」，因序上射、下射取矢之儀，繼云「三耦拾取矢亦如之」，則此惟袒、決、遂，未拾取矢明矣。此句「拾取矢」三字，當是因上文「遂命三耦拾取矢」衍此三字耳。**執弓**

進，立于司馬之西南。

鄭注：必袒、決、遂者，明將有射事。

司射作上耦取矢。

鄭注：作之者，還當上耦，如作射。

司射反位。上耦揖進，當楅北面揖，及楅揖。

鄭注：當楅，楅正南之東西。

上射東面，下射西面。上射揖進，坐横弓，郤手自弓下取一个，兼諸弣，順羽且興，執弦而左還，退反位，東面揖。

鄭注：横弓者，南踣弓也，郤手由弓下取矢者，以左手在弓表，右手從裏取之，便也。兼并矢于弣，當順羽既又當執弦也。順羽者，手放而下，備不整理也。不言毋周，在阼非君，周可也。

下射進，坐，横弓，覆手自弓上取一个，興，其他如上射。

鄭注：覆手由弓上取矢者，以左手在弓裏，右手從表取之，亦便。

既拾取乘矢，揖，皆左還，南面揖，皆少進，當楅南，皆左還，北面搢三挾一个。

鄭注：楅南，鄉當楅之位。

揖，皆左還，上射于右。

鄭注：上射轉居右，便其反位也。下射左還，少南行，乃西面。

與進者相左，相揖，退，反位。案：今注疏本脱「退」字，據唐石經補。

鄭注：相左皆由進者之北。

三耦拾取矢亦如之。案：上耦已取矢，此仍作「三耦」，誤也。敖繼公曰「三亦當作二」，《大射》云「二耦」是也。

後者遂取誘射之矢，兼乘矢而取之，以授有司于西方，而后反位。

鄭注：取誘射之矢，挾五个，弟子逆受于東面位之後。

衆賓未拾取矢，皆袒、決、遂，執弓，搢三挾一个，由堂西進，繼三耦之南而立，東面，北上，大夫之耦爲上。

鄭注：未，猶不也。衆賓不拾者，未射無楅上矢也。言此者，嫌衆賓三耦同倫。初時有射者，後乃射，有拾取矢禮也。

司射作射如初。一耦揖升如初。司馬命去侯，獲者許諾。司馬降，釋弓，反位。司射猶挾一个，去扑，與司馬交于階前，升，請釋獲于賓。

鄭注：猶，有故之辭。司射既誘射，恒執弓挾矢以掌射事，備尚未知，當教之也。今三耦卒射，衆足以知之矣。猶挾之者，君子不必也。

賓許，降，搢扑，西面立于所設中之東，北面命釋獲者設中，遂視之。

鄭注：視之，當教之。

釋獲者執鹿中，一人執算以從之。

鄭注：鹿中，謂射于榭也。于庠當兕中。

釋獲者坐設中，南當楅，西當西序，東面，興，受算，坐實八算于中，横委其餘于中西，南末。興，共而俟。

鄭注：興，還北面受算，反，東面實之。

司射遂進，由堂下北面命曰：「不貫不釋。」

鄭注：貫，猶中也。不中正，不釋算也。古文「貫」作「關」。

上射揖。司射退，反位。釋獲者坐，取中之八算，改實八算于中，興，執而俟。

鄭注：執所取算。

乃射，若中，則釋獲者坐而釋獲。每一个釋一算，上射于右，下射于左。若有餘算，則反委之。

鄭注：委餘算，禮尚異也。委之合于中西。

又取中之八算，改實八算于中，興，執而俟。三耦卒射。

儀禮集釋卷六

鄉射禮

賓、主人、大夫揖，皆由其階降，揖。主人堂東袒、決、遂，執弓，搢三挾一个。賓于堂西亦如之。皆由其階，階下揖，升堂揖。主人爲下射，皆當其物，北面揖，及物揖。乃射。卒，南面揖，皆由其階，階上揖，降階揖。賓序西，主人序東，皆釋弓，説決、拾，襲，反位，升，及階揖，升堂揖，皆就席。

鄭注：或言堂，或言序，亦爲庠榭，互言也。賓、主人射，大夫止于堂西。

大夫袒、決、遂，執弓，搢三挾一个，由堂西出于司射之西，就其耦，大夫爲下射。揖進，耦少退，揖如三耦。及階，耦先升。卒射，揖如升射。耦先降，降階，耦少退。皆釋弓于堂西，襲。耦遂止于堂西，大夫升就席。

鄭注：耦于庭，案：今注疏本作「于庭下」，據宋本及《儀禮經傳通解》所引，皆無「下」字。不竝行，尊大夫也。在堂如上射之儀，近其事，得申。

衆賓繼射，釋獲皆如初。司射所作惟上耦。

鄭注：于是言「惟上耦」者，嫌賓、主人射亦作之。《大射》三耦卒射，司射請于公及賓。

卒射，釋獲者遂以所執餘獲升自西階，盡階不升堂，告于賓曰：「左右卒射。」降，反位，坐，委餘獲于中西，興，共而俟。

鄭注：司射不告卒射者。釋獲者于是有事，宜終之也。餘獲，餘算也。無餘算則空手耳。俟，俟數也。

司馬袒、決，案：敖繼公云：「禮無決而不遂者，此『決』字當爲衍文。」**執弓升，命取矢如初。獲者許諾，以旌負侯如初。司馬降，釋弓，反位。弟子委矢如初。大夫之矢，則兼束之以茅，上握焉。**

鄭注：兼束大夫矢，優之，是以不拾也。束于握上，則兼取之，順羽便也。握，謂中央也。不束主人矢，不可以殊于賓也。言大夫之矢，則矢有題識也。肅慎氏貢楛矢，銘其括。今文「上」作「尚」。

司馬乘矢如初。司射遂適西階西，釋弓，去扑，襲，進由中東，立于中南，北面視算。

鄭注：釋弓去扑，射事已。

釋獲者東面于中西，坐，先數右獲。

鄭注：固東面矣，復言之者，爲其少南就右獲。

二算爲純。

鄭注：純，猶全也。耦陰陽。

一純以取，實于左手，十純則縮而委之。

鄭注：縮，從也。于數者東西爲從。古文「縮」皆爲「蹙」。

每委異之。

鄭注：易校數。

有餘純，則横于下。

鄭注：又異之也。自近爲下。

一算爲奇，奇則又縮諸純下。

鄭注：奇，猶虧也。又，從之。

興，自前適左，東面。

鄭注：起由中西就左獲，❶少北于故，東面鄉之。

坐，兼斂算，實于左手，一純以委，十則異之。

鄭注：變于右。

其餘如右獲。

鄭注：謂所縮、所横。

❶「西」，四庫本作「東」，當是。

司射復位。釋獲者遂進取賢獲，執以升自西階，盡階不升堂，告于賓。

鄭注：賢獲，勝黨之算也。齊之而取其餘。

若右勝，則曰：「右賢于左。」若左勝，則曰：「左賢于右。」以純數告，若有奇者，亦曰奇。

鄭注：賢，猶勝也。言賢者，射之以中爲雋也。假如右勝，告曰：右賢于左若干純若干奇。

若左右鈞，則左右皆執一算以告曰：「左右鈞。」降復位，坐，兼斂算，實八算于中，委其餘于中西，興，共而俟。司射適堂西，命弟子設豐。

鄭注：將飲不勝者。設豐所以承其爵也。豐形蓋似豆而卑。

弟子奉豐，升，設于西楹之西，乃降。勝者之弟子洗觶，升酌，南面坐奠于豐上，降，袒執弓，案：敖繼公云：「此時袒執弓，于禮無所當，三字疑衍文，《大射禮》無之。」**反位。**

鄭注：勝者之弟子，其少者也。耦不酌，下無能也。酌者不授爵，略之也。執弓反射位，不俟其黨，已酌有事。

司射遂袒執弓，挾一个，搢扑，北面于三耦之南，命三耦及衆賓勝者皆袒、決、遂，執張弓。

鄭注：執張弓，言能用之也。右手執弦，如卒射。

不勝者皆襲，説決、拾，卻左手，右加弛弓于其上，遂以執弣。

鄭注：固襲，説決、拾矣，復言之者，起勝者也。執弛弓，言不能用之也。兩手執弣，又不得執弦。

司射先反位。

鄭注：居前俟所命來。

三耦及衆射者皆與其耦進，立于射位，北上。司射作升飲者，如作射。一耦進揖，如升射，及階，勝者先升堂，少右。

鄭注：先升，尊賢也。少右，辟飲者也，亦相飲之位。

不勝者進，北面，坐取豐上之觶，興，少退，立卒觶，進，坐奠于豐下，興，揖。

鄭注：立卒觶，不祭不拜，受罰爵，不備禮也。右手執觶，左手執弓。

不勝者先降。

鄭注：後升先降，略之不由次。

與升飲者相左交于階前，相揖，出于司馬之南，遂適堂西，釋弓，襲而俟。

鄭注：俟復射。

有執爵者。

鄭注：主人使贊者代弟子酌也。于既升飲而升自西階，立于序端。

執爵者坐取觶，實之，反奠于豐上。升飲者如初。

鄭注：每者輒酌，以至于徧。

三耦卒飲。賓、主人、大夫不勝則不執弓。執爵者取觶，降洗，升實之，以授于席前。

鄭注：優尊也。

受觶以適西階上，北面立飲。

鄭注：受罰爵者，不宜自尊别。

卒觶，授執爵者，反就席。大夫飲，則耦不升。

鄭注：以賓、主人飲，耦在上，嫌其升。

若大夫之耦不勝，則亦執弛弓，特升飲。

鄭注：尊者可以孤無能。案：此下今注疏本衍「對」字，據宋本删正，後注云「不以己尊孤人也」。「孤」，謂簡忽之。

衆賓繼飲，射爵者辯，乃徹豐與觶。

鄭注：徹，猶除也。設豐者反豐于堂西，執爵者反觶于篚。

司馬洗爵，升，實之以降，獻獲者于侯。

鄭注：鄉人獲者賤，明其主以侯爲功，得獻也。

薦脯醢，設折俎，俎與薦皆三祭。

鄭注：皆三祭，爲其將祭侯也，祭侯三處也。

獲者負侯，北面拜受爵，司馬西面拜送爵。

鄭注：負侯，負侯中也。拜送爵不同面者，辟正主也。其設薦俎，西面錯，以南爲上。爲受爵于侯，薦之于位。古文曰「再拜受爵」。

獲者執爵，使人執其薦與俎從之，適右个，設薦俎。

鄭注：獲者以侯爲功，是以獻焉。人，謂主人贊者，上設薦俎者也。爲設籩在東，豆在西，俎當其北也。言使設，新之。

獲者南面坐，左執爵，祭脯醢，執爵興，取肺，坐祭，遂祭酒。

鄭注：爲侯祭也，亦二手祭酒反注，如《大射》。

興，適左个，中亦如之。

鄭注：先祭左个，後中者，以外即之，至中，若神在中也。

左个之西北三步，東面設薦俎。獲者薦右東面，立飲，不拜既爵。

鄭注：不就乏者，明其享侯之餘也。立餘薦右，近司馬，于是司馬北面。

司馬受爵，奠于篚，復位。獲者執其薦，使人執俎從之，辟設于乏南。

鄭注：遷設薦俎就乏，明己所得禮也。言辟之者，不使當位，辟舉旌、偃旌也。設于南，右之也。

凡他薦俎，皆當其位之前。

獲者負侯而俟。司射適階西，釋弓、矢，去扑，説決、拾，襲，適洗，洗爵，升，實之以降。獻釋獲者于其位少南，薦脯醢、折俎，有祭。

鄭注：不當其位，辟中。

釋獲者薦右東面，拜受爵。司射北面拜送爵。釋獲者就其薦坐，左執爵，祭脯醢，興，取肺，坐祭，遂祭酒，興，司射之西北面立飲，不拜既爵。司射受爵，奠于篚。釋獲者少西辟薦，反位。

鄭注：辟薦少西之者，爲復射妨司射視算也，亦辟俎。

司射適堂西，袒、決、遂，取弓于階西，挾一个，搢扑以反位。

鄭注：爲將復射。

司射去扑，倚于階西，升，請射于賓如初。賓許。司射降，搢扑，由司馬之南適堂西，命三耦及衆賓皆袒、決、遂，執弓，就位。

鄭注：位，射位也。不言射者，以當序取矢。

司射先反位。

鄭注：言先三耦及衆賓也。既命之，即反位，不俟之也。顯不言先，三耦未有拾取矢位，無所先。

三耦及衆賓皆袒、決、遂，執弓，各以其耦進，反于射位。

鄭注：以，猶與也。今文「以」爲「與」。

司射作拾取矢，三耦拾取矢如初，反位。賓、主人、大夫降揖如初。主人堂東，賓堂西，皆袒、決、遂，執弓，皆進階前，揖。

鄭注：南面相俟而揖行也。

及楅揖，拾取矢如三耦。

鄭注：及楅，當楅東西也。主人西面，賓東面，相揖拾取矢。不北面揖，由便也。

卒，北面，搢三挾一个。

鄭注：亦于三耦爲之位。

揖退。

鄭注：皆已揖，左還，各由其塗，反位。

賓堂西，主人堂東，皆釋弓、矢，襲，及階揖，升堂揖，就席。

鄭注：將袒，先言主人，將襲，先言賓，尊賓也。

大夫袒、決、遂，執弓，就其耦。

鄭注：降，袒、決、遂于堂西，就其耦于射位，與之拾取矢。

揖皆進，如三耦。耦東面，大夫西面。大夫進，坐，説矢束。

鄭注：説矢束者，下耦，以將拾取。

興，反位。而后耦揖進，坐，兼取乘矢，順羽而興，反位，揖。

鄭注：兼取乘矢者，尊大夫，不敢與之拾也。相下相尊，君子之所以相接也。

大夫進，坐，亦兼取乘矢，如其耦，北面搢三挾一个。

鄭注：亦于三耦爲之位。

揖退，耦反位。大夫遂適序西，釋弓矢，襲，升即席。

鄭注：大夫不序于下，尊也。

衆賓繼拾取矢，皆如三耦，以反位。司射猶挾一个以進，作上射如初，案：敖繼公云：「『上』字似衍，否則其下當有『耦』字。」**一耦揖升如初。**

鄭注：進，前也。曏言「還當上耦西面」，是言「進」，終始互相明也。今文或言「作升射」。

司馬升，命去侯，獲者許諾。司馬降，釋弓，反位。司射與司馬交于階前，去扑，襲，升，案：敖繼公云：「司射惟去扑耳，❶其決、遂、執弓、挾矢自若也，似不宜襲，此言襲，衍文。」**請以樂樂于賓。賓許諾。司射降，搢扑，東面命樂正曰：「請以樂樂于賓。」賓許。**

---

❶「扑」，原作「朴」，據四庫本改。

鄭注：東面，于西階之前也。不就樂正命之者，傳尊者之命于賤者，遥號命之可也。樂正亦許諾，猶北面不還，以賓在堂。

司射遂適階閒，堂下北面，命曰：「不鼓不釋。」

鄭注：不與鼓節相應，不釋算也。鄉射之鼓五節，歌五終，所以將八矢，一節之閒當拾發，四節四拾，其一節先以聽也。

上射揖，司射退反位。樂正東面，命大師曰：「奏《騶虞》，閒若一。」

鄭注：東面者，進還鄉大師也。《騶虞》，《國風·召南》之詩篇也。《射義》曰：「《騶虞》者，樂官備也。」其詩有「一發五豝」、「五豵」，「于嗟騶虞」之言，樂得賢者衆多，嘆思至仁之人以充其官。此天子之射節也，而用之者，方有樂賢之志，取其宜也。其他賓客、卿大夫則歌《采蘋》。閒若一者，重節。

大師不興，許諾。樂正退，反位。乃奏《騶虞》以射。三耦卒射，賓、主人、大夫、衆賓繼射，釋獲如初。卒射，降。

鄭注：皆應鼓與歌之節，乃釋算。降者，衆賓。

釋獲者執餘獲升，告左右卒射如初。

鄭注：卒，已也。今文曰「告于賓」。

司馬升，命取矢。獲者許諾。司馬降，釋弓，反位。弟子委矢，司馬乘之，皆如初。司射釋弓，視算如初。

鄭注：算，獲算也。今文曰「視數也」。

釋獲者以賢獲與鈞，告如初，降復位。司射命設豐，設豐、實觶如初。遂命勝者執張弓，不勝者執弛弓，升飲如初。案，敖繼公云：「《大射儀》此下云『卒退豐與觶如初』，此脱一句也。」司射猶袒、決、遂，左執弓，右執一个，兼諸弦，面鏃，適堂西，以命拾取矢，如初。

鄭注：側持弦矢曰執。面，猶尚也。并矢于弦，尚其鏃，將止，變于射也。

司射反位。三耦及賓、主人、大夫、衆賓皆袒、決、遂，拾矢如初。❶矢不挾，兼諸弦弣以退，不反位，遂授有司于堂西。

鄭注：不挾，亦謂執之如司射也。不以反射位授有司者，射禮畢。

辯拾取矢，揖，皆升就席。

鄭注：謂賓、大夫及衆賓也。相俟堂西，進立于西階之前。主人以賓揖升，大夫及衆賓從升，立時少退于大夫，三耦及弟子自若留下。

司射乃適堂西，釋弓，去扑，説決、拾，襲，反位。司馬命弟子説侯之左下綱而釋之。

---

❶「拾」下，阮本《儀禮注疏》、胡培翬《正義》有「取」字。此處疑脱「取」字。

鄭注：說，解也。釋之，不復射，掩束之。

命獲者以旌退，命弟子退楅。司射命釋獲者退中與算而俟。

鄭注：諸所退皆俟堂西，備復射也。旌言以者，旌恒執也。獲者、釋獲者亦退其薦俎。

司馬反爲司正，退復觶南而立。

鄭注：當監旅酬。

樂正命弟子贊工即位，弟子相工如其降也，升自西階，反坐。

鄭注：贊工遷樂也。降時如初入，樂正反自西階東，北面。

賓北面，坐取俎西之觶，興，阼階上北面酬主人。主人降席，立于賓東。賓坐奠觶，拜，執觶興，主人荅拜。賓不祭，卒觶，不拜不洗，實之，進，東南面。

鄭注：所不者，酬而禮殺也。賓立飲。

主人阼階上北面拜，賓少退。

鄭注：少退，少逡遁也。

主人進受觶，賓主人之西，北面拜送。

鄭注：旅酬而同階，禮殺也。

賓揖就席。主人以觶適西階上，酬大夫。大夫降席，立于主人之西，如賓酬主人之禮。

鄭注：其既實觶，進，西南面立，鄉所酬。

主人揖就席，若無大夫，則長受酬亦如之。

鄭注：長，謂以長幼之次酬衆賓。

司正升自西階，相旅，作受酬者曰："某酬某子。"

鄭注：某者，字也。某子者，氏也。稱酬者之字，受酬者曰某子。旅酬下爲上，尊之也。《春秋傳》曰："字不若子。"此言"某酬某子"者，射禮略于飲酒。飲酒言"某子受酬"，以飲酒爲主。

受酬者降席，司正退立于西序端，東面。

鄭注：退立，俟後酬者也。始升相，立階西北面。

衆受酬者拜，興，飲，皆如賓酬主人之禮。辯，遂酬在下者，皆升，受酬于西階上。

鄭注：在下，謂賓黨也。《鄉飲酒·記》曰："主人之贊者，西面，北上，不與，無算爵，然後與。"此異于賓。

卒受者以觶降，奠于篚。司正降，復位，使二人舉觶于賓與大夫。

鄭注：二人，主人之贊者。

舉觶者皆洗觶，升，實之，西階上北面，皆坐奠觶，拜，執觶興。賓與大夫皆席末荅拜。舉觶者皆坐祭，遂飲，卒觶興，坐奠觶，拜，執觶興，賓與大夫皆荅拜。舉觶者逆降洗，升實觶，皆立于西階上，北

面，東上。賓與大夫拜。舉觶者皆進，坐奠于薦右。

鄭注：坐奠之，不敢授。

賓與大夫辭，坐受觶以興。❶

鄭注：辭，辭其坐奠觶。

舉觶者退，反位，皆拜送，乃降。賓與大夫坐，案：今注疏本脱「坐」字，據唐石經補。**反奠于其所，興。**

鄭注：不舉者，盛禮已崇。古文曰「反坐」。

若無大夫，則惟賓。

鄭注：長一人舉觶，如《燕禮》媵爵之爲。

司正升自西階，阼階上受命于主人，適西階上，北面請坐于賓。

鄭注：請坐，欲與賓燕，盡殷勤也。至此盛禮已成，酒清肴乾，强有力者猶倦焉。

賓辭以俎。

鄭注：俎者，肴之貴者也。辭之者，不敢以燕坐褻貴肴。

反命于主人，主人曰：「請徹俎。」賓許。司正降自西階，階前命弟子俟徹俎。

鄭注：弟子，賓黨也。俎者，主人贊者設之。今賓辭之，使其黨俟徹，順賓意也。上言「請坐于

❶「受」，原無，據四庫本及阮本《儀禮注疏》補。

賓」，此言「主人曰」，互相備耳。

司正升，立于序端。賓降席，北面。主人降席自南方，阼階上北面。大夫降席，席東南面。❶

鄭注：俟弟子升受俎。

賓取俎，還授司正。司正以降自西階。賓從之降，遂立于階西，東面。司正以俎出，授從者。

鄭注：授賓家從來者也。古者與人飲食必歸其盛者，所以厚禮之。

主人取俎，還授弟子。弟子受俎，降自西階以東。主人降自阼階，西面立。

鄭注：以東，授主人侍者。

大夫取俎，還授弟子。弟子以降自西階，遂出，授從者。大夫從之，降，立于賓南。

鄭注：凡言「還」者，明取俎各自鄉其席。

衆賓皆降，立于大夫之南，少退，北上。

鄭注：從降，亦爲將燕。

主人以賓揖讓，説屨，乃升。大夫及衆賓皆説屨，升，坐。

鄭注：説屨者，將坐，空屨褻賤，不宜在堂也。説屨則摳衣，爲其被地。

乃羞。

---

❶「席」字，原無，據四庫本及阮本《儀禮注疏》補。

鄭注：羞，進也，所進者狗胾醢也。燕設啗具，所以案酒。

無算爵。使二人舉觶，賓與大夫不興，取奠觶，飲，卒觶，不拜。

鄭注：二人，謂𩀌者二人也。使之升，立于西階上。賓與大夫將旅，當執觶也。卒觶者固不拜矣。著之者，嫌坐卒爵者，拜既爵。此坐于席，禮既殺，不復崇。

執觶者受觶，遂實之。賓觶以之主人，大夫之觶，長受。

鄭注：長，衆賓長。

而錯，皆不拜。

鄭注：錯者，實主人之觶，以之次賓也。實賓長之觶，以之次大夫。其或多者，迭飲于坐而已。皆不拜受，禮又殺也。案：今注疏本錯置後第六節注「今文無『執觶』及『賓觶』『大夫之觶』皆爲『爵』。『賓觶』，『觶』爲之」二十字于此。

辯，卒受者興，以旅在下者于西階上。

鄭注：衆賓之末，飲而酬主人之贊者。大夫之末，飲而酬賓黨，亦錯焉。不使執觶者酌，以其將旅酬，不以己尊孤人也。案：「孤」，今注疏本訛作「於」，據宋本改正。其末若皆衆賓，則先酬主人之贊者，若皆大夫，則先酬賓黨而已。執觶者酌在上辯。降，復位。

長受酬，酬者不拜，乃飲卒觶，以實之。

鄭注：言酬者不拜者，嫌酬堂下異位當拜也，古文曰「受酬者不拜」。

受酬者不拜，受。

鄭注：禮殺，雖受尊者之酬，猶不拜。

辯旅，皆不拜。

鄭注：主人之贊者于此始旅，嫌有拜。

執觶者皆與旅。

鄭注：嫌已飲不復飲也。上使之勸人耳，非逮下之惠也。亦自以齒與于旅也。

卒受者以虚觶降，奠于篚。執觶者洗，升，實觶，反奠于賓與大夫。

鄭注：復奠之者，燕以飲酒爲歡，醉乃止，主人之意也，今文無「執觶」及「賓觶」「大夫之觶」皆爲「爵」。「實觶」，「觶」爲之。案：此總上文「執觶」及「賓觶」「大夫之觶」數「觶」字，今文皆作「爵」，惟「實觶」之「觶」，今文作「觶」，其曰「今文無執觶者」，衍一「無」字。

無算樂。

鄭注：合鄉樂，無次數。

賓興，樂正命奏《陔》。

鄭注：《陔》，《陔夏》，其詩亡。《周禮》：「賓醉而出，奏《陔夏》。」《陔夏》者，天子、諸侯以鐘鼓，大夫、士鼓而已。

賓降及階，《陔》作。賓出，衆賓皆出，主人送于門外，再拜。

鄭注：拜送賓于門東，西面。賓不荅拜，禮有終。

明日，賓朝服以拜賜于門外。

鄭注：拜賜，謝恩惠也。

主人不見，如賓服，遂從之，拜辱于門外，乃退。

鄭注：不見，不褻禮也。拜辱，謝其自屈辱。

主人釋服，乃息司正。

鄭注：釋服，説朝服，服玄端也。息，猶勞也。勞司正，謂賓之與之飲酒，以其昨日尤勞倦也。《月令》曰：「勞農以休息之。」

無介。

鄭注：勞禮略貶于飲酒也。此已下皆記禮之異者。

不殺。

鄭注：無俎故也。

使人速。

鄭注：速，召賓。

迎于門外，不拜，入升，不拜至，不拜洗，薦脯醢，無俎。賓酢主人，主人不崇酒，不拜衆賓。既獻衆

賓，一人舉觶，遂，無筭爵。

鄭注：言遂者，明其閒闕也。賓坐奠觶于其所，擯者遂受命于主人，請坐于賓。賓降，説屨，升坐矣。不言遂請坐者，請坐主于無筭爵。

無司正。

鄭注：使擯者而已，不立之。

賓不與。

鄭注：昨日至尊，不可褻也。古文「與」作「豫」。

徵惟所欲。

鄭注：徵，召也。謂所欲請呼。

以告于鄉先生、君子可也。

鄭注：告，請也。鄉先生，鄉大夫致仕者也。君子，有大德行不仕者。

羞惟所有。

鄭注：用時見物。

鄉樂惟欲。

鄭注：不歌《雅》《頌》，取《周》《召》之詩，在所好。

記。大夫與，則公士爲賓。

鄭注：不敢使鄉人加尊于大夫也。❶公士，在官之士。鄉賓主用處士。

使能，不宿戒。

鄭注：能者敏于事，不待宿戒而習之。

其牲，狗也。

鄭注：狗取擇人。

亨于堂東北。

鄭注：《鄉飲酒義》曰：「祖陽氣之所發也。」

尊，綌冪，賓至徹之。

鄭注：以綌爲冪，取其堅絜。

蒲筵，緇布純。

鄭注：筵，席也。純，緣。

西序之席，北上。

鄭注：衆賓統于賓。

---

❶「不敢」至「起言」，凡一百七十一字，原無，據四庫本及阮本《儀禮注疏》補。

獻用爵，案：「獻」字上，朱子《儀禮經傳通解》本有「凡」字。**其他用觶。**

鄭注：爵尊，不可褻也。

以爵拜者，不徒作。

鄭注：以爵拜，謂拜既爵。徒，猶空也。作，起也，不空起，言起必酢主人。

薦，脯用籩，五膱，祭半膱，横于上。醢以豆，出自東房，膱長尺二寸。

鄭注：脯用籩，籩宜乾物也。醢以豆，豆宜濡物也。膱，猶脡也，爲記者異耳。祭横于上，殊之也。于人爲縮。膱廣狹未聞也。古文「膱」爲「胾」，今文或作「植」。

俎由東壁，自西階升。

鄭注：狗既亨，載于東方。

賓俎：脊、脅、肩、肺。主人俎：脊、脅、臂、肺。肺皆離，皆右體也，進腠。

鄭注：以骨名肉，貴骨也。賓俎用肩，主人用臂，尊賓也。離，猶挃也。腠，膚理也。進理，謂前其本。右體，周所貴也。若有尊者，則俎其餘體也。

凡舉爵，三作而不徒爵。

鄭注：謂獻賓、獻大夫、獻工，皆有薦。

凡奠者于左。

鄭注：不飲，不欲其妨。

將舉者于右。

鄭注：便其舉也。

衆賓之長，一人辭洗，如賓禮。

鄭注：尊之于其黨。

若有諸公，則如賓禮，大夫如介禮。無諸公，則大夫如賓禮。

鄭注：尊卑之差。諸公，大國之孤也。

樂作，大夫不入。

鄭注：後樂賢也。

樂正與立者齒。

鄭注：謂其飲之次也，尊樂正同于賓黨。《鄉飲酒·記》曰：「與立者皆薦以齒。」

三笙一和而成聲。

鄭注：三人吹笙，一人吹和，凡四人也。《爾雅》曰：「笙小者謂之和。」

獻工與笙，取爵于上篚。既獻，奠于下篚。其笙則獻諸西階上。

鄭注：尊爵于下篚，不復用也。今文無「與笙」。

立者東面，北上。

鄭注：賓黨。

司正既舉觶而薦諸其位。

鄭注：薦于觶南。

三耦者，使弟子，司射前戒之。

鄭注：弟子，賓黨之少者也。前戒，謂先射請戒之。

司射之弓、矢與扑，倚于西階之西。

鄭注：便其事也。

司射既袒、決、遂而升。司馬階前命張侯，遂命倚旌。

鄭注：著竝行事。案：「事」，今注疏本訛作「也」，據宋本改正，疏内舉注文亦作「事」。古文曰「遂命獲者倚旌」。

凡侯：天子熊侯，白質；諸侯麋侯，赤質；大夫布侯，畫以虎豹；士布侯，畫以鹿豕。

鄭注：此所謂獸侯也，燕射則張之。鄉射及賓射，當張采侯二正。而記此者，天子、諸侯之燕射，各以其鄉射之禮而張此侯。案：此下今注疏本有「則經獸侯是也」六字，于疏舉注文亦增此六字，文義不貫，據宋本刪。由是云焉，白質、赤質皆謂采其地。其地不采者，白布也。熊、麋、虎、豹、鹿、豕皆正面畫其頭象于正鵠之處耳。君畫一，臣畫二，陽奇陰耦之數也。燕射，射熊、虎、豹，不忘上下相犯。射麋、鹿、豕，志在君臣相養也。案：今注疏本脱「也」字，據宋本補。其畫之，皆毛物之。

凡畫者丹質。

鄭注：賓射之侯、燕射之侯，皆畫雲氣于側以爲飾。必先以丹采其地，丹淺于赤。

射自楹間，物長如笴，其間容弓，距隨長武。

鄭注：自楹間者，謂射于庠也。楹間，中央東西之節也。物，謂射時所立處也。謂之物者，物猶事也，君子所有事也。長如笴者，謂從畫之長短也。笴，矢榦也，長三尺，與跬相應，射者進退之節也。間容弓者，上下射相去六尺也。距隨者，物横畫也。始前足至東頭爲距，後足來合而南面爲隨。武，跡也，尺二寸。

序則物當棟，堂則物當楣。

鄭注：是制五架之屋也，正中曰棟，次曰楣，前曰庪。

命負侯者由其位。

鄭注：于賤者禮略。

凡適堂西，皆出入于司馬之南。惟賓與大夫降階，遂西取弓矢。

鄭注：尊者宜逸，由便也。

旌各以其物。

鄭注：旌，總名也。雜帛爲物，大夫士之所建也。言「各」者，鄉射或于庠，或于榭。

無物，則以白羽與朱羽糅。杠長三仞，以鴻脰韜上二尋。

鄭注：無物者，謂小國之州長也。其鄉大夫一命，其州長士不命。不命者無物。此翿旌也，翿亦所以進退衆者。糅者，雜也。杠，橦也。七尺曰仞。鴻，鳥之長脰者也。八尺曰尋。今文「糅」爲「縮」，「韜」爲「翿」。

凡挾矢，于二指之間横之。

鄭注：二指，謂左右手之第二指，此以食指、將指挾之。

司射在司馬之北，司馬無事不執弓。

鄭注：以不主射故也。

始射，獲而未釋獲。復，釋獲。復，用樂行之。

鄭注：君子取人以漸。

上射于右。

鄭注：于物右射。案：「物右」，今注疏本訛作「右物」，據宋本改正。

楅長如笴，博三寸，厚寸有半，龍首，其中蛇交。韋當。

鄭注：博，廣也。兩端爲龍首，中央爲蛇身相交也。蛇龍，君子之類也。交者，象君子取矢于楅上也。❶直心背之衣曰當，以丹韋爲之。司馬左右撫矢而乘之，分委于當。

楅髤，横而拳之，案：「拳」，《釋文》音「權」，唐石經亦作「拳」。朱子《儀禮經傳通解》云：「『拳』，當作『奉』，字之誤也。」**南面坐而奠之，南北當洗。**

鄭注：髤，赤黑漆也。

射者有過，則撻之。

鄭注：過，謂矢揚中人。凡射時矢中人，當刑之。今鄉會衆賢以禮樂勸民，而射者中人，本意在侯，去傷害之心遠，是以輕之，以扑撻于中庭而已。《書》曰：「扑作教刑。」

衆賓不與射者，不降。

鄭注：不以無事亂有事。古文「與」爲「豫」。

取誘射之矢者，既拾取矢，而后兼誘射之乘矢而取之。

鄭注：謂反位已禮成，乃更進取之，不相因也。

賓主人射，則司射擯升降，卒射即席，而反位卒事。

鄭注：擯賓主人升降者，皆尊之也。不使司馬擯其升降，主于射。

❶ 「也」字，四庫本無。

鹿中，髤，前足跪，鑿背，容八算。釋獲者奉之，先首。

鄭注：前足跪者，象教擾之獸受負也。

大夫降，立于堂西以俟射。

鄭注：尊大夫，不使久列于射位。

大夫與士射，袒薰襦。 案：「薰」，今注疏本作「纁」，唐石經及宋本竝作「薰」，《儀禮圖》《集説》亦作「薰」，古字通用。

鄭注：不肉袒，殊于耦。

耦少退于物。

鄭注：下大夫也，既發則然。

司射釋弓、矢，視算，與獻釋獲者釋弓、矢。

鄭注：惟此二事，休武主文，釋弓、矢耳。然則擯升降不釋。

禮射不主皮。主皮之射者，勝者又射，不勝者降。

鄭注：禮射，謂以禮樂射也，大射、賓射、燕射是矣。不主皮者，貴其容體比于禮，其節比于樂，不待中爲雋也。言不勝者降，則不復升射也。主皮者無侯，張獸皮而射之，主于獲也。《尚書傳》曰：「戰鬭不可不習，故于蒐狩以閑之也。」閑之者，貫之也。貫之者，習之也。凡祭，取餘獲陳于澤，然後卿大夫相與射也。中者，雖不中也取。不中者，雖中也不取。何以然？所以貴揖讓之取也，而賤勇力之取。鄉之取也于囿中，勇力之取也。案：今注疏本脱「也」字，據宋本補。今之取也于澤宮，揖讓之取也。澤，習禮之處，非所于行禮，其射又主中，此主皮之射與？天子大射張皮侯，賓射張五采之侯，燕射張獸侯。

主人亦飲于西階上。

鄭注：就射爵而飲也，已無俊才，不可以辭罰。

獲者之俎，折脊、脅、肺、臑。案：《大射》注引此文無「臑」字，臑及膊、胳、觳皆折也，故注云「臑若膊胳觳之折」，當是因注而衍。

鄭注：臑，若膊、胳、觳之折，以大夫之餘體。

東方謂之右个。

鄭注：侯以鄉堂爲面也。

釋獲者之俎，折脊、脅、肺，皆有祭。

鄭注：皆，皆獲者也。祭，祭肺也。以言肺，謂刌肺不離，嫌無祭肺。

大夫説矢束，坐説之。

鄭注：明不自尊別也。

歌《騶虞》若《采蘋》，皆五終，射無算。

鄭注：謂衆賓繼射者，衆賓無數也。每一耦射，歌五終也。

古者于旅也語。

鄭注：禮成樂備，乃可以言語，先王禮樂之道也。疾今人慢于禮樂之盛，言語無節，故追道古也。

凡旅不洗。

鄭注：敬殺。

不洗者不祭。

鄭注：不盛。

既旅，士不入。

鄭注：後正禮也。案：「後」，今注疏本訛作「從」，據宋本改正。既旅則將燕矣，士入齒于鄉人。

大夫後出。

鄭注：下鄉人，不干其賓主之禮。

主人送于門外，再拜。

鄭注：拜送大夫，尊之也。主人送賓，還入門，揖，大夫乃出，送拜之。案：今注疏本訛作「拜送之」，據宋本改正。

鄉侯，上个五尋。

鄭注：上个，謂最上幅也。八尺曰尋，上幅用布四丈。

中十尺。

鄭注：方者也。用布五丈。今官布幅廣二尺二寸，旁削一寸。《考工記》曰：「梓人爲侯，廣與崇方。」謂中也。

侯道五十弓，弓二寸，以爲侯中。

鄭注：言侯中所取數也。量侯道以貍步，而云弓者，侯之所取數，宜于射器也。案：「于」，今注疏本訛作「用」，據宋本改正。正二寸，案：此下今注疏本衍「者」字，據宋本删。骹中之博也。今文改「弓」爲「肱」也。

倍中以爲躬。

鄭注：躬，身也，謂中之上下幅也，用布各二丈。

倍躬以爲左右舌。

鄭注：謂上个也。居兩旁謂之个，左右出謂之舌。

下舌半上舌。

鄭注：半者，半其出于躬者也，用布三丈。所以半上舌者，侯，人之形類也，上个象臂，下个象足，中人張臂八尺，張足六尺，五八四十，五六三十，以此爲衰也。凡鄉侯用布十六丈，數起侯道五十弓以計，道七十弓之侯，用布二十五丈二尺，道九十弓之侯，用布三十六丈。❶

❶ 「用」，原作「同」，據四庫本及阮本《儀禮注疏》改。

箭籌八十。

鄭注：箭，篠也。籌，算也。籌八十者，略以十耦爲正，貴全數。其時衆寡從賓。案：「寡」，今注疏本訛作「賓」，據宋本改正。

長尺，有握，握素。

鄭注：握，本所持處也。素，謂刊之也，刊本一膚。

楚扑長如笴，刊本尺。

鄭注：刊其可持處。

君射，則爲下射。上射退于物一笴，既發則荅君而俟。

鄭注：荅，對也。此以下雜記也。今文「君射則爲下」。

君樂作而后就物。君袒朱襦以射。

鄭注：君尊。

小臣以巾執矢以授。

鄭注：君尊，不揺矢、不挾矢，授之稍屬。

若飲君如燕，則夾爵。

鄭注：謂君在不勝之黨也，賓飲君如燕，賓媵觚于公之禮，則夾爵。夾爵者，君既卒爵，復自飲。

君國中射，則皮樹中，以翿旌獲，白羽與朱羽糅。

鄭注：國中，城中也，謂燕射也。皮樹，獸名。以翿旌獲，尚文德也。今文「皮樹」爲「繁豎」，「糅」爲「縚」，古文無「以」。

于郊，則閭中，以旌獲。

鄭注：于郊，謂大射也。大射于大學。《王制》曰：「小學在公宫南之左，案：今注疏本脱「南」字，據《禮記》文補。大學在郊。」閭，獸名，如驢一角，或曰如驢歧蹄。《周書》曰：「北唐以閭，析羽爲旌。」

于竟，則虎中，龍旜。

鄭注：于竟，謂與鄰國君射也。畫龍于旜，尚文章也。通帛爲旜。

大夫兕中，各以其物獲。

鄭注：兕，獸名，似牛一角。

士鹿中，翿旌以獲。

鄭注：謂小國之州長也。用翿爲旌以獲，無物也。古文「無以獲」。

惟君有射于國中，其餘否。

鄭注：臣不習武事于君側也。古文「有」作「又」，今文無「其餘否」。

君在，大夫射則肉袒。

鄭注：不袒纁襦，厭于君也。今文無「射」。

儀禮集釋卷七

燕禮第六

鄭《目録》云：諸侯無事，若卿大夫有勤勞之功，與群臣燕飲以樂之禮也。案：今注疏本脱此二字。燕禮于五禮屬嘉禮。大戴第十二，小戴及《别録》皆第六。

釋曰：諸侯與群臣燕飲酒之禮。

燕禮。小臣戒與者。

鄭注：小臣相君燕飲之法。戒與者，謂留群臣也。君以燕禮勞使臣，若臣有功，故與群臣樂之。小臣則警戒告語焉。飲酒以合會爲歡也。

釋曰：《周禮·大僕》：「王燕飲，則相其法。」《小臣》：「凡大事，佐大僕。」諸侯兼官，小臣當大僕之事。故燕飲，小臣相也。留群臣，謂群臣留在國，不出使者。若君臣無事，亦有燕，《魯頌·振鷺》之詩是也。

膳宰具官饌于寢東。

鄭注：膳宰，天子曰膳夫，掌君飲食膳羞者也。具官饌，具其官之所饌，謂酒也、牲也、脯醢也。寢，路寢。

釋曰：天子之宰夫下大夫，膳夫上士。諸侯膳宰，蓋亦卑于宰夫。《燕禮》膳宰具饌，而《公食大夫》宰夫具饌者，彼食異國之大夫，敬之異于己臣子也。

樂人縣。

鄭注：縣，鐘磬也。國君無故不徹縣。言縣者，案：「言」，今注疏本譌作「宫」。爲燕新之。

釋曰：燕在路寢，有常縣之樂，今更整理之而已。大射在學宮，❶學宮不常縣，故前射一日縣，且具辨樂縣之位。

設洗、篚于阼階東南，當東霤。案：敖繼公云：「諸篇于此但言『設洗』，無連言『篚』者，又下別云『篚在洗西』，則于此言『篚』，文意重複，且不可以東霤爲節，明衍文也。」**罍水在東，篚在洗西，南肆。設膳篚在其北，西面。**

鄭注：設此不言其官，賤也。當東霤者，人君爲殿屋也，亦南北以堂深。肆，陳也。膳篚者，君象觚所饌也，亦南陳。言西面，尊之，異其文。

釋曰：霤，屋檐滴水處也。殿屋四向流水，所謂四阿，故有東霤。此設洗處與士禮處同。大夫

❶「宫」，四庫本作「官」，下「學宫」同。

以下無東霤，洗當東榮耳。篚亦西面，互其文。

司宮尊于東楹之西，兩方壺，左玄酒，南上。公尊瓦大兩，有豐，冪用綌若錫，在尊南，南上。尊士旅食于門西，兩圜壺。

鄭注：司宮，天子曰小宰，聽酒人之成要者也。尊方壺，爲卿大夫士也，臣道直方。于東楹之西，予君專此酒也。《玉藻》曰：「惟君面尊。」玄酒在南，順君之面也。瓦大，有虞氏之尊也。《禮器》曰：「君尊瓦甒。」豐，形似豆，卑而大。冪用綌若錫，冬夏異也。在尊南，在方壺之南也。尊士旅食者用圜壺，變于卿大夫也。旅，衆也。士衆食，謂未得正禄，所謂庶人在官者也。今文「錫」爲「緆」。

釋曰：《鄉飲酒》：「尊于房户之間，賓主共之。」此尊近東者，君尊，專大惠也。君西鄉，尊東面，以君之左爲上，故玄酒皆在南。圜壺不言上下，無玄酒也。《明堂位》曰：「泰，有虞氏之尊也。」有虞氏上陶，案：原本脱「陶」字，今據《考工記》補。用瓦。《大射儀》云：「膳尊兩甒。」冪，夏宜綌，冬宜錫。葛之麤者曰綌。《喪服傳》曰：「麻十五升抽其半，無事其縷，有事其布，曰錫。」方圜壺無冪，❶以尊厭卑也。《天官》小宰掌治王宮之政令，掌酒人之成要。❷此司宮掌宮事，亦掌酒事，

❶「方」字，胡培翬《正義》引《集釋》無。

❷「掌」，據鄭注當爲「聽」之訛。

知當天子之小宰。

司宮筵賓于户西，東上，無加席也。

鄭注：筵，席也。席用蒲筵、緇布純。無加席，燕私禮，臣屈也。諸侯之官無司几筵也。

射人告具。

鄭注：告事具于君。射人主此禮，以其或射也。

釋曰：以其或射，故與《大射儀》同。《公食大夫禮》：「贊者告具。」

小臣設公席于阼階上，西鄉，設加席。公升，即位于席，西鄉。

鄭注：《周禮》：「諸侯胙席，莞筵紛純，案：「胙」，今注疏本譌作「昨」。加繅席，畫純。」後設公席者，凡禮，卑者先即事，尊者後也。

小臣納卿大夫，卿大夫皆入門右，北面，東上。士立于西方，東面，北上。祝史立于門東，北面，東上。小臣師一人在東堂下，南面。士旅食者立于門西，東上。

鄭注：納者，以公命引而入也。自士以下，從而入即位耳。師，長也。小臣之長一人，猶天子大僕，正君之服位者也。凡入門而右，由闑東，左則由闑西。

釋曰：立者，位于此也。西方，堂下位也。門東、門西，門内位也。凡位堂下，東方者西面，西方者東面，位門内者皆北面。小臣師在東堂下南面，則東堂下在堂之東。

公降立于阼階之東南，南鄉爾卿。卿西面，北上。爾大夫，大夫皆少進。

鄭注：爾，近也，移也。揖而移之，近之也。大夫猶北面，少前。

釋曰：公降立者，❶揖人必違其位。

射人請賓。

鄭注：命當由君出也。

公曰：「命某爲賓。」

鄭注：某，大夫也。

射人命賓，賓少進，禮辭。

鄭注：命賓者，東面南顧。禮辭，辭不敏也。

反命。

鄭注：射人以賓之辭，告于君。

又命之。賓再拜稽首，許諾。

鄭注：又，復。

釋曰：稽首，拜頭至地。《春秋傳》曰：「非天子、寡君無所稽首。」《郊特牲》曰：「大夫之臣不稽

❶「公」字，原無，據四庫本、集成本補。

首。」非尊家臣以辟君也，則臣拜君皆稽首。

射人反命。

鄭注：告賓許。

賓出，立于門外，東面。案：敖繼公云：「《大射儀》云『北面』，此『東』字，蓋誤也。」

鄭注：當更以賓禮入。

公揖卿大夫，乃升，就席。

鄭注：揖之，人之也。案：疏云：「言『人之』者，公將及升堂，故以人意相存偶。」

小臣自阼階下，北面請執冪者與羞膳者。

鄭注：執冪者，執瓦大之冪也。方圜壺無冪。羞膳，羞于公，謂庶羞。

釋曰：羞，進也。君物曰膳。凡薦謂脯醢，羞謂庶羞。

乃命執冪者。執冪者升自西階，立于尊南，北面，東上。

鄭注：以公命于西階前命之也。東上，玄酒之冪爲上也。羞膳者從而東。由堂東升自北階，房中西面，南上。不言之者，不升堂，略之也。

釋曰：記云：「執冪者皆士。」士位在西方，故于西階前命之。羞膳者無升文，以羞在房，知由堂東自北階升也。《士冠禮》：「脯醢在房，贊者薦脯醢，立于房中，西面，南上。」

膳宰請羞于諸公卿者。

鄭注：小臣不請而使膳宰，于卑者彌略也。禮以異爲敬。

射人納賓。

鄭注：射人爲擯者也。今文曰「擯者」。

釋曰：《大射儀》：「大射正擯，擯者請賓。」《春秋傳》：「王以鞏伯宴，使相告之。」相，相禮者，即擯者也。

賓入，及庭。公降一等，揖之。

鄭注：及，至也。至庭，謂既入而左，北面時。

釋曰：出堂塗時也，客入門而左。

公升，就席。

鄭注：以其將與主人爲禮，不參之也。

釋曰：《燕義》曰：「諸侯燕禮之義，君立阼階之東南，南鄉，爾卿大夫，皆少進，定位也。君席阼階之上，居主位也。君獨升，立席上，西面特立，莫敢適之義也。設賓主，飲酒之禮也。使宰夫爲獻主，臣莫敢與君亢禮也。不以公卿爲賓而以大夫爲賓爲疑也，明嫌之義也。賓入中庭，君降一等而揖之，禮之也。」

賓升自西階。主人亦升自西階，賓右，北面至，再拜。賓荅再拜。

鄭注：主人，宰夫也。宰夫，大宰之屬，掌賓客之獻飲食者也。其位在洗北西面。君于其臣，雖爲賓，不親獻，以其尊，莫敢伉禮也。至再拜者，拜賓來至也。天子膳夫爲獻主。

釋曰：至再拜者，賓至乃拜之，有尊卑不敵之義，體敵者皆言拜至。《周禮·膳夫》：「王燕飲酒，則爲獻主。」

主人降洗，洗南西北面。

鄭注：賓將從降，鄉之。

釋曰：洗南當北面，今西北面者，當辭賓降也。《鄉飲酒》：賓主異階，故主人在階下辭賓降。宰夫代君爲獻主，升降不由阼階，與賓同由西階升降，故于洗南辭降。

賓降，階西東面。主人辭降，賓對。

鄭注：對，荅。

主人北面盥，坐取觚洗。賓少進，辭洗。主人坐，奠觚于篚，興，對。賓反位。

鄭注：賓少進者，又辭，宜違其位也。獻不以爵，辟正主也。古文「觚」皆爲「觶」。

主人卒洗。賓揖，乃升。

鄭注：賓每先升，尊也。

主人升。賓拜洗。主人賓右奠觚，荅拜，降盥。

鄭注：主人復盥，爲拜手坋塵也。

賓降，主人辭。賓對。卒盥。賓揖升，主人升，坐取觚。

鄭注：取觚，將就瓦大酌膳。

執冪者舉冪，主人酌膳，執冪者反冪。

鄭注：君物曰膳。膳之言善也。酌君尊者，尊賓也。

主人筵前獻賓。賓西階上拜，筵前受爵，反位。主人賓右拜送爵。

鄭注：賓既拜，前受觚，退復位。

釋曰：一升爲爵，二升爲觚，通言之，則觚亦稱爵。

膳宰薦脯醢。賓升筵。膳宰設折俎。

鄭注：折俎，牲體骨也。《鄉飲酒·記》曰：「賓俎：脊、脅、肩、肺。」

賓坐，左執爵，右祭脯醢，奠爵于薦右。興，取肺，坐，絶祭，嚌之。興，加于俎，坐挩手，執爵，遂祭酒。興，席末坐，啐酒。降席，坐奠爵，拜，告旨。執爵興。主人荅拜。

鄭注：降席，席西也。旨，美。案：此下今注疏本有「也」字。

賓西階上北面，坐卒爵。興，坐奠爵，遂拜。主人荅拜。

鄭注：遂拜，拜既爵也。

賓以虚爵降。

鄭注：將酢主人。

主人降。賓洗南坐，奠觚，少進辭降。主人東面對。

鄭注：上既言爵矣，復言觚者，嫌易之也。《大射禮》曰：「主人西階西東面，少進，對。」今文從此以下「觚」皆爲「爵」。

賓坐取觚，奠于篚下，盥洗。

鄭注：篚下，篚南。

主人辭洗。

鄭注：謙也。今文無「洗」。

賓坐，奠觚于篚，興，對，卒洗，及階，揖升。主人升，拜洗如賓禮。賓降盥。主人降。賓辭降，卒盥，揖升，酌膳，執冪如初，以酢主人于西階上。主人北面，拜受爵。賓主人之左拜送爵。

鄭注：賓既南面授爵，乃之左。

主人坐祭，不啐酒。

鄭注：辟正主也。未薦者，臣也。

釋曰：凡獻則薦。宰夫代君行禮，雖受酢而不薦，至獻大夫乃薦于其位。

不拜酒，不告旨。

鄭注：主人之義。

不殺。 案：今注疏本脱此二字。

鄭注：無俎故也。案：今注疏本脱此注文四字。

遂卒爵，興，坐奠爵，拜，執爵興。賓荅拜。主人不崇酒，以虚爵降奠于篚。

鄭注：崇，充也，不以酒惡充滿謝賓者，案：原本作「不以酒謝賓」，今注疏本作「不以酒惡謝賓」，皆脱誤不可通，從《儀禮經傳通解》所引訂正。甘美君物也。

釋曰：正主啐酒而崇酒。

賓降，立于西階西。

鄭注：既受獻矣，不敢安盛。

射人升賓。賓升，立于序内，東面。

鄭注：東西牆謂之序。《大射禮》曰：「擯者以命升賓。」

主人盥，洗象觚，升實之，東北面獻于公。

鄭注：象觚，觚有象骨飾也。取象觚者，東面。

釋曰：南面取，則背君。膳篚之南有臣篚，不得北面取，故因自西階來，東面取也。賓之，賓膳酒。不言膳者，可知。《大射禮》曰：「洗象觚，升酌膳。」

公拜受爵。主人降自西階，阼階下北面拜送爵。士薦脯醢。膳宰設折俎，升自西階。

鄭注：薦，進也。《大射禮》曰：「宰胥薦脯醢，由左房。」

釋曰：此篇凡應先拜者，公皆後拜，尊公也。受獻禮重，故公猶先拜。賓之薦俎皆使膳宰，公之薦俎異人者，公尊故也。《大射》公之賓與薦俎同人者，❶略于飲酒，主于射。

公祭如賓禮。膳宰贊授肺，不拜酒。立卒爵，坐奠爵，拜，執爵興。

鄭注：凡異者，君尊，變于賓也。

主人荅拜，升，受爵以降，奠于膳篚，更爵，洗，升，酌膳酒以降，案：敖繼公云：「上下文『酌膳』皆無『酒』字，此有者，衍也。」**酢于阼階下，北面，坐奠爵，再拜稽首。公荅再拜。**

鄭注：更爵者，不敢襲至尊也。古文「更」爲「受」。

主人坐祭，遂卒爵，再拜稽首。公荅再拜。主人奠爵于篚。主人盥洗，升，媵觚于賓，酌散，西階上坐奠爵，拜賓。賓降筵，北面荅拜。

鄭注：媵，送也，讀或爲「揚」。揚，舉也。酌散者，酌方壺酒也，于膳爲散。今文「媵」皆作「騰」。

---

❶ 「之賓與」，胡培翬《正義》引《集釋》作「與賓之」，當是。

釋曰：媵觚者，以酬賓也。賓酢主人酌膳，不敢卑主人。主人酬賓酌散，不敢自尊也。《少儀》：「君之乘車，君綏曰良綏，副綏曰散綏。」散義同此。

主人坐祭，遂飲。賓辭。卒爵，拜。賓荅拜。

鄭注：辭者，辭其代君行酒，不立飲也。此降于正主酬也。

主人降洗。賓降。主人辭降。賓辭洗。卒洗，揖升，不拜洗。

鄭注：不拜洗，酬而禮殺。

主人酌膳，賓西階上拜。

鄭注：拜者，拜其酌己。❶ 案：「己」，今注疏本訛作「也」。

受爵于筵前，反位，主人拜送爵。賓升席，坐祭酒，遂奠于薦東。

鄭注：遂者，因坐而奠，不北面也。奠之者，酬不舉也。

釋曰：于酌膳時賓即拜，且手受而祭之，急承主人之酌，重君物也。此皆異于《鄉飲酒》酬禮。

主人降，復位。

釋曰：下經「薦主人于洗北」，則洗北者主人之位。

賓降筵西，東南面立。

❶「己」，胡培翬《正義》作「也」。

鄭注：賓不立于序内，位彌尊也。位彌尊者，其禮彌卑。記所謂「一張一弛」者，是之類與？

小臣自阼階下請媵爵者，公命長。

鄭注：命長，使選卿大夫之中長幼可使者。

釋曰：媵爵者，獻酬禮成，更舉酒于公，以爲旅酬之始。

小臣作下大夫二人媵爵。

鄭注：作，使也。卿爲上大夫，不使之者，爲其尊。

媵爵者，阼階下皆北面，再拜稽首。公荅再拜。

鄭注：再拜稽首，拜君命也。

媵爵者立于洗南，西面，北上。序進，盥洗角觶，升自西階，序進酌散，交于楹北，降。阼階下皆奠觶，再拜稽首，執觶興。公荅再拜。

鄭注：序，次第也，猶代也。楹北，西楹之北也，交而相待于西階上，既酌，右還而反。往來以右爲上。

釋曰：盥洗北面，酌散宜鄉君，東面。其在洗南及西階上，皆先者在右。

媵爵者皆坐祭，遂卒觶，興，坐奠觶，再拜稽首，執觶興。公荅再拜。媵爵者執觶，待于洗南。

鄭注：待君命也。

小臣請致者。

鄭注：請使一人與？二人與？優君也。

釋曰：二人俱致，禮之當然。優君，故取君進止。

若君命皆致，則序進，奠觶于篚，阼階下皆再拜稽首。公荅再拜。媵爵者洗象觶，升實之，序進，坐奠于薦南，北上。降，阼階下皆再拜稽首，送觶。公荅再拜。

鄭注：序進，往來由尊北，交于東楹之北，奠于薦南，不敢必君舉也。《大射禮》曰：「媵爵者皆退，反位。」

釋曰：尊在東楹之西，以執冪者在尊南，故既酌，由尊北楹北往奠于君所。薦南，君左也。《鄉射·記》曰：「凡奠者于左，將舉者于右。」

公坐，取大夫所媵觶，興以酬賓。賓降西階下，再拜稽首。公命小臣辭。賓升成拜。

鄭注：興以酬賓，就其階而酬之也。升成拜，復再拜稽首也。先時君辭之，于禮若未成然。

釋曰：此君爲賓舉旅行酬也。酬賓就西階，降尊以就卑也。臣拜君皆于堂下。孔子曰：「拜下，禮也。今拜乎上，泰也。雖違衆，吾從下。」

公坐，奠觶，荅再拜，執觶興，立卒觶。賓下拜，小臣辭。賓升，再拜稽首。❶

---

❶「公坐」至「再拜稽首」，凡二十五字，原無，據四庫本及阮本《儀禮注疏》補。

鄭注：不言成拜者，爲拜故下，實未拜也。下不輒拜，禮殺也。此賓拜于君之左，不言之者，不敢敵偶于君。

釋曰：《燕義》曰：「君舉旅于賓，及君所賜爵，皆降，再拜稽首，升成拜，明臣禮也。君荅拜之，禮無不荅，明君上之禮也。臣下竭力盡能以立功于國，君必報之以爵禄，故臣下皆務竭力盡能以立功，是以國安而君寧。禮無不荅，言上之不虛取于下也。」

公坐奠觶，荅再拜，執觶興。賓進，受虛爵，降奠于篚。易觶洗。

鄭注：君尊，不酌故也。凡爵不相襲者也，于尊者言更，自敵以下言易，更作新，易有故之辭。進受虛爵，尊君也。不言公酬賓于西階上及公反位者，亦尊君，空其文也。

釋曰：受尊者爵，與尊者爵，皆言更。受卑者爵，與卑者爵，皆言易。此公酬賓，與卑者爵，故言易也。

公有命，則不易不洗，反升，酌膳觶。 案：敖繼公云：「『觶』，衍文，《大射儀》無之。」**下拜，小臣辭。賓升，再拜稽首。**

鄭注：下拜，下亦未拜。凡下未拜有二：或禮殺，或君親辭。君親辭，則聞命即升，升乃拜，是以不言成拜。案：「以」，原本作「亦」，從今注疏本。

公荅再拜。

鄭注：拜于阼階上也。于是賓請旅侍臣。

釋曰：請行酒于群臣也。記曰：「凡公所酬，既拜，請旅侍臣。」

賓以旅酬于西階上。

鄭注：旅，序也，以次序勸卿大夫飲酒。

射人作大夫，長升受旅。

鄭注：言作大夫，則卿存矣。長者，尊先而卑後。

釋曰：《王制》曰：「上大夫，卿，通言之，則卿亦大夫。」

賓大夫之右坐，奠觶，拜，執觶興。大夫荅拜。

鄭注：賓在右者，相飲之位。

釋曰：賓位在西，而今在大夫之東者，相飲之位如此。

賓坐祭立飲，卒觶不拜。

鄭注：酬而禮殺。

若膳觶也，則降更觶，洗，升實散。大夫拜受，賓拜送。

鄭注：言更觶，卿尊也。

釋曰：賓卑于卿，故酬卿言更觶。

大夫辯受酬，如受賓酬之禮，不祭。卒受者以虚觶降，奠于篚。

鄭注：卒，猶後也。《大射禮》曰："奠于篚，復位。"今文"辯"皆作"徧"。

釋曰：不祭者，禮殺也。大夫復門右北面位。旅卿大夫辯，不及士。

主人洗，升實散，獻卿于西階上。

鄭注：酬而後獻卿，别尊卑也，飲酒成于酬也。

司宫兼卷重席，設于賓左，東上。

鄭注：言兼卷，則每卿異席也。重席，重蒲筵，緇布純也。卿坐東上，統于君也。席自房來。

卿升，拜受觚。主人拜送觚。卿辭重席。司宫徹之。

鄭注：徹，猶去也。重席雖非加，猶爲其重累，去之辟君也。

釋曰：重者，一種席重設之。異席則稱加。

乃薦脯醢。卿升席坐，左執爵，右祭脯醢，遂祭酒，不啐酒。降席，西階上北面，坐，卒爵，興，坐奠爵，拜，執爵興。主人荅拜，受爵。卿降，復位。

鄭注：不酢，辟君也。卿無俎者，燕主于羞。

辯獻卿。主人以虚爵降，奠于篚。

鄭注：今文無"奠于篚"。

射人乃升卿。卿皆升，就席。若有諸公，則先卿獻之，如獻卿之禮。

鄭注：諸公者，謂大國之孤也。孤一人，言諸者，容牧有三監。

釋曰：《王制》曰：「天子使其大夫爲三監，監于方伯之國。」殷制也。周制以伯佐牧，容有因殷不改者。《周禮》：「公之孤四命。」天子大夫四命與孤等，故同稱公。

席于阼階西，北面，東上，無加席。

鄭注：席孤北面，爲其大尊，屈之也。亦因阼階西位近君，近君則屈，親寵苟敬私昵之坐。

小臣又請媵爵者，二大夫媵爵如初。

鄭注：又，復。

請致者，若命長致，則媵爵者奠觶于篚，一人待于洗南。長致，致者阼階下，再拜稽首。公荅再拜。

鄭注：命長致者，公或時未能舉，自優暇也。古文云「阼階下北面再拜」。案：今注疏本脱此十字。

釋曰：若者，不定之辭。前所媵二觶，上觶以爲賓舉旅，下觶以爲卿舉旅。今所媵一觶，以爲大夫舉旅。所用惟此三觶，而言若命長致者，優君之辭。

洗象觶，升，實之，坐奠于薦南，降。與立于洗南者二人，皆再拜稽首，送觶。公荅再拜。

鄭注：奠于薦南者，于公所用酬賓觶之處。二人俱拜，以其共勸君。

公又行一爵，若賓若長，惟公所酬。

鄭注：一爵，先媵者之下觶也。若賓若長，則賓禮殺矣。長，公卿之尊者也。賓則以酬長，長則以酬賓。

釋曰：此爲卿舉旅也，故惟公所酬。

以旅于西階上，如初。大夫卒受者以虚觶降，奠于篚。主人洗，升，獻大夫于西階上。大夫升，拜受觚。主人拜送觚。大夫坐祭，立卒爵，不拜既爵。主人受爵，大夫降，復位。

鄭注：既，盡也。不拜之者，禮又殺。

釋曰：前卿受獻，不酢主人。今大夫受獻，又不拜既爵。

胥薦主人于洗北，西面。脯醢無脀。

鄭注：胥，膳宰之吏也。主人，大夫之下。先大夫薦之，尊之也。不于上者，上無其位也。脀，俎實。

釋曰：胥，庶人在官爲什長者。薦羞者皆膳宰，知胥膳宰之吏也。脀，升也，升牲體于俎，故爲俎實。

辯獻大夫，遂薦之，繼賓以西，東上。

鄭注：徧獻之乃薦，略賤也，亦獻而后布席也。

卒，射人乃升大夫。大夫皆升，就席。案：今注疏本脱此句「升」字。

儀禮集釋卷八

燕　禮

席工于西階上，少東。樂正先升，北面，立于其西。

鄭注：工，瞽矇歌諷誦詩者也。凡執技藝者稱工。《少牢饋食禮》曰：「皇尸命工祝。」《樂記》：「師乙曰：『乙，賤工也。』」樂正，于天子樂師也。凡樂，掌其序事，樂成則告備。

釋曰：此樂正告樂備，知當天子之樂師。《周禮·樂師》：「下大夫四人，上士八人，下士十六人。」樂師多矣，故諸侯亦有大樂正、小樂正也。

小臣納工，工四人，二瑟。小臣左何瑟，面鼓，執越，内弦，右手相，入。升自西階，北面，東上，坐。小臣坐授瑟，乃降。

鄭注：工四人者，燕禮輕，從大夫制也。面鼓者，燕尚樂，可鼓者在前也。越，瑟下孔也。内弦，弦爲主也。相，扶工也。後二人徒相。天子大僕二人也，小臣四人，祭僕六人，御僕十二人，皆同官。

釋曰：《大射儀》：「工六人，僕人正、僕人師、僕人士相。」

工歌《鹿鳴》《四牡》《皇皇者華》。

鄭注：三者皆《小雅》篇也。《鹿鳴》，君與臣下及四方之賓宴，講道修政之樂歌也。此采其己有旨酒，以召嘉賓。嘉賓既來，示我以善道。又樂嘉賓有孔昭之明德，可則傚也。案：「傚」，今注疏本訛作「效」。《四牡》，君勞使臣之來樂歌也。此采其勤苦王事，念將父母，懷歸傷悲，❶忠孝之至，以勞賓也。《皇皇者華》，君遣使臣之樂歌也。此采其更是勞苦，自以爲不及，欲諮謀于賢知而以自光明也。

卒歌，主人洗，升獻工。工不興，左瑟，一人拜受爵。主人西階上，拜送爵。

鄭注：工歌乃獻之，賤者先就事也。左瑟，便其右。一人，工之長者也。工拜于席。

釋曰：《王制》曰：「八十拜君命，一坐再至，瞽亦如之。」一坐再至者，一坐于地而首再至地也。工北面，酒從東來，故空其右以受獻。《詩・簡兮》曰：「左手執籥，右手秉翟。」赫如渥赭，公言錫爵。」錫爵，謂此獻工之爵。

薦脯醢。

鄭注：輒薦之，變于大夫也。

---

❶「傷悲」，原作「悲傷」，據四庫本及阮本《儀禮注疏》改。

釋曰：禮尚異，非謂貴工。

使人相祭。

鄭注：使扶工者相其祭薦、祭酒。

釋曰：「相祭」文承「薦」下，則長一人祭薦。

卒爵，不拜。

鄭注：賤不備禮。

主人受爵。

鄭注：將復獻衆工也。

衆工不拜，受爵，坐祭，遂卒爵。辯有脯醢，不祭。主人受爵，降奠于篚。

鄭注：遂，猶因也。古文曰「卒爵不拜」。

公又舉奠觶。惟公所賜，以旅于西階上，如初。

鄭注：言賜者，君又彌尊，賓長彌卑。

釋曰：此爲大夫舉旅也。

卒。

鄭注：旅畢也。

笙入，立于縣中，奏《南陔》《白華》《華黍》。

鄭注：以笙播此三篇之詩。縣中，縣中央也。《鄉飲酒禮》曰：「磬南，北面奏《南陔》《白華》《華黍》。」皆《小雅》篇也，今亡，其義未聞。昔周之興也，周公制禮作樂，采時世之詩，以爲樂歌，所以通情相風切也。其有此篇明矣。後世衰微，幽厲尤甚，禮樂之書稍稍廢棄。孔子曰：「吾自衛反魯，然後樂正，《雅》《頌》各得其所。」謂當時在者而復重雜亂者也，惡能存其亡者乎？且正考父校商之名《頌》十二篇于周大師，案：「且」，今注疏本訛作「宋」。歸以祀其先王。至孔子二百年之間五篇而已，此其信也。

主人洗，升，獻笙于西階上。一人拜，盡階，不升堂。受爵，降。主人拜送爵。階前坐祭，立卒爵，不拜既爵，升授主人。案：敖繼公云：「句下當有『爵』字，如《鄉飲酒》《鄉射禮》之所云，此文脱耳。」

鄭注：一人，笙之長者也。《鄉射禮》曰：「笙一人，拜于下。」

衆笙不拜，受爵，降。坐祭，立卒爵。辯有脯醢，不祭。乃閒，歌《魚麗》，笙《由庚》；歌《南有嘉魚》，笙《崇丘》；歌《南山有臺》，笙《由儀》。

鄭注：閒，代也，謂一歌則一吹也。六者皆《小雅》篇也。《魚麗》言「太平年豐物多也」，此采其物多酒旨，所以優賓也。《南有嘉魚》言「太平君子有酒，樂與賢者共之也」，此采其能以禮下賢者，賢者纍蔓而歸之，與之宴樂也。《南山有臺》言「太平之治以賢者爲本也」，此采其愛友賢者，爲邦家之基，民之父母，既欲其身壽考，又欲其名德之長也。《由庚》《崇丘》《由儀》今亡，其義未聞。

遂歌鄉樂，《周南》：《關雎》《葛覃》《卷耳》。《召南》：《鵲巢》《采蘩》《采蘋》。

鄭注：《周南》《召南》，《國風》篇也，「王后、國君夫人房中之樂歌也」。《關雎》言「后妃之德」，《葛覃》言「后妃之職」，《卷耳》言「后妃之志」，《鵲巢》言「國君夫人之德」，《采蘩》言「國君夫人不失職也」，《采蘋》言「卿大夫之妻能修其法度也」。昔太王、王季居于岐山之陽，躬行《召南》之教，以興王業。及文王而行《周南》之教以受命。《大雅》云：「刑于寡妻，至于兄弟，以御于家邦。」謂此也。其始一國耳，文王作邑于豐，以故地爲卿士之采地，乃分爲二國。周，周公所食也。召，召公所食也。于時文王三分天下有其二，德化被于南土，案：「南」，今注疏本訛作「西」。是以其詩有仁賢之風者屬之《召南》焉，有聖人之風者屬之《周南》焉。夫婦之道，案：此下今注疏本衍「者」字。生民之本，王政之端，此六篇者，其教之原也。故國君與其臣下及四方之賓燕，用之合樂也。鄉樂者，《風》也。《小雅》爲諸侯之樂，《大雅》《頌》爲天子之樂。《鄉飲酒》升歌《小雅》，禮盛者可以進取。《燕》合鄉樂者，禮輕者可以逮下也。《春秋傳》曰：「《肆夏》《繁遏》《渠》，天子所以享元侯也。《文王》《大明》《緜》，兩君相見之樂也。」然則諸侯相與燕，案：「諸侯」下，今注疏本衍「之」字。升歌《大雅》合《小雅》也。天子與次國、小國之君燕亦如之。與大國之君燕，升歌《頌》合《大雅》。其笙閒之篇未聞。

釋曰：歌者，亦與衆聲俱作而歌之。《鄉飲酒》自歌其樂，故不言鄉樂也。

大師告于樂正曰：案：今注疏本脱「于」字。**「正歌備。」**

鄭注：大師，上工也。掌合陰陽之聲，教六詩，以六律爲之音者也。子貢問師乙曰：「吾聞聲歌各有宜也，如賜者宜何歌也？」是明其掌而知之也。正歌者，升歌及笙各三終，閒歌三終，合樂三終，爲一備。備，亦成也。

樂正由楹内，東楹之東，告于公，乃降，復位。

鄭注：言由楹内者，以其立于堂廉也。復位，位在東縣之北。

釋曰：工席在樂正東，故樂正由楹内以適東楹之東也。位，見下「左右正」注。

射人自阼階下，請立司正。公許。射人遂爲司正。

鄭注：君許其請，因命用爲司正。君三舉爵，樂備作矣。將留賓飲酒，更立司正以監之，察儀法也。射人俱相禮，其事同。

釋曰：三舉爵者，爲賓、爲卿、爲大夫舉旅也。《晋語》曰：「獻公飲大夫酒，令司正實爵與史蘇，曰：『飲而無肴。』」

司正洗角觶，南面，坐奠于中庭。升，東楹之東受命。西階上北面命卿大夫：「君曰：『以我安。』」

卿大夫皆對曰：「諾，敢不安。」

鄭注：洗奠角觶于中庭，明其事以自表，威儀多也。君意殷勤，欲留賓飲酒，命卿大夫以我故安，或亦其實不主意于賓。案：此下今注疏本有「也」字。

釋曰：《鄉飲酒禮》司正洗觶升，不奠。

司正降自西階，南面坐取觶，升酌散，降，南面坐奠觶，右還，北面少立，坐取觶，興，坐不祭，卒觶，奠之，興，再拜稽首。

鄭注：右還，將適觶南，先西面也。必從觶西，爲君之在東也。少立者，自嚴正，慎其位。案：此下今注疏本有「也」字。

左還，南面坐取觶，洗，南面反奠于其所。

鄭注：反奠虛觶，不空位也。

升自西階，東楹之東請徹俎，降。案：敖繼公云：「『降』衍文，《大射儀》無之。」**公許。告于賓。賓北面取俎以出。膳宰徹公俎，降自阼階，以東。**

鄭注：膳宰降自阼階，以賓親徹，若君親徹然。

釋曰：《鄉飲酒》：「主人取俎，還授弟子，弟子以降自西階，主人降自阼階。」《燕禮》公不降，故膳宰降自阼階也。

卿大夫皆降，東面，北上。

鄭注：以將坐，降待賓反也。

釋曰：降立西階下。

賓反入，及卿大夫皆説屨，升就席。公以賓及卿大夫皆坐，乃安。

鄭注：凡燕坐必説屨，屨賤不在堂也。禮者尚敬，敬多則不親。燕安坐，相親之心。案：此下今注疏本有「也」字。

釋曰：不言公降説舄，則公説舄于堂上席側也。凡坐于堂者，説屨于堂下。于室者，説屨于户外。《少儀》曰：「説屨于户内者，一人而已矣。」謂尊者也。此君尊，在堂上説舄于席側可知。《春秋傳》：「衛侯與諸大夫飲酒，褚師聲子韤而登席，公怒。」蓋古者見君以解韤爲敬也。

羞庶羞。

鄭注：謂膷肝膋、狗胾醢也。骨體所致敬也。庶羞所以盡愛也。敬之愛之，厚賢之道。

釋曰：案，《内則》：「肝膋，取狗肝一，蒙之以其膋。」《燕禮》牲用狗，知有肝膋、狗胾醢也。以經云「庶羞」，知不但胾醢而已。

大夫祭薦。

鄭注：燕乃祭薦，不敢于盛成禮也。

釋曰：受獻禮成于祭薦，五行禮爲盛。

司正升受命，皆命：「君曰：『無不醉。』」賓及卿大夫皆興，對曰：「諾，敢不醉。」皆反坐。

鄭注：皆命者，命賓、命卿大夫也。起對必降席。司正退，立西序端。

釋曰：《湛露》，天子燕諸侯之詩，曰：「不醉無歸。」《鄉飲酒禮》：「司正升相旅，退立于序端，東面。」

主人洗，升，獻士于西階上。士長升，拜受觶。主人拜送觶。

鄭注：獻士用觶，士賤也。今文「觶」作「觚」。

釋曰：士堂上無位，故燕坐乃獻之。

士坐祭立飲，不拜既爵。其他不拜，坐祭立飲。

鄭注：他謂衆士也。亦升受爵，不拜。

釋曰：笙長受爵于階上，知士亦升受爵。

乃薦司正與射人一人、司士一人、執冪二人，立于觶南，東上。

鄭注：天子射人、司士皆下大夫二人。諸侯則上士，其人數亦如之。司正爲上。

釋曰：司正在上，庭長也。此皆有事者，故別在觶南，北面而先薦。司士，士中之尊者。

辯獻士。士既獻者立于東方，西面，北上，乃薦士。

鄭注：每已獻而即位于東方，蓋尊之。畢獻，薦于其位。

釋曰：庭中之位，東方爲尊。卿大夫已獻升堂，故士變即卿位。

祝史、小臣師，亦就其位而薦之。

鄭注：次士獻之，已不變位，位自在東方。

主人就旅食之尊而獻之。旅食不拜，受爵，坐祭立飲。

鄭注：北面酌，南鄉獻之于尊南。不洗者，以其賤，略之也，亦畢獻乃薦之。主人執虚爵奠于篚，復位。

釋曰：旅食之尊北面，酌者尊後北面酌，向君也。

若射，則大射正爲司射，如鄉射之禮。

鄭注：大射正，射人之長者也。「如鄉射之禮」者，燕爲樂卿大夫，宜從其禮也。如者，如其「告弓矢既具」至「退中與算」也。納射器而張侯，其告請先于君，乃以命賓及卿大夫。其爲司正者亦爲司馬。君與賓爲耦，《鄉射・記》案：此下原本有「云」字，今注疏本作「曰」，並衍文。自「君射」至「龍旜」，亦其異者也。薦旅食乃射者，是燕射主于飲酒。

釋曰：大射主于射，大夫未舉旅則射。《行葦》之詩曰：「或肆之筵，或授之几。肆筵設席，授几有緝御。或獻或酢，洗爵奠斝。醓醢以薦，或燔或炙。嘉殽脾臄，或歌或咢。敦弓既堅，四鍭既鈞。舍矢既均，序賓以賢。敦弓既句，既挾四鍭。四鍭如樹，序賓以不侮。」王肅以爲燕射于燕旅酬後爲之。《春秋傳》襄公二十九年，晉范獻子來聘，公享之，射者三耦，亦燕射也。

賓降洗，升，媵觚于公，酌散，下拜。公降一等，小臣辭。賓升，再拜稽首。公答再拜。

鄭注：此當言媵觶，酬之禮皆用觶，言觚者，字之誤也。古者「觶」字或作角旁氏，由此誤耳。

釋曰《考工記》云：「獻以爵而酬以觚。」馬季長云：「觚當爲觶。」誤同此。賓受公賜多矣，禮將終，故媵觶以序厚意。

賓坐祭，卒爵，再拜稽首。公答再拜。賓降，洗象觶，升酌膳，坐奠于薦南，降拜。小臣辭。賓升成拜。公答再拜。賓反位。

鄭注：反位，反席也。今文曰「洗象觚」。

公坐取賓所媵觶，興。惟公所賜。

鄭注：至此又言興者，❶明公崇禮不倦也。今文「觶」又爲「觚」。

釋曰：此爲士舉旅也。既燕坐而又言興，明不倦矣。

受者如初受酬之禮，降，更爵洗，升，酌膳，下拜。小臣辭。升成拜。公荅拜。乃就席，坐行之。

鄭注：坐行之，若今坐相勸酒。

有執爵者。

鄭注：士有盥升主酌授之者。

---

❶ 「又」，原作「文」，據四庫本、集成本改。

釋曰：前舉旅皆酬者自酌，至此有士執爵行之。

惟受于公者拜。

鄭注：公所賜者也，其餘則否。

司正命執爵者爵辯，卒，受者興，以酬士。

鄭注：欲令惠均。

大夫卒受者以爵興，西階上酬士。士升，大夫奠爵拜。士荅拜。

鄭注：興酬士者，士立堂下，無坐位。

大夫立卒爵，不拜，實之。士拜受，大夫拜送。士旅于西階上，辯。

鄭注：祝、史、小臣，旅食皆及焉。

釋曰：庶子以下未獻，故亦未酬。無算爵乃及之。

士旅酌。

鄭注：旅，序也。士以次序自酌相酬，無執爵者。

卒。主人洗，升自西階，獻庶子于阼階上，如獻士之禮。辯，降洗，遂獻左右正與内小臣，皆于阼階上，如獻庶子之禮。

鄭注：庶子掌正六牲之體及舞位，使國子修德學道，世子之官也，而與膳宰、樂正聯事。樂正亦教國子以舞。左右正，謂樂正、僕人正也。小樂正立于西縣之北，僕人正、僕人師、僕人士立于其北，北上。大樂正立于東縣之北。若射，則僕人正、僕人士陪于工後。内小臣，奄人，掌君陰事陰令，后、夫人之官也，皆獻于阼階上，别于外内臣也。獻正下及内小臣，則磬人、鍾人、鑮人、鼓人、僕人之屬，盡獻可知也。凡獻皆薦也。

釋曰：云左右正，則二樂正分居東西，各監一縣也。僕人亦相工者，工席在西階上，僕人宜近其事，故立于西縣北，北統于堂。案《鄉射禮》，射時「遷樂于下，工降阼階下之東南，西面，北上，坐。樂正北面立于其南」。《燕禮》若射，則是時僕人陪于工後，亦在樂正之北也。《燕義》曰：「席，小卿次上卿，大夫次小卿，士庶子以次就位于下。獻君，君舉旅行酬，而后獻卿，卿舉旅行酬，而后獻大夫，大夫舉旅行酬，而后獻士，士舉旅行酬，而后獻庶子。俎、豆、牲體、薦羞皆有等差，所以明貴賤也。」

無算爵。

鄭注：算，數也。爵行無次無數，惟意所勸，醉而止。

士也，有執膳爵者，有執散爵者。執膳爵者酌以進公，公不拜，受。執散爵者酌以之公命所賜。所賜者，興，受爵，降席下，奠爵，再拜稽首。公荅拜。

鄭注：席下，席西也。古文曰「公荅再拜」。

釋曰：前受公爵者，皆降拜，升成拜，至此拜席下而已。席以東爲上，統于君。

受賜爵者以爵就席坐。公卒爵，然後飲。

鄭注：不敢先虛爵，明此勸惠從尊者來也。

執膳爵者受公爵，酌，反奠之。

鄭注：宴歡在于飲酒，成其意。

受賜爵者興，授執散爵者，案：各本脱此「者」字，《大射儀》亦有此文，今據以訂補。**執散爵者乃酌，行之。**

鄭注：予其所勸者。

惟受爵于公者拜。卒受爵者興，以酬士于西階上。士升，大夫不拜，乃飲，實爵。

鄭注：乃，猶而也。

釋曰：卒受爵者自酌酬士，不使執爵者，不以己尊孤人也。前爲士舉旅時，大夫猶拜，至此不拜，禮又殺。

士不拜，受爵。大夫就席。士旅酌亦如之。公有命徹冪，則卿大夫皆降西階下，北面，東上，再拜稽首。公命小臣辭。公荅再拜，大夫皆辟。

鄭注：命徹冪者，公意殷勤，必盡酒也。小臣辭，不升成拜，明雖醉，正臣禮也。不言賓，賓彌臣也。君荅拜于上，示不虛受也。

釋曰：《鄉飲酒》賓至則徹冪者，酒，賓主共之。君專大惠，其尊恐塵加之，故有命乃徹。❶

遂升，反坐。士終旅于上，如初。

鄭注：卿大夫降而爵止，于其反席卒之。

無算樂。

鄭注：升歌、間、合無數也，取歡而已。其樂章亦然。

宵，則庶子執燭于阼階上，司宮執燭于西階上，甸人執大燭于庭，閽人爲大燭于門外。

鄭注：宵，夜也。燭，燋也。甸人，掌共薪蒸者。庭大燭，爲位廣也。閽人，門人也。爲，作也。作大燭以俟賓客出。

釋曰：燋在地曰燎，執之曰燭，以荆爲之。燕禮輕，無庭燎，設大燭而已。

賓醉，北面坐，取其薦脯以降。

鄭注：取脯，重得君賜。

奏《陔》。

鄭注：《陔》，《陔夏》，樂章也。賓出奏《陔夏》，以爲行節也。凡《夏》以鍾鼓奏之。

賓所執脯，以賜鍾人于門內霤，遂出。

---

❶「徹」下，胡培翬《正義》引《集釋》有「之」字。

鄭注：必賜鍾人，鍾人掌以鍾鼓奏《九夏》。今奏《陔》以節，已用賜脯以報之，明雖醉不忘禮。

古文「賜」作「錫」。

卿大夫皆出。

鄭注：隨賓出也。

公不送。

鄭注：賓禮訖，是臣也。

公與客燕。

鄭注：謂四方之使者。

曰：「寡君有不腆之酒，以請吾子之與寡君須臾焉。使某也以請。」

鄭注：君使人戒客辭也。禮，使人各以其爵。寡，鮮也，猶言少德，謙也。腆，善也。上介出請入告。古文「腆」皆作「殄」，今文皆曰「不腆酒」，無「之」。

對曰：「寡君，君之私也。君無所辱賜于使臣，臣敢辭。」

鄭注：上介出荅主國使者辭也。私，謂獨受恩厚也。君無所爲辱賜于使臣，謙不敢當也。敢者，怖懼用勢決之辭。

「寡君固曰『不腆』，使某固以請。」「寡君，君之私也。君無所辱賜于使臣，臣敢固辭。」

鄭注：重傳命。固，如故。

「寡君固曰『不腆』，使某固以請。」「某固辭，不得命，敢不從！」

鄭注：許之也。于是出見主國使者，辭以見許爲得命。今文無「使某」。

釋曰：公食大夫，賓三辭。燕禮輕，故再辭而許。

致命曰：「寡君使某，有不腆之酒，以請吾子之與寡君須臾焉。」

鄭注：親相見，致君命辭也。

「君貺寡君多矣，又辱賜于使臣，臣敢拜賜命。」

鄭注：貺，賜也，猶愛也。敢拜賜命，從使者拜君之賜命，猶謙不必辭也。

釋曰：客從使者來就燕，而云拜賜命，謙不敢必有燕事。

記。燕，朝服于寢。

鄭注：朝服者，諸侯與其群臣日視朝之服也。謂冠玄端、緇帶、素韠、白屨也。燕于路寢，相親昵也。今辟雍十月行此燕禮，玄冠而衣皮弁服，與禮異也。

釋曰：《檀弓》曰：「平公飲酒，師曠、李調侍，鼓鍾。杜蕢自外來，聞鍾聲曰：『安在？』曰：『在寢。』」飲酒者，燕也。在寢，燕于寢也，侍者與君飲也。下記云：「請旅侍臣。」鼓鍾，謂樂作，奏《肆夏》。屨，複底曰舃，禪底曰屨。朝服之屨，諸侯則白舃。

其牲狗也。案：今注疏本脱此四字。

鄭注：狗，取擇人也。明其非人不與爲禮也。案：今注疏本脱注文十四字。

亨于門外東方。

鄭注：亨于門外，臣所掌也。

若與四方之賓燕，則公迎之于大門内，揖讓升。

鄭注：四方之賓，謂來聘者也。自戒至于拜至，皆如《公食》，亦告饌具而後公即席。小臣請執冪、請羞者，乃迎賓也。

賓爲苟敬，席于阼階之西，❶北面。有脀，不嚌肺，不啐酒。其介爲賓。

鄭注：苟，且也，假也。主國君饗時，親進醴于賓。今燕，又宜獻焉。人臣不敢褻煩尊者，至此升堂而辭讓，欲以臣禮燕，爲恭敬也。于是席之如獻諸公之位。言苟敬者，賓實主國所宜敬也。脀，折俎也。不嚌啐，似若尊者然也。介門西北面，西上，公降迎上介以爲賓。揖讓升，如初禮。主人獻賓、獻公，既獻苟敬，乃媵觚。群臣即位，如燕也。

釋曰：饗食在廟，燕在寢，饗重而燕輕。饗既親獻也，故燕以介爲賓，而席賓于諸公之坐。以介爲賓，而後公可以無親獻也。苟敬之席，在公之左。《春秋傳》宋公與魯叔孫昭子宴，飲酒樂，宋

❶「席」，原作「進」，據四庫本及阮本《儀禮注疏》改。

公使昭子右坐。右坐者，居公之右，改禮坐也。不嚌啐，如卿之禮。苟者，聊且粗略之意。苟敬，猶曰殺敬也。

無膳尊，無膳爵。

鄭注：降尊以就卑也。

釋曰：不自尊，别于外臣。

與卿燕，則大夫爲賓，與大夫燕，亦大夫爲賓。

鄭注：不以所與燕者爲賓者，燕爲序歡心，賓主敬也。公父文伯飲南宫敬叔酒，以路堵父爲客，此之謂也。君恒以大夫爲賓者，案：「恒」，今注疏本訛作「但」。大夫卑，雖尊之，猶遠于君。今文無「則」，下無「燕」。

釋曰：與四方之賓燕，則其介爲賓，亦事之宜。

羞膳者與執冪者，皆士也。

鄭注：尊君也，膳宰卑于士。

羞卿者，小膳宰也。

鄭注：膳宰之佐也。

若以樂納賓，則賓及庭，奏《肆夏》。賓拜酒，主人荅拜，而樂闋。公拜受爵，而奏《肆夏》。公卒爵，

主人升，受爵以下，而樂闋。

鄭注：《肆夏》，樂章也，今亡。以鍾鎛播之，鼓磬應之，所謂金奏也。記曰「入門而縣興」，「示易以敬也」。卿大夫有王事之勞，則奏此樂焉。

釋曰：樂闋，樂止也。《郊特牲》曰：「大夫之奏《肆夏》，由趙文子始也。」

升歌《鹿鳴》，下管《新宫》，笙入三成，

鄭注：《新宫》，《小雅》逸篇也，管之。入三成，謂三終也。

釋曰：宋公享叔孫昭子，賦《新宫》，與此所笙奏，或謂即《斯干》之詩。

遂合鄉樂。

鄭注：鄉樂，《周南》《召南》六篇。言遂者，不閒也。

釋曰：不閒歌。

若舞，則《勺》。

鄭注：《勺》，《頌》篇，告成《大武》之樂歌也。其《詩》曰：「於鑠王師，遵養時晦。」又曰：「實惟爾公允師。」既合鄉樂，萬舞而奏之，所以美王侯、勸有功也。

惟公與賓有俎。

鄭注：主于燕，其餘可以無俎。

釋曰：大射，公、卿皆有俎。

獻公，曰：「臣敢奏爵以聽命。」

鄭注：授公釋此辭，不敢必受之。

凡公所辭，皆栗階。

鄭注：栗，蹙也，謂越等急趨君命也。

凡栗階，不過二等。

鄭注：其始升，猶聚足連步。越二等，左右足各一發而升堂。

釋曰：二等，上二等也。連步者，謂前足躡一等，後足從之并，足相隨，不相過。《曲禮》所謂「拾級聚足，連步以上」也。栗階者，至其上二等，左右各足一發而升堂。其始升猶連步。

凡公所酬，既拜，請旅侍臣。

鄭注：既拜，謂自酌升拜時也。擯者阼階下告于公，還西階下告公，許。旅，行也。請行酒于群臣。必請者，不專惠也。

凡薦與羞者，小膳宰也。

鄭注：謂于卿大夫以下也。上特言羞卿者、小膳宰者，案：今注疏本脱「者」字。欲絶于賓。羞賓者亦士。

有内羞。

鄭注：謂羞豆之實，酏食糝食。羞籩之實，糗餌粉餈。

釋曰：内羞，房中之羞也，以穀物爲之。

君與射，則爲下射，袒朱襦，樂作而后就物。

鄭注：君尊。

小臣以巾授矢，稍屬。

鄭注：君尊，不搢矢。

釋曰：屬，續授之。

不以樂志。

鄭注：辟不敏也。

既發，則小臣受弓，以授弓人。

鄭注：俟復發也。不使大射正，燕射輕。

上射退于物一笴，既發，則荅君而俟。

鄭注：荅，對。

若飲君，燕則夾爵。

鄭注：謂君在不勝之黨，賓飲之如燕媵觚，則又夾爵。

釋曰：將飲君，先自飲。君既飲，又自飲。

君在，大夫射，則肉袒。

鄭注：不纏襦，厭于君。

若與四方之賓燕，媵爵，曰：「臣受賜矣，臣請贊執爵者。」

鄭注：受賜，謂公鄉者酬之。案：「酬」，今注疏本訛作「酌」。至燕主人事賓之禮殺，賓降洗，升媵觶于公，荅恩惠也。

相者對曰：「吾子無自辱焉。」

鄭注：辭之也。對，荅也。亦告公，以公命荅之也。

有房中之樂。

鄭注：絃歌《周南》《召南》之詩，而不用鍾磬之節也。謂之房中者，后、夫人之所諷誦，以事其君子。

釋曰：與四方賓燕有之。

儀禮集釋卷九

大射儀第七

鄭《目録》云：名曰大射者，諸侯將有祭祀之事，與其群臣射，以觀德者也。案：今注疏本脱「也」字，據宋本補。數中者得與于祭，不數中者不得與于祭。《大射儀》于五禮屬嘉禮。大戴此第十三，小戴及《别録》皆第七。

大射之儀。君有命戒射。

鄭注：將有祭祀之事，當射，宰告于君，君乃命之。言「君有命」，政教宜由尊者。

宰戒百官有事于射者。

鄭注：宰，于天子冢宰治官卿也，作大事，則掌以君命，戒于百官。

射人戒諸公、卿、大夫射。司士戒士射與贊者。

鄭注：射人，掌以射法治射儀。司士，掌國中之士治，凡其戒令，皆司馬之屬也。殊戒公、卿、大夫與士，辨貴賤也。贊，佐也，謂士佐執事不射者。

前射三日，宰夫戒宰及司馬。射人宿視滌。

鄭注：宰夫，冢宰之屬，掌百官之徵令者。司馬，于天子政官之卿，凡大射，則合其六耦。滌，謂溉器，埽除射宮。

司馬命量人量侯道與所設乏以貍步，大侯九十，參七十，干五十。設乏各去其侯，西十北十。

鄭注：量人，司馬之屬，掌量道巷涂數者。案：涂，今注疏本作「塗」，據《釋文》作「涂」。侯，謂所射布也。尊者射之以威不寧侯，卑者射之以求爲侯。量侯道，謂去堂遠近也。容謂之乏，所以爲獲者之禦矢。貍之伺物，每舉足者，止視遠近，爲發必中也，是以量侯道取象焉。《鄉射·記》曰：「侯道五十弓。」《考工記》曰：「弓之下制六尺。」則此貍步六尺明矣。大侯，熊侯，謂之大者，與天子熊侯同。參，讀爲糝，糝，雜也。雜侯者，豹鵠而麋飾，下天子大夫也。干，讀爲豻。豻侯者，豻鵠豻飾也。大夫將祭，于己射麋侯。士無臣，祭不射。

遂命量人、巾車張三侯。大侯之崇，見鵠于參，參見鵠于干，干不及地武。不繫左下綱。設乏西十北十。凡乏用革。

鄭注：巾車，于天子宗伯之屬，掌裝衣車者，亦使張侯。侯，巾類。崇，高也。高必見鵠，鵠，所射之主。《射義》曰：「爲人君者以爲君鵠，爲人臣者以爲臣鵠，爲人父者以爲父鵠，爲人子者以爲子鵠。」言射中，此乃能任己位也。鵠之言較，較，直也，射者所以直己志。或曰：「鵠，鳥名，射之難中，中之爲俊，是以所射于侯取名也。」《淮南子》曰：「鳱鵠知來。」然則所云正者，正也，亦鳥名，齊魯之間，名題肩爲正。正、鵠，皆鳥之捷黠者。《考工記》曰：「梓人爲侯，廣與崇方，參分其廣而鵠居一焉。」則大侯之鵠方六尺，糝侯之鵠方四尺六寸大半寸，豻侯之鵠方三尺三寸少半寸。及，至也。武，迹也。中人之足長尺二寸。以豻侯計之，糝侯去地一丈五寸少半寸，大侯去地二丈二尺五寸少半寸。凡侯北面西方謂之左。前射三日，張侯設乏，欲使有事者豫志焉。

樂人宿縣于阼階東，笙磬西面，其南笙鐘，其南鑮，皆南陳。

鄭注：笙，猶生也。東爲陽中，萬物以生。《春秋傳》曰：「太蔟所以金奏，贊陽出滯；姑洗所以修絜百物，考神納賓。」是以東方鐘磬謂之笙，皆編而縣之。《周禮》曰：「凡縣鐘磬，半爲堵，全爲肆。」有鐘有磬爲全。鑮，如鐘而大，奏樂以鼓鑮爲節。

建鼓在阼階西，南鼓。應鼙在其東，南鼓。

鄭注：建，猶樹也。以木貫而載之，樹之跗也。南鼓，謂所伐面也。應鼙，應朔鼙也，先擊朔鼙，應鼙應之。鼙，小鼓也。在東，便其先擊小，後擊大也。鼓不在東縣南，爲君也。

西階之西，頌磬東面，其南鐘，其南鑮，皆南陳。一建鼓在其南，東鼓。朔鼙在其北。

鄭注：言成功曰頌。西爲陰中，萬物之所成。《春秋傳》曰：「夷則所以詠歌九則，平民無忒；無射所以宣布哲人之令德，示民軌義。」是以西方鐘磬謂之頌。朔，始也。奏樂先擊西鼙，樂爲賓所由來也。鐘不言頌，鼙不言東鼓，義同省文也。古文「頌」爲「庸」。

一建鼓在西階之東，南面。

鄭注：言面者，國君于其群臣備三面爾。無鐘磬，有鼓而已。其爲諸侯，則軒縣。

簜在建鼓之間。

鄭注：簜，竹也，謂笙簫之屬，倚于堂。

鼗倚于頌磬，西紘。

鄭注：鼗，如鼓而小，有柄，賓至摇之以奏樂也。紘，編磬繩也。設鼗于磬西，倚于紘也。《王制》曰：「天子賜諸侯樂，則以柷將之；賜伯、子、男樂，則以鼗將之。」

厥明，司宫尊于東楹之西，兩方壺，膳尊兩甒在南，有豐。冪用錫若絺，綴諸箭。蓋冪加勺，又反之。皆玄尊。酒在北。

鄭注：膳尊，君尊也。後陳之，尊之也。豐，以承尊也，説者以爲若井鹿盧。其爲字從豆曲聲，近似豆，大而卑矣。冪，覆尊巾也。錫，細布也。絺，細葛也。箭，篠也。爲冪，蓋卷辟，綴于篠，横之也。又反之，爲覆勺也。皆玄尊，二者皆有玄酒之尊，重本也。酒在北，尊統于君，南爲上也。惟君面尊，言專惠也。今文「錫」或作「緆」，「絺」或作「綌」。古文「箭」作「晋」。

尊士旅食于西鑮之南，北面，兩圜壺。

鄭注：旅，衆也。士衆食未得正禄，謂庶人在官者。圜壺，變于方也。賤無玄酒。

又尊于大侯之乏東北，兩壺獻酒。

鄭注：爲隸僕人、巾車、糝侯豻侯之獲者。獻讀爲沙，沙酒濁，特泲之，必摩沙者也。兩壺皆沙酒。《郊特牲》曰：「汁獻涚于醆酒。」服不之尊，俟時而陳于南，統于侯，皆東面。

設洗于阼階東南，罍水在東，篚在洗西，南陳。設膳篚在其北，西面。

鄭注：或言南陳，或言西面，異其文也。

又設洗于獲者之尊西北，水在洗北，篚在南，東陳。

鄭注：亦統于侯也。無爵，因服不也。有篚，爲奠虚爵也。服不之洗，亦俟時而陳于其南。

小臣設公席于阼階上，西鄉。司宫設賓席于户西，南面，有加席。卿席賓東，東上。小卿賓西，東上。大夫繼而東上。若有東面者，則北上。席工于西階之東，東上。諸公阼階西，北面，東上。

鄭注：惟賓及公席布之也，其餘樹之于位後耳。小卿，命于其君者也。席于賓西，射禮辨貴賤也。諸公，大國有孤卿一人，與君論道，亦不典職如公矣。

官饌。

鄭注：百官各饌其所當共之物。

羹定。

鄭注：亨肉熟也。《射義》曰：「諸侯之射也，必先行燕禮。」《燕禮》牲用狗。

射人告具于公。公升，即位于席，西鄉。小臣師納諸公、卿、大夫。諸公、卿、大夫皆入門右，北面，東上。士西方，東面，北上。大史在干侯之東北，案：「史」，今注疏本訛作「夫」，據唐石經及宋本訂正。**北面，東上。士旅食者在士南，北面，東上。小臣師從者在東堂下，南面，西上。**

鄭注：大史在干侯東北。案：「史」，今注疏本亦訛作「夫」，據宋本訂正。士旅食者在士南，爲有侯，入庭深也。案：「入」上，今注疏本衍「故」字，據宋本删。小臣師，正之佐也。正相君，出入君之大命。

公降，立于阼階之東南，南鄉。小臣師詔揖諸公、卿、大夫。諸公、卿、大夫西面，北上。揖大夫，大夫皆少進。

鄭注：詔，告也。變爾言揖，亦以其入庭深也。上言「大夫」，誤衍耳。

大射正擯。

鄭注：大射正，射人之長。

擯者請賓。公曰：「命某爲賓。」

鄭注：某，大夫名。

擯者命賓，賓少進，禮辭。

鄭注：命賓者，東面南顧。辭，辭以不敏。

反命。

鄭注：以賓之辭告于君。

又命之。賓再拜稽首，受命。

鄭注：又，復。

擯者反命。賓出，立于門外，北面。公揖卿、大夫，升就席。小臣自阼階下，北面。請執冪者與羞膳者。

鄭注：請士可使執君兩甒之冪，及羞脯醢，庶羞于君者。方圜壺獻，無冪。

乃命執冪者。執冪者升自西階，立于尊南，北面，東上。

鄭注：命者于西階前以公命，命之。東上，執玄尊之冪爲上。羞膳者從而東，由堂東升，自北階立于房中，西面，南上。不言命者，不升堂，略之。

膳宰請羞于諸公卿者。

鄭注：膳宰請者，異于君也。

擯者納賓，賓及庭，公降一等揖賓，賓辟。

鄭注：及，至也。辟，逡遁，不敢當盛。

公升即席。

鄭注：以賓將與主人爲禮，不參之。

奏《肆夏》。

鄭注：《肆夏》，樂章名，今亡。呂叔玉云：「《肆夏》、《時邁》也。」《時邁》者，太平巡守祭山川之樂歌。其《詩》曰：「明昭有周，式序在位。」又曰：「我求懿德，肆于時夏。」奏此以延賓，其著宣王德勸賢與？《周禮》曰：「賓出入，奏《肆夏》。」

賓升自西階。主人從之，賓右北面至，再拜。賓荅再拜。

鄭注：主人，宰夫也，又掌賓客之獻飲食。君于臣，雖爲賓，不親獻，以其莫敢亢禮。

主人降洗，洗南，西北面。

鄭注：賓將從降，鄉之，不于洗北，辟正主。

賓降階西，東面。主人辭降，賓對。

鄭注：對，荅。

主人北面盥，坐取觚洗。賓少進，辭洗。主人坐奠觚于篚，興，對。賓反位。

鄭注：賓少進者，所辭異，宜違其位也。獻不用爵，辟正主。

主人卒洗，賓揖升。 案：今注疏本作「乃升」，唐石經及宋本無「乃」字。

鄭注：賓每先升，尊也。案：「尊也」，今注疏本作「揖之」，據宋本訂正。

主人升，賓拜洗。主人賓右奠觚，荅拜，降盥。賓降，主人辭降，賓對。卒盥。賓揖升。主人升，坐取觚。

鄭注：取觚，將就瓦甒酌膳。

執冪者舉冪，主人酌膳，執冪者蓋冪。酌者加勺，又反之。

鄭注：反之，覆勺。

筵前獻賓。賓西階上拜，受爵于筵前，反位。主人賓右拜送爵。

鄭注：賓既拜，于筵前受爵，退復位。

宰胥薦脯醢。

鄭注：宰胥，宰官之吏也。不使膳宰薦，不主于飲酒，變于燕。

賓升筵。庶子設折俎。

鄭注：庶子，司馬之屬，掌正六牲之體者也。《鄉射·記》曰：「賓俎：脊、脅、肩、肺。」不使膳宰設俎，爲射變于燕。

賓坐，左執觚，右祭脯醢，奠爵于薦右，興，取肺，坐絕祭，嚌之，興加于俎，坐捝手，執爵，遂祭酒，興，席末坐，啐酒，降席，坐奠爵，拜，告旨，執爵興。主人荅拜。

鄭注：降席，席西也。旨，美也。

樂闋。

鄭注：闋，止也。樂止者，尊賓之禮盛于上也。

賓西階上北面坐，卒爵，興，坐奠爵，拜，執爵興。主人荅拜。賓以虚爵降。

鄭注：既卒爵，將酢也。

主人降。賓洗南，西北面，坐奠觚，少進，辭降。主人西階西，東面少進，對。賓坐取觚，奠于篚下，盥，洗。

鄭注：篚下，篚南。

主人辭洗。賓坐，奠觚于篚，興，對，卒洗，及階，揖升。主人升，拜洗如賓禮。賓降盥，主人降。賓辭降，卒盥，揖升，酌膳，執冪如初，以酢主人于西階上。主人北面，拜受爵。賓主人之左，拜送爵。

鄭注：賓南面授爵，乃于左拜。凡授爵，鄉所受者。

主人坐祭，不啐酒。

鄭注：辟正主也。未薦者，臣也。

不拜酒。

鄭注：主人之義。《燕禮》曰：「不拜酒，不告旨。」

遂卒爵，興，坐奠爵，拜，執爵興。賓荅拜。主人不崇酒，以虚爵降，奠于篚。

鄭注：不崇酒，辟正主也。案：「主」，今注疏本訛作「君」，據宋本訂正。崇，充也，謂謝酒惡相充實。

賓降，立于西階西，東面。

鄭注：既受獻矣，不敢安盛。

擯者以命升賓。賓升，立于西序，東面。

鄭注：命，公命也。東西牆謂之序。

主人盥，洗象觚，升酌膳，東北面獻于公。

鄭注：象觚，觚有象骨飾者也。案：今注疏本脱「者」字，據宋本補。取象觚東面，不言實之，變于燕。

公拜受爵，乃奏《肆夏》。

鄭注：言乃者，其節異于賓。

主人降自西階，阼階下北面，拜送爵。宰胥薦脯醢，由左房。庶子設折俎，升自西階。

鄭注：自，由也。左房，東房也。人君左右房。《鄉射·記》曰：「主人俎：脊、脅、臂、肺也。」

公祭如賓禮，庶子贊授肺。不拜酒，立卒爵，坐奠爵，拜，執爵興。

鄭注：凡異者，君尊，變于賓。

主人荅拜。樂闋。升受爵，降奠于篚。更爵洗，升酌散以降，酢于阼階下，北面，坐奠爵，再拜稽首。公荅拜。

鄭注：更，易也。易爵，不敢襲至尊。古文「更」爲「受」。

主人坐祭，遂卒爵，興，坐奠爵，再拜稽首。公荅拜。主人奠爵于篚。主人盥，洗，升媵觚于賓，酌散，西階上坐奠爵，拜。賓西階上，北面荅拜。

鄭注：媵，送也。散，方壺之酒也。古文「媵」皆作「騰」。

主人坐祭，遂飲。賓辭。卒爵興，坐奠爵，拜，執爵興。賓荅拜。

鄭注：辭者，辭其代君行酒，不立飲也，比于正主酬也。

主人降洗，賓降。主人辭降，賓辭洗、卒洗。賓揖升，不拜洗。

鄭注：不拜洗，酬而禮殺也。

主人酌膳。賓西階上拜，受爵于筵前，反位。主人拜送爵。賓升席，坐祭酒，遂奠于薦東。

鄭注：遂者，因坐而奠之，不北面也。奠之者，酬不舉也。

主人降，復位。賓降筵西，東南面立。

鄭注：賓不立于序内，位彌尊。

小臣自阼階下，請媵爵者，公命長。

鄭注：命之使選于長幼之中也。卿則尊，士則卑。

小臣作下大夫二人媵爵。

鄭注：作，使。

媵爵者，阼階下皆北面，再拜稽首。公荅拜。

鄭注：再拜稽首，拜君命。

媵爵者立于洗南，西面，北上。序進，盥，洗角觶，升自西階。序進，酌散，交于楹北。降，適阼階下，皆奠觶，再拜稽首，執觶興。公荅拜。

鄭注：序，次第也，猶代也。先者既酌，右還而反，與後酌者交于西楹北，相左，俟于西階上，乃降，往來以右爲上。古文曰「降造阼階下」。

媵爵者皆坐祭，遂卒觶，興，坐奠觶，再拜稽首，執觶興。公荅再拜。媵爵者執觶待于洗南。

鄭注：待，待君命。

小臣請致者。

鄭注：請君使一人與？二人與？不必君命。

若命皆致，則序進，奠觶于篚，阼階下皆北面，再拜稽首。公荅拜。媵爵者洗象觶，升實之。序進，坐奠于薦南，北上。降，適阼階下，皆再拜稽首，送觶。公荅拜。

鄭注：既酌而代進，往來由尊北，交于東楹北，亦相左。奠于薦南，不敢必君舉。

媵爵者皆退反位。

鄭注：反門右北面位。

公坐取大夫所媵觶，興以酬賓。賓降，西階下，再拜稽首。小臣正辭，賓升成拜。

鄭注：公起酬賓于西階，降尊以就卑也。正，長也。小臣長辭，變于燕。升成拜，復再拜稽首。先時君辭之，于禮若未成然。

公坐奠觶，荅拜，執觶興。公卒觶，賓下拜，小臣正辭。賓升，再拜稽首。

鄭注：不言成拜者，爲拜故下，實未拜也。下不輒拜，禮殺也。案：今注疏本「輒」訛作「就」，又脱「殺」字，據宋本訂正。下亦降也。發端，言降拜。因上事，言下拜。

公坐奠觶，荅拜，執觶興。賓進，受虛觶，降，奠于篚，易觶，興，洗。

鄭注：賓進，以臣道就君。受虛爵，君不親酌。凡爵不相襲者，于尊者言更，自敵以下言易。更作新，易有故之辭也。不言公酬賓于西階上及公反位者，尊君，空其文也。

公有命，則不易不洗，反升酌膳。下拜。小臣正辭。賓升，再拜稽首。公荅拜。

鄭注：不易，君義也。不洗，臣禮也。

賓告于擯者，請旅諸臣，擯者告于公，公許。

鄭注：旅，序也。賓欲以次序勸諸臣酒。

賓以旅大夫于西階上。擯者作大夫長，升受旅。

鄭注：作，使也。使之以長幼之次，先孤卿，後大夫。

賓大夫之右，坐奠觶，拜，執觶興。大夫荅拜。

鄭注：賓在右，相飲之位。

賓坐祭，立卒觶，不拜。

鄭注：酬而禮殺。

若膳觶也，則降，更觶洗，升實散。大夫拜受。賓拜送，遂就席。

鄭注：言更觶，尊卿。尊卿，則賓禮殺。

大夫辯受酬，如受賓酬之禮，不祭酒。卒受者以虛觶降，奠于篚，復位。

鄭注：卒，猶已也。今文「辯」作「徧」。

主人洗觚，升實散，獻卿于西階上。

鄭注：酬賓而後獻卿，飲酒禮成于酬。

司宫兼卷重席，設于賓左，東上。

鄭注：言兼卷，則每卿異席。重席，蒲筵、緇布純。席卿言東上，案：「席卿」，今注疏本作「卿席」，從宋本改。統于君。席自房來。

卿升，拜受觚。主人拜送觚。卿辭重席，司宫徹之。

鄭注：徹，猶去也。重席雖非加，猶爲其重累，辭之，辟君。

乃薦脯醢。卿升席。庶子設折俎。

鄭注：卿折俎未聞，蓋用脊、脅、臑、折、肺。卿有俎者，射禮尊。

卿坐，左執爵，右祭脯醢，奠爵于薦右。興，取肺，坐絶祭，不嚌肺，興，加于俎，坐捝手，取爵，遂祭酒，執爵興。降席，西階上北面，坐卒爵，興，坐奠爵，拜，執爵興。

鄭注：陳酒肴，君之惠也。不嚌啐，事在射，臣之意。案：「啐」以下七字，今注疏本譌作「肺亦自貶于君」六字，從宋本訂正。

主人荅拜，受爵。卿降，復位。

鄭注：復西面位，不酢，辟君。

辯獻卿。主人以虚爵降，奠于篚。擯者升卿，卿皆升，就席。若有諸公，則先卿獻之，如獻卿之禮，席于阼階西，北面，東上，無加席。

鄭注：公，孤也。席之北面爲大尊，屈之也。亦因阼階上近君，近君則親寵苟敬私昵之坐。

小臣又請媵爵者，二大夫媵爵如初。請致者，若命長致，則媵爵者奠觶于篚。

鄭注：命長致者，使長者一人致也。公或時未能舉，自優暇。

一人待于洗南。

鄭注：不致者。

長致者阼階下，再拜稽首。公荅拜。

鄭注：再拜稽首，拜君命。

洗象觶，升實之，坐奠于薦南，降，與立于洗南者二人，案：「二人」，今注疏本訛作「三人」，從宋本訂正。**皆再拜稽首，送觶。公荅拜。**

鄭注：奠于薦南，先媵者上觶之處也。二人皆拜如初，共勸君飲之。

公又行一爵，若賓若長，惟公所賜。

鄭注：一爵，先媵者之下觶也。若賓若長，禮殺也。長，孤卿之尊者也。于是言賜，射禮明尊卑。

以旅于西階上，如初。

鄭注：賜賓則以酬長，賜長則以酬賓，大夫長升受旅以辯。

大夫卒受者，以虛觶降，奠于篚。主人洗觚，升，獻大夫于西階上。大夫升，拜受觚。主人拜送觚。大夫坐祭，立卒爵，不拜既爵。主人受爵。大夫降復位。

鄭注：既，盡也。大夫卒爵不拜，賤不備禮。

胥薦主人于洗北，西面，脯醢，無脀。

鄭注：胥，宰官之吏。主人，下大夫也。先大夫薦之，尊之也。不薦于上，辟正主。脀，俎實。

辯獻大夫，遂薦之。繼賓以西，東上。若有東面者，則北上。卒，擯者升大夫，皆升，就席。

鄭注：辯獻乃薦，略賤也。亦獻後布席也。

乃席工于西階上，少東。小臣納工，工六人，四瑟。

鄭注：工，謂瞽矇，善歌諷誦《詩》者也。六人，大師、少師各一人，上工四人。四瑟者，禮大樂衆也。

僕人正徒相大師，僕人師相少師，僕人士相上工。

鄭注：徒，空手也。僕人正，僕人之長，師其佐也，士其吏也。天子視瞭相工，諸侯兼官，是以僕人掌之。大師、少師，工之長也。凡國之瞽矇正焉。杜蒯曰：「曠也，大師也。」于是分別工及相者，射禮明貴賤。

相者皆左何瑟，後首，内弦，挎越，右手相。

鄭注：謂相上工者後首，主于射，略于此樂。案：今注疏本作「略于樂也」，從宋本改。内弦、挎越，以右手相工，由便也。越，瑟下孔，所以發越其聲者也。古文「後首」爲「後手」。

後者徒相入。

鄭注：謂相大師、少師者也。上列官之尊卑，此言先後之位，亦所以明貴賤。凡相者以工出入。

小樂正從之。

鄭注：從大師也，後升者，變于燕也。小樂正，于天子樂師也。

升自西階，北面，東上。

鄭注：工六人。

坐授瑟，乃降。

鄭注：相者也，降立于西縣之北。

小樂正立于西階東。

鄭注：不統于工，明工雖衆，位猶在此。

乃歌《鹿鳴》三終。

鄭注：《鹿鳴》，《小雅》篇也。人君與臣下及四方之賓燕，講道修政之樂歌也。言己有旨酒，以召嘉賓，與之飲者，樂嘉賓之來，示我以善道。又樂嘉賓有孔昭之明德，可則傚也。歌《鹿鳴》三終，而不歌《四牡》《皇皇者華》，主于講道，略于勞苦與諮事。

主人洗，升實爵，獻工，工不興，左瑟。

鄭注：工歌而獻之，以事報之也。洗爵獻工，辟正主也。獻不用觚，工賤異之也。工不興，不能備禮。左瑟，便其右。大師無瑟，于是言左瑟者，節也。

一人拜受爵。

鄭注：謂大師也。言一人者，工賤同之也。工拜于席。

主人西階上，拜送爵。薦脯醢。

鄭注：輒薦之，變于大夫。

使人相祭。

鄭注：使人相者，相其祭薦、祭酒。

卒爵，不拜。主人受虚爵。衆工不拜，受爵，坐祭，遂卒爵。辯有脯醢，不祭。

鄭注：相者，相其祭酒而已。

主人受爵，降奠于篚，復位。大師及少師、上工皆降，立于鼓北，群工陪于後。

鄭注：鼓北，西縣之北也。言鼓北者，與鼓齊面，餘長在後也。群工陪于後，三人爲列也。于是時，小樂正亦降立于其南，北面。工立，僕人立于其側，坐則在後。《考工記》曰：「鼓人爲臯陶，長六尺有六寸。」

乃管《新宫》三終。

鄭注：管，謂吹簜以播《新宫》之樂。其篇亡，其義未聞。笙從工而入，既管不獻，略下樂也。立于東縣之中。

卒管。大師及少師、上工皆東坫之東南，西面，北上，坐。

鄭注：不言縣北，統于堂也。于是時，大樂正還，北面立于其南。

擯者自阼階下，請立司正。

鄭注：三爵既備，上下樂作。君將留群臣而射，宜更立司正以監之，察儀法也。

公許擯者，遂爲司正。

鄭注：君許其請，因命用之。不易之者，俱相禮，其事同也。

司正適洗，洗角觶，南面坐，奠于中庭。

鄭注：奠觶者，著其位以顯其事，威儀多也。

升，東楹之東受命于公，西階上北面命賓、諸公、卿、大夫：「公曰：『以我安！』」賓、諸公、卿、大夫皆對曰：「諾，敢不安！」

鄭注：以我安者，君意殷勤，欲留之，以我故安也。

司正降自西階，南面坐取觶，升，酌散，降，南面坐奠觶。

鄭注：奠于中庭故處。案：「處」，今注疏本訛作「也」，據宋本改正。

興，右還，北面少立，坐取觶，興，坐，不祭，卒觶，奠之，興，再拜稽首，左還，南面坐取觶，洗，南面反奠于其所，北面立。

鄭注：皆所以自昭明于衆也。將于觶南北面則右還，于觶北南面則左還。如是，得從觶西往來也。必從觶西往來者，爲君在阼，不背之也。

司射適次，袒、決、遂，執弓，挾乘矢，于弓外見鏃于弣，右巨指鉤弦。

鄭注：司射，射人也。次，若今時更衣處，張幃席爲之。案：「張」，今注疏本訛作「帳」，據宋本改正。耦次在洗東南。袒，左免衣也。決，猶闓也，以象骨爲之，著右巨指，所以鉤弦而闓之。遂，射韝也，以朱韋爲之，著左臂，所以遂弦也。方持弦矢曰挾。乘矢，四矢。弣，弓把也。見鏃焉，順其射也。右巨指，右手大擘，以鉤弦，弦在旁，挾由便也。古文「挾」皆作「接」。

自阼階前曰：「爲政請射。」

鄭注：爲政，謂司馬也。司馬，政官，主射禮。

遂告曰：「大夫與大夫，士御於大夫。」

鄭注：因告選三耦于君。御，猶侍也。大夫與大夫爲耦，不足則士侍于大夫，與爲耦也。今文「於」爲「于」。

遂適西階前，東面右顧，命有司納射器。

鄭注：納，内也。

射器皆入。君之弓、矢適東堂，賓之弓、矢與中、籌、豐皆止于西堂下。衆弓、矢不挾。總衆弓、矢、楅，皆適次而俟。

鄭注：中，閭中，算器也。籌，算也。豐，可奠射爵者。衆弓矢，三耦及卿大夫以下弓矢也。司射亦止西堂下。衆弓矢不挾，則納公與賓弓矢者挾之。楅，承矢器。今文「侯」作「待」。

工人士與梓人升自北階。兩楹之間，疏數容弓，若丹若墨，度尺而午。射正莅之。案：「莅」，今注疏本作「涖」，據唐石經及宋本改。

鄭注：工人士、梓人，皆司空之屬，能正方圜者。一從一横曰午，謂畫物也。射正，司射之長。

卒畫，自北階下。司宫埽所畫物，自北階下。

鄭注：埽物，重射事也。工人士、梓人、司宫，位在北堂下。

大史俟于所設中之西，東面以聽政。

鄭注：中，未設也。大史俟焉，將有事也。《鄉射禮》曰：「設中，南當楅，西當西序，東面。」

司射西面誓之曰：「公射大侯，大夫射參，士射干，射者非其侯，中之不獲。卑者與尊者爲耦，不異侯。」大史許諾。

鄭注：誓，猶告也。古文「異」作「辭」。

遂比三耦。

鄭注：比，選次之也。不言面者，大夫在門右北面，士西方東面。

三耦俟于次北，西面，北上。

鄭注：未知其耦。今文「俟」爲「立」。

司射命上射曰：「某御于子。」命下射曰：「子與某子射。」卒，遂命三耦取弓、矢于次。

鄭注：取弓、矢不拾者，次中隱蔽處。

司射入于次，搢三挾一个，出于次，西面揖，當階北面揖，及階揖，升堂揖，當物北面揖，及物揖，由下物少退，誘射。

鄭注：搢，捷也。挾一个，挾于紘也。个，猶枚也。由下物而少退，謙也。誘，猶教也，夫子循循然善誘人。

射三侯，將乘矢，始射干，又射參，大侯再發。

鄭注：將，行也。行四矢，象有事于四方。《詩》云：「四矢反兮，以御亂兮。」

卒射，北面揖。

鄭注：揖于當物之處，不南面者，爲不背卿。

及階，揖降，如升射之儀。遂適堂西，改取一个挾之。

鄭注：改，更也。不射而挾矢，示有事也。

遂取扑搢之，以立于所設中之西南，東面。

鄭注：扑，所以撻犯教者也。于是言立，著其位也。《鄉射·記》曰：「司射之弓、矢與扑，倚于西階之西。」

司馬師命負侯者，執旌以負侯。

鄭注：司馬師，正之佐也。欲令射者見侯與旌，深志于侯中也。負侯，獲者也。天子服不氏，下士一人，徒四人，掌以旌居乏待獲。析羽爲旌。

負侯者皆適侯，執旌負侯而俟。司射適次，作上耦射。

鄭注：作，使也。

司射反位。上耦出次，西面揖進。上射在左，竝行。當階北面揖，及階揖。上射先升三等，下射從之中等。

鄭注：上射在左，便射位也。中，猶閒也。

上射升堂，少左。下射升，上射揖，竝行。

鄭注：竝，併也。併東行。

皆當其物北面揖，及物揖。皆左足履物。還，視侯中，合足而俟。

鄭注：視侯中，各視其侯之中。大夫耦則視參中，參中十四尺。士耦則視干中，干中十尺。

司馬正適次，袒、決、遂，執弓，右挾之，出，升自西階，適下物，立于物閒。左執弣，右執簫，南揚弓，命去侯。

鄭注：司馬正，政官之屬。簫，弓末。揚弓者執下末。揚，猶舉也。適下物，由上射後東過也。

命去侯者，將射當獲也。《鄉射禮》曰：「西南面立于物間。」

負侯皆許諾，以宮趨，直西，及乏南，又諾以商，至乏，聲止。

鄭注：宮爲君，商爲臣，其聲和相生也。《鄉射禮》曰：「獲者執旌許諾。」古文「聲」爲「磬」。

授獲者，退立于西方。獲者興，共而俟。

鄭注：大侯，服不氏負侯。徒一人居乏，相代而獲。參侯、干侯，徒負侯居乏，不相代。《鄉射禮》曰：「獲者執旌許諾，聲不絶，以至于乏。坐東面偃旌，興而俟。」古文「獲」皆作「護」，非也。

司馬正出于下射之南，還其後，降自西階，遂適次，釋弓，説決、拾，襲，反位。

鄭注：拾，遂也。《鄉射禮》曰：「司馬反位，立于司射之南。」

司射進，與司馬正交于階前，相左，由堂下西階之東，北面視上射，命曰：「毋射獲！毋獵獲！」上射揖。司射退，反位。

鄭注：射獲，矢中乏也。從旁爲獵。

乃射。上射既發，挾矢，而后下射射，拾發以將乘矢。

鄭注：拾，更也。將，行也。

獲者坐而獲。

鄭注：坐言獲也。

舉旌以宫，偃旌以商。

鄭注：再言獲也。案：「再」，今注疏本作「等」，據宋本改正。

獲而未釋獲。

鄭注：但言獲，未釋算。古文「釋」爲「舍」。

卒射，右挾之，北面揖，揖如升射。

鄭注：右挾之，右手挾弦。

上射降三等，下射少右從之中等，竝行。上射于左，與升射者相左，交于階前，相揖。適次，釋弓，説決、拾，襲，反位。三耦卒射亦如之。

鄭注：上射于左，由下射階上少右，乃降待之。言襲者，凡射皆袒。

司射去扑，倚于階西，適阼階下，北面告于公，曰：「三耦卒射。」反，搢扑，反位。司馬正袒、決、遂，執弓，右挾之，出，與司射交于階前，相左。

鄭注：出，出于次也。袒時亦適次。

升自西階，自右物之後，立于物閒，西南面，揖弓，命取矢。

鄭注：揖，推之。

負侯許諾如初去侯，皆執旌以負其侯而俟。

鄭注：俟小臣取矢，以旌指教之。

司馬正降自西階，北面命設楅。

鄭注：此出于下射之南，還其後而降之。

小臣師設楅。司馬正東面，以弓爲畢。

鄭注：畢，所以教助執事者。《鄉射·記》曰：「乃設楅于中庭，南當洗，東肆。」

既設楅，司馬正適次，釋弓，説決、拾，襲，反位。小臣坐委矢于楅，北括。司馬師坐乘之。

鄭注：乘，四四數之。

卒。案：今注疏本脱此字，據唐石經及宋本補。**若矢不備，則司馬正又袒執弓，升，命取矢如初，曰：「取矢不索！」乃復求矢，加于楅。卒，司馬正進，坐，左右撫之，興，反位。**

鄭注：左右撫，分上下射，此坐皆北面。

儀禮集釋卷十

大射儀

司射適西階西，倚扑，升自西階，東面請射于公。

鄭注：倚扑者，將即君前，不敢佩刑器也。升堂者，欲諸公、卿、大夫辯聞也。

公許。遂適西階上，命賓御于公。諸公、卿則以耦告于上，大夫則降，即位而後告。

鄭注：告諸公卿于堂上，尊之也。

司射自西階上，北面告于大夫，曰：「請降！」司射先降。搢扑，反位。大夫從之，降，適次，立于三耦之南，西面，北上。

鄭注：適次，由次前而北，西面立。

司射東面于大夫之西比耦，大夫與大夫，案：「比」，今注疏本訛作「北」，據唐石經及宋本改正。命上射曰：「某御于子。」命下射曰：「子與某子射。」卒，遂比衆耦。

鄭注：衆耦，士也。

衆耦立于大夫之南，西面，北上。若有士與大夫爲耦，則以大夫之耦爲上。

鄭注：爲上，居群士之上。

命大夫之耦曰：「子與某子射。」告于大夫曰：「某御于子。」

鄭注：士雖爲上射，其辭猶尊大夫。

命衆耦如命三耦之辭。諸公、卿皆未降。

鄭注：言未降者，見其志在射。

遂命三耦各與其耦拾取矢，皆袒、決、遂，執弓，右挾之。

鄭注：此命入次之事也。司射既命而反位，不言之者，上射出，當作取矢，事未訖。

一耦出，西面揖，當楅北面揖，及楅揖。

鄭注：三耦同入次，其出也一。上射出，西面立，司射作之，乃揖行也。當楅，楅正南之東西。

上射東面，下射西面。上射揖，進，坐横弓，卻手自弓下取一个，兼諸弣，興，順羽，且左還，毋周，反面揖。

鄭注：横弓者，南踣弓也。卻手自弓下取矢者，以左手在弓表，右手從裏取之，便也。兼，并也，并矢于弣，❶當順羽，既又當執弦。順羽者，手放而下，備不整理也。左還，反其位。毋周，右還而反東面也。君在阼，還周則下射將背之。古文「且」爲「阻」。

---

❶「弣」，四庫本作「跗」。

下射進，坐橫弓，覆手自弓上取一个，兼諸弣，興，順羽，且左還，毋周，反面揖。

鄭注：橫弓，亦南踣弓也。人東西鄉，以南北爲橫。覆手自弓上取矢，以左手在弓裏，右手從表取之，便也。

既拾取矢，梱之。

鄭注：梱，齊等之也。古文「梱」作「魁」。

兼挾乘矢，皆内還，南面揖。

鄭注：内還者，上射左，下射右。不皆右還，亦以君在阼，嫌下射，故左還而背之也。上以陽爲内，下以陰爲内，因其宜可也。

適楅南，皆左還，北面揖，搢三挾一个。

鄭注：楅南，鄉當楅之位也。

揖，以耦左還，上射于左。

鄭注：以，猶與也。言以者，耦之事成于此，意相人耦也。上射轉居左，便其反位也。上射少北，乃東面。

退者與進者相左，相揖。案：此下今注疏本衍「還」字，據唐石經及宋本刪。**退，釋弓、矢于次，説決、拾，襲，反位。二耦拾取矢亦如之。後者遂取誘射之矢，兼乘矢而取之，以授有司于次中。皆襲，反**

位。

鄭注：有司納射器，因留，主授受之。

司射作射，如初。一耦揖升，如初。司馬命去侯，負侯許諾，如初。司馬降，釋弓，反位。司射猶挾一个，去扑，與司馬交于階前，適阼階下，北面，請釋獲于公。

鄭注：猶，有故之辭。案：「有」，今注疏本訛作「守」，據宋本改正。于此言之者，司射既誘射，恒執弓挾矢以掌射事，備尚未知，當教之也。今三耦卒射，衆足以知之矣。案：「足以」二字，今注疏本訛作一「已」字，據宋本訂正。猶挾之者，君子不必也。

公許。反，搢扑。遂命釋獲者設中，以弓爲畢，北面。

鄭注：北面，立于所設中之南，當視之也。《鄉射禮》曰：「設中，南當楅，西當西序。」

大史釋獲，小臣師執中，先首，坐設之，東面，退。大史實八算于中，横委其餘于中西，興，共而俟。

鄭注：先猶前也。命大史而小臣師設之，國君官多也。小臣師退，反東堂下位。《鄉射禮》曰：「横委其餘于中西，南末。」

司射西面命曰：「中離維綱，揚觸，梱復，公則釋獲，衆則不與。」

鄭注：離猶過也，獵也。侯有上下綱，其邪制射舌之角者爲維。❶ 或曰「維」當爲「絹」，案：「絹」

❶「射」，四庫本及阮本《儀禮注疏》作「躬」。

當作「縜」，《考工記》曰「縜寸焉」。絹，綱耳。揚觸者，謂矢中他物，揚而觸侯也。梱復，謂矢至侯不著而還。案：「謂」，今注疏本訛作「爲」，據宋本改正。復，復反也。公則釋獲，優君也，衆當中鵠而著。古文「梱」作「魁」。

「惟公所中，中三侯皆獲。」

鄭注：值中一侯則釋獲。

釋獲者命小史，小史命獲者。

鄭注：傳告服不，使知此司射所命。

司射遂進由堂下，北面視上射，命曰：「不貫不釋！」上射揖。司射退，反位。

鄭注：貫猶中也，射不中鵠，不釋算。古文「貫」作「關」。

釋獲者坐取中之八算，改實八算，興，執而俟。

鄭注：執所取算。

乃射。若中，則釋獲者每一个釋一算，上射于右，下射于左。若有餘算，則反委之。

鄭注：委餘算，禮貴異。

又取中之八算，改實八算于中。興，執而俟。三耦卒射。賓降，取弓、矢于堂西。

鄭注：不敢與君竝俟告，取之以升，俟君事畢。

諸公、卿則適次，繼三耦以南。

鄭注：言繼三耦，明在大夫北。

公將射，則司馬師命負侯，皆執其旌以負其侯而俟。

鄭注：君尊，若始焉。

司馬師反位。隸僕人埽侯道。

鄭注：新之。

司射去扑，適阼階下，告射于公，公許。適西階東，告于賓。

鄭注：告當射也。今文曰「阼階下」，無「適」。

遂搢扑，反位。小射正一人，取公之決、拾于東坫上，一小射正授弓，拂弓，皆以俟于東堂。

鄭注：授弓，當授大射正。拂弓，去塵。

公將射，則賓降，適堂西，袒、決、遂，執弓，搢三挾一个，升自西階，先待于物北，北一笴，東面立。

鄭注：不敢與君併。笴，矢幹。東面立，鄉君也。

司馬升，命去侯如初，還右，乃降，釋弓，反位。

鄭注：還右，還君之右也，猶出下射之南，還其後也。今文曰「右還」。

公就物，小射正奉決、拾以笥，大射正執弓，皆以從于物。

鄭注：笥，萑葦器。大射正舍司正，親其職。

小射正坐，奠笥于物南，遂拂以巾，取決，興，贊設決，朱極三。

鄭注：極猶放也，所以韜指，利放弦也，以朱韋爲之。三者，食指、將指、無名指。無極，放弦契于此指，多則痛。小指短，不用。

小臣正贊袒，公袒朱襦，卒袒。小臣正退，俟于東堂。小射正又坐取拾，興，贊設拾，以笥退奠于坫上，復位。

鄭注：既袒乃設拾。拾，當以韝襦上。

大射正執弓，以袂順左右隈，上再下壹，左執弣，右執簫，以授公。公親揉之。

鄭注：順，放之也。隈，弓淵也。揉，宛之，觀其安危也。今文「順」爲「循」，古文「揉」爲「紐」。

小臣師以巾内拂矢，而授矢于公，稍屬。

鄭注：内拂，恐塵及君也。稍屬，不摺矢。

大射正立于公後，以矢行告于公。

鄭注：若不中，使君當知而改其度。

下曰留，上曰揚，左右曰方。

鄭注：留，不至也。揚，過去也。方，出旁也。

公既發，大射正受弓而俟。拾發以將乘矢。

鄭注：公，下射也，而先發，不留尊也。

公卒射，小臣師以巾退，反位。大射正受弓。

鄭注：受弓以授有司于東堂。

小射正以笥受決、拾，退奠于坫上，復位。大射正退，反司正之位。小臣正贊襲。公還而后賓降，釋弓于堂西，反位于階西，東面。

鄭注：階西東面，賓降位。

公即席，司正以命升賓。賓升復筵，而后卿大夫繼射。諸公、卿取弓、矢于次中，袒、決、遂，執弓，搢三挾一个，出，西面揖，揖如三耦，升射。卒射，降如三耦。適次，釋弓，説決、拾，襲，反位。衆皆繼射，釋獲皆如初。

鄭注：諸公、卿言取弓、矢，衆言釋獲，互言也。

卒射，釋獲者遂以所執餘獲，適阼階下，北面，告于公曰：「左右卒射。」

鄭注：司射不告者，案：「告」上，今注疏本衍「言」字，據宋本删。釋獲者于是有事，宜終之也。餘獲，餘算也。無餘算則無所執。古文曰「餘算」。

反位，坐，委餘獲于中西，興，共而俟。司馬袒執弓，升，命取矢如初。負侯許諾，以旌負侯如初。司

馬降，釋弓如初。小臣委矢于楅如初。

鄭注：司馬，司馬正。于是司馬師亦坐乘矢。

賓、諸公、卿、大夫之矢皆異束之以茅，卒，正坐，左右撫之，進束，反位。

鄭注：異束大夫矢，尊殊之也。正，司馬正也。進，前也。又言束，整結之，示親也。

賓之矢，則以授矢人于西堂下。

鄭注：是言矢人，則納射器之有司，各以其器名官職。不言君矢，小臣以授矢人于東堂下可知。

司馬釋弓，反位，而后卿、大夫升，❶就席。

鄭注：此言其升，前小臣委矢于楅。

司射適階西，釋弓，去扑，襲，進由中東，立于中南，北面眡算。

鄭注：釋弓去扑，射事已也。

釋獲者東面，于中西坐，先數右獲。

鄭注：固東面矣，復言之者，少南就右獲。

二算爲純。

---

❶「后」，原作「反」，據四庫本及阮本《儀禮注疏》改。

鄭注：純猶全也，耦陰陽也。

一純以取，實于左手，十純則縮而委之。

鄭注：縮，從也。于數者東西爲從。古文「縮」皆作「蹙」。

每委異之。

鄭注：易校數。

有餘純，則橫諸下。

鄭注：又異之也，自近爲下。

一算爲奇，奇則又縮諸純下。

鄭注：又從之。

興，自前適左，

鄭注：從中前北也，更端，故起。

東面坐。

鄭注：少北于故。

坐，兼斂算，實于左手，一純以委，十則異之。

鄭注：變于右也。

其餘如右獲。

鄭注：謂所縮所横者。

司射復位，釋獲者遂進，取賢獲執之，由阼階下，北面告于公。

鄭注：賢獲，勝黨之算也。執之者，齊而取其餘。

若右勝，則曰：「右賢于左。」若左勝，則曰：「左賢于右。」以純數告。若有奇者，亦曰奇。

鄭注：告曰某賢于某若干純若干奇。

若左右鈞，則左右各執一算以告曰：「左右鈞。」還復位，坐，兼斂算，實八算于中，委其餘于中西，興，共而俟。司射命設豐。

鄭注：當飲不勝者射爵。

司宫士奉豐，由西階升，北面坐，設于西楹西，降復位。勝者之弟子洗觶，升酌散，南面坐，奠于豐上，降，反位。

鄭注：弟子，其少者也。不授者，射爵猶罰爵，略之。

司射遂袒，案：今注疏本脱「遂」字，據唐石經及宋本補。執弓，挾一个，搢扑，東面于三耦之西，命三耦及衆射者，勝者皆袒、決、遂，執張弓。

鄭注：執張弓，言能用之也。右手挾弦。

不勝者皆襲，❶説決、拾，卻左手，右加弛弓于其上，遂以執弣。

鄭注：固襲，説決、拾矣，復言之者，起勝者也。不勝者執弛弓，言不能用之也。兩手執弣，無所挾也。

司射先反位。

鄭注：居前，俟所命入次而來飲。

三耦及衆射者皆升，飲射爵于西階上。

鄭注：不勝之黨無不飲。

小射正作升飲射爵者，如作射。一耦出，揖如升射。及階，勝者先升，升堂，少右。

鄭注：先升，尊賢也。少右，辟飲者，亦因相飲之禮然。

不勝者進，北面坐，取豐上之觶，興，少退，立卒觶，進，坐奠于豐下，興，揖。

鄭注：立卒觶，不祭不拜，受罰不備禮也。右手執觶，左手執弓。

不勝者先降。

鄭注：後升先降，❷略之，不由次也。降而少右，復竝行。

與升飲者相左交于階前，相揖，適次，釋弓，襲，反位。僕人師繼酌射爵，取觶實之，反奠于豐上，退，

---

❶ 「不勝者皆襲」至「復竝行」，凡二百二十字經、注文，原缺，據四庫本及阮本《儀禮注疏》、胡培翬《正義》補。

❷ 「升」，四庫本作「勝」。

俟于序端。

鄭注：僕人師酌者，君使之代弟子也。自此以下，辯爲之酌。

升飲者如初，三耦卒飲。若賓、諸公、卿、大夫不勝，則不降，不執弓，耦不升。

鄭注：此耦，謂士也。諸公、卿或闕，士爲之耦者，不升。其諸公、卿、大夫相爲耦者，不降席，重恥尊也。

僕人師洗，升實觶以授，賓、諸公、卿、大夫受觶于席以降，適西階上，北面立飲，卒觶，授執爵者，反就席。

鄭注：雖尊，亦西階上立飲，不可以己尊枉正罰也。授爵而不奠豐，尊大夫也。

若飲公，則侍射者降，洗角觶，升，酌散，降拜。

鄭注：侍射，賓也，飲君則不敢以爲罰，從致爵之禮也。

公降一等。小臣正辭，賓升，再拜稽首。公荅再拜。賓坐，祭，卒爵，再拜稽首。公荅再拜。賓降，洗象觶，升，酌膳以致，下拜。小臣正辭。升，再拜稽首。公荅再拜。公卒觶，賓進受觶，降，洗散觶，升實散，下拜。小臣正辭，升，再拜稽首。公荅再拜。

鄭注：賓復酌自飲者，夾爵也。但如致爵，則無以異于燕也。夾爵，亦所以恥公也。所謂「若飲君，燕則夾爵」。

賓坐，不祭，卒觶，降奠于篚，階西，東面立。

鄭注：不祭，象射爵。

擯者以命升賓，賓升就席。

鄭注：擯者，司正也。今文「席」爲「筵」。

若諸公、卿、大夫之耦不勝，則亦執弛弓，特升飲。

鄭注：此耦亦謂士也。特，猶獨也。以尊與卑爲耦，而又不勝，案：今注疏本脱「與卑」二字，據宋本補。使之獨飲，若無倫匹，孤賤也。

衆皆繼飲射爵，如三耦。射爵辯，乃徹豐與觶。

鄭注：徹，除也。

司宫尊侯于服不之東北，兩獻酒，東面，南上，皆加勺。設洗于尊西北，篚在南，東肆，實一散于篚。

鄭注：爲大侯獲者設尊也。言尊侯者，獲者之功由侯也。不于初設之者，不敢必君射也。君不射，則不獻大侯之獲者。散，爵名，容五升。

司馬正洗散，遂實爵，獻服不。

鄭注：言服不者，著其官，尊大侯也。服不，司馬之屬，掌養猛獸而教擾之者。洗酌皆西面。

服不侯西北三步，北面拜受爵。

鄭注：近其所爲獻。

司馬正西面拜送爵，反位。

鄭注：不俟卒爵，略賤也。此終言之。獻服不之徒乃反位。

宰夫有司薦，庶子設折俎。

鄭注：宰夫有司，宰夫之吏也。《鄉射·記》曰：「獲者之俎，折脊、脅、肺。」

卒錯，獲者適右个，薦俎從之。

鄭注：不言「服不」言「獲者」，國君大侯，服不負侯，其徒居乏待獲，變其文，容二人也。司馬正皆獻之。薦俎已錯，乃適右个，明此獻已，已歸功于侯也。適右个，由侯内。《鄉射·記》曰：「東方謂之右个。」

獲者左執爵，右祭薦俎，二手祭酒。

鄭注：祭俎不奠爵，不備禮也。二手祭酒者，獲者南面于俎北，當爲侯祭于豆間，爵反注，爲一手不能正也。此薦俎之設，如于北面人焉。天子祝侯曰：「惟若寧侯，無或若女不寧侯，不屬于王所，故抗而射女。彊飲彊食，貽女曾孫諸侯百福。」諸侯以下，祝辭未聞。

適左个，祭如右个，中亦如之。

鄭注：先祭个，後中者，以外即之至中，若神在中。《鄉射禮》曰：「獻獲者，俎與薦皆三祭。」

卒祭，左个之西北三步，東面。

鄭注：此鄉受獻之位也。不北面者，嫌爲侯卒爵。

設薦俎，立卒爵。

鄭注：不言不拜既爵，司馬正已反位，不拜可知也。《鄉射禮》曰：「獲者薦右，東面立飲。」

司馬師受虚爵，洗，獻隸僕人與巾車、獲者，皆如大侯之禮。

鄭注：隸僕人埽侯道。巾車張大侯及參侯、干侯之獲者，其受獻之禮如服不也。隸僕人、巾車于服不之位受之，功成于大侯也。不言量人者，此自後以及先可知。

卒，司馬師受虚爵，奠于篚。

鄭注：獲者之篚。

獲者皆執其薦，庶子執俎從之，設于乏，少南。

鄭注：少南，爲復射妨旌也。隸僕人、巾車、量人，自服不而南。

服不復負侯而俟。司射適階西，去扑，適堂西，釋弓，説決、拾，襲，適洗，洗觚，升實之，降，獻釋獲者于其位，少南。

鄭注：獻釋獲者與獲者異，文武不同也。去扑者，扑不升堂也。少南，辟中。

薦脯醢、折俎，皆有祭。

鄭注：俎與服不同，惟祭一爲異。

釋獲者薦右，東面拜受爵。司射北面拜送爵。釋獲者就其薦，坐，左執爵，右祭脯醢，興，取肺，坐祭，遂祭酒。

鄭注：祭俎不奠爵，亦賤不備禮。

興，司射之西，北面，立卒爵，不拜既爵。司射受虚爵，奠于篚。釋獲者少西，辟薦，反位。

鄭注：辟薦少西之者，爲復射妨司射視算，亦辟俎也。

司射適堂西，袒、決、遂，取弓，挾一个，適階西，搢撲以反位。

鄭注：爲將復射。

司射倚扑于階西，適阼階下，北面請射于公如初。

鄭注：不升堂，賓、諸公、卿、大夫既射矣，聞之可知。

反搢扑，適次，命三耦皆袒、決、遂，執弓，序出取矢。

鄭注：鄉言拾，是言序，互言耳。

司射先反位。

鄭注：言先，先三耦也。司射既命三耦以入次之事，即反位。三耦入次，袒、決、遂，執弓，挾矢乃出，反次外西面位。鄉不言司射先反位，三耦未有次外位，無所先也。

二耦拾取矢如初，案：「二」，今注疏本訛作「三」，據宋本改正。**小射正作取矢如初。**

鄭注：小射正，司射之佐。作取矢，禮殺代之。

三耦既拾取矢，諸公、卿、大夫皆降如初位，與耦入于次，皆袒、決、遂，執弓，皆進當楅，進坐，説矢束，上射東面，下射西面，拾取矢如三耦。

鄭注：皆進當楅，進三耦揖之位也。凡繼射，命耦而已，不作射，不作取矢，從初。

若士與大夫爲耦，士東面，大夫西面。大夫進坐，説矢束，退反位。

鄭注：説矢束，自同于三耦，謙也。

耦揖進，坐，兼取乘矢，興，順羽且左還，毋周，反面揖。

鄭注：兼取乘矢，不敢與大夫拾。

大夫進坐，亦兼取乘矢如其耦。北面，搢三挾一个，揖進。案：敖繼公云：「『進』當作『退』，《鄉射》云『揖退』是也。」大夫與其耦皆適次，釋弓矢，❶説決、拾，襲，反位。諸公、卿升就席。

鄭注：大夫反位，諸公、卿乃升，就席，大夫與己上下位。

衆射者繼拾取矢，皆如三耦，遂入于次，釋弓、矢，説決、拾，襲，反位。司射猶挾一个以作射如初。一耦揖升如初。司馬升，命去侯，負侯許諾。司馬降，釋弓，反位。司射與司馬交于階前，倚扑于階西，適阼階下，北面，請以樂于公。公許。

❶ 「釋」字，原無，據四庫本補。「矢」字，阮本《儀禮注疏》無。

鄭注：請奏樂以爲節也。始射獲而未釋獲，復釋獲，復用樂行之。君子之于事也，案：今注疏本脱「也」字，據宋本補。始取苟能，中課有功，終用成法，教化之漸也。射用應樂爲難。孔子曰：「射者何以聽？循聲而發，發而不失正鵠者，其惟賢者乎？」

司射反，搢扑，東面，命樂正曰：「命用樂。」

鄭注：言君有命，用樂射也。樂正在工南，北面。

樂正曰：「諾。」司射遂適堂下，北面眂上射，命曰：「不鼓不釋。」

鄭注：不與鼓節相應，不釋算也。鼓亦樂之節。《學記》曰：「鼓無當于五聲，五聲不得不和。」凡射之鼓節，《投壺》其存者也。《周禮》射節，天子九，諸侯七，卿大夫以下五。

上射揖，司射退，反位。樂正命大師曰：「奏《貍首》，間若一。」

鄭注：樂正西面受命，左還東面，命大師以《大射》之樂章，使奏之也。《貍首》，逸詩《曾孫》也，貍之言不來也。其詩有「射諸侯首不朝者」之言，因以名篇。後世失之，謂之《曾孫》。曾孫者，其章頭也。《射義》所載《詩》曰「曾孫侯氏」是也。以爲諸侯射節者，采其既有弧矢之威，又言「小大莫處，御于君所，以燕以射，則燕則譽」，有樂以時會君事之志也。間若一者，調其聲之疏數中節。❶

❶「中」，四庫本及阮本《儀禮注疏》作「重」。

大師不興，許諾。樂正反位，奏《貍首》以射。三耦卒射。賓待于物如初。公樂作而後就物，稍屬，不以樂志，其他如初儀。

鄭注：不以樂志，君之射儀遲速從心，其發不必應樂，辟不敏也。志，意所擬度也。《春秋傳》曰：「吾志其目。」

卒射如初。賓就席，諸公、卿、大夫、衆射者皆繼射，釋獲如初。卒射，降反位。釋獲者執餘獲進，告「左右卒射」如初。司馬升，命取矢，負侯許諾。司馬降，釋弓，反位。小臣委矢，司馬師乘之，皆如初。司射釋弓、視算如初。釋獲者以賢獲與鈞告如初，復位。司射命設豐，實觶如初。遂命勝者執張弓，不勝者執弛弓，升飲如初。卒退豐與觶如初。司射猶袒、決、遂，左執弓，右執一个，兼諸弦，面鏃，適次，命拾取矢如初。

鄭注：側持弦矢曰執。面，猶尚也。兼矢于弦，尚鏃，將止，變于射也。

司射反位。三耦及諸公、卿、大夫、衆射者皆袒、決、遂，以拾取矢如初，矢不挾，兼諸弦，面鏃，退適次，皆授有司弓矢，襲，反位。

鄭注：不挾，亦謂執之如司射。

卿、大夫升，就席。司射適次，釋弓，説決、拾，去扑，襲，反位。司馬正命退楅，解綱。小臣師退楅，巾車，量人解左下綱。司馬師命獲者以旌與薦俎退。

鄭注：解，猶釋也。今文「司馬師」無「司馬」。

司射命釋獲者退中與算而俟。

鄭注：諸所退射器皆俟，備君復射。釋獲者亦退其薦俎。

公又舉奠觶，惟公所賜，若賓若長，以旅于西階上如初。大夫卒受者，以虛觶降，奠于篚，反位。司馬正升自西階，東楹之東，北面告于公，請徹俎。公許。

鄭注：射事既畢，禮殺人倦，宜徹俎燕坐。

遂適西階上，北面告于賓。賓北面，取俎以出。諸公、卿取俎如賓禮，遂出，授從者于門外。

鄭注：自其從者。

大夫降，復位。

鄭注：門東北面位。

庶子正徹公俎，降自阼階，以東。

鄭注：降自阼階，若親徹也。以東，去藏。

賓、諸公、卿皆入門，東面，北上。

鄭注：諸公、卿不入門而右，以將燕，亦因從賓。

司正升賓。賓、諸公、卿、大夫皆説屨，升就席。公以賓及卿、大夫皆坐，乃安。

鄭注：歸命以我安，臣于君尚猶踧踖，至此乃敢安。

羞庶羞。

鄭注：羞，進也。庶，衆也。所進衆羞，謂膷肝膋、狗胾醢也，或有炮鼈、膾鯉、雉、兔、鶉、鴽。

大夫祭薦。

鄭注：燕乃祭薦，不敢于盛成禮。

司正升受命，皆命。公曰：「衆無不醉。」賓及諸公、卿、大夫皆興，對曰：「諾，敢不醉！」皆反位坐。

鄭注：皆命者，命賓，命諸公，命卿大夫，皆鄉其位也。興對必降席，敬也。司正退，立西序端。

主人洗，酌，獻士于西階上。士長升，拜受觶，主人拜送。

鄭注：獻士用觶，士賤也。今文「觶」作「觚」。

士坐祭立飲，不拜既爵。其他不拜，坐祭立飲。

鄭注：其他，謂衆士也。升不拜，受爵。

乃薦司正與射人于觶南，北面，東上。司正爲上。

鄭注：司正射人，士也。以齒受獻，既乃薦之也。司正，大射正也。射人，小射正，略其佐。

辯獻士。士既獻者立于東方，西面，北上。乃薦士。

鄭注：士既獻易位者，以卿大夫在堂，臣位尊東也。畢獻薦之，略賤。

祝、史、小臣師亦就其位而薦之。

鄭注：亦者，亦士也。辯獻乃薦也，祝、史門東，北面，東上。

主人就士旅食之尊而獻之。旅食不拜，受爵，坐祭立飲。

鄭注：主人既酌，西面，士旅食北面受之。不洗者，于賤略之。案：此下今注疏本有「也」字，宋本無。

主人執虚爵，奠于篚，復位。賓降洗，升，媵觶于公，酌散，下拜。公降一等，小臣正辭。賓升，再拜稽首。公荅再拜。

鄭注：賓受公賜多矣，禮將終，宜勸公，序厚意也。今文「觶」爲「觚」，「公荅拜」，無「再拜」。

賓坐祭，卒爵，再拜稽首。公荅再拜。賓降，洗象觚，升酌膳，坐，奠于薦南，降拜。小臣正辭。賓升成拜。公荅拜。賓反位。

鄭注：反位，反席也。此「觚」當爲「觶」。

公坐，取賓所媵觚，興，惟公所賜。受者如初受酬之禮，降，更爵，洗，升酌膳，下，再拜稽首。小臣正辭。升成拜。公荅拜。乃就席，坐行之。

鄭注：坐行之，若今坐相勸酒。

有執爵者。

鄭注：士有盥升，主酌授之。

惟受于公者拜。

鄭注：公所賜者拜，其餘則否。

司正命執爵者，爵辯，卒受者興以酬士。

鄭注：欲令惠均。

大夫卒受者以爵興，西階上酬士。士升，大夫奠爵拜。士荅拜。

鄭注：興酬士者，士立堂下，與上坐者異也。案：今注疏本脱「也」字，據宋本補。

大夫立卒爵，不拜，實之。士拜受，大夫拜送。士旅于西階上，辯。

鄭注：祝、史、小臣師，旅食皆及焉。

士旅酌。

鄭注：旅，序也。士以次自酌相酬，無執爵者。

若命曰「復射」，❶則不獻庶子。

鄭注：獻庶子，則正禮畢，後無事。

司射命射，惟欲。

鄭注：司射命賓及諸公、卿、大夫射，欲者則射，不欲者則止。可否之事，從人心也。

---

❶「若」，原作「苔」，據四庫本及阮本《儀禮注疏》改。

卿、大夫皆降，再拜稽首。公荅拜。

鄭注：拜君樂與臣下執事無已。不言賓，賓從群臣，禮在上。

壹發中三侯，皆獲。

鄭注：其功一也，而和者益多，案：「益」，今注疏本訛作「亦」，據宋本改正。尚歡樂也。矢揚觸，或有參中者。

主人洗，升自西階，獻庶子于阼階上，如獻士之禮。辯獻。降洗，遂獻左右正與内小臣，皆于阼階上，如獻庶子之禮。

鄭注：庶子既掌正六牲之體，案：「既」，今注疏本訛作「即」，據宋本改正。又正舞位，授舞器，與膳宰、樂正聯事。又掌國子戒令，教治世子之官也。左右正，謂樂正、僕人正也，位在中庭之左右。小樂正在頌磬之北，右也。工在西，則北面，案：「則」，今注疏本訛作「即」，據宋本改正。工遷于東，則東面。大樂正在笙磬之北，左也。工在西，則西面，工遷于東，則北面。僕人正相大師，工升堂，與其師士降，立于小樂正之北，北上。工遷于東，則陪其工後。國君無故不釋縣。二正，君之近官也。内小臣，奄人，掌君陰事陰令，后、夫人之官也。獻三官于阼階，别内外臣也。同獻更洗，以時事不聯也。獻正下及内小臣，則磬人、鐘人、鎛人、鼓人、僕人師、僕人士，盡獻可知也。庶子、内小臣，位在小臣師之東，少退，西上。

無算爵。

鄭注：算，數也。爵行無次數，惟意所勸，醉而止。

士也有執膳爵者，有執散爵者。執膳爵者酌以進公，公不拜，受。執散爵者酌以之公，命所賜。所賜者興，受爵，降席下，奠爵，再拜稽首。公荅再拜。

鄭注：席下，席西。

受賜爵者以爵就席，坐，公卒爵，然後飲。

鄭注：酬之禮，爵代舉，今爵荅行，嫌不代也。荅行猶代者，明勸惠從尊者來。

執膳爵者受公爵，酌，反奠之。

鄭注：燕之歡在飲酒，成其意也。

受賜爵者興，案：今注疏本脱「爵」字，據宋本補。**授執散爵者。執散爵者乃酌行之。**

鄭注：與其所勸者。案：「勸」，今注疏本訛作「歡」，據宋本改正。

惟受于公者拜。卒受爵者興，案：今注疏本脱「受」字，據宋本補。**以酬士于西階上。士升，大夫不拜乃飲，實爵。**

鄭注：乃，猶而也。

士不拜，受爵。大夫就席。士旅酌亦如之。公有命徹幂，則賓及諸公、卿、大夫皆降西階下，北面，

東上，再拜稽首。

鄭注：命徹冪者，公意殷勤，欲盡酒。

公命小臣正辭，公荅拜。大夫皆辟，升，反位。

鄭注：升不成拜，于將醉正臣禮。

士終旅于上如初。

鄭注：卿大夫降而爵止，于其反席卒之。

無算樂。

鄭注：升歌、閒、合無次數，惟意所樂。

宵則庶子執燭于阼階上，司宫執燭于西階上，甸人執大燭于庭，閽人爲燭于門外。

鄭注：宵，夜也。燭，燋也。甸人，掌其薪蒸者。庭大燭，爲其位廣也。爲，作也，作燭俟賓出。

案：「俟」，今注疏本訛作「侯」，據宋本改正。

賓醉，北面坐，取其薦脯以降。

鄭注：取脯，重得君之賜。

奏《陔》。

鄭注：《陔夏》，樂章也，其歌《頌》類也，以鐘鼓奏之，其篇今亡。

賓所執脯以賜鐘人于門内霤，遂出。

鄭注：必賜鐘人，鐘人以鐘鼓奏《陔夏》，賜之脯，明雖醉，志禮不忘樂。

卿大夫皆出，

鄭注：從賓出。

公不送。

鄭注：臣也，與之安燕交歡，嫌亢禮也。

公入，《驁》。

鄭注：《驁夏》，亦樂章也，以鐘鼓奏之，其詩今亡。此公出而言入者，射宫在郊，以將還爲入。燕不《驁》者，于路寢無出入也。

儀禮集釋卷十一

聘禮第八

鄭《目録》云：大問曰聘，諸侯相與久無事，使卿相問之禮也。案：今注疏本脱「也」字。小聘使大夫。《周禮》曰：「凡諸侯之邦交，歲相問也，殷相聘也，世相朝也。」聘于五禮屬賓禮。案：今注疏本脱「聘」字。大戴第十四，小戴第十五，《别録》第八。

聘禮。君與卿圖事。

鄭注：圖，謀也。謀聘故及可使者。謀事者必因朝，其位，君南面，卿西面，大夫北面，士東面。

釋曰：此朝位，路寢門外，正朝之面位也。諸侯三朝，燕朝見《燕禮》，射朝見《大射儀》，正朝面位當與燕射同。

遂命使者。

鄭注：遂，猶因也。既謀其人，因命之也。聘使卿。

使者再拜稽首，辭。

鄭注：辭以不敏。

君不許，乃退。

鄭注：退，反位也。受命者必進。

釋曰：進，違其位，近君。

既圖事，戒上介，亦如之。

鄭注：既，已也。戒，猶命也。已謀事乃命上介，難于使者，易于介。

釋曰：介，副也。上介使大夫。

宰命司馬戒衆介，衆介皆逆命，不辭。

鄭注：宰，上卿，貳君事者也。諸侯謂司徒爲大宰。案：今注疏本脱「大」字。衆介者，士也，士屬司馬。《周禮》司馬之屬，司士掌作士，適四方，使爲介。逆，猶受也。

釋曰：不辭者，賤，不敢辭。天子有六卿，諸侯兼官，并六卿爲三，司徒兼大宰，司馬兼宗伯，司空兼司寇。《春秋傳》季孫爲司徒，叔孫爲司馬，仲孫爲司空，是其事。

宰書幣。

鄭注：書聘所用幣多少也。宰又掌制國之用。

命宰夫官具。

鄭注：宰夫，大宰之屬也。案：各本脱「大」字，據《釋文》補正。命之使衆官具幣及所宜齎。

及期，夕幣。

鄭注：及，猶至也。夕幣，先行之日，夕陳幣而視之，重聘也。

使者朝服，帥衆介夕。

鄭注：視其事也。古文「帥」皆作「率」。

管人布幕于寢門外。

鄭注：管，猶館也。館人，謂掌次舍帷幕者也。布幕以承幣。寢門，外朝也。古文「管」作「官」，今文「布」作「敷」。

釋曰：布幕于地，陳幣于上。

官陳幣。皮，北首，西上，加其奉于左皮上。馬則北面，奠幣于其前。

鄭注：奉，所奉以致命，謂束帛及玄纁也。馬言「則」者，此享主用皮，或時用馬，馬入則在幕南，皮馬皆乘。古文「奉」爲「卷」，今文無「則」。

釋曰：官陳幣者，官具之官也。左皮，西上者也。物四曰乘。賓覿用乘馬，禮玉用乘皮，知享亦用乘。

使者北面，衆介立于其左，東上。

鄭注：既受行，同位也，位在幕南。

釋曰：在幕南，北面視幣也。未受命之時，卿、大夫、士，面位各異，東上，統于君。

卿大夫在幕東，西面，北上。

鄭注：大夫西面，辟使者。

宰入，告具于君。君朝服出門左，南鄉。

鄭注：入告，入路門而告。

釋曰：出門而左，君位在東也。

史讀書展幣。

鄭注：展，猶校録也。史幕東西面讀書，賈人坐撫其幣，每者曰「在」。必西面者，欲君與使者俱見之也。

宰執書，告備具于君，授使者。使者受書，授上介。

鄭注：史展幣畢，以書還授宰。宰既告備，以授使者。其受授皆北面。

釋曰：下文宰授使者圭，授受同面。

公揖入。

鄭注：揖，禮群臣。

官載其幣，舍于朝。

鄭注：待旦行也。

釋曰：官，從行之官，入竟展幣之有司是也。

上介視載者。

鄭注：監其安處之，畢乃出。

所受書以行。

鄭注：爲當復展。

厥明，賓朝服釋幣于禰。

鄭注：告爲君使也。賓，使者謂之賓，尊之也。天子、諸侯將出，告群廟，大夫告禰而已。凡釋幣，設洗盥如祭。

有司筵几于室中。祝先入，主人從入。主人在右，再拜，祝告，又再拜。

鄭注：更云主人者，廟中之稱也。祝告，告以主人將行也。

釋幣，制玄纁束，奠于几下，出。

鄭注：祝釋之也。凡物十曰束。玄纁之率，玄居三，纁居二。《朝貢禮》云：「純，四只。制，丈八尺。」

主人立于户東。祝立于牖西。

鄭注：少頃之間，示有俟于神。

又入，取幣，降，卷幣，實于笲，埋于西階東。

鄭注：又入者，祝也。埋幣必盛以器，若藏之然。

釋曰：笲，竹器。

又釋幣于行。

鄭注：告將行也。行者之先，其古人之名未聞。天子、諸侯有常祀在冬。大夫三祀：曰門、曰行、曰厲。喪禮有「毀宗躐行，出于大門」，則行神之位在廟門外西方。不言埋幣，可知也。今時民春秋祭祀有行神，古之遺禮乎？

遂受命。

鄭注：賓須介來，乃受命也。言遂者，明自是出，不復入。

上介釋幣亦如之。

鄭注：如其于禰與行。

上介及衆介俟于使者之門外。

鄭注：俟，待也。待于門外，東面，北上。

使者載旜，帥以受命于朝。

鄭注：旜，旌旗屬也。載之者，所以表識其事也。《周禮》曰「通帛爲旜」，又曰「孤卿建旜」。至于朝門，使者北面，東上。古文「旜」皆爲「膳」。

釋曰：旜，通以絳帛爲之，無他色之飾，所謂周之大赤也。北面東上，展幣之位。

君朝服，南鄉。卿、大夫西面，北上。君使卿進使者。

鄭注：進之者，使者謙，不敢必君之終使已。

使者入，及衆介隨入，北面，東上。君揖使者，進之，上介立于其左，接聞命。

鄭注：進之者，有命，宜相近也。接，猶續也。

釋曰：近，附近之近，後「猶近」「近君」「相近」同。

賈人西面坐啟櫝，取圭垂繅，不起而授宰。

鄭注：賈人，在官知物賈者。繅，所以藉圭也。其或拜，則奠于其上。今文「繅」作「璪」。

釋曰：櫝，函也。《論語》曰：「龜玉毀于櫝中。」繅者，以韋衣木，畫以雜采，以之薦玉，廣袤各如其玉之大小。又以五綵組繫焉，有事則組，或垂或屈之。垂者垂之向下，屈者屈之于手。凡言屈垂者，皆據組而言。

宰執圭屈繅，自公左授使者。

鄭注：屈繅者，斂之。禮以相變爲敬也。自公左，贊幣之義。

使者受圭，同面，垂繅以受命。

鄭注：同面者，宰就使者，北面竝授之。既授之，而君出命矣。凡授受者，授由其右，受由其左。

既述命，同面授上介。

鄭注：述命者，循君之言，重失誤。

上介受圭屈繅，出，授賈人。衆介不從。

鄭注：賈人，將行者，在門外北面。

釋曰：如使者門外之位也。出玉，命賈人之留者。

受享束帛加璧，受夫人之聘璋，享玄纁束帛加琮，皆如初。

鄭注：享，獻也。既聘又獻，所以厚恩惠也。帛，今之璧色繒也。夫人亦有聘享者，以其與己同體，爲國小君也。其聘用璋，取其半圭也。君享用璧，夫人用琮，天地妃合之象也。圭璋特達，瑞也。璧琮有加，往德也。《周禮》曰：「瑑圭、璋、璧、琮，以頫聘。」

釋曰：琮，半璧也。前夕幣時，束帛玄纁已陳矣。至此乃受所加之璧、琮者，以其與圭、璋同類，尊之也。圭、璋不用束帛，特達也。璧、琮則加束帛，乃達。君子于玉比德，故聘享以玉致之，所謂往德也。《周禮》：「幣，放其器之色。」此束帛當如其璧之色，未知璧用何色耳？凡聘享之圭、璋、璧、琮，皆降于君所執朝享者一等，其文瑑之而已。

遂行，舍于郊，

鄭注：于此脱舍衣服，乃即道也。《曲禮》曰：「凡爲君使，已受命，君言不宿于家。」

斂旜。

鄭注：此行道耳，未有事也。斂，藏也。

若過邦，至于竟，使次介假道，束帛將命于朝，曰：「請帥。」奠幣。

鄭注：至竟而假道，諸侯以國爲家，不敢直徑也。將，猶奉也。帥，猶道也。請道，己道路所當由。

釋曰：《春秋傳》：「楚子使申舟聘于齊，曰：『無假道于宋。』宋殺申舟。」

下大夫取以入告，出許，遂受幣。

鄭注：言遂者，明受其幣，非爲許故也。容其辭讓，不得命也。

釋曰：言遂者，容其中有辭讓之節，非爲許之而受其幣。

餼之以其禮，上賓大牢，積惟芻禾。介皆有餼。

鄭注：凡賜人以牲，生曰餼。餼，猶稟也，給也。以其禮者，尊卑有常差也。常差者，上賓、上介牲用大牢，群介用少牢。米皆百筥，牲陳于門内之西，北面。米設于中庭。上賓、上介致之以束帛，群介則牽羊焉。上賓有禾十車、芻二十車。禾以秣馬。

釋曰：鄭所云者，雜約主國致饔餼。上賓、上介、群介，米皆百筥，上賓、上介，牲陳于門内之西北面，米設于中庭，用束帛致之。大夫餼賓，群介則牽羊以致之。凡禾牢十車，此餼一牢，故禾十車。芻倍禾，故芻二十車也。言積惟芻禾，則無車、米與薪，且獨上賓有之耳。

士帥没其竟。

鄭注：没，盡。

誓于其竟，賓南面，上介西面，衆介北面，東上。史讀書，司馬執筴，立于其後。

鄭注：此使次介假道，止而誓也。賓南面，專威信也。史于衆介之前，北面讀書，以敕告士衆，爲其犯禮暴掠也。禮，君行師從，卿行旅從。司馬，主軍法者，執筴示罰。

未入竟，一肄。 案：「一」，今注疏本作「壹」。

鄭注：謂于所聘之國竟也。肄，習也。習聘之威儀，重失誤。

爲壝壇，畫階，帷其北，無宫。

鄭注：壝土象壇也。帷其北，宜有所鄉依也。無宫，不壝土，畫外垣也。

朝服，無主，無執也。

鄭注：不立主人，主人尊也。不執玉，不敢褻也。徒習其威儀而已。

介皆與，北面，西上。

鄭注：入門左之位也。古文「與」作「豫」。

釋曰：賓行聘時，介止于門左，北面，西上。然則所習者，習廟門内之禮。

習享，士執庭實。

鄭注：士，士介也。庭實必執之者，皮則有攝張之節。

習夫人之聘享亦如之。習公事，不習私事。

鄭注：公事，致命者也。

釋曰：聘享、夫人之聘享、問卿，公事也。私覿、私面，私事也。

及竟，張旜，誓。

鄭注：及，至也。張旜，明事在此國也。張旜，謂使人維之。

釋曰：❶維，持其旒也。

乃謁關人。

鄭注：謁，告也。古者竟上爲關，以幾異服，識異言。

---

❶「釋曰維持其旒也」，原在鄭注「謂使人維之」下，據四庫本改。

釋曰：《國語》曰：「周之《秩官》有之：❶『敵國賓至，關尹以告，行理以節逆之。』」

關人問從者幾人。

鄭注：欲知聘問，且爲有司當共委積之具。

以介對。

鄭注：以所與受命者對，謙也。聘禮，上公之使者七介，侯伯之使者五介，子男之使者三介。以其代君交于列國，是以貴之。《周禮》曰：「凡諸侯之卿，其禮各下其君二等。」

釋曰：《大行人》職：「上公介九人，侯伯七人，子男五人。」

君使士請事，遂以入竟。

鄭注：請猶問也，問所爲來之故也。遂以入，因道之。

釋曰：《春秋傳》：「晉韓宣子聘于周，王使請事，對曰：『晉士起將歸時事于宰旅，無他事矣。』」

此其對辭。

入竟，斂旜，乃展。

鄭注：復校録幣，重其事。斂旜，變于始入。

布幕，賓朝服立于幕東，西面。介皆北面，東上。賈人北面，坐拭圭，

❶「之」下，《國語》有「曰」字。

鄭注：拭，清也。側幕而坐，乃開櫝。

釋曰：賓誓則南面，專衆也。展幣則西面，將命也。

遂執，展之。

鄭注：持之而立，告在。

上介北面視之，退復位。

鄭注：言退復位，則視圭進違位。

退圭。

鄭注：圭璋尊，不陳之。

陳皮，北首，西上。又拭璧，展之，會諸其幣，加于左皮上。上介視之，退。

鄭注：會，合也。諸，於也。古文曰「陳幣北首」。

釋曰：幣，束帛也。享用束帛加璧，故今亦合而陳之。《小行人》職：「合六幣，璧以帛，琮以錦。」

馬則幕南，北面，奠幣于其前。

鄭注：前，當前幕上。

展夫人之聘享亦如之，賈人告于上介，上介告于賓。

鄭注：展夫人聘享，上介不視，貶于君也。賈人既拭璋、琮，南面告于上介，上介于是乃東面以告賓，亦所謂「放而文」之類。

有司展群幣以告。

鄭注：群幣，私覿及大夫者。有司，載幣者，自展自告。

及郊，又展如初。

鄭注：郊，遠郊也。周制，天子畿内千里，遠郊百里。以此差之，遠郊上公五十里，侯伯三十里，子男十里。案：此下今注疏本有「也」字。近郊各半之。

釋曰：各以其國封疆十之一差去國之數，爲遠郊也。《周禮》：「諸公封疆方五百里，諸侯方四百里，伯三百里，子二百里，男百里。」周東郊成周，去王城五十里，則天子近郊也。

及館，展幣于賈人之館，如初。

鄭注：館，舍也。遠郊之内有候館，可以小休止沐浴。展幣不于賓館者，爲主國之人有勞問己者就焉便疾也。

賓至于近郊，張旜。君使下大夫請行，反。君使卿朝服，用束帛勞。

鄭注：請行，問所之也。雖知之，謙不必也。士請事，大夫請行，卿勞，彌尊賓也。其服皆朝服。

上介出請，入告。賓禮辭，迎于舍門之外，再拜。

鄭注：出請，出門西面，請所以來事也。入告，入北面告賓也。每所及至，皆有舍，其有來者與，案：原本脱「與」字，據今注疏本補，《釋文》云「者與音餘」，❶可證當有「與」字。皆出請入告，于此言之者，賓彌尊，事彌録。

釋曰：《春秋傳》魯叔弓聘于晋，晋侯使郊勞，辭曰：「寡君使弓來繼舊好，固曰：『女無敢爲賓！』敢辱郊使！」致館，辭曰：「敢辱大館！」

勞者不荅拜。

鄭注：凡爲人使，不當其禮。

賓揖，先入，受于舍門内。

鄭注：不受于堂，此主于侯伯之臣也。公之臣，受勞于堂。

釋曰：按《司儀》職云：「諸公之臣相爲國客，大夫郊勞，旅擯，三辭拜辱，三讓，登聽命，下拜，登受，儐使者，如初之儀。及退，拜送。」言登聽命，則公之臣受勞于堂也。侯伯之使者五介，此禮有上介及士介四人，知主于侯伯之臣。

勞者奉幣入，東面致命。

鄭注：東面，鄉賓。

賓北面聽命，還，少退，再拜稽首，受幣。勞者出。

❶「者」，原作「行」，據四庫本及《經典釋文》改。

鄭注：北面聽命，若君南面然。少退，象降拜。

釋曰：勞者授幣當南面，賓北面訝受之。凡卑者訝受，敵者竝受。

授老幣。

鄭注：老，賓之臣。

出迎勞者。

鄭注：欲儐之也。案：今注疏本脱「也」字。

釋曰：儐，以禮報賓也。

勞者禮辭。賓揖，先入，勞者從之。乘皮設。

鄭注：設于門内也。物四曰乘。皮，麋鹿皮也。

賓用束錦擯勞者。

鄭注：言擯者，賓在公館如家之義，亦以來者爲賓。

勞者再拜稽首，受。

鄭注：稽首，尊國賓也。

釋曰：稽首，拜之重者。

賓再拜稽首，送幣。

鄭注：受、送、拜皆北面，象階上。

釋曰：若鄉飲酒，賓受爵，主人送爵，各拜于其階上，北面也。

勞者揖皮出，乃退，賓送，再拜。

鄭注：揖皮出，東面揖執皮者而出。

釋曰：揖執皮者，若親受之然。執皮者從之出，勞者之從者訝受之。

夫人使下大夫勞以二竹簋方，案：「簋」，今注疏本從《釋文》改作「簠」，唐石經作「簋」，據注當以作「簋」爲正。**玄被纁裏，有蓋。**

鄭注：竹簋方者，器名也。以竹爲之，狀如簋而方，如今寒具筥。筥者圜，此方耳。

釋曰：大夫對卿爲下大夫。夫人使下大夫勞，降于君也。被，表也。玄被纁裏，竹簋方之衣也。

「簋」或作「簠」。

其實，棗蒸栗擇，兼執之以進。

鄭注：兼猶兩也。右手執棗，左手執栗。

釋曰：《考工記》：「案十有二寸，棗栗十有二列，諸侯純九，大夫純五，夫人以勞諸侯。」

賓受棗，大夫二手授栗。

鄭注：受授不游手，慎之也。

賓之受，如初禮。

鄭注：如卿勞之儀。

儐之如初。下大夫勞者遂以賓入。

鄭注：出以束錦授從者，因東面釋辭，請導之以入，然則賓送不拜。

至于朝，主人曰：「不腆先君之祧，既拚以俟矣。」

鄭注：賓至外門，下大夫入告，出釋此辭。主人者，公也。不言公而言主人，主人，接賓之辭。明至欲受之，不敢稽賓也。腆，猶善也。遷主所在曰祧。周禮，天子七廟，文武爲祧；諸侯五廟，則祧始祖也。是亦廟也，言祧者，祧尊而廟親，待賓客者上尊者。

釋曰：至于朝者，大門外之朝也。國君三門，臯、應、路。内朝在路寢，正朝在路門外，外朝當在臯門外。此朝則臯門外之外朝也。拚，洒掃也。于太祖廟受聘享，于禰廟饗食，賓燕又在寢，彌相親。

賓曰：「俟閒。」

鄭注：賓之意不欲奄卒主人也，且以道路悠遠，欲沐浴齊戒。俟閒，未敢聞命。

大夫帥至于館，卿致館。

鄭注：致，至也。賓至此館，主人以上卿禮致之，所以安之也。

釋曰：致館，則以束帛致之可知。

賓迎，再拜。卿致命，賓再拜稽首。卿退，賓送，再拜。

鄭注：卿不俟設飧之畢，以不用束帛致故也。不用束帛致之者，明爲新至，非大禮也。

宰夫朝服設飧。

鄭注：食不備禮曰飧。《詩》云「不素飧兮」，《春秋傳》曰「方食魚飧」，皆謂是。

飪一牢，在西，鼎九，羞鼎三。腥一牢，在東，鼎七。

鄭注：中庭之饌也。飪，熟也。熟在西，腥在東，象春秋也。鼎，西九東七。凡其鼎實與其陳，如陳饔餼。羞鼎則陪鼎也，以其實言之，則曰羞，以其陳言之，則曰陪。

釋曰：鼎九者，牛、羊、豕、魚、腊、腸胃、膚、鮮魚、鮮腊也。鼎七者，無鮮魚、鮮腊。羞鼎三，膷、臐、膮也，以其列于庶羞，故謂之羞鼎。《掌客》職曰：「饔餼死牢，如飧之陳。」饔飧之陳見下。《春秋傳》曰：「宴有好貨，飧有陪鼎。」

堂上之饌八，西夾六。

鄭注：八、六者，豆數也。凡饌以豆爲本。堂上八豆、八簋、六鉶、兩簠、八壺。西夾六豆、六簋、四鉶、兩簠、六壺。其實與其陳，亦如饔餼。

釋曰：凡饌皆先設豆，故舉豆數以見其餘也。此堂上及西夾之饌，皆與饔餼同。

門外米禾皆二十車。案：「二十」，唐石經作「廿」。

鄭注：禾，稾實并刈者也。諸侯之禮，車米視生牢，禾視死牢，牢十車。大夫之禮，皆視死牢而已。雖有生牢，不取數焉。米陳門東，禾陳門西。

釋曰：周禮，大夫之車，米禾無文。此飧禮死牢二，而米禾皆二十車。饔餼生牢二，死牢三，而米禾皆三十車，知惟視死牢，不取生牢之數。❶稾，古老反。刈，魚廢反。

薪芻倍禾。

鄭注：各四十車。凡此之陳，亦如饔餼。

上介：飪一牢，在西，鼎七，羞鼎三，堂上之饌六，門外米禾皆十車，薪芻倍禾。

鄭注：西鼎七，無鮮魚、鮮腊。

釋曰：鼎七者，賓腥鼎之數，堂上之饌亦與賓西夾同，西夾無饌。

衆介皆少牢。

鄭注：亦飪在西。鼎五，羊、豕、腸胃、魚、腊。新至尚熟，堂上之饌四豆、四簋、兩鉶、四壺，無簠。

釋曰：承上文飪，知衆介亦飪也。歸饔餼則衆介無飪。《少牢饋食禮》五鼎，此少牢故亦五鼎，彼

---

❶「生」，四庫本作「于」。

有膚，無腸胃，此有腸胃，無膚，主人食與祭異也。❶凡降殺以兩。簠盛稻、粱，大夫常食，故上介亦有之。至士介而無簠。

厥明，訝賓于館。

鄭注：此訝，下大夫也。以君命迎賓謂之訝。訝，迎也。亦皮弁。

賓皮弁聘，至于朝。賓入于次。

鄭注：服皮弁者，朝聘主相尊敬也。諸侯視朔皮弁服。入于次者，俟辨也。次在大門外之西，以帷爲之。

乃陳幣。

鄭注：有司入于主國廟門外，以布幕陳幣，如展幣焉。圭璋，賈人執櫝而俟。

卿爲上擯，大夫爲承擯，士爲紹擯。擯者出請事。

鄭注：擯，謂主國之君所使出接賓者也。案：「謂」，今注疏本訛作「爲」。紹，繼也，其位相承繼而出也。主君，公也，則擯者五人；侯伯也，則擯者四人；子男也，則擯者三人。《聘義》曰：「介紹而傳命，君子于其所尊不敢質，敬之至也。」既知其所爲來之事，復請之者，賓來當與主君爲禮，爲其謙不敢斥尊者，啟發以進之。于是時，賓出次，直闑西，北面。上擯在闑東閾外，西面。其相

❶「主」，四庫本作「生」。

去也，公之使者七十步，侯伯之使者五十步，子男之使者三十步。此旅擯耳，不傳命。上介在賓西北，東面。承擯在上擯東南，西面，各自次序而下。末介、末擯，旁相去三丈六尺。上擯之請事，進，南面揖賓，俱前，賓至末介，上擯至末擯，亦相去三丈六尺。止揖而請事，還入告于公。天子、諸侯朝覲，乃命介紹傳命耳。其儀，各鄉本受命，反面傳而下，及末，則鄉受之。案：「鄉」，今注疏本訛作「卿」。反面傳而上。又受命傳而下，亦如之。此三丈六尺者，門容二徹參个，旁加各一步也。今文無「擯」。

釋曰：案《大行人》上公之禮，朝位，賓主之間九十步，侯伯七十步，子男五十步，卿禮各下其君二等。上公擯者五人，侯伯四人，子男三人，諸侯自相待，擯數無文。鄭據天子待己擯數，以爲己國待賓之擯數也。其四人五人者，❶皆取士以足之。傳命者，上擯入，受命出，傳之承擯，承擯傳之末擯，末介于末擯受命，傳之次介，次介傳之上介，上介傳于賓，又發，賓傳于主君，是之謂交擯傳命。旅擯者，旅，陳也。不傳辭，陳擯、介耳。時主君在門內，南面，上擯入，北鄉受命，出，南面，遥揖賓，使前。擯者南行，至末擯南，西面。賓北行至末介北，東面，相去三丈六尺，乃請所爲來之事。二徹參个者，二徹之內，八尺也。參个，二丈四尺。傳，丈專反。所爲、爲其，于

❶「四」字，四庫本重。

僞反，下「爲其」「爲温」「賓爲」同。

公皮弁，迎賓于大門内。大夫納賓。

鄭注：公不出大門，降于待其君也。大夫，上擯也，謂之大夫者，上序可知。從大夫總無所别也。于是賓、主人皆裼。

釋曰：皮弁，服十五升，布衣而素裳，白舄。臣用白屨。按《司儀》職云：「諸侯相爲賓，及將幣，交擯，三辭，車逆，拜辱，賓車進，荅拜，三揖三讓而入門。」《聘禮》迎賓于大門内而已。納大夫者實卿，而曰大夫者，卿總言之則亦曰大夫也。賓、主人皆裼，未執玉，尚文飾也。袒上服見裏衣曰裼。

賓入門左。

鄭注：由賓位也。衆介隨入，北面，西上，少退。擯者亦入門而右，北面，東上。上擯進相君。

釋曰：擯、介面位與下「入廟門」之位同。相，息亮反，後「擯相」「相公」「相幣」「相拜」「相者」「相贊」同。

公再拜。

鄭注：南面拜迎。

賓辟，不荅拜。

鄭注：辟位逡遁，不敢當其禮。

釋曰：辟者，主國君尊也。《司儀》職曰：「諸臣將幣，旅擯三辭，拜迎，客辟。」

公揖入，每門每曲揖。

鄭注：每門輒揖者，以相人偶爲敬也。凡君與賓入門，賓必後君，介及擯者隨之，竝而鴈行。既入，則或左或右，相去如初。《玉藻》曰：「君入門，介拂闑，大夫中棖與闑之間，士介拂棖。賓入，不中門，不履閾。」此賓，謂聘卿大夫也。門中，門之正也。不敢與君竝由之，敬也。介與擯者鴈行，卑不踰尊者之迹，亦敬也。賓之介，猶主人之擯。

及廟門，案：「廟」，各本竝作「廟」，據唐石經及《釋文》訂正。**公揖入，立于中庭。**

鄭注：公揖先入，省内事也。既則立于中庭以俟賓，不復出。如此，得君行一臣行二，于禮可矣。公迎賓于大門内，卿大夫以下入廟門即位而俟之。

釋曰：諸侯三門，應門爲中門。應門之外，左宗廟，右社稷。入大門東行即至廟門，而其間有每門者，廟前之兩旁隔牆門也。諸侯五廟，太祖之廟居中，二昭居東，二穆居西。廟之兩旁皆有隔牆，牆皆通門。自大門内至太祖廟，經三隔牆之門乃至，故曰每門也。凡門之中央所竪短木謂之闑，門之兩旁長木謂之棖，棖、闑之間謂之中門。兩君相見，主東賓西，各由中門而入，擯、介隨之鴈行，參差于其後。上擯近西，上介近東而拂闑，大夫直君之後，士介拂棖。聘賓入門，還依爲君。介時近東而拂闑，不敢中門也。既入，則擯者右，賓介左，相去亦三丈六尺。

賓立接西塾。

鄭注：接，猶近也。門側之堂謂之塾。立近塾者，已與主君交禮，將有出命，俟之于此。介在幣南，北面，西上。上擯亦隨公入門東，東上，少進于士。

釋曰：士入竟展幣時，賓西面，介北面，東上統于賓。此陳幣時，賓在門西，東面，明介統于賓，西上也。下文「介入門左，北面西上」，知上擯之入，當門東，東上。《公食大夫禮》：「士立于門東，北面西上，卿尊于士，故少進也。」

几筵既設，擯者出請命。

鄭注：有几筵者，以其廟受，宜依神也。賓至廟門，司宮乃于依前設之。神尊，不豫事也。席西上，上擯待而出，請受賓所以來之命，重停賓也。至此言命，事彌至，言彌信也。《周禮》：「諸侯祭祀，席蒲筵，繢純，右彫几。」

釋曰：《曲禮》曰：「客至于寢門，則主人請入爲席，然後出迎客。」卿大夫先即位者，于外無事。

賈人東面坐，啟櫝，取圭垂繅，不起而授上介。

鄭注：賈人曏入陳幣，東面俟。案：「曏」，原本作「鄉」，據今注疏本改正。《釋文》：「曏，許亮反。」張淳《儀禮識誤》云：「對鄉之鄉，從鄉。曩曏之曏，加日。此曩曏之曏也，宜加日。」于此言之，就有事也。授圭不起，賤不與爲禮也。不言裼、襲者，賤，不裼也。繅，有組繫也。

上介不襲，執圭屈繅，授賓。

鄭注：上介北面受圭，進，西面授賓。不襲者，以盛禮不在于己也。屈繅，并持之也。《曲禮》曰：「執玉，其有藉者則裼，無藉者則襲。」

釋曰：藉者，薦也。圭、璋特達，無藉也。璧、琮加于束帛，有藉也。襲者，禮至敬尚質。裼者，禮差輕尚文。賓執玉，公受玉，皆襲，所謂無藉者則襲。賓出，公裼，降立，賓裼，奉束帛加璧享，所謂有藉者則裼。若據繅藉而言，則垂繅爲有藉，屈繅爲無藉。上介受賈人圭，垂繅而不襲，亦謂之有藉則裼。賓受上介圭，公受賓圭，皆屈繅，亦謂之無藉則襲。凡享玉，既藉以束帛，不復用繅藉也。

賓襲，執圭。

鄭注：執圭，盛禮，而又盡飾，爲其相蔽敬也。《玉藻》曰：「服之襲也，充美也。是故尸襲，執玉、龜襲也。」

擯者入告，出辭玉。

鄭注：擯者，上擯也。入告公以賓執圭，將致其聘命。圭，贄之重者，辭之，亦所以致尊讓也。

納賓，賓入門左。

鄭注：公事自闑西。

介皆入門左，北面，西上。

鄭注：隨賓入也。介無事，止于此。今文無「門」。

三揖。

鄭注：君與賓也。入門將曲，揖，既曲北面，又揖，當碑，揖。

釋曰：公在中庭，參分庭一在南，南面再揖。賓乃東鄉堂塗，北行，當碑又揖。

至于階，三讓。

鄭注：讓升。

公升二等。

鄭注：先賓升二等，亦欲君行一，臣行二。

釋曰：《春秋傳》：「衛孫文子來聘，公登亦登。叔孫穆子相，趨進，曰：『諸侯之會，寡君未嘗後衛君。❶今吾子不後寡君，寡君未知所過。吾子其少安！』」此文子之悖禮。

賓升，西楹西，東面。

鄭注：與主君相鄉。

---

❶ 「君」，原作「國」，據四庫本及《左傳》改。

擯者退中庭。

鄭注：歸公所立處，案：「歸」各本作「鄉」，今從《釋文》及張淳《儀禮識誤》訂正。退者以公宜親受賓命，不用擯相也。

釋曰：中庭，即公揖入所立之處。

賓致命。

鄭注：致其君之命也。

公左還，北鄉。

鄭注：當拜。

擯者進。

鄭注：進阼階西，釋辭于賓，相公拜也。

公當楣再拜。

鄭注：拜，貺也。貺，惠賜也。楣謂之梁。

釋曰：拜，拜受玉。《聘義》曰：「聘禮，上公七介，侯伯五介，子男三介，所以明貴賤也。介紹而傳命，君子于其所尊弗敢質，敬之至也。三讓而後傳命，三讓而後入廟門，三揖而後至階，三讓而後升，所以致尊讓也。君使士迎于竟，大夫郊勞，君親拜迎于大門之內而廟受，北面拜貺，拜君命之辱，所以致敬也。敬讓也者，君子之所以相接也。故諸侯相接以敬讓，則不相侵陵。」

賓三退，負序。

鄭注：三退，三逡遁也。不言辟者，以執圭將進授之。

釋曰：序，西序。《司儀》職曰：「拜，客三辟，凡爲人使者，不荅拜。」

公側襲，受玉于中堂與東楹之間。

鄭注：側猶獨也。言獨，見其尊賓也。他日公有事，必有贊爲之者。凡襲于隱者，公序坫之間可知也。中堂，南北之中也。入堂深，尊賓事也。東楹之間，亦以君行一，臣行二。

釋曰：受玉于中堂、東楹二者之間也。中堂，堂東西之中也，是爲兩楹間。凡敵者，受玉于兩楹間。聘賓與主君非敵，故進東近主君，受玉于中堂與東楹之間也。下賓覿受幣，當東楹。覿，私事，賓又宜近東，而當東楹，則此受玉在東楹之西明矣。賈氏據鄭以中堂爲南北之中，意以東楹間爲東楹之東，若然，則賓覿受幣不得反當東楹也。又，凡升堂皆當楣。《昏禮》：「成，當阿。」當南北之中，在楣與阿之間，亦非例也。《大射儀》：「小臣正贊，公襲。」《士喪禮》：「主人襲于序東。」

擯者退，負東塾而立。

鄭注：反其等位，無事。

釋曰：等位，承擯以下，門東之位。

賓降，介逆出。

鄭注：逆出，由便。

釋曰：賓不拜送玉者，爲君使也。逆出，後入者先出。

賓出。

鄭注：聘事畢。

公側授宰玉。

鄭注：使藏之，授于序端。

裼，降立。

鄭注：裼者，免上衣，見裼衣。凡當盛禮者，以充美爲敬。非盛禮者，以見美爲敬。禮尚相變也。《玉藻》曰：「裘之裼也，見美也。」又曰：「麛裘青豻褎，絞衣以裼之。」《論語》曰：「素衣，麛裘。」皮弁時或素衣，其裘同可知也。裘者爲温，表之，爲其褻也。寒暑之服，冬則裘，夏則葛。凡襢裼者左。降立，俟享也。亦于中庭。古文「裼」皆作「賜」。

釋曰：凡裘褻，必有衣以覆之，使之可裼也。裼衣皆象其上服與裘之色，冬裘上有裼衣，夏衣絺綌，春秋衣袷褶。袷褶上有中衣，裼衣中衣之上有上服。凡以禮事者，袒左。《士喪禮》主人亦左袒，惟《覲禮》侯氏右肉袒，聽刑故也。

擯者出請。

鄭注：不必賓事之有無。

賓裼，奉束帛加璧享，擯者入告，出許。

鄭注：許受之。

庭實，皮則攝之，毛在内，内攝之，入設也。

鄭注：皮，虎豹之皮。攝之者，右手并執前足，左手并執後足，毛在内，不欲文之豫見也。内攝之者，兩手相鄉也。入設，亦參分庭一在南。言則者，或以馬也。案：今注疏本脱「也」字。凡君于臣，臣于君，麋鹿皮可也。

釋曰：皮右首。言「也」者，節賓入也。

賓入門左，揖讓如初，升致命，張皮。

鄭注：張者，釋外足，見文也。

公再拜受幣。士受皮者自後右客。

鄭注：自，由也。從東方來，由客後西，居其左受皮也。執皮者既授，亦自前西而出。

賓出，當之坐攝之。

鄭注：象受于賓。

釋曰：《司儀》職曰：「客授幣，下出。」

公側授宰幣，皮如入，右首而東。

鄭注：如入，左在前。皮右首者，變于生也。

釋曰：下記曰：「凡庭實，隨入，左先。」皮在庭，西上，居左，首先入也。《曲禮》曰：「執禽者，左首。」《昬禮·記》：「納徵：執皮，攝之，内文，兼執足，左首，隨入，西上，參分庭一在南。賓致命，釋外足，見文。主人受幣，士受皮者自東出于後，自左受，遂坐攝皮。逆退，適東壁。」與此禮同，惟左首、逆退爲異耳。

聘于夫人，用璋，享用琮，如初禮。

鄭注：如公立于中庭以下。

若有言，則以束帛，如享禮。

鄭注：有言，有所告請，若有所問也。記曰：「有故，則束帛加書以將命。」《春秋》「臧孫辰告糴于齊」「公子遂如楚乞師」「晋侯使韓穿來言汶陽之田」皆是也。無庭實也。

釋曰：《司儀》職云：「每事如初之儀。」

儀禮集釋卷十二

聘禮

擯者出請事，賓告事畢。

鄭注：公事畢。

賓奉束錦以請覿。

鄭注：覿，見也。鄉將公事，案：「鄉」，各本作「鄉」，今從《釋文》及張淳《儀禮識誤》訂正。是欲交其歡敬也。不用羔，因使而見，非特來。

釋曰：《荀子》曰：「聘，問也。享，獻也。私覿，私見也。」

擯者入告，出辭。

鄭注：客有大禮，未有以待之。

請禮賓。案：「禮賓」之「禮」當作「醴」，注同。**賓禮辭，聽命。擯者入告。**

鄭注：告賓許也。

宰夫徹几改筵。

鄭注：宰夫，又主酒食者也。將禮賓，徹神几，改神席，更布也。賓席東上。《公食大夫禮》曰：「蒲筵常，緇布純，加萑席尋，玄帛純。」此筵上、下大夫也。《周禮》曰「筵國賓于牖前，莞筵紛純，加繅席畫純，左彤几」者，則是筵孤也。孤彤几，卿大夫其漆几與？

公出，迎賓以入，揖讓如初。

鄭注：公出迎者，己之禮更端也。

公升，側受几于序端。

鄭注：漆几也。今文無「升」。

宰夫内拂几三，奉兩端以進。

鄭注：内拂几，不欲塵坋尊者。以進，自東箱來授君。

釋曰：内拂几，拂之向己也。坋，被也。

公東南鄉，外拂几三，卒，振袂，中攝之，進，西鄉。

鄭注：進，就賓也。

擯者告。

鄭注：告賓以公授几。

賓進，訝受几于筵前，東面俟。

鄭注：未設也。今文「訝」爲「梧」。

釋曰：訝受，迎受也。公中攝几，賓以兩手從兩端受之。

公壹拜送。

鄭注：公尊也。古文「壹」作「一」。

賓以几辟。

鄭注：辟，位逡遁。

北面設几，不降，階上荅，再拜稽首。

鄭注：不降，以主人禮未成也。凡賓左几。

宰夫實觶以醴，加柶于觶，面枋。

鄭注：酌以授君也。君不自酌，尊也。宰夫亦洗，升，實觶以醴，自東箱來，不面擸，不訝授也。

釋曰：擸，即葉也。柶之大端爲葉，小端爲枋。面，前也。凡主人授賓醴者皆面枋，賓迎受之皆面葉。《冠禮》贊者酌醴以授主人，主人迎受，故贊者面葉，主人受之得面枋。此宰夫實醴，公不迎受，故宰夫面枋，公受之，亦得面枋也。下記曰：「醴尊于東箱。」宰夫不言升降者，賤，略之。

公側受醴。

鄭注：將以飲賓。

賓不降，壹拜，進筵前受醴，復位。公拜送醴。

鄭注：賓壹拜者，醴質，以少爲貴。

宰夫薦籩豆脯醢，賓升筵。擯者退，負東塾。

鄭注：事未畢，擯者不退中庭，以有宰夫也。

釋曰：飲食之事，宰夫所主，故宰夫相也。

賓祭脯醢，以柶祭醴三。庭實設。

鄭注：庭實，乘馬。

降筵，北面，以柶兼諸觶，尚擸，坐啐醴。

鄭注：降筵，就階上。

公用束帛。

鄭注：致幣也。言用，尊于下也。亦受之于序端。

建柶，北面，奠于薦東。

鄭注：糟醴不啐。案：「啐」，今注疏本作「卒」，似李如圭所見本亦作「卒」。

釋曰：不卒觶。案：此下原本缺。

擯者進相幣。

鄭注：贊以辭。

賓降，辭幣。

鄭注：不敢當公禮也。

公降一等，辭。

鄭注：辭賓降也。

栗階升，聽命。

鄭注：栗階，趨君命尚疾，不連步。

釋曰：連步者，足相隨不相過，每等先舉一足而後足并之。栗階者，始升連步，至上等則不連步，左右足各一發而升堂。

降拜。

鄭注：拜受。❶

公辭。

鄭注：不降一等，殺也。

---

❶「拜受」，原作「受拜」，據四庫本及阮本《儀禮注疏》改。

升，再拜稽首，受幣，當東楹，北面，

鄭注：亦訝受，而北面者，禮主于己，己臣也。

退，東面俟。

鄭注：俟君拜也。不北面者，謙，若不敢當階然。

釋曰：《鄉飲酒禮》：「賓主專階者，皆北面。」

公壹拜，賓降也。公再拜。

鄭注：不俟公再拜者，不敢當公之盛也。公再拜者，事畢成禮也。

賓執左馬以出。

鄭注：受尊者禮，宜親之也。效馬者并左右靮授之，餘三馬，主人牽者從出也。

上介受賓幣，從者訝受馬。

鄭注：從者，士介。

釋曰：下記曰：「主人之庭實，則主人遂以出，賓之士訝受之。」

賓覿，奉束錦，總乘馬。二人贊。入門右，北面奠幣，再拜稽首。

鄭注：不請不辭，鼏時已請也。案：「鼏」，各本作「鄉」，今從《釋文》及張淳《儀禮識誤》訂正。覿用束錦，辟享幣也。總者，總八轡牽之。贊者居馬間扣馬也。入門而右，私事自闑右，奠幣再拜，以臣禮見也。贊者，賈人之屬。介特覿也。

釋曰：由闑右自牽馬，不從介，不升堂，授幣，皆臣禮。

擯者辭。

鄭注：辭其臣。

賓出。

鄭注：事畢。

擯者坐取幣出，有司二人牽馬以從，出門，西面于東塾南。

鄭注：將還之也。贊者有司受馬乃出。凡取幣于庭，北面。

擯者請受。

鄭注：請以客禮受之。

賓禮辭，聽命。

鄭注：賓受其幣，贊者受馬。

牽馬，右之，入設。

鄭注：庭實先設，客禮也。右之，欲人居馬左，任右手便也。于是牽馬者四人，事得伸也。案：「伸」，今注疏本作「申」。《曲禮》曰：「效馬效羊者，右牽之。」

釋曰：言右之，知人牽一馬。

賓奉幣，入門左。介皆入門左，西上。

鄭注：以客禮入，可從介。

公揖讓如初，升。公北面，再拜。

鄭注：公再拜者，以其初以臣禮見，新之也。

釋曰：公拜，亦爲受幣。

賓三退，反還負序。

鄭注：反還者，不敢與授圭同。

振幣，進授，當東楹北面。

鄭注：不言君受，略之也。

釋曰：禮賓，賓覿，受授當東楹，臣禮也。《春秋傳》鄭伯如晋，拜成，授玉于東楹之東，士貞伯以爲鄭伯視流而行速，不安其位。凡敵者，授受當于兩楹間也。

士受馬者，自前還牽者後，適其右，受。

鄭注：自，由也。適牽者之右而受之也。此亦並授者，不自前左，由便也，便其已授而去也。受馬自前，變于受皮。

釋曰：馬在庭，北面，西上，牽者各在其西。士受馬者從東方來，由牽者之前遶其後，于人東馬西受馬。受不由其左者，欲牽者已授馬，右還而出，便也。

牽馬者自前西，乃出。

鄭注：自，由也。

釋曰：自前西，由馬前而西也，其西一人則否。

賓降階東，拜送，君辭。

鄭注：拜送幣于階東，以君在堂，鄉之。

釋曰：拜送者，己物也。凡致命者不拜送。

拜也，君降一等辭。

鄭注：君乃辭之，而賓由拜，案：「由」、「猶」，古通用。敬也。

擯者曰：「寡君從子，雖將拜，起也。」

鄭注：此禮固多有辭矣，未有著之者，是其志而煥乎？未敢明說。

栗階升。公西鄉。賓階上，再拜稽首。

鄭注：成拜。

公少退。

鄭注：爲敬。

賓降，出。公側授宰幣，馬出。

鄭注：廟中宜清。

公降，立擯者出請。上介奉束錦，士介四人皆奉玉錦束，請覿。

鄭注：玉錦，錦之文纖縟者也。禮有以少文爲貴者。後言束，辭之便也。

釋曰：玉錦，錦文纖縟如玉之縝密者。賓及上介不用玉錦，以少文爲貴也。

擯者入告，出許。上介奉幣，儷皮，二人贊。

鄭注：儷，猶兩也。上介用皮，變于賓也。皮，麋鹿皮。

皆入門右，東上，奠幣，皆再拜稽首。

鄭注：皆者，皆衆介也。贊者奠皮出。

擯者辭。

鄭注：亦辭其臣。

介逆出。

鄭注：亦事畢也。

擯者執上幣，士執衆幣，有司二人舉皮，從其幣，出請受。

鄭注：此請受，請于上介也。擯者先即西面位，請之。釋辭之時，衆執幣者隨立門中而俟。

釋曰：介在門西，東面，故擯者西面請之。隨立，一一相隨而立。

委皮南面。

鄭注：擯者既釋辭，執衆幣者進即位，有司乃得委之南面，便其復入也。委皮當門。

釋曰：委皮于門中，北上，贊皮者得北面取之而先入，便。

執幣者西面，北上。擯者請受。

鄭注：請于上介也。上言其次，此言其位，互約文也。

釋曰：雖衆幣亦請于上介，介同時覿，統于上介也。

介禮辭，聽命。皆進，訝受其幣。

鄭注：此言皆訝受者，嫌擯者一一授之。

上介奉幣，皮先，入門左，奠皮。

鄭注：皮先者，介隨執皮者而入也。入門左，介至揖位而立。執皮者奠皮，❶以有不敢授之義。古文重「入」。

公再拜。

鄭注：拜中庭也，不受于堂，介賤也。

❶ 「皮」，原作「介」，據四庫本及阮本《儀禮注疏》改。

介振幣，自皮西進，北面授幣，退，復位，再拜稽首，送幣。

鄭注：進者，北行，參分庭一而東行，當君，乃復北行也。

介出。宰自公左受幣。

鄭注：不側授，介禮輕。

釋曰：不云側授，蓋贊者受于公，轉以授宰。

有司二人坐舉皮以東。擯者又納士介。

鄭注：納者，出道入也。

士介入門右，奠幣，再拜稽首。

鄭注：終不敢以客禮見。

擯者辭，介逆出。擯者執上幣以出，禮請受，賓固辭。

鄭注：禮請受者，一請受而聽之也。賓爲之辭，士介賤，不敢以言通于主君也。案：今注疏本脱「也」字。固，衍字，當如面大夫也。

釋曰：一辭而許曰禮辭，再辭而許曰固辭。今擯者禮請受，明無固辭也。下士介面大夫時，賓亦一辭耳。

公荅再拜。擯者出，立于門中以相拜。

鄭注：擯者以賓辭入告，還立門中閾外，西面，公乃遥荅拜也。❶相者贊告之。

士介皆辟。

鄭注：辟于其東面位，逡遁也。

士三人，東上，坐取幣，立。

鄭注：俟擯者執上幣來也。

擯者進。

鄭注：就公所也。

宰夫受幣于中庭以東。

鄭注：使宰夫受于士，士介幣輕也，受之于公左。賓幣，公側授宰。上介幣，宰受于公左。士介幣，宰夫受于士。敬之差。

執幣者序從之。

鄭注：序從者，以宰夫當一一受之。

擯者出請，賓告事畢。

鄭注：賓既告事畢，衆介逆道賓而出也。

❶「也相」，原作「相也」，據四庫本及阮本《儀禮注疏》改。

擯者入告，公出送賓。

鄭注：公出，衆擯亦逆道，紹擯及賓竝行，間亦六步。

及大門内，公問君。

鄭注：曏以公禮將事，案：「曏」，各本作「鄉」，今從《釋文》及張淳《儀禮識誤》訂正。無由問也。賓至始入門之位，北面，將揖而出。衆介亦在其右，少退，西上。于此可以問君「居處何如」，序殷勤也。時承擯、紹擯亦于門東，北面，東上。上擯往來傳君命，南面。蘧伯玉使人于孔子，孔子問曰：「夫子何爲？」此公問君之類也。

賓對，公再拜。

鄭注：拜其無恙，公拜，賓亦辟。

公問大夫，賓對。公勞賓，賓再拜稽首。公荅拜。

鄭注：勞以道路之勤。

釋曰：《司儀》職云：「出及中門之外，問君，客再拜，對，君拜，客辟而對。君問大夫，客對。君勞客，客再拜稽首。君荅拜，客趨辟。」

公勞介，介皆再拜稽首，公荅拜。賓出，公再拜送，賓不顧。

鄭注：公既拜，客趨辟，君命上擯送賓出，反告「賓不顧」，于此君可以反路寢矣。《論語》説孔子之行曰：「君召使擯，色勃如也，足躩如也。賓退，必復命曰：『賓不顧矣。』」

釋曰：凡去者不荅拜。

賓請有事于大夫。

鄭注：請，問，問卿也。不言問，聘亦問也，❶嫌近君也。上擯送賓出，賓東面而請之，擯者反命，因告之。

公禮辭，許。

鄭注：禮辭，一辭。

賓即館。

鄭注：少休息也。即，就也。

卿大夫勞賓，賓不見。

鄭注：以己公事未行。上介以賓辭辭之。

釋曰：公事，問大夫之公事。

大夫奠鴈再拜，上介受。

鄭注：不言卿，卿與大夫同執鴈下見于國君。《周禮》：「凡諸侯之卿見朝君，皆執羔。」

---

❶「聘」字，原重，據阮本《儀禮注疏》、胡培翬《正義》刪。

勞上介亦如之。君使卿韋弁，歸饔餼五牢。

鄭注：變皮弁服韋弁，敬也。韋弁，韎韋之弁，兵服也。而服之者，皮韋同類，取相近耳。其服，蓋韎布以爲衣而素裳。牲殺曰饔，生曰餼。今文「歸」或爲「饋」。

釋曰：有毛曰皮，去毛熟治曰韋。韎，赤色也。《春秋傳》鄢陵之戰，晋郤至衣韎韋。凡衣同冠色，衣韎韋則弁亦韎韋也。致饔餼非兵事，衣以韎布爲之，皮弁服素裳白舄，韋弁服當亦與之同也。《周禮·司服》先序祭服，次韋弁服，次皮弁服。則韋弁尊于皮弁。

上介請事，賓朝服，禮辭。

鄭注：朝服示不受也，受之當以尊服。

有司入陳。

鄭注：入賓所館之庿，陳其積。

饔：

鄭注：謂飪與腥。

飪一牢，鼎九，設于西階前。陪鼎當内廉，東面，北上，上當碑，南陳。牛、羊、豕、魚、腊、腸胃同鼎，膚、鮮魚、鮮腊設扃鼏。膷、臐、膮，蓋陪牛、羊、豕。

鄭注：陪鼎三牲，臛，膷、臐、膮陪之，庶羞加也。當内廉，辟堂塗也。腸胃次腊，以其出牛羊也。

膚，豕肉也，惟燖者有膚。此饌先陳其位，後言其次，重大禮，詳其事也。宫必有碑，所以識日景，引陰陽也。凡碑引物者，宗廟則麗牲焉，以取毛血。其材宫廟以石，窆用木。

釋曰：陪者，陪牛、羊、豕，正鼎之後也。不用豕腸胃者，君子不食圂腴。内廉，西階之東廉也，皆有東西兩廉，❶近堂之中者爲内廉。陪鼎，陪正鼎之後而當階内廉，則鼎設于西階之東矣。鼎以辟堂塗而設之，當階内廉，則堂塗直階也。識日景知陰陽者，視碑景邪正，以知日之早晚。視景短長，以知陰陽之盈縮進退。

腥二牢，鼎二七，無鮮魚、鮮腊，設于阼階前，西面，南陳，如飪鼎，二列。

鄭注：有腥者所以優賓也。

堂上八豆，設于户西，西陳，皆二以竝，東上，韭菹，其南醓醢，屈。

鄭注：户，室户也。東上，變于親食賓也。案：「于」，今注疏本訛作「乎」。醓醢，汁也。屈，猶錯也。

今文「竝」皆爲「併」。

釋曰：屈者，句屈陳之。按，公食下大夫六豆，西上，韭菹以東，醓醢、昌本。昌本南，麋臡，以西菁菹、鹿臡。上大夫八豆，鄭云加葵菹、蝸醢。此賓亦上大夫，則八豆者，韭菹東上，其南醓醢，以西昌本、麋臡、菁菹，菁菹北鹿臡，以東葵菹、蝸醢。

---

❶ 「皆」，胡培翬《正義》引《集釋》作「階」。

八簋繼之，黍其南稷，錯。

鄭注：黍在北。

釋曰：繼豆以西，黍南稷，稷西黍，黍北稷，八簋間錯陳之。

六鉶繼之，牛以西羊、豕，豕南牛，以東羊、豕。

鄭注：鉶，羹器也。

釋曰：此綪陳之也，不言綪者，文已具也。屈者，句而屈陳之。綪者，直屈陳之。錯者，間雜而陳。既陳則皆有類。

兩簠繼之，粱在北。

鄭注：簠不次簋者，粱、稻加也。凡饌，屈錯要相變。

八壺設于西序，北上，二以竝，南陳。

鄭注：壺，酒尊也。酒蓋稻酒、粱酒。不錯者，酒不以錯雜爲味。

西夾六豆，設于西墉下，北上，韭菹，其東醓醢，屈。六簋繼之，黍其東稷，錯。四鉶繼之，牛以南羊，羊東豕，豕以北牛。兩簠繼之，粱在西，皆二以竝，南陳。六壺西上，二以竝，東陳。

鄭注：東陳，在北墉下，統于豆。

饌于東方亦如之。

鄭注：東方，東夾室。

西北上。

鄭注：亦韭菹，其東醓醢也。

釋曰：雖陳于東墉下，其陳亦以西北爲上，悉與西夾同，嫌統于東墉，以東北爲上，故著之。

壺東上，西陳。

鄭注：亦在北墉下，統于豆。

醯醢百甕，❶夾碑，十以爲列，醯在東。

鄭注：夾碑在鼎之中央也。醯在東，醯，穀，陽也，醢，肉，陰也。

餼二牢，陳于門西，北面，東上。牛以西羊、豕，豕西牛、羊、豕。

鄭注：餼，生也。牛、羊右手牽之，豕束之，寢右，亦居其左。

釋曰：豕束其足，北首而卧其右，尚左也。《士虞禮》：「陳牲，北首，寢右。」與生人禮同。陳于門内之西，爲其踐汙館庭，使近外。

米百筥，筥半斛，設于中庭，十以爲列，北上。黍、粱、稻皆二行，稷四行。

鄭注：庭實固當庭中。言當中庭者，南北之中也。東西爲列，列當醯醢南，亦相變也。此言中

❶「醯」，原作「醢」，據四庫本改。

庭，則設碑近如堂深也。

釋曰：醓醢，❶言醓在東，則南北爲列。米言北上，則東西爲列，米繼醓醢設之，知在醓醢南也。醓醢夾碑，米設于庭南北之中，而在醓醢南，則碑近北矣。設洗南北以堂深，而鄭言設碑如堂深，則碑東當洗也。米以黍、稷爲正，稻、粱爲加，故南北兩端陳黍、稷，而稻、粱于其間設之。

門外，米三十車，案：「三十」，唐石經作「卅」。**車秉有五籔，設于門東，爲三列，東陳。**

鄭注：大夫之禮，米、禾皆視死牢。秉、籔，數名也。秉有五籔，二十四斛也。籔，讀若「不數」之「數」。今文「籔」或爲「逾」。

禾三十車，案：「三十」，唐石經作「卅」。**車三秅，設于門西，西陳。**

鄭注：秅，數名也。三秅，千二百秉。

薪芻倍禾。

鄭注：倍禾者，以其用多也。薪從米，芻從禾，四者之車皆陳，北輈。凡此所以厚重禮也。《聘義》曰：「古之用財，不能均如此，然而用財如此其厚者，言盡之于禮也。盡之于禮，則內君臣不相陵而外不相侵，故天子制之而諸侯務焉爾。」

賓皮弁迎大夫于外門外，再拜，大夫不荅拜。

---

❶「醓」，原作「醢」，據四庫本改。

鄭注：大夫，使者，卿也。

揖入。及廟門，賓揖入。

鄭注：賓與使者揖而入，使者止，執幣。賓俟之于門内，謙也。古者天子適諸侯，必舍于大祖廟，諸侯行舍于諸公廟，大夫行舍于大夫廟。

大夫奉束帛。

鄭注：執其所以將命。

入，三揖，皆行。

鄭注：皆，猶竝也。使者尊，不後主人。

至于階，讓，大夫先升一等。

鄭注：讓不言三，不成三也。凡升者，主人讓于客三，敵者，則客三辭，主人乃許升，亦道賓之義也。使者尊，主人三讓，則許升矣。今使者三讓，則是主人四讓也。公雖尊，亦三讓，乃許升，不可以不下主人也。古文曰「三讓」。

釋曰：使者尊者，奉主君命也。

賓從，升堂，北面聽命。

鄭注：北面于階上也。

大夫東面致命。賓降，階西再拜稽首，拜饔亦如之。

鄭注：大夫以束帛同致饔餼也。賓殊拜之，敬也，重君之禮也。

大夫辭，升成拜。

鄭注：尊賓。

受幣堂中西，北面。

鄭注：趨主君命也。堂中西，中央之西。

釋曰：堂中西，蓋中堂與西楹之間。

大夫降，出。賓降，授老幣，出迎大夫。

鄭注：老，家臣也。賓出迎，欲儐之。案：「儐」，原本訛作「擯」，據今注疏本訂正。

大夫禮辭，許，入，揖讓如初。賓升一等，大夫從，升堂。

鄭注：賓先升，敵也，皆北面。

庭實設，馬乘。

鄭注：乘，四馬也。

賓降堂，受老束錦，大夫止。

鄭注：止不降，使之餘尊。

賓奉幣西面，大夫東面，賓致幣。

鄭注：不言致命，非君命也。

大夫對，北面當楣，再拜稽首。

鄭注：稽首，尊君客也。致對，有辭也。

釋曰：體敵者當頓首。

受幣于楹間，南面，退，東面俟。

鄭注：賓北面授，尊君之使。

賓再拜稽首，送幣。大夫降，執左馬以出。

鄭注：出廟門，從者亦訝受之。

賓送于外門外，再拜。明日，賓拜于朝，拜饔與餼，皆再拜稽首。

鄭注：拜謝主君之恩惠于大門外。《周禮》曰：「凡賓客之治，令訝聽之。」此拜亦皮弁服。

釋曰：按，《鄉射禮》：「明日，賓拜賜于門外，主人不見。」知此拜饔餼亦于大門外也。拜于大門外而曰拜于朝，則諸侯外朝在大門外明矣。《公食大夫禮》：「若不親食，使大夫朝服致之，賓朝服受，明日朝服拜賜。」受饔餼，皮弁。」則亦皮弁拜可知。

上介饔餼三牢，飪一牢，在西，鼎七，羞鼎三。

鄭注：飪鼎七，無鮮魚、鮮腊。案：此下今注疏本有「也」字。賓、介皆異館。

腥一牢，在東，鼎七。堂上之饌六。

鄭注：六者，賓西夾之數。

西夾亦如之。筥及甕，如上賓。

鄭注：凡所不貶者，尊介也。言如上賓者，明此賓容介也。

餼一牢。門外米、禾視死牢，牢十車，薪芻倍禾，凡其實與陳，如上賓。

鄭注：凡，凡飪以下。

下大夫韋弁，用束帛致之，上介韋弁以受，如賓禮。

鄭注：介不皮弁者，以其受大禮似賓，不敢純如賓也。

儐之兩馬束錦。士介四人，皆餼大牢，米百筥，設于門外。

鄭注：牢米不入門，略之也。米設當門，亦十爲列，北上。牢在其南，西上。

釋曰：設于門外，不言東西，明當門。牢亦在米南，與賓、介之陳同，此西上爲異耳。

宰夫朝服，牽牛以致之。

鄭注：執紖牽之，東面致命，朝服無束帛，亦略之。士介西面，拜迎。

釋曰：車米禾視死牢。士無死牢，故無米禾。無米禾，則無芻薪。

士介朝服，北面，再拜稽首，受。

鄭注：受于牢東，拜自牢後，適宰夫右受，由前東面授從者。

無擯。 案：「擯」，今注疏本作「儐」，據《集釋》云「當作儐」，則其訛已久。

鄭注：既受，拜送之矣。明日，衆介亦各如其受之服，從賓拜于朝。

釋曰：擯，當作儐。下經記「無擯」及注「不擯賓」同。

儀禮集釋卷十三

聘禮

賓朝服問卿。

鄭注：不皮弁，别于主君。卿，每國三人。

卿受于祖廟。

鄭注：重賓禮也。祖，王父也。

下大夫擯。

鄭注：無士擯者，既接于君所，急見之。

釋曰：不必備士擯。

擯者出請事，大夫朝服迎于外門外，再拜。賓不荅拜，揖。大夫先入，每門每曲揖。及廟門，大夫揖入。

鄭注：入者，省内事也。既而俟于宁也。

釋曰：《爾雅》曰：「門屏之間謂之宁。」郭氏曰：「人君視朝所宁立處。」李巡曰：「正門内兩塾間曰宁。」孫炎曰：「門内屏外人君所宁立處也。」案，人君路門外有正朝，故視朝則宁立于門内兩塾間。門屏之間者，謂門内屏外，據諸侯内屏而言也。此經言大夫揖入，則既入門内矣。下云「三揖，竝行」，凡至門内霤爲三揖之始，則省内事之後，出俟于内霤南，兩塾之間也。

擯者請命。

鄭注：亦從入而出請。不几筵，辟君也。

庭實設四皮。

鄭注：麋鹿皮也。

賓奉束帛入。三揖，皆行，至于階，讓。

鄭注：皆猶竝也。古文曰「三讓」。

賓升一等，大夫從，升堂，北面聽命。

鄭注：賓先升，使者尊。

釋曰：尊聘君之命。

賓東面致命。

鄭注：致其君命。

大夫降，階西再拜稽首。賓辭，升成拜。受幣堂中西，北面。

鄭注：于堂中央之西受幣，趨聘君之命。

賓降，出。大夫降，授老幣，無擯。 案：「擯」，今注疏本作「儐」，據前「無擯」下《集釋》云：「當作『儐』，下經、記『無擯』，及注『不擯賓』同。」則其訛已久。

鄭注：不擯賓，辟君也。

釋曰：按，卿受問之儀與賓受饔、餼禮同，惟在君側，不擯賓爲異耳。

擯者出請事，賓面，如覿幣。

鄭注：面亦見也。其謂之面，威儀質也。

釋曰：如覿幣，亦束錦乘馬。《春秋傳》楚公子棄疾聘于晋，「過鄭，鄭罕虎、公孫僑、游吉從鄭伯勞諸柤，辭不敢見。固請，見之。以其乘馬八匹私面，見子皮以馬六匹，見子産以馬四匹，見子大叔以馬二匹」，非常禮，故見鄭伯亦曰「私面」。

賓奉幣，庭實從。

鄭注：庭實，四馬。

入門右，大夫辭。

鄭注：大夫于賓入，自階下辭迎之。

賓遂左。

鄭注：見，私事也。雖敵，賓猶謙，入門右，爲若降等然。《曲禮》曰：「客若降等，則就主人之階，主人固辭于客，然後客復就西階。」

釋曰：復，音服。

庭實設，揖讓如初。

鄭注：大夫至庭中，旋竝行。

大夫升一等，賓從之。

鄭注：大夫先升，道賓。

大夫西面，賓稱面。

鄭注：稱，舉也，舉相見之辭以相接。

大夫對，北面當楣再拜，受幣于楹閒，南面，退，西面立。

鄭注：受幣楹間，敵也。賓亦振幣進，北面授。

賓當楣再拜，送幣，降，出。大夫降，授老幣。擯者出請事。上介特面，幣如覿。介奉幣。

鄭注：特面者，異于主君，士介不從而入也。君尊，衆介始覿不自別也。上賓則衆介皆從之。

釋曰：上賓面卿亦從介，如覿介統于賓也。衆介不統于上介，上介面卿雖不自同于衆介，亦不敢從衆介。

皮，二人贊。

鄭注：亦儷皮也。

入門右，奠幣，再拜。

鄭注：降等也。

大夫辭。

鄭注：于辭上介，則出。

擯者反幣。

鄭注：出還于上介也。

釋曰：亦反皮。

庭實設，介奉幣入，大夫揖讓如初。

鄭注：大夫亦先升一等。今文曰「入設」。

介升，大夫再拜受。

鄭注：亦于楹間南面而受。

介降拜，大夫降辭。介升，再拜送幣。

鄭注：介既送幣，降出也。大夫亦授老幣。

擯者出請。衆介面，如覿幣，入門右，奠幣，皆再拜。大夫辭，介逆出。擯者執上幣出，禮請受，賓辭。

鄭注：賓亦爲士介辭。

大夫荅再拜。擯者執上幣，立于門中以相拜，士介皆辟。老受擯者幣于中庭，士三人坐取群幣以從之。擯者出請事。賓出，大夫送于外門外，再拜。賓不顧。

鄭注：不顧，言去。

擯者退，大夫拜辱。

鄭注：拜送也。

下大夫嘗使至者，幣及之。

鄭注：嘗使至己國，則以幣問之也。君子不忘舊。

釋曰：使，所吏反，下「夫使」同。

上介朝服，三介，問下大夫，下大夫如卿受幣之禮。

鄭注：上介三介，下大夫使之禮也。

釋曰：小聘使下大夫，降于卿二等，三介。問下大夫使上介者，同班敵也。

其面，如賓面于卿之禮。大夫若不見。

鄭注：有故也。

君使大夫，各以其爵爲之受，如主人受幣禮，不拜。

鄭注：各以其爵，主人卿也，則使卿，大夫也，則使大夫。不拜，代受之耳，不當主人禮也。

釋曰：不拜，猶奉使者不荅拜也。

夕，夫人使下大夫韋弁歸禮。

鄭注：夕，問卿之夕也。使下大夫，下君也。君使之，云夫人者，以致辭當稱「寡小君」。

堂上籩豆六，設于户東，西上，二以竝，東陳。

鄭注：籩豆六者，下君禮也。設于户東，又辟饌位也。其設脯，其南醢，屈，六籩六豆。

釋曰：致饔、餼，堂上之饌八，設于户西。

壺設于東序，北上，二以竝，南陳。醙、黍、清，皆兩壺。

鄭注：醙，白酒也。凡酒，稻爲上，黍次之，粱次之，皆有清白。以黍閒清白者，互相備，明三酒六壺也。先言醙，白酒尊，先設之。

釋曰：上介四豆、四籩、四壺，知此六豆、六籩、六壺。

大夫以束帛致之。

鄭注：致夫人命也。此禮無牢，下朝君也。

賓如受饔之禮，儐之乘馬束錦。上介四豆、四籩、四壺，受之如賓禮。

鄭注：四壺，無稻酒也。不致牢，下于君也。

釋曰：饔、餼有牢。

儐之兩馬束錦。明日，賓拜禮于朝。

鄭注：于是乃言賓拜，明介從拜也。今文「禮」爲「醴」。

釋曰：夫人禮不及士介，亦下于君。

大夫餼賓大牢，米八筐。

鄭注：其陳于門外，黍、粱各二筐，稷四筐，二以竝，南陳，無稻。牲陳于後，東上，不饌于堂庭，辟君也。

釋曰：君餼賓亦牲在米南，東上。

賓迎，再拜。老牽牛以致之。賓再拜稽首，受。老退。賓再拜送。

鄭注：老，室老，大夫之貴臣。

上介亦如之。衆介皆少牢。米六筐，皆士牽羊以致之。

鄭注：米六筐者，又無粱也。士亦大夫之貴臣。

公于賓，壹食再饗。

鄭注：饗，謂亨大牢以飲賓也。《公食大夫禮》曰：「設洗如饗。」則饗與食互相先後也。古文「壹」皆爲「一」，今文「饗」皆爲「鄉」。

燕與羞，俶獻，無常數。

鄭注：羞，謂禽羞鴈鶩之屬，成熟煎和也。俶，始也。始獻，四時新物，《聘義》所謂「時賜無常數，由恩意也」。古文「俶」作「淑」。

釋曰：曰羞則若内羞、庶羞，知成熟煎和者。《聘義》曰：「主國待客，出入三積。餼客于舍，五牢之具陳于内。米三十車，禾三十車，芻薪倍禾，皆陳于外。乘禽日五雙，群介皆有餼牢。壹食再饗，燕與時賜無數，所以厚重禮也。」

賓、介皆明日拜于朝。上介壹食壹饗。

鄭注：饗食賓，介爲介，從饗獻矣。復特饗之，客之也。

若不親食，使大夫各以其爵，朝服致之以侑幣，如致饔，無儐。

鄭注：君不親食，謂有疾及他故也。必致之，不廢其禮也。致之必使同班，敵者易以相親敬也。致禮于卿，使卿，致禮于大夫，使大夫，非必命數也。無儐，以己本宜往。古文「侑」皆作「宥」。

致饗以酬幣，亦如之。

鄭注：酬幣，饗禮酬賓勸酒之幣也，所用未聞也。禮幣，束帛乘馬，亦不是過也。《禮器》曰：「琥璜爵。」蓋天子酬諸侯。

釋曰：琥璜爵者，用琥若璜，以將酬幣也。《春秋傳》秦后子享晋侯有酬幣。《聘義》曰：「卿爲上擯，大夫爲承擯，士爲紹擯。君親禮賓，賓私面、私覿，致饔餼，還圭璋，賄贈，饗食燕，所以明賓客、君臣之義也。」

大夫于賓，壹饗壹食，上介若食若饗。若不親饗，則公作大夫致之以酬幣，致食以侑幣。

鄭注：作，使也。大夫有故，君必使其同爵者爲之致之。列國之賓來，榮辱之事，君臣同之。

釋曰：燕不致者，燕無幣故也。《春秋傳》：「韓宣子來聘，宴于季氏。」則大夫亦有燕賓之禮。

君使卿皮弁，還玉于館。

鄭注：玉，圭也。君子于玉比德焉。以之聘，重禮也。還之者，德不可取于人，相切厲之義也。皮弁者，始以此服受之，不敢不終也。

釋曰：《聘義》曰：「以圭璋聘，重禮也。」已聘而還圭璋，此輕財而重禮之義也。諸侯相厲以輕財重禮，則民作讓矣。

賓皮弁，襲，迎于外門外，不拜，帥大夫以入。

鄭注：迎之不拜，示將去，不純爲主也。帥，道也。今文曰「迎于門外」，古文「帥」爲「率」。

大夫升自西階，鉤楹。

鄭注：鉤楹，由楹内將南面致命。致命不東面，以賓在下也。必言鉤楹者，賓在下，嫌楹外也。

賓自碑内聽命，升自西階，自左南面受圭，退負右房而立。

鄭注：聽命于下，敬也。自左南面，右大夫且竝受也。必竝受者，若鄉君前耳。案：「鄉」，各本作「鄉」，今從《釋文》及張淳《儀禮識誤》訂正。退，爲大夫降逡遁。今文或曰「由自西階」，無「南面」。

釋曰：竝受者，若在主國君前受也。賓、介初受圭于君前，亦同面。先儒説大夫、士直有東房，天子、諸侯乃有左右房，此大夫之廟而有右房，或曰此公館也，故有右房，當攷。

大夫降中庭。賓降自碑内，東面，授上介于阼階東。

鄭注：大夫降出，言中庭者，爲賓降節也。授于阼階東者，欲親見賈人藏之也。賓還，阼階下西面立。

上介出請，賓迎。大夫還璋，如初入。

鄭注：出請，請事于外以入告也。賓雖將去，出入猶東，惟升堂由西階。凡介之位，未有改也。

賓裼，迎。大夫賄用束紡。

鄭注：賄，予人財之言也。紡，紡絲爲之，今之縳也，所以遺聘君，可以爲衣服，相厚之至也。

釋曰：還圭以報聘，禮玉束帛乘皮以報享，復加此束紡以厚聘君也。

禮玉束帛乘皮，皆如還玉禮。

鄭注：禮，禮聘君也，所以報享也。亦言玉，璧可知也。今文「禮」皆作「醴」。

釋曰：圭璋言還，禮玉言禮，則主國自以璧琮報享也。卿不報聘君之幣者，尊卑不敵。

大夫出，賓送，不拜。公館賓。

鄭注：爲賓將去，親存送之，厚殷勤，且謝聘君之意也。公朝服。

賓辟。

鄭注：不敢受主國君見己于此館也。案：今注疏本脱「主」字。此亦不見，言「辟」者，君在廟門，敬也。凡君有事于諸臣之家，車造廟門乃下。

上介聽命。

鄭注：聽命于廟門中，西面，如相拜然也。擯者每贊君辭，則曰：「敢不承命，告于寡君之老。」

聘享、夫人之聘享、問大夫、送賓，公皆再拜。

鄭注：拜此四事，公東面拜，擯者北面。

釋曰：孔子問人于他邦，再拜而送之。

公退，賓從，請命于朝。

鄭注：賓從者，實爲拜主君之館己也。言請命者，以己不見，不敢斥尊者之意。❶

公辭，賓退。

---

❶「斥」，胡培翬《正義》作「逆」，於義爲長。

鄭注：辭其拜也。退，還館裝駕，爲旦將發也。《周禮》曰：「賓從，拜辱于朝，明日，客拜禮賜，遂行。」

賓三拜乘禽于朝，訝聽之。

鄭注：發去乃拜乘禽，明已受賜，大小無不識。

釋曰：乘禽，所謂禮賜。

遂行，舍于郊。

鄭注：始發，且宿近郊，自展軨。

公使卿贈，如覿幣。

鄭注：贈，送也，所以好送之也。言如覿幣，見爲反報也。今文「公」爲「君」。

釋曰：贈，贈賄也，布帛曰賄，賄用束紡是也。《春秋傳》曰：「入有郊勞，出有贈賄。」齊國莊子來聘，自郊勞至于贈賄，禮成而加之以敏。魯昭公如晉，自郊勞至于贈賄無失禮。則諸侯相朝，郊勞、贈賄之節亦同也。贈之多少視覿幣。秦西乞術來聘，魯以爲君子，厚賄之。厚賄之，則所贈加于覿幣。

受于舍門外，如受勞禮，無儐。

鄭注：不入，無儐，明去而宜有已也。如受勞禮，以贈、勞同節。

使下大夫贈上介，亦如之。使士贈衆介，如其覿幣。大夫親贈，如其面幣，無儐。贈上介亦如之。使人贈衆介，如其面幣。士送至于竟。使者歸，及郊，請反命。

鄭注：郊，近郊也。告郊人，使請反命于君也。案：「請」，今注疏本訛作「言」。必請之者，以己久在外，嫌有罪惡，不可以入。春秋時，鄭伯惡其大夫高克，使之將兵，逐而不納，此蓋請而不得入。

朝服，載旜。

鄭注：行時税舍于此郊，今還至此，正其故行服，以俟君命，敬也。古文「旜」作「膳」。

禳，乃入。

鄭注：禳，祭名也。爲行道累歷不祥，禳之以除災凶。

乃入，陳幣于朝，西上。上賓之公幣、私幣皆陳，上介公幣陳，他介皆否。

鄭注：皆否者，公幣、私幣皆不陳。此幣，使者及介所得于彼國君、卿大夫之贈賜也。其或陳或不陳，詳尊而略卑也。其陳之，及卿大夫處者待之，如夕幣。其禮于君者不陳。上賓，使者。公幣，君之賜也。私幣，卿大夫之幣也。他介，士介也。言他，容衆從者。

釋曰：陳幣者，榮己之賜也。禮于君者，謂束紡、束帛、乘皮，不陳，執以反命也。

束帛各加其庭實，皮左。

鄭注：不加于其皮上，榮其多也。

公南鄉。

鄭注：亦宰告于君，君乃朝服出門左，南鄉。

卿進使者，使者執圭，垂繅，北面。上介執璋，屈繅，立于其左。

鄭注：此主于反命，士介亦隨入，竝立，東上。

反命，曰：「以君命聘于某君，某君受幣于某宮，某君再拜。以享某君，某君再拜。」

鄭注：君亦揖使者進之，乃進反命也。某君，某國君也。某宮，若言桓宮、僖宮也。某君再拜，謂再拜受也。必言此者，明彼君敬己君，不辱命。

宰自公左受玉。

鄭注：亦于使者之東，同面竝受也。不右使者，由便也。

受上介璋，致命亦如之。

鄭注：變反言致者，若云非君命也。致命曰：「以君命聘于某君夫人，某君再拜，以享于某君夫人，某君再拜。」不言受幣于某宮，可知，略之。

執賄幣以告，曰：「某君使某子賄。」授宰。

鄭注：某子，若言高子、國子。凡使者所當以告君者，上介取以授之，賄幣在外也。

禮玉亦如之。

鄭注：亦執束帛加璧也。告曰：「某君使某子禮。」宰受之，士隨，自後左士介，受乘皮如初。上介出，取玉束帛，士介從取皮也。案：「從」，今注疏本訛作「後」。

釋曰：士受皮者，亦如受享時由執皮者後，惟左士介爲異耳。

執禮幣，以盡言賜禮。

鄭注：禮幣，主國君初禮賓之幣也。以盡言賜禮，謂自此至于贈。

公曰：「然，而不善乎！」

鄭注：善其能使于四方。而，猶女也。

釋曰：使，所吏反。

授上介幣，再拜稽首。公荅再拜。

鄭注：授上介幣，當拜公言也。不授宰者，當復陳之。

釋曰：復陳于故處。

私幣不告。

鄭注：亦略卑也。

君勞之，再拜稽首。君荅再拜。

鄭注：勞之以道路勤苦。

若有獻，則曰：「某君之賜也。

鄭注：言此物，某君之所賜予爲惠者也。其所獻雖珍異，不言某爲彼君服御物，謙也。其大夫出，反必獻，忠孝也。

「君其以賜乎？」

鄭注：不必其當君也。獻不拜者，爲君之荅己也。

上介徒以公賜告，如上賓之禮。

鄭注：徒謂空手，不執其幣。

君勞之，再拜稽首。君荅拜。勞士介亦如之。

鄭注：士介四人，旅荅一拜，又賤也。

君使宰賜使者幣。使者再拜稽首。

鄭注：以所陳幣賜之也。禮，臣子，人賜之而必獻之君父，不敢自私服也。君父因以予之，則拜受之，如更受賜也。既拜，宰以上幣授之。

賜介。介皆再拜稽首。

鄭注：士介之幣，皆載以造朝，不陳之耳。與上介同受賜命，俱拜。既拜，宰亦以上幣授上介。

釋曰：至此不别上介，知與士介同拜賜。

乃退。

鄭注：君揖，入。皆出，去。

介皆送至于使者之門。

鄭注：將行俟于門，反又送于門，與尊長出入之禮也。

乃退，揖。

鄭注：揖，别也。

使者拜其辱。

鄭注：隨謝之也，再拜上介，三拜士介。

釋曰：士卑，禮之各一拜。

釋幣于門。

鄭注：門，大門也。主于闑，布席于闑西閾外，東面，設洗于門外東方，其餘如初于禰時。出于行，入于門，不兩告，告所先見也。

釋曰：《特牲饋食》：「設筵席于門中，闑西閾外，西面。」此東面者，神位在西也。洗當東榮，故門外設之亦于東方。

乃至于禰，筵几于室，薦脯醢。

鄭注：告反也。薦，進也。

觴酒陳。

鄭注：主人酌進奠，一獻也。言陳者，將復有次也。先薦後酌，祭禮也。行釋幣，反釋奠，略出謹入也。

釋曰：燕飲先獻而後薦，祭禮先薦而後奠。不言奠而曰陳者，陳者次第之言，并後再獻俱列之。❶

席于阼。

鄭注：爲酢主人也。酢主人者，祝取爵酌。不酢于室，異于祭。

釋曰：饋食禮，祝酌酢主人于室。

薦脯醢。

鄭注：成酢禮也。

三獻。

鄭注：室老亞獻，士三獻也。每獻奠，輒取爵酌主人，自酢也。

一人舉爵。

❶「獻」下，胡培翬《正義》引《集釋》有「三獻」二字。

鄭注：三獻禮成，更起酒也。主人奠之，未舉也。

獻從者。

鄭注：從者，家臣從行者也。主人獻之，勞之也。皆升，飲酒于西階上，不使人獻之，辟國君也。

行酬，乃出。

鄭注：主人舉奠酬從者，下辯，室老亦與焉也。

上介至，亦如之。

釋曰：士之初行不釋幣，故反亦不告祭。

儀禮集釋卷十四

聘　禮

聘遭喪，入竟，則遂也。

鄭注：遭喪，主國君薨也。入竟則遂，國君以國爲體，士既請事，已入竟矣。關人未告，則反。

釋曰：《春秋傳》：「季文子將聘于晋，使求遭喪之禮以行。」謂此禮。

不郊勞。

鄭注：子未君也。

釋曰：無使臣義。《春秋》武氏子來求賻，不稱使，天子當喪未君。

不筵几。

鄭注：致命不于廟，就尸柩于殯宫，又不神之。

釋曰：凡殯宫不筵几者，未忍異于生。

不禮賓。案：「禮」當作「醴」。

鄭注：喪降事也。

主人畢歸禮，

鄭注：賓于飲食案：「于」，今注疏本作「所」。不可廢也。禮，謂饔餼饗食。

賓惟饔、餼之受。

鄭注：受正不受加也。

釋曰：《掌客》職曰：「遭主國之喪，不受饗食，受牲禮。」

不賄，不禮玉，不贈。

鄭注：喪殺禮，爲之不備。

釋曰：爲，于僞反，下「爲鄰」「爲之」「爲致」同。

遭夫人、世子之喪，君不受，使大夫受于廟，其他如遭君喪。

鄭注：夫人、世子死，君爲喪主，使大夫受聘禮，不以凶接吉也。其他，謂禮所降。

釋曰：《服問》云：「君所主，夫人、妻、大子、適婦。」衰麻非所以接弁冕也。

遭喪，將命于大夫，主人長衣練冠以受。

鄭注：遭喪，謂主國君薨，夫人、世子死也。此三者，皆大夫攝主人。長衣，素純布衣也。去衰易冠，不以純凶接純吉也。吉時在裏爲中衣，中衣、長衣，繼皆揜尺，表之曰深衣，純袂寸半耳。

君喪不言使大夫受，子未君，無使臣義也。

釋曰：更自遭喪，不蒙上夫人、世子之文，知主國君薨亦使大夫受也。長衣，制如深衣，皆用布，連衣裳爲之。深衣緣以采，長衣緣以素，且繼袂一尺爲異耳。練冠，練布爲冠也。《雜記》：「大夫筮宅，史練冠長衣以筮。」則長衣練冠，以凶接吉之服也。臣爲君斬，爲夫人、世子期，今權制此服，略爲一等耳。

聘君若薨于後，入竟則遂。

鄭注：既接于主國君也。

赴者未至，則哭于巷，衰于館。

鄭注：未至，謂赴告主國君者也。哭于巷者，哭于巷門，未可爲位也。衰于館，未可以凶服出見人。其聘享之事，自若吉也。今文「赴」作「訃」。

釋曰：君訃未至主國，不敢專館爲位而哭，故哭于巷也。曾子與客立于門側，其徒之父死，將出，哭于巷。

受禮。

鄭注：受饔、餼也。

不受饗食。

鄭注：亦不受加。

赴者至，則衰而出。

鄭注：禮爲鄰國闕，于是可以凶服將事也。

惟稍受之。

鄭注：稍，稟食也。

釋曰：《掌客》職曰：「賓客有喪，惟芻稍之受。」

歸，執圭復命于殯，升自西階，不升堂。

鄭注：復命于殯者，臣子之于君父，存亡同。

釋曰：《春秋傳》吴子僚使季子聘于上國，公子光弑僚，季子至，「復命哭墓」。復命，皆如字。

子即位，不哭。

鄭注：將有告請之事，宜清静也。不言世子者，君薨也。諸臣待之，亦皆如朝夕哭位。

辯復命如聘。

鄭注：自陳幣至于上介以公賜告，無勞。

子、臣皆哭。

鄭注：使者既復命，子與群臣皆哭。

與介入，北鄉哭。

鄭注：北鄉哭，新至别于朝夕。

出，袒括髮。

鄭注：悲哀變于外，臣也。

入門右，即位踊。

鄭注：從臣位，自哭至踊，如奔喪禮。

釋曰：《奔喪》曰：「至于家，入門左，升自西階，殯東，西面坐，哭盡哀，括髮，袒，降，堂東即位，西鄉哭，成踊。」《春秋傳》魯公孫歸父聘于晋，還至笙，聞君薨，家遣，墠帷，復命于介。既復命，袒括髮，即位哭，三踊而出，遂奔齊。君子善之。

若有私喪，則哭于館，衰而居，不饗食。

鄭注：私喪，謂其父母也。案：今注疏本脱「也」字。哭于館，衰而居，不敢以私喪自聞于主國，凶服干君之吉使。案：「干」，今注疏本訛作「于」。《春秋傳》曰：「大夫以君命出，聞喪，徐行而不反。」

釋曰：使，所吏反。

歸，使衆介先，衰而從之。

鄭注：已有齊斬之服，不忍顯然趨于往來，其在道路，使介居前，歸又請反命，已猶徐行隨之，君納之乃朝服。既反命，出公門，釋服，哭而歸。其他如奔喪之禮。吉時道路深衣。

賓入竟而死，遂也。主人爲之具而殯。

鄭注：具，謂始死至殯所當用。

介攝其命。

鄭注：爲致聘享之禮也。初時，上介接聞命。

君弔，介爲主人。

鄭注：雖有臣子親姻，猶不爲主人，以介與賓竝命于君，尊也。

主人歸禮幣，必以用。

鄭注：當中奠贈諸喪具之用，不必如賓禮。

釋曰：《周禮・掌客》：「凡賓客死，致禮以喪用。」

介受賓禮，無辭也。

鄭注：介受主國賓已之禮，無所辭也，以其當陳之以反命也。有賓喪，嫌其辭之。

不饗食。歸，介復命，柩止于門外。

鄭注：門外，大門外也。必以柩造朝，達其忠心。

介卒復命，出，奉柩送之。君弔，卒殯。

鄭注：卒殯，成節乃去。

若大夫介卒，亦如之。

鄭注：不言上介者，小聘上介，士也。

士介死，爲之棺斂之。

鄭注：不具他衣物也，自以時服也。

君不弔焉。

鄭注：主國君使人弔，不親往。

釋曰：《士喪禮》：「君有賜，則視斂。」常禮，君不親弔士。

若賓死，未將命，則既斂于棺，造于朝，介將命。

鄭注：未將命，謂俟閒之後也。案：「謂」，今注疏本訛作「請」。以柩造朝，以已至朝，志在達君命。

釋曰：《春秋傳》：「楚伐吴，陳侯使公孫貞子弔焉，及良而卒，將以尸入，吴子使太宰嚭勞且辭。上介對曰：『君曰無以尸造于門，是我寡君之命委于草莽也。且臣聞之，事死如事生，禮也。于是有朝聘而終以尸將事之禮，又有朝聘而遭喪之禮。若不以尸將事，是遭喪而還也。無乃不可乎？』吴人内之。」據此傳，則賓入竟而死者，皆以柩造朝。

若介死，歸復命，惟上介造于朝。若介死，雖士介，賓既復命，往，卒殯乃歸。

鄭注：往，謂送柩。

小聘曰問，不享，有獻，不及夫人。主人不筵几，不禮。面不升，不郊勞。

鄭注：記貶于聘，所以爲小也。獻，私獻也。面，猶覿也。今文「禮」作「醴」。案：各本脱此五字，據《集説正誤》補。

釋曰：《周禮》曰：「諸侯之邦交，歲相問，殷相聘。」殷，中也。《聘義》曰：「比年小聘，五年大聘。」不禮者，不禮賓。面不升者，私覿庭中受之，不升堂。

其禮，如爲介，三介。

鄭注：如爲介，如爲大聘上介。

釋曰：其禮謂得主國之禮也。三介者，大夫降于卿二等。然則公之卿聘七介者，❶小聘使大夫五介；子男之卿聘三介者，小聘使大夫一介。

記。久無事，則聘焉。

鄭注：事，謂盟會之屬。

若有故，則卒聘。束帛加書將命，百名以上書于策，不及百名書于方。

---

❶「七」，原作「士」，據四庫本改。

鄭注：故，謂災患及時事相告請也。將，猶致也。名，書文也，今謂之字。策，簡也。方，版也。

主人使人與客讀諸門外。

鄭注：受其意，既聘享，賓出則讀之。讀之不于内者，案：今注疏本不重「讀之」二字係訛脱。人稠處嚴，不得審悉。主人，國君也。人，内史也。書必璽之。

釋曰：《周禮》：「凡四方之事書，内。」❶案：此下原本缺。

客將歸，使大夫以其束帛反命于館。

鄭注：爲書報也。

明日，君館之。

鄭注：既報，館之，書問尚疾也。

既受行，出，遂見宰，問幾月之資。

鄭注：資，行用也。古者君臣謀密草創，未知所之遠近，問行用，當知多少而已。古文「資」作「齎」。

使者受行日，案：「使者」下，原本及今注疏本皆有「既」字，據唐石經删正。**朝同位。**

鄭注：謂前夕幣之閒同位者，使者北面，介立于左少退，别處臣也。案：原本作「别其處臣也」，今注

---

❶「内」下，據《周禮》原文當有「史讀之」三字。

疏本作「別于其處臣也」，據《釋文》舉「別處」二字，張淳《儀禮識誤》辨證甚明，今删正。

出祖，釋軷祭酒脯，乃飲酒于其側。

鄭注：祖，始也。既受聘享之禮，行出國門，❶止陳車騎，釋酒脯之奠于軷，爲行始也。《詩傳》曰：「軷，道祭也。」謂祭道路之神。《春秋傳》曰：「軷涉山川。」然則軷，山行之名也。道路以險阻爲難，是以委土爲山，或伏牲其上。案：今注疏本脱「或」字。使者爲軷祭酒脯，祈告也。卿大夫處者于是餞之，飲酒于其側。禮畢，乘車轢之而遂行，舍于近郊矣。其牲，犬、羊可也。古文「軷」作「祓」。

所以朝天子，圭與繅皆九寸，剡上寸半，厚半寸，博三寸，繅三采六等，朱、白、倉。案：今注疏本作「蒼」，唐石經亦作「倉」，古通用。

鄭注：圭，所執以爲瑞節也。剡上，象天圓地方也。雜采曰繅，以韋衣木板，飾以三色。再就，所以薦玉，重慎也。九寸，上公之圭也。案：「上」，今注疏本譌作「三」。古文「繅」或作「藻」，今文作「璪」。

釋曰：剡，鋭也。等，猶行也。每采畫之，再行三采，故六等。一等爲一就，是爲三采三就。此

❶「行出」，四庫本作「出行」。

注云「再就」者，一行爲一就，每色再就也。《雜記》曰：「圭，公九寸，侯伯七寸，博三寸，厚半寸，剡上，左右各寸半，玉也。藻三采六等。」❶子男則璧，徑五寸，繅二采四等。繅文象水草，故字或作藻。孔穎達《雜記正義》引此記文「朱白倉」下重有「朱白倉」三字。

問諸侯，朱緑繅，八寸。

鄭注：二采再就，降于天子也。于天子曰朝，于諸侯曰問，記之于聘，文互相備。

釋曰：于朝舉天子，則自相朝亦然。于聘舉諸侯，則聘天子亦如之。此聘圭之繅采，爲一行二采，共爲再行，與朝圭繅異。《周禮·典瑞》曰：「王搢大圭，❷執鎮圭，繅藉五采五就，以朝日。公執桓圭，侯執信圭，伯執躬圭，繅皆三采三就。子執穀璧，男執蒲璧，繅皆二采再就，以朝覲、宗遇、會同于王。諸侯相見亦如之。瑑圭璋璧琮，繅皆二采一就，以頫聘。」八寸，亦謂上公之聘圭也。《考工記》曰：「瑑圭璋八寸，璧琮八寸以頫聘。」侯伯聘圭當六寸，子男則四寸，各降其君之瑞一等。《考工記》又曰：「璧琮九寸，諸侯以享天子。瑑琮八寸，諸侯以享夫人。」亦據上公禮互言之。則五等侯享天子及后之璧琮，大小各如其瑞。諸侯自相享見，降其瑞一等。

---

❶ 「采」，四庫本作「就」。

❷ 「搢」，四庫本及《周禮》均作「晋」。

皆玄纁繫，長尺，絢組。

鄭注：采成文曰絢。繫，無事則以繫玉，因以爲飾，皆用五采組，上以玄、下以絳爲地。今文「絢」作「約」。

釋曰：纁，淺絳也。曰玄纁矣，而又曰絢，知以玄纁爲地而加五采組也。下，謂垂之在下者。

問大夫之幣，俟于郊，爲肆，又齎皮馬。

鄭注：肆，猶陳列也。齎，猶付也。使者既受命，宰夫載問大夫之禮待于郊，陳之爲行列，至則以付之也。使者初行，舍于近郊。幣云肆，馬云齎，因其宜，亦互文也。不于朝付之者，辟君禮也。必陳列之者，不夕也。古文「肆」爲「肂」。

釋曰：不言賓、介私覿之幣，則私覿幣，賓介自齎以行也。

辭無常，孫而説。

鄭注：孫，順也。大夫使，受命不受辭，辭必順且説。

釋曰：《春秋公羊傳》曰：「聘禮，大夫受命不受辭。」

辭多則史，少則不達。

鄭注：史，謂策祝。

釋曰：《論語》曰：「辭達而已矣。」

辭苟足以達，義之至也。

鄭注：至，極也。今文「至」爲「砥」。

辭曰：「非禮也，敢。」對曰：「非禮也，敢。」

鄭注：辭，辭不受也。對，荅問也。二者皆卒曰敢，言不敢。

釋曰：此皆贊賓辭。

卿館于大夫，大夫館于士，士館于工商。

鄭注：館者必于廟，不館于敵者之廟，爲大尊也。自官師以上，有廟有寢，工商則寢而已。

管人爲客，三日具沐，五日具浴。

鄭注：管人，掌客館者也。客，謂使者下及士介也。

飧不致。

鄭注：不以束帛致命，草次饌，飧具輕。

賓不拜。

鄭注：以不致命。

釋曰：明日不拜賜于朝。

沐浴而食之。

鄭注：自潔清，尊主國君賜也。記此，重者沐浴可知。

卿，大夫訝。大夫，士訝。士皆有訝。

鄭注：卿，使者。大夫，上介也。士，衆介也。訝，主國君所使迎待賓者，如今使者護客。❶

賓即館，訝將公命。

鄭注：使己迎待之命。

又見之以其摯。

鄭注：又，復也。復以私禮見者，訝將舍于賓館之外，宜相親也。大夫訝者執鴈，士訝者執雉。

賓既將公事，復見之，案：「之」，今注疏本作「訝」，唐石經及敖繼公本亦作「之」。**以其摯。**

鄭注：既，已也。公事，聘享問大夫。復，報也。使者及上介執鴈，群介執雉，各以見其訝。

釋曰：《周禮》：掌訝，中士爲之，與士迎賓于疆，「至于國，賓入館，次于舍門外，待事于客」。又曰：「凡賓客，諸侯有卿訝，卿有大夫訝，大夫有士訝，士皆有訝。」彼天子之禮，掌訝與訝賓異人。此諸侯禮，無掌訝，通以訝賓爲之。賓即館，訝始將公命，明非與士逆于竟者。復，如字，下「復故」同。

凡四器者，惟其所寶，以聘可也。

❶「客」，原作「略」，據四庫本及阮本《儀禮注疏》、胡培翬《正義》改。

鄭注：言國獨以此爲寶也。四器，謂圭、璋、璧、琮。

宗人授次，次以帷。少退于君之次。

鄭注：主國之門外，諸侯及卿大夫之所使者，次位皆有常處。

上介執圭，如重，授賓。

鄭注：慎之也。《曲禮》曰：「凡執主器，執輕如不克。」

賓入門，皇，升堂，讓，將授，志趨。

鄭注：皇，自莊盛也。讓，謂舉手平衡也。志，猶念也，念趨，謂審行步也。孔子之執圭，鞠窮如也。案：「窮」，各本訛作「躬」。《釋文》云：「鞠窮，劉音弓。」張淳《儀禮識誤》云：「《爾雅》『鞠、究，窮也』，鞠窮，蓋複語。自《論語》作『鞠躬』，學者遂不復致思于其間，安知非鞠窮若踧踖之謂者乎？如是，則劉音亦誤矣。」如不勝，上如揖，下如授，勃如戰色，足蹜蹜如有循。古文「皇」皆作「王」。

授如争承，下如送。君還，而后退。

鄭注：重失隊也。案：此句上今注疏本有「争争闘之争」五字，乃《釋文》訛入注内。而后猶然後也。

釋曰：授如争承，授玉時。

下階，發氣，怡焉。再三舉足，又趨。

鄭注：發氣，舍息也。再三舉足，自安定，乃復趨也。此云舉足，案：「此云」上，今注疏本有「至」字。則志趨卷豚而行也。孔子之升堂鞠窮如也，案：「窮」，各本亦訛作「躬」，據《釋文》訂正。屏氣似不息者，出降一等，逞顔色，怡怡如也。没階，趨進，翼如也。

及門，正焉。

鄭注：容色復故，此皆心變見于威儀。

執圭，入門，鞠窮焉，如恐失之。 案：此「窮」字，各本亦訛作「躬」，據《釋文》訂正。魏氏《儀禮要義》云：「温本作鞠窮焉。」

鄭注：記異説也。

及享，發氣焉，盈容。

鄭注：發氣，舍氣也。孔子之于享禮，有容色。

衆介北面，蹌焉。

鄭注：容貌舒揚。

私覿，愉愉焉。

鄭注：容貌和敬。

出，如舒鴈。

鄭注：威儀自然而行列。舒鴈，鵝也。

釋曰：聘時，戰色。及享，舒緩，發氣，盈容。私覿，愉愉。出，如舒鴈，又舒緩于愉愉矣。

皇且行。入門主敬，升堂主慎。

鄭注：復記執玉異説。

凡庭實，隨入，左先，皮馬相閒可也。

鄭注：隨入，不竝行也。閒，猶代也。土物有宜，君子不以所無爲禮。畜獸同類可以相代。古文「閒」作「干」。

釋曰：皮，北面，西上，故左先。

賓之幣，惟馬出，其餘皆東。

鄭注：馬出，當從廄也，餘物皆東，藏之内府。

多貨，則傷于德。

鄭注：貨，天地所化生，謂玉也。君子于玉比德焉。朝聘之禮，以爲瑞節，重禮也。多之則是主于貨，傷其爲德。案：「傷」下，今注疏本有「敗」字。

幣美，則没禮。

鄭注：幣，人所造成以自覆。幣謂束帛也。愛之斯欲衣食之，君子之情也，是以享用幣，所以副忠信，美之則是主于幣，而禮之本意不見也。

釋曰：《荀子》曰：「《聘禮志》曰：『聘厚，則傷德。財侈，則殄禮。』禮云禮云，玉帛云乎哉？」

賄，在聘于賄。

鄭注：賄，財也。于，讀曰爲，言主國禮賓，當視賓之聘禮而爲之財也。賓客者，主人所欲豐也，若苟豐之，是又傷財也。《周禮》曰：「凡諸侯之交，各稱其邦而爲之幣，以其幣爲之禮。」古文「賄」皆作「悔」。

凡執玉，無藉者襲。

鄭注：藉，謂繅也。繅所以縕藉玉。

禮不拜至。

鄭注：以賓不于是始至。今文「禮」爲「醴」。

釋曰：諸侯以國爲家，賓入竟則既至矣。

醴尊于東箱，案：「箱」，各本作「廂」，唐石經作「箱」，古字通用。**瓦大一，有豐。**

鄭注：瓦大，瓦尊。豐，承尊器，如豆而卑。

薦脯五職，祭半職，横之。

鄭注：職，脯如版然者，或謂之脡，皆取直貌焉。

祭醴，再扱，始扱一祭，卒再祭。

鄭注：卒，謂後扱。

主人之庭實，則主人遂以出，賓之士訝受之。

鄭注：此謂餘三馬也，左馬，賓執以出矣。士，士介從者。

既覿，賓若私獻，奉獻，將命。

鄭注：時有珍異之物，或賓奉之，所以自序尊敬也，猶以君命致之。

擯者入告，出禮辭。

鄭注：辭其獻也。

賓東面坐奠獻，再拜稽首。

鄭注：送獻不入者，奉物禮輕。

釋曰：《司儀》職云：「及禮私面、私獻，皆再拜稽首，君荅拜。」

擯者東面坐取獻，舉以入告，出，禮請受。

鄭注：東面坐取獻者，以宜竝受也。其取之，由賓南而自後右客也。

釋曰：擯者，自門東適賓南，由賓後于賓北，取幣。

賓固辭，公荅再拜。

鄭注：拜受于賓也。「固」亦衍字。

擯者立于閾外以相拜，賓辟。

鄭注：相，贊也。古文「閾」爲「蹙」。

擯者授宰夫于中庭。

鄭注：東藏之，既，乃介覿。

若兄弟之國，則問夫人。

鄭注：兄弟，謂同姓若婚姻甥舅有親者。問，猶遺也，謂獻也。不言獻者，變于君也。非兄弟，獻不及夫人。

若君不見，

鄭注：君有疾若他故，不見使者。

使大夫受。

鄭注：受聘享也。大夫，上卿也。

自下聽命，自西階升受，負右房而立。賓降亦降。

鄭注：此儀如還圭然，而賓大夫易處耳。今文無「而」。

釋曰：易處，大夫自賓左受之。

不禮。

鄭注：辟正主也。古文「禮」作「醴」。案：今注疏本脱此五字。

幣之所及，皆勞，不釋服。

鄭注：以與賓接于君所，賓又請有事于己，不可以不速也。所不及者，下大夫未嘗使者也。不勞者，以先是賓請有事于己同類，既聞彼爲禮所及，則己往有嫌也。所以知及不及者，賓請有事，固曰某子某子。

賜饔，惟羹飪。筮一尸，若昭若穆。

鄭注：羹飪，謂飪一牢也。肉謂之羹。惟是祭其先，大禮之盛者也。筮尸若昭若穆，容父在，父在則祭祖，父卒則祭禰。腥餼不祭，則士介不祭也。士之初行，不釋幣于禰，不祭可也。古文「羹」爲「羔」，「飪」作「腍」。

僕爲祝，祝曰：「孝孫某，孝子某，薦嘉禮于皇祖某甫，皇考某子。」

鄭注：僕爲祝者，大夫之臣攝官也。

如饋食之禮。

鄭注：如少牢饋食之禮，不言少牢，今以大牢也。今文無「之」。

假器于大夫。

鄭注：不敢以君之器爲祭器。

朌肉及廋、車。

鄭注：朌，猶賦也。廋，廋人也。車，巾車也。二人掌視車馬之官也。賦及之，明辯也。古文

「朌」作「紛」。

聘日致饔。

鄭注：急歸大禮。案：今注疏本脱此注四字。

明日，問大夫。

鄭注：不以殘日問人，崇敬也。古文曰「問夫人也」。案：今注疏本訛作「問大夫也」。

夕，夫人歸禮。

鄭注：與君異日，下之也。今文「歸」作「饋」。

既致饔，旬而稍，宰夫始歸乘禽，日如其饔、餼之數。

鄭注：稍，稟食也。乘禽，案：「禽」，今注疏本訛作「謂」。乘行之禽也，謂鴈、鶩之屬。其歸之，以雙爲數。其，賓與上介也。古文「既」爲「餼」。

釋曰：賓饔、餼五牢，故《聘義》云「乘禽日五雙」，上介三牢則三雙。致饔十日之後，賓不得時反，始有致稍歸禽之禮。

士中日則二雙。

鄭注：中，猶閒也。不一日一雙，大寡，不敬也。

釋曰：士介一牢，宜日一雙。

凡獻，執一雙，委其餘于面。

鄭注：執一雙，以將命也。面，前也，其受之也。案：「也」，今注疏本訛作「則」。上介受以入告之，士舉其餘從之，賓不辭，拜受于庭。上介執之，以相拜于門中，乃入授人。上介授亦如之。士介拜受于門外。

釋曰：《少儀》曰：「禽加于一雙，則執一雙以將命，委其餘。」云「凡獻」，知受之如受賓私獻之禮也。不辭者，歸禽禮輕。上介受如賓，士介受于門外，皆放受饔、餼禮。

禽羞、俶獻比。

鄭注：比，放也。其致之禮如乘禽也。禽羞，謂成熟有齊和者。俶獻，四時珍美新物也。俶，始也，言其始可獻也。《聘義》謂之時賜。

歸大禮之日，既受饔、餼，請觀。

鄭注：聘于是國，欲見其宗廟之好、百官之富，若尤尊大之焉。

釋曰：吴季札聘魯，請觀于周樂。晋韓起聘魯，觀書于太史氏。皆其事。

訝帥之，自下門入。

鄭注：帥猶道也。從下門外入，游觀非正也。

各以其爵，朝服。

鄭注：此句似非其次，案：今注疏本脱「似非其次」四字。宜在「凡致禮」下，絶爛在此。案：今注疏本脱「絶爛在此」四字。

士無饔，無饔者無擯。

鄭注：謂歸饒也。

釋曰：擯，當爲儐。

大夫不敢辭，君初爲之辭矣。

鄭注：此句亦非其次，案：今注疏本脱「亦非其次」四字。宜在「明日問大夫」之下。

凡致禮，皆用其饗之加籩豆。

鄭注：凡致禮，謂君不親饗賓及上介，以酬幣致其禮也。其，其賓與上介也。加籩豆，謂其實也，亦實于罋筐。《饗禮》今亡。

釋曰：醯醢，豆實也。歸饔餼，有醯醢百罋。

無饔者無饗禮。

鄭注：士介無饗禮。

凡餼，大夫黍、粱、稷，筐五斛。

鄭注：謂大夫餼賓、上介也，器寡而大，略。

釋曰：君餼以多爲榮，故米筥器小而數多也。

既將公事，賓請歸。

鄭注：謂已問大夫，事畢請歸，不敢自專，謙也。主國留之，饗食燕獻無日數，盡殷勤也。

凡賓拜于朝，訝聽之。

鄭注：拜，拜賜也。惟稍不拜。

釋曰：稍，米稾芻薪。

燕則上介爲賓，賓爲苟敬。

鄭注：饗食，君親爲主，尊賓也。燕，私樂之禮，崇恩殺敬也。賓不欲主君復舉禮事禮己，于是辭爲賓，君聽之。從諸公之席，命爲苟敬。苟敬者，主人所以小敬也。更降迎其介以爲賓。介，大夫也。雖爲賓，猶卑于君，君則不與亢禮也。主人所以致敬者，自敵以上。

釋曰：《燕禮·記》曰：「若與四方之賓燕，則公迎之于大門外，揖讓升。賓爲苟敬，席于阼階之西，北面，有脀，不嚌肺，不啐酒。其介爲賓，無膳尊，無膳爵。」

宰夫獻。

鄭注：爲主人代公獻。

無行，則重賄反幣。

鄭注：無行，謂獨來，復無所之也。必重其賄與反幣者，使者歸，以得禮多爲榮，所以盈聘君之意也。反幣，謂禮玉、束帛、乘皮，所以報聘君之享禮也。昔秦康公使西乞術聘于魯，辭孫而説。襄仲曰：「不有君子，其能國乎！」厚賄之。此謂厚賄反幣者也。今文曰「賄反幣」。

曰：「子以君命在寡君，寡君拜君命之辱。

鄭注：此贊君拜聘享辭也。在，存也。

釋曰：公館賓，所拜者四事，此其贊辭。

「君以社稷故，在寡小君，拜。

鄭注：此贊拜夫人聘享辭也。言君以社稷故者，夫人與君體敵，不敢當其惠也。其卒亦曰：「寡君拜命之辱。」

「君貺寡君，延及二三老，拜。」

鄭注：此贊拜問大夫之辭。貺，賜也。大夫曰老。

又拜送。 案：此經文及注，今注疏本在「君貺寡君」之前，唐石經亦在此。

鄭注：拜送賓也。其辭蓋云：「子將有行，寡君敢拜送。」自「拜聘享」至此，亦非其次，案：今注疏本脱「自拜聘享至」五字，及「亦非其次」四字，蓋後人所妄删。宜承上「君館之」下。

釋曰：謂宜在上文「明日君館之」下也。然愚案：「君館之」自終，上有「故加書」之文。此贊拜辭，在「重賄反幣」下，「釋皮帛謝主人」上，與公館賓之節正相當，其次宜在此。

賓于館堂楹間，釋四皮、束帛。賓不致，主人不拜。

鄭注：賓將遂去是館，留禮以禮主人，所以謝之也。案：今注疏本脱「也」字。不致不拜，不以將別崇新敬也。

大夫來使，無罪，饗之。

鄭注：樂與嘉賓爲禮。

過則餼之。

鄭注：餼之，生致其牢禮也，其致之辭，不云君之有故耳。《聘義》曰：「使者聘而誤，主君不親饗食，所以愧厲之也。」不言罪者，罪將執之。

釋曰：春秋時有執行人，疑非古禮。

其介爲介。

鄭注：饗賓有介者，賓尊，行敵禮也。

釋曰：《春秋傳》：「宋公兼饗晉、楚之大夫，趙孟爲客，子木與之言，弗能對。使叔向侍言焉，子木亦不能對也。」叔向蓋爲趙孟介，而從饗者食。禮，介雖從入不從食也。

有大客後至，則先客不饗食，致之。

鄭注：卑不與尊者齊禮。案：今注疏本脱「者」字。

惟大聘有几筵。

鄭注：謂受聘享時也。小聘輕，雖受于廟，不爲神位。

十斗曰斛，十六斗曰籔，十籔曰秉。

鄭注：秉，十六斛。今江淮之間，量名有爲籔者。今文「籔」爲「逾」。案：「文」，今注疏本譌作「八」。

二百四十斗。

鄭注：謂一車之米，秉有五籔。

四秉曰筥。

鄭注：此秉謂刈禾盈手之秉也。筥，穧名也，若今萊陽之間，刈稻聚把，有名爲筥者。《詩》云：「彼有遺秉。」又云：「此有不斂穧。」

釋曰：米禾皆有秉、筥，字同數異。

十筥曰稯。十稯曰秅。四百秉爲一秅。

鄭注：一車之禾三秅，爲千二百秉。三百筥，三十稯也。古文「稯」作「緵」。

儀禮集釋卷十五

公食大夫禮第九

鄭《目録》云：主國君以禮食小聘大夫之禮也，案：今注疏本脱「也」字。于五禮屬嘉禮。大戴第十五，小戴第十六，《别録》第九。

公食大夫之禮。使大夫戒，各以其爵。

鄭注：戒，猶告也。告之必使同班，敵者易以相親敬。

釋曰：戒者必以其爵，恭也。己輕則卑之，己重則是以其貴臨之。言各以其爵，則凡大夫聘賓，皆用此禮。

上介出請，入告。

鄭注：問所以爲來事。案：原本脱「爲」字，據《釋文》云：「以爲，于僞反。」謂此也，今注疏本依《釋文》補。

三辭。

鄭注：爲既先受賜，不敢當。

賓出，拜辱。

鄭注：拜使者屈辱來迎己。

大夫不荅拜，將命。

鄭注：不荅拜，爲人使也。將，猶致也。

賓再拜稽首。

鄭注：受命。

大夫還。

鄭注：復于君。

賓不拜送，遂從之。

鄭注：不拜送者，爲從之，不終事。

賓朝服即位于大門外，如聘。

鄭注：于是朝服，則初時玄端。如聘，亦入于次俟。

即位，具。

鄭注：主人也。擯者俟君于大門外，卿、大夫、士序，及宰夫具其饌物，皆于廟門之外。

羹定。

鄭注：肉謂之羹。定，猶孰也。案：「孰」，今注疏本作「熟」，古通用「孰」。著之者，下以爲節。

甸人陳鼎七，當門，南面，西上。設扃、鼏。❶若束若編。

鄭注：七鼎，一大牢也。甸人，冢宰之屬，兼亨人者。南面西上，以其爲賓，統于外也。扃，鼎扛，所以舉之者也。凡鼎鼏，蓋以茅爲之，長則束本，短則編其中央。今文「扃」作「鉉」，古文「鼏」皆作「密」。

釋曰：鼎七：牛、羊、豕、魚、腊、腸胃、膚也。吉時陳鼎于門外者北面，于阼階下者西面，皆北上。茅之爲物潔白，故鼏疑用之。《天官》有甸師氏，又有亨人。諸侯甸人兼亨人之事。

設洗如饗。

鄭注：必如饗者，先饗後食，如其近者也。《饗禮》亡。《燕禮》則設洗于阼階東南。古文「饗」或作「鄉」。

釋曰：《春秋傳》：「趙孟、叔孫豹、曹大夫入于鄭。鄭伯兼享之。子皮戒趙孟，遂戒穆叔。趙孟欲一獻，及享，具五獻之籩豆于幕下。趙孟辭，乃用一獻。趙孟爲客，禮終乃宴飲酒樂。」此春秋時饗禮之可見者。

小臣具槃匜，在東堂下。

---

❶「鼏」字，原無，據朱熹《通解》、阮本《儀禮注疏》補。

鄭注：爲公盥也。公尊，不就洗。小臣于小賓客饗、食，掌正君服位。

釋曰：《特牲饋食禮》：「尸盥，匜水實于槃中，簞巾。」

宰夫設筵，加席、几。

鄭注：設筵于户西，南面而左几。公不賓至授几者，親設湇醬，可以略此。

無尊。

鄭注：主于食，不獻、酬。

飲酒漿飲，俟于東房。

鄭注：飲酒，清酒也。漿飲，截漿也。其俟，奠于豐上也。飲酒先言飲，明非獻、酬之酒也。漿飲先言漿，别于六飲也。

釋曰：此酒、漿以酳口耳，異于獻、酬之酒與六飲也。截之言載，以其汁滓相載，故曰截，《酒人》職云：「共賓客之飲酒。」

凡宰夫之具，饌于東房。

鄭注：凡，非一也。飲食之具，宰夫所掌也。酒漿不在凡中者，雖無尊，猶嫌在堂。

公如賓服，迎賓于大門内。❶

❶「内」，原作「外」，據朱熹《通解》、阮本《儀禮注疏》改。

鄭注：不出大門，降于國君。

釋曰：出門者，待其君之禮也。臣之意欲尊其君，迎賓于門内，所以順其尊君之意也。

大夫納賓。

鄭注：大夫，謂上擯也。納賓以公命。

釋曰：卿爲上擯。

賓入門左。公再拜。賓辟，再拜稽首。

鄭注：左，西方，賓位也。辟，逡遁，不敢當君拜也。

公揖入，賓從。

鄭注：揖入，道之。

及廟門，公揖入。

鄭注：廟，禰廟也。

釋曰：不言廟名者，皆禰廟。

賓入，三揖。

鄭注：每曲揖，及當碑揖，相人偶。

至于階，三讓。

鄭注：讓，先升。

公升二等，賓升。

鄭注：遠下人君。

大夫立于東夾南，西面，北上。

鄭注：東夾南，東西節也。取節于夾，明東于堂。

士立于門東，北面，西上。

鄭注：統于門者，非其正位，辟賓在此。

小臣東堂下，南面，西上。宰東夾北，西面，南上。

鄭注：宰，宰夫之屬也。古文無「南上」。

内官之士在宰東北，西面，南上。

鄭注：夫人之官，内宰之屬也。自卿大夫至此，不先即位，從君而入者，明助君饗食賓，自無事。

介門西，北面，西上。

鄭注：西上，自統于賓也。然則承擯已下，立于士西，少進東上。

釋曰：承擯，大夫也，故少進于士。上擯進相君，退則反其位，負東塾而立。

公當楣北鄉，至再拜，❶賓降也，公再拜。

鄭注：楣謂之梁，至再拜者，興禮俟賓，嘉其來也。公再拜，賓降矣。

釋曰：凡言「也」者，皆與下事爲節。

賓西階東，北面荅拜。

鄭注：西階東，少就主君，敬也。

擯者辭。

鄭注：辭拜于下。

拜也。公降一等。辭曰：「寡君從子，雖將拜，興也。」

鄭注：賓降再拜，公降，擯者釋辭矣。賓猶降，終其再拜稽首。興，起也。

栗階升，不拜。 案：「栗」上，各本有「賓」字，考此句承上「賓西階東，北面荅拜」，不必更言「賓」。唐石經無「賓」字者是，今從之。

鄭注：自以已拜也。栗，實栗也。不拾級連步，趨主國君之命，不拾級而下曰辵。案：《説文》引《春秋公羊傳》曰：「辵階而走。」今《傳》「辵」作「躇」，《釋文》云：「丑略反，一本作『辵』，音同。」

釋曰：實栗，疾意。升階之節，前足涉一級，後足從之，併足相隨不相過，是謂連步。《曲禮》所

---

❶「再」，王引之《經義述聞》、胡培翬《正義》皆認爲當作「壹」。

謂「拾級聚足，連步以上」是也。栗階者，其始升連步，至上二等，左右各一發而升堂。歷階則從下至上皆越等，無連步，《禮記》「杜蕢入寢，歷階而升」是也。《公羊》：「趙盾避靈公，躇階而走。」謂左右足越三等，即鄭所謂辵。

命之成拜，階上北面，再拜稽首。

鄭注：賓降拜，主君辭之，賓雖終拜，于主君之意猶爲不成。

士舉鼎，去鼏于外，案：「鼏」，石經訛作「冪」，今從《釋文》爲正。**次入，陳鼎于碑南，南面，西上。**案：原本脱一「南」字，唐石經同，今據注疏本補。**右人抽扃，坐奠于鼎西，南順，出自鼎西。左人待載。**

鄭注：入由東，出由西，明爲賓也。今文「奠」爲「委」，古文「待」爲「持」。

雍人以俎入，陳于鼎南。旅人南面加匕于鼎，退。

鄭注：旅人，雍人之屬，旅食者也。雍人言入，旅人言退，文互相備也。出入之由，亦如舉鼎者。匕俎每器一人，諸侯官多也。

釋曰：大夫饋食禮，匕俎皆合執以從。

大夫長盥，洗東南，西面，北上。序進盥，退者與進者交于前。卒盥，序進，南面匕。

鄭注：長，以長幼也。序，猶更也。前，洗南。

釋曰：北面盥。

載者西面。

鄭注：載者，左人。案：此下，今注疏本有「也」字。亦序自鼎東，西面于其前，大夫匕，則載之。

魚、腊飪。

鄭注：飪，孰也。案：「孰」，今注疏本作「熟」。食禮宜孰，饗有腥者。

載體，進奏。

鄭注：體，謂牲與腊也。奏，謂皮膚之理也。進其理，本在前。下大夫體七箇。

魚七縮俎，寢右。

鄭注：右，首也。寢右，進鬐也。乾魚近腴，多骨鯁。

釋曰：縮，縱也。賓在户西，南面。俎東西陳其前。魚在俎縱之，于人爲横，西首而寢其右，則腹腴鄉南。而進鬐，脊近賓矣。以少骨鯁者鄉賓，優賓也。祭祀則體進下，魚進腴。

腸胃七，同俎。

鄭注：以其同類也，不異其牛羊。腴，賤也。此俎實凡二十八。

釋曰：君子不食圂腴。圂，謂犬豕也。取牛羊腴而已。牛與羊之腸及胃各七。

倫膚七。

鄭注：倫，理也，謂精理滑脆者。案：「脆」，原本訛作「脃」，今注疏本同，據宋本改正。❶今文「倫」或作「論」。

釋曰：膚取豕之脅革肉爲之。

腸胃、膚皆橫諸俎，垂之。

鄭注：順其在牲之性也。腸胃垂及俎拒。

釋曰：俎拒，脛中當橫節。

大夫既匕，匕奠于鼎，逆退，復位。

鄭注：事畢，宜由便也。士匕載者，又待設俎。

公降盥。

鄭注：將設醬。

賓降，公辭。

鄭注：辭其從己。

卒盥，公壹揖壹讓，公升，賓升。

---

❶ 此戴校，原無，據四庫本補。

鄭注：揖讓皆壹，案：今注疏本作「一」。❶殺于初。古文「壹」皆作「一」。

宰夫自東房授醯醬。

鄭注：授，授公也。醯醬，以醯和醬。

公設之。

鄭注：以其爲饌本。

賓辭，北面坐，遷而東遷所。

鄭注：東遷所，奠之東側，其故處也。案：原本無「也」字。《釋文》取「處也」二字，下云「昌慮反」，今據《釋文》補入。

釋曰：賓遷之，不敢當君設處，且若親授然。側，猶近也。

公立于序内，西鄉。

鄭注：不立阼階上，示親饌。

賓立于階西，疑立。

鄭注：不立階上，以主君離阼也。疑，正立也，自定之貌。今文曰「西階」。

宰夫自東房薦豆六，設于醬東，西上。韭菹以東，醓醢、昌本。昌本南，麋臡；以西，菁菹、鹿臡。

---

❶ 此戴校，原無，據四庫本補。

鄭注：醓醢，醢有醓。昌本，昌蒲本，菹也。醢有骨謂之臡。菁，蓂菁，菹也。今文「臡」皆作「麋」。

士設俎于豆南，西上：牛、羊、豕；魚在牛南，腊、腸胃亞之。

鄭注：亞，次也。不言綪、錯，俎尊也。

釋曰：設豆綪，設黍稷錯，俎尊，具其文。

膚以爲特。

鄭注：直豕與腸胃東也。特膚者，出下牲，賤。

旅人取匕，甸人舉鼎，順出，奠于其所。

鄭注：以其空也。其所，謂當門。

釋曰：士不舉鼎出者，俟設俎。《士喪禮》亦「甸人舉」。

宰夫設黍稷六簋于俎西，二以並，東北上。黍當牛俎，其西稷，錯，以終，南陳。

鄭注：並，併也。今文曰「併」。古文「簋」皆作「軌」。

大羹湆不和，實于鐙。宰右執鐙，左執蓋，由門入，升自阼階，盡階，不升堂，授公，以蓋降，出，入反位。

鄭注：大羹湆，煮肉汁也。大古之羹不和，無鹽菜。瓦豆謂之鐙。宰謂大宰，宰夫之長也。有蓋者，饌自外入，爲風塵。今文「湆」爲「汁」，又曰「入門自阼階」，無「升」。

釋曰：湆升自阼階者，公親設之故也。

公設之于醬西。賓辭，坐遷之。

鄭注：亦東遷所。

宰夫設鉶四于豆西，東上，牛以西羊，羊南豕，豕以東牛。

鄭注：鉶，菜和羹之器。

釋曰：以鼎煮牲，取其骨體置之俎，其汁謂之大羹。芼之以菜，調以醎酸，盛之于鉶，謂之鉶羹。

案：原本脱「羹」字，今補。

飲酒實于觶，加于豐。

鄭注：豐，所以承觶者也，如豆而卑。

釋曰：觶，之豉反。

宰夫右執觶，左執豐，進設于豆東。

鄭注：食有酒者，優賓也。設于豆東，不舉也。《燕禮·記》曰：「凡奠者于左。」

宰夫東面坐，啓簋會，各郤于其西。

鄭注：會，簋蓋也，亦一一合郤之，各當其簋之西。

釋曰：會，古外反，後同。

贊者負東房，南面告具于公。

鄭注：負東房，負房户而立也。南面者，欲得鄉公與賓也。

公再拜，揖食。

鄭注：再拜，拜賓饌具。

賓降拜。

鄭注：荅公拜。

釋曰：《曲禮》曰：「主人親饋，則拜而食。」

公辭，賓升，再拜稽首。

鄭注：不言成拜，降未拜。

賓升席，坐取韭菹，以辯擩于醢，上豆之閒祭。

鄭注：擩，猶染也。今文無「于」。

贊者東面坐，取黍，實于左手，辯，又取稷，辯，反于右手，興以授賓。賓祭之。

鄭注：取授以右手，便也。賓亦興受，坐祭之于豆祭也。獨云贊興，優賓也。《少儀》曰：「受立，授立，不坐。」

釋曰：簋、俎去席遠，故贊者取以授賓。豆祭，謂前祭豆處，上豆之間。

三牲之肺不離，贊者辯取之，壹以授賓。

鄭注：肺不離者，刌之也。不言刌，刌則祭肺也。此舉肺不離而刌之，便賓祭也。祭離肺者，絶肺祭也。❶壹，猶稍也。古文「壹」作「一」。

釋曰：離，割也。刌，切也。刌肺，切之。離肺，離割之不絶其中央少許。刌肺直取以祭，亦謂之祭肺。離肺則絶之以祭，亦謂之舉肺。刌肺惟祭祀乃有之。

賓興受，坐祭。

鄭注：于是云「賓興受，坐祭」，重牲也。賓亦每肺興受，祭于豆祭。

捝手，扱上鉶，以柶辯擩之，上鉶之閒祭。

鄭注：扱以柶，扱其鉶菜也。捝，拭也，拭以巾。

祭飲酒于上豆之閒。魚、腊、醬、湆不祭。

鄭注：不祭者，非食物之盛者也。

釋曰：魚、腊不祭，腸胃、膚不祭可知。❷或曰《曲禮》「殽之序徧祭之」，殽謂出于牲體者，惟魚、腊不祭耳。

宰夫授公飯粱。公設之于湆西。賓北面辭，坐遷之。

鄭注：既告具矣，而又設此，殷勤之加也。遷之，遷而西之，以其東上也。

---

❶「祭離肺者絶肺祭也」八字，原無，據阮本《儀禮注疏》、胡培翬《正義》補。

❷「腸」上，胡培翬《正義》引《集解》有「則」字。

釋曰：東上，統于正饌。

公與賓皆復初位。

鄭注：位，序内階西。

宰夫膳稻于粱西。

鄭注：膳，猶進也，進稻粱者以簠。

士羞庶羞，皆有大蓋，執豆如宰。

鄭注：羞，進也。庶，衆也。進衆珍味，可進者也。大，以肥美者特爲臠，所以祭也。魚或謂之膴。膴，大也。惟醯醬無大。如宰，如其進大羹湆，右執豆，左執蓋。

先者反之，由門入，升自西階。

鄭注：庶羞多，羞人不足，則相授于階上，復出取也。

先者一人升，設于稻南、簋西，間容人。

鄭注：簋西，黍稷西也。必言稻南者，明庶羞加，不與正豆併也。間容人者，賓當從間往來也。

釋曰：庶羞與稻粱皆加，故繼稻言之。

旁四列，西北上。

鄭注：不統于正饌者，雖加，自是一體，是所謂羹胾中别。

釋曰：《曲禮》曰：「左殽右胾。」殽，骨體也，爲正饌。胾，切肉也，爲庶羞。肉，謂之羹。羹則殽也。❶正饌在東，庶羞在西，羹胾中別也。《管子·弟子職》篇云：「羹胾中別，胾在醬前，其設要方，飯是爲卒，左酒右醬。」

膷以東，臐、膮、牛炙。

鄭注：膷、臐、膮，今時脽也。牛曰膷，羊曰臐，豕曰膮，皆香美之名也。古文「膷」作「香」，「臐」作「熏」。

炙南醢，以西牛胾、醢、牛鮨。

鄭注：先設醢，綪之以次也。《内則》謂鮨爲鱠，然則膾用鮨。今文「鮨」作「鰭」。

釋曰：醢配胾而卑于胾。今設之胾上者，欲既設之五醢相錯也。❷《内則》曰：「膳：膷、臐、膮、醢、牛炙、醢、牛胾、醢、牛膾、羊炙、羊胾、醢、豕炙、醢、豕胾、芥醬、魚膾、雉、兔、鶉、鷃。」自「魚膾」以上與此庶羞同，惟「膮」「牛炙」間衍「醢」字，「雉」以下即上大夫之加數，彼又以「鴽」爲「鷃」耳。

鮨南羊炙，以東羊胾、醢、豕炙。炙南醢，以西豕胾、芥醬、魚膾。

鄭注：芥醬，芥實醬也。《内則》曰：「膾，春用蔥，秋用芥。」

---

❶「殽」上，胡培翬《正義》引《集釋》有「設」字。

❷「五」，據文義或爲「四」字之訛。

衆人騰羞者，盡階，不升堂，授，以蓋降，出。

鄭注：「騰」當作「媵」。媵，送也。授，授先者一人。

贊者負東房，告備于公。

鄭注：復告庶羞具者，以其異饌。

贊升賓。

鄭注：以公命命賓升席。

釋曰：公不揖食者，加饌禮殺。

賓坐席末，取粱即稻，祭于醬、湆間。

鄭注：即，就也。祭稻、粱不于豆祭，❶祭加宜于加。

釋曰：稻、粱，加饌也。醬、湆不祭，亦正饌之加。

贊者北面坐，辯取庶羞之大，興，一以授賓。賓受，兼壹祭之。

鄭注：一一受之，而兼壹祭之，庶羞輕也。自祭之于腳、臐之間，以異饌也。

賓降拜。

鄭注：拜庶羞。

❶ 「于」，原作「以」，據阮本《儀禮注疏》、胡培翬《正義》改。

公辭，賓升，再拜稽首，公荅再拜。

釋曰：賓先拜庶羞，公乃荅拜，亦禮殺。

賓北面自閒坐，左擁簠粱，右執湆以降。

鄭注：自閒坐，由兩饌之閒也。擁，抱也。必取粱者，公所設也。以之降者，堂尊處，欲食于階下然也。

釋曰：《曲禮》曰：「客若降等，執食興，辭。主人興，辭于客，然後客坐。」

公辭。賓西面坐，奠于階西，東面對，西面坐取之，栗階升，北面反奠于其所，降辭公。

鄭注：奠而後對，成其意也。降辭公，敬也。必辭公者，爲其尊而親臨己食。侍食，贊者之事。

公許。賓升。公揖，退于箱。

鄭注：箱，東夾之前，俟事之處。

擯者退，負東塾而立。

鄭注：無事。

賓坐，遂卷加席。公不辭。

鄭注：贊者以告公，公聽之，重來優賓。

釋曰：公案：此下原本缺。

賓三飯，以湆、醬。

鄭注：每飯歠湆，❶以殽擩醬，❷食正饌也。三飯而止，君子食不求飽。不言其殽，優賓。

釋曰：飯，飯粱也。飯粱以湆、醬者，公所設也。食禮，尸食舉殽，皆有次第。此則惟賓取之。

宰夫執觶漿飲，與其豐以進。

鄭注：此進漱也，非爲卒食，爲將有事，緣賓意欲自潔清。

賓挩手，興受。

鄭注：受觶。

宰夫設其豐于稻西。

鄭注：酒在東，漿在西，是所謂左酒右漿。

釋曰：《曲禮》曰：「酒漿處右。」鄭云：「若兩有之，則左酒右漿。」案，《弟子職》篇曰「左酒右醬」，此云「右漿」未詳。

庭實設。

鄭注：乘皮。

---

❶「飯」，原作「飲」，據朱熹《通解》、阮本《儀禮注疏》改。

❷「殽」，朱熹《通解》作「肴」。

賓坐祭，遂飲，奠于豐上。

鄭注：飲，漱。

公受宰夫束帛以侑，西鄉立。

鄭注：束帛，十端帛也。侑，猶勸也。主國君以爲食賓，殷勤之意未至，復發幣以勸之，欲用深安賓也。西鄉立，序内位也，受束帛于序端。

賓降筵，北面。

鄭注：以君將有命也，北面于西階上。

擯者進相幣。

鄭注：爲君釋幣辭于賓。

賓降辭幣，升聽命。

鄭注：降辭幣，主國君又命之。升聽命，釋許辭。

降拜。

鄭注：當拜受幣。

公辭。賓升，再拜稽首，受幣，當東楹北面。

鄭注：主國君南面授之，當東楹者，欲得君行一臣行二也。

退，西楹西東面立。

鄭注：俟主國君送幣也。退不負序，以將降。

公壹拜，賓降也，公再拜。

鄭注：賓不敢俟成拜。

介逆出。

鄭注：以賓事畢。

賓北面揖，執庭實以出。

鄭注：揖執者，示親受。

公降立。

鄭注：俟賓反。

上介受賓幣，從者訝受皮。

鄭注：從者，府史之屬。訝，迎也。今文曰「梧受」。

釋曰：按，下經「魚、腸胃、倫膚，下大夫則若七若九」，九者，蓋侯伯大夫再命之數。七則子男之大夫一命之數也。小聘使大夫。此篇魚、腸胃、倫膚之數皆七，則所食者子男之小聘大夫也，其士介止一人。既受賓幣，知受皮者，府史之屬。

賓入門左，没霤，北面，再拜稽首。

鄭注：便退則食禮未卒，不退則嫌，更入行拜，若欲從此退。

公辭。

鄭注：止其拜，使之卒食。

釋曰：食，如字，下至注「卒食」同。

揖讓如初。

鄭注：如初入也。

升，賓再拜稽首。公荅再拜。

鄭注：賓拜，拜主國君之厚意。賓揖，介入復位。

釋曰：下更云「介逆出」，明此時入。

賓降辭公，如初。

鄭注：將復食。

賓升。公揖，退于箱。賓卒食會飯，三飲。

鄭注：卒，已也。已食會飯，三漱漿也。會飯，謂黍稷也。此食黍稷，則初時食稻粱。

不以醬、湆。

鄭注：不復用正饌也。初時食加飯用正饌，此食正飯用庶羞，互相成也。後言湆，或時後用。❶

捝手興，北面坐，取粱與醬以降，西面坐，奠于階西。

鄭注：示親徹也。不以出者，非所當得，又以已得侑幣。

釋曰：醬、湆、粱，公所設。故賓前擁粱與湆，此取粱與醬以降也。《玉藻》曰：「若賜之食而君客之。君既徹，執飯與醬，乃出授從者。」又曰：「主人自置其醬，則客自徹之。」《曲禮》曰：「卒食，客自前跪，徹飯齊以授相者。」齊，醬屬也。

東面，再拜稽首。

鄭注：卒食拜也。不北面者，異于辭。

公降再拜。

鄭注：荅之也，不辭之使升拜，明禮有終。

介逆出。賓出，公送于大門内，再拜，賓不顧。

鄭注：初來揖讓而退不顧，退禮略也，示難進易退之義。擯者以賓不顧告公，公乃還也。

有司卷三牲之俎，歸于賓館，

---

❶「或」上，胡培翬《正義》有「者湆」二字。

鄭注：卷，猶收也，無遺之辭也。三牲之俎，正饌尤尊，盡以歸賓，尊之至也。歸俎者實于篚，它時有所釋故。

釋曰：《士虞禮》尸所舉牲體皆盛于篚，以歸尸。釋，猶遺也。《饋食禮》：「俎釋三個。」此無所釋，故言卷也。

魚腊不與。

鄭注：以三牲之俎無所釋故也。禮之有餘爲施惠。不言腸胃、膚者，在魚、腊下，不與可知也。

古文「與」作「豫」。

明日，賓朝服拜賜于朝，拜食與侑幣，皆再拜稽首。

鄭注：朝，謂大門外。

訝聽之。

鄭注：受其言，入告出報也。此下大夫有士訝。

上大夫，八豆、八簋、六鉶、九俎，魚、腊皆二俎。

鄭注：記公食上大夫異于下大夫之數。豆加葵菹、蝸醢，四四爲列，俎加鮮魚、鮮腊，三三爲列，無特。

釋曰：按《周禮·醢人》：「朝事之豆，韭菹、醓醢。饋食之豆，葵菹、蝸醢。」《少牢饋食禮》：「四豆兼而用之。」此亦大夫禮，故取葵菹、蝸醢，加于韭菹以下六豆也。

魚、腸胃、倫膚，若九若十有一。下大夫則若七若九。

鄭注：此以命數爲差也。九，謂再命者也。十一，謂三命者也。七，謂一命者也。九或上或下者。再命，謂小國之卿，次國之大夫也。卿則曰上，大夫則曰下。大國之孤視子男。

庶羞，西東毋過四列。

鄭注：謂上下大夫也。古文「毋」爲「無」。

上大夫，無羞二十，案：「二十」，唐石經作「廿」。**加于下大夫以雉、兔、鶉、鴽。**

鄭注：鴽，無母。

釋曰：《爾雅·釋鳥》云：「鴽，鴾母。」上大夫西東亦四列，南北則五列矣。此篇所食者，子男小聘之大夫也。食，凡聘賓與大夫、介同用此禮，故以「食大夫」名篇，惟饌數異耳。《聘禮》據侯伯之大聘，《食禮》據子男之小聘，互以見。

若不親食。

鄭注：謂主國君有疾病若他故。

使大夫各以其爵，朝服以侑幣致之。

鄭注：執幣以將命。

豆實，實于甕，陳于楹外，二以並，北陳。簠實，實于筐，陳于楹内兩楹間，二以並，南陳。

鄭注：陳甕筐于楹間者，象授受于堂中也。南北相當，以食饌同列耳。甕北陳者，變于食。甕數如豆，醢芥醬從焉。筐米四。今文「並」作「併」。

釋曰：豆食每物爲一甕，黍、稷、稻、粱各一筐。庶羞之醢芥醬與醢醬同類，故從豆實，醢、芥醬宜各一甕。

庶羞陳于碑内。

鄭注：生魚也，魚腊從焉。上大夫加鮮魚、鮮腊、雉、兔、鶉、鴽。不陳于堂，辟正饌。

釋曰：生魚，即庶羞所用爲鱠者也。膾切之，此則用全。三牲之胾炙在牲未殺，醢芥醬從豆實，故所陳者生魚耳。乾魚、乾腊同類，故從焉。雉、兔、鶉、鴽亦生致之。牲不殺而有醢者，醢經百日乃成，不繫于殺。有芥醬者，以有生魚故也。

庭實陳于碑外。

鄭注：執乘皮者也，不參分庭一在南者，以言歸，宜近内。

釋曰：凡陳庭實，三分庭一在南。設碑，三分庭一在北。碑外，蓋南北之中庭。

牛、羊、豕，陳于門内西方，東上。

鄭注：爲其踐汙館庭，使近外。

賓朝服以受，如受饗禮。

鄭注：朝服食禮輕也。

釋曰：賓受饗，皮弁服。

無擯。

鄭注：以己本宜往。

釋曰：「擯」當作「儐」，下「無擯」同。

明日，賓朝服以拜賜于朝，訝聽命。

鄭注：亦謂食，侑幣。

大夫相食，親戒速。

鄭注：記異于君者也。速，召也。先就告之，歸具，既具，復自召之。

迎賓于門外，拜至，皆如饗拜。

鄭注：饗，大夫相饗之禮也，今亡。古文「饗」或作「鄉」。

降盥，受醬、湆。侑幣，束錦也。皆自阼階降堂受。授者升一等。

鄭注：皆者，謂受醬、受湆、受幣也。侑用束錦，大夫文也。降堂，謂止階上。今文無「束」。

賓止也。

鄭注：主人三降，賓不從。

釋曰：三降受醬、湇、幣。主人降堂不盡等，故賓不降。

賓執粱與湇，之西序端。

鄭注：不敢食于尊處。

釋曰：兩大夫敵，故賓不降食。食，如字，至「卒食」同。

主人辭，賓反之。卷加席，主人辭，賓反之。辭幣，降一等。主人從。

鄭注：從辭賓降。

受侑幣，再拜稽首，主人送幣亦然。

鄭注：敵也。

辭于主人，降一等。主人從。

鄭注：辭，謂辭其臨己食。

卒食，徹于西序端。

鄭注：亦親徹。

東面再拜，降出。

鄭注：拜，亦拜卒食。

其他皆如公食大夫之禮。若不親食，則公作大夫朝服以侑幣致之。

鄭注：作，使也。大夫有故，君必使其同爵者爲之致禮。列國之賓來，榮辱之事君臣同。

賓受于堂，無擯。

鄭注：與受君禮同。

記。不宿戒。

鄭注：食禮輕也。此所以不宿戒者，謂前期三日之戒，申戒爲宿，謂前期一日。

戒不速。

鄭注：食賓之朝，夙興戒之，賓則從戒者而來，不復召。

不授几。

鄭注：異于醴也。

無阼席。

鄭注：公不坐。❶

亨于門外，東方。

鄭注：必于門外者，大夫之事也。東方者，主陽。

---

❶「坐」，四庫本作「享」。

司宫具几與蒲筵常，緇布純，加萑席尋，玄帛純。皆卷自末。

鄭注：司宫，太宰之屬，掌宫廟者也。丈六尺曰常，半常曰尋。純，緣也。萑，細葦也。末，經所終，有以識之。必長筵者，以有左右饌也。今文「萑」皆作「莞」。案：原本云「皆爲莞」，《釋文》取「作莞」二字，下云「音官」，今從《釋文》。

釋曰：太宰之屬有宫人，諸侯則司宫兼之。

宰夫筵，出自東房。

鄭注：筵本在房，宰夫敷之也。天子、諸侯左右房。

賓之乘車在大門外西方，北面立。

鄭注：賓車不入門，廣敬也。凡賓即朝，中道而往，將至，下行，而後車還立于西方。賓及位而止，北面。卿大夫之位當車前。凡朝位，賓主之間，各以命數爲遠近之節也。

釋曰：《曲禮》曰：「客車不入大門。」賓主之間，謂主人未迎時，賓主相去之數也。

鉶芼：牛藿、羊苦、豕薇，皆有滑。

鄭注：藿，豆葉也。苦，苦荼也。滑，堇荁之屬。今文「苦」爲「芐」。

釋曰：菜者，土之毛，故謂之芼。堇荁，乾則滑。

贊者盥，從俎升。

鄭注：俎，其所有事。

簠有蓋冪。案：「冪」，今注疏本訛作「羃」。

鄭注：稻粱將食乃設，去會于房，蓋以冪。冪，巾也。今文或作「幕」。

釋曰：簠至設時，冪亦去之。食，如字，下「食庶羞」同。

凡炙無醬。

鄭注：已有鹹和也。

上大夫，蒲筵，加萑席，其純皆如下大夫純。

鄭注：謂三命大夫也。孤爲賓，則莞筵紛純，加繅席畫純也。

釋曰：言上下大夫筵席不殊，雖侯伯之卿亦與子男之大夫同也。四命之孤則異。莞筵繅席，《司几筵》筵國賓之席。

卿擯由下。

鄭注：不升堂也。

上贊，下大夫也。

鄭注：上，謂堂上。擯、贊者事相近，以佐上下爲名。

釋曰：擯謂上擯，使卿。贊謂贊賓食者，使下大夫。擯在堂下，贊在堂上。

上大夫庶羞，酒飲漿飲，庶羞可也。

鄭注：于食庶羞，宰夫又設酒漿，以之食庶羞，可也。以優賓。

拜食與侑幣，皆再拜稽首。

鄭注：嫌上大夫不稽首。

北京大學《儒藏》編纂與研究中心 編

《儒藏》精華編選刊

儀禮集釋（下）

〔南宋〕李如圭 撰
楊 華
李志剛 校點

北京大學出版社
PEKING UNIVERSITY PRESS

儀禮集釋卷十六

覲禮第十

鄭《目録》云：覲，見也。諸侯秋見天子之禮，春見曰朝，夏見曰宗，秋見曰覲，冬見曰遇。朝、宗禮備，覲、遇禮省，是以享獻不見焉。三時禮亡，惟此存爾。覲禮于五禮屬賓禮。案：今注疏本脱「禮」字。大戴第十六，小戴第十七，《别録》第十。

覲禮。至于郊，王使人皮弁用璧勞。侯氏亦皮弁迎于帷門之外，再拜。

鄭注：郊，謂近郊，去王城五十里。《小行人》職曰：「凡諸侯入王，則逆勞于畿。」則郊勞者，大行人也。皮弁者，天子之朝朝服也。璧無束帛者，天子之玉尊也。不言諸侯言侯氏者，明國殊舍異，禮不凡之也。郊舍狹寡，爲帷宫以受勞。《掌舍》職曰：「爲帷宫，設旌門。」

使者不荅拜，遂執玉，三揖，至于階，使者不讓，先升。侯氏升聽命，降，再拜稽首，遂升受玉。

鄭注：不荅拜者，爲人使不當其禮也。不讓先升，奉王命尊也。升者，升壇。使者東面致命，侯氏東階上西面聽之。

釋曰：案：此下原本缺。

使者左還而立，侯氏還璧，使者受。侯氏降，再拜稽首，使者乃出。

鄭注：左還，還南面，示將去也。立者，見侯氏將有事于己，俟之也。還玉，重禮。

侯氏乃止使者，使者乃入。侯氏與之讓升。侯氏先升，授几。侯氏拜送几。使者設几，荅拜。

鄭注：侯氏先升，賓禮統焉。几者安賓，所以崇優厚也。上介出止使者，則已布席也。

釋曰：統者，統于主人也。使者不坐而設几，優賓也。諸侯之卿卑，《聘禮》卿勞，儐之，不設几。

侯氏用束帛、乘馬儐使者。使者再拜受。侯氏再拜送幣。

鄭注：儐使者，所以致尊敬也。拜者各于其階。

使者降，以左驂出。侯氏送于門外，再拜。侯氏遂從之。

鄭注：騑馬曰驂。左驂，設在西者。其餘三馬，侯氏之士遂以出，授使者之從者于外。從之者，遂隨使者以至朝。

釋曰：馬在庭，北面，西上。《聘禮》賓亦執左馬以出。馬在旁者曰驂。天子使尊，雖從之，亦拜送。

天子賜舍。

鄭注：以其新至，道路勞苦，未受其禮，且使即安也。賜舍猶致館也，所使者司空與？小行人爲承儐。今文「賜」皆作「錫」。案：今注疏本脱「皆」字。

釋曰：《聘禮》賓至即欲受之者，主人之禮。《覲禮》且使即安者，君上之惠。勞，如字。

曰：案：唐石經無「曰」字。**「伯父，女順命于王所，賜伯父舍。」**

鄭注：此使者致館辭。

侯氏再拜稽首。

鄭注：受館。

儐之束帛、乘馬。

鄭注：王使人以命致館無禮，猶儐之者，尊王使也。侯氏受館于外，既則儐使者于内。

天子使大夫戒，曰：「某日，伯父帥乃初事。」

鄭注：大夫者，卿爲訝者也。《掌訝》職曰：「凡訝者，賓客至而往，詔相其事。」戒，猶告也，其爲告，使順循其事也。初，猶故也。今文「帥」作「率」。

侯氏再拜稽首。

鄭注：受覲日也。

諸侯前朝，皆受舍于朝。同姓西面，北上；異姓東面，北上。

鄭注：言諸侯者，明來朝者衆矣。顧其入覲，不得並耳。受舍于朝，受次于文王廟門之外。《聘禮・記》曰：「宗人授次，次以帷，少退于君之次。」則是次也，言舍者，尊舍也，天子使掌次爲之，諸侯上介先朝受焉。此覲也，言朝者，覲、遇之禮雖簡，其來之心猶若朝也。分別同姓異姓，受之將有先後也。《春秋傳》曰：「寡人若朝于薛，不敢與諸任齒。」則周禮先同姓。

釋曰：諸侯受聘于祧，知天子受覲亦于祧。鄭以文武廟爲二祧，故謂受舍于文王廟門外也。下記「上介皆奉其君之旂，置于宮」，知受舍者亦上介。

侯氏裨冕，釋幣于禰。

鄭注：將覲，質明時也。裨冕者，衣裨衣而冠冕也。裨之爲言埤也。天子六服，大裘爲上，其餘爲裨，以事尊卑服之。而諸侯亦服焉，上公衮無升龍，侯伯鷩，子男毳，孤絺，卿大夫玄，此差司服所掌也。禰謂行主、遷主矣，而云禰，親之也。釋幣者，告將覲也。其釋幣，如聘大夫將受命，釋幣于禰之禮，既則祝藏其幣，歸乃埋之于祧西階之東。今文「冕」皆作「絻」。案：今注疏本脱此六字。

釋曰：諸侯玄冕以祭，今入天子廟，得伸其上服，故服裨冕，因告禰也。《曾子問》曰：「天子巡守以遷廟主行，諸侯去其國亦然。」冕服九章，龍、山、華蟲、火、宗彝，五者畫以爲繢，藻、粉米、黼、黻，四者絺以爲繡。衮之衣五章，裳四章。鷩之衣三章，裳四章。毳之衣三章，裳二章。絺刺粉米，衣一章，裳二章。玄者，衣無文，裳刺黻而已。皆玄衣纁裳。

乘墨車，載龍旂、弧韣，乃朝以瑞玉，有繅。

鄭注：墨車，大夫制也。乘之者，入天子之國，車服不可盡同也。交龍爲旂，諸侯之所建。弧，所以張縿之弓也。弓衣曰韣。瑞玉，謂公桓圭，侯信圭，伯躬圭，子穀璧，男蒲璧。繅，所以藉玉，以韋衣木，廣袤各如其玉之大小，以朱白蒼爲六色。今文「玉」爲「璧」，「繅」或爲「璪」。

釋曰：《大宗伯》之職以玉作瑞，桓圭以下是也，各以其所瑑飾名之。

天子設斧依于户牖之間，左右几。

鄭注：依，如今綈素屏風也，有繡斧文，所以示威也。斧謂之黼。几，玉几也。左右者，優至尊也。其席莞席紛純，加繅席畫純，加次席黼純。

釋曰：《釋宫》曰：「户牖之間謂之扆。」謂窗東户西也。扆與依同，斧依亦以設于此處得名。《考工記》曰：「白與黑謂之黼，斧刃白而銎黑，據形言之則謂之斧也。」《書·顧命》曰：「設黼扆，牖間南嚮，敷重篾席，黼純，華玉仍几。」篾席，則次席也。

天子衮冕負斧依。

鄭注：衮衣者，裨之上也。繢之、繡之爲九章。其龍，天子有升龍，有降龍。衣此衣而冠冕，南嚮而立，以俟諸侯見。

釋曰：衮者，卷龍衣也。上公亦服之，以無升龍爲異。負依，謂背之也。《曲禮》曰：「天子當依而立，諸侯北面而見天子曰覲。天子當宁而立，諸公東面，諸侯西面曰朝。」見，賢遍反，下「見尊」同。

嗇夫承命，告于天子。

鄭注：嗇夫，蓋司空之屬也，爲末擯，承命于侯氏。下介傳而上，上擯以告于天子。案：今注疏本脱「于」字。天子見公，擯者五人，見侯伯，擯者四人，見子男，擯者三人。皆宗伯爲上擯。《春秋傳》曰：「嗇夫馳。」

釋曰：此交擯也。按，《司儀》諸侯相爲賓皆交擯，則見天子可知。

天子曰：「非他，伯父實來，予一人嘉之。伯父其入，予一人將受之。」

鄭注：言非他者，親之辭。嘉之者，美之辭也。上擯又傳此而下至嗇夫，侯氏之下介受之，傳而上，上介以告其君，君乃許入。今文「實」作「寔」，「嘉」作「賀」。

釋曰：其入者，覲禮不出迎。

侯氏入門右，坐奠圭，再拜稽首。

鄭注：入門而右，案：今注疏本脱「而」字。執臣道不敢由賓之位也。案：「之」，各本訛作「客」，張淳《儀禮識誤》言「據周顯德監本改正」，今從之。卑見尊，奠贄而不授。案：「卑」下，各本衍「者」字，張淳《儀禮識誤》云：「《釋文》『見侯』注云『卑見同』。卑見，謂此也。中無『者』字，從《釋文》。」

擯者謁。

鄭注：謁，猶告也。上擯告以天子前辭，欲親受之如賓客也。其辭所易者，曰「伯父其升」。

侯氏坐取圭，升致命。王受之玉。侯氏降，階東北面再拜稽首。擯者延之曰：「升。」升成拜，乃出。

鄭注：擯者請之。侯氏坐取圭，則遂左，降拜稽首送玉也。從後詔禮曰延。延，進也。

釋曰：階東，西階之東也。侯氏取圭由門左，升自西階致命。《郊特牲》曰：「覲禮不下堂而見諸侯。下堂而見諸侯，天子之失禮也，由夷王以下。」

四享，皆束帛加璧，庭實惟國所有。

鄭注：四當爲三，古書作三、四或皆積畫，此篇又多四字，字相似，由此誤也。《大行人》職曰：「諸侯廟中將幣，皆三享。」其禮差又無取于四也。初享或用馬，或用虎豹之皮。其次享三牲、魚、腊。籩豆之實，龜也，金也，丹漆、絲纊、竹箭也，其餘無常貨。此物非一國所能有，案：「物」上，今注疏本衍「地」字。惟國所有，案：今注疏本脱「國」字。分爲三享，皆以璧帛致之。

奉束帛，匹馬卓上，九馬隨之，中庭西上，奠幣，再拜稽首。

鄭注：卓，讀如「卓王孫」之「卓」，卓，猶的也。以素的一馬以爲上，書其國名，後當識其何産也。馬必十匹者，不敢斥王之乘，用成數，敬也。

釋曰：中庭，庭南北之中也。凡庭實，三分庭一在南。此以三享同陳，故入庭深設之。《書》：「康王既尸天子，王出在應門之内，大保率西方諸侯入應門左，畢公率東方諸侯入應門右，皆布乘黄朱，賓稱，奉圭兼幣，曰：『一二臣衛敢執壤奠。』皆再拜稽首。」彼因喪而見，與此禮異。乘黄朱，四黄馬朱鬣也。出應門，其當宁而立與？

擯者曰：「予一人將受之。」

鄭注：亦言王欲親受之。

侯氏升致命。王撫玉。侯氏降自西階，東面授宰幣，西階前再拜稽首，以馬出，授人，九馬隨之。

鄭注：王不受玉，撫之而已，輕財也。以馬出，隨侯氏出授王人于外也。王不使人受馬者，至于享，案：「至」，原本訛作「主」，據今注疏本改正。王之尊益君，侯氏之卑益臣。

釋曰：幣，謂束帛加璧也。宰，大宰也。大宰之職，大朝覲會同贊玉幣。享者，貢其國所有，臣禮也。《聘禮》使人受賓覿之馬者，不臣人之臣。

事畢。

鄭注：三享訖。

乃右肉袒于廟門之東。乃入門右，北面立，告聽事。

鄭注：右肉袒者，刑宜施于右也。凡以禮事者左袒，入更從右者，臣益純也。告聽事者，告王以國所用爲罪之事也。《易》曰：「折其右肱，无咎。」

釋曰：《士喪禮》主人左袒，則雖凶禮亦袒左。

擯者謁諸天子。天子辭于侯氏，曰：「伯父無事，歸寧乃邦。」

鄭注：謁，告。寧，安也。乃，猶女也。

釋曰：《書·文侯之命》曰：「王曰：『父義和，其歸視爾師，寧爾邦。』」

侯氏再拜稽首，出，自屏南適門西，案：敖繼公云：「『西』下，脱『襄』字。」**遂入門左，北面立，王勞之。再拜稽首。擯者延之，曰：「升。」升成拜，降出。**

鄭注：王辭之，不即左者，當出隱于屏而襲之也。天子外屏勞之，勞其道勞也。

釋曰：《釋宮》曰：「屏謂之樹。」《論語》曰：「邦君樹塞門。」謂立小牆當門中以自蔽也。❶《禮緯》曰：「天子外屏，諸侯內屏。」內屏在路門之內，外屏在路門之外。臣朝君，至而加肅敬，故屏有遠近也。此出門乃自屏南，知天子外屏。道勞，如字。

天子賜侯氏以車服。迎于外門外，再拜。

鄭注：賜車者，同姓以金路，異姓以象路。服則衮也，鷩也，毳也。古文曰「迎于門外也」。

釋曰：《巾車》：「掌五路，玉路以祀，金路同姓以封，象路異姓以封，革路以封四衛，木路以封蕃國。」《司服》：「公之服自衮冕而下，侯伯鷩冕，子男毳冕。」

路先設，西上，路下四，亞之。重賜無數，在車南。

鄭注：路謂車也。凡君所乘車曰路。路下四，謂乘馬也。亞之，次車而東也。《詩》云：「君子來

---

❶「謂」上，胡培翬《正義》引《集釋》有「屏」字。

朝，何錫予之？雖無予之，路車乘馬，又何予之？玄衮及黼。」重，猶善也，所加賜善物，多少由恩也。《春秋傳》曰：「重錦三十兩。」

諸公奉篋服，加命書于其上，升自西階，東面。大史是右。

鄭注：言諸公者，王同時分命之而使賜侯氏也。右讀如「周公右王」之右。是右者，始隨入，于升東面，乃居其右。古文「是」爲「氏」也。

侯氏升，西面立，大史述命。

鄭注：讀王命書也。

侯氏降兩階之間，北面再拜稽首。

鄭注：受命。

升成拜。

鄭注：大史辭之降也。《春秋傳》曰：「且有後命，以伯舅耋老，毋下拜。」此辭之類。

大史加書于服上，侯氏受。

鄭注：受篋服。

使者出，侯氏送，再拜。儐使者，諸公賜服者，束帛四馬，儐大史亦如之。

鄭注：既云拜送，乃言儐使者，以勞有成禮，略而遂言。

釋曰：亦儐乃拜送，如儐勞者之禮。

同姓大國，則曰「伯父」，其異姓，則曰「伯舅」。同姓小邦，則曰「叔父」，其異姓小邦，則曰「叔舅」。

鄭注：據此禮云「伯父」，同姓大邦而言。

饗禮，乃歸。

鄭注：禮，謂食、燕也。王或不親，以其禮幣致之，略言饗禮，互文也。《掌客》職曰：「上公三饗、三食、三燕，侯伯再饗、再食、再燕，子男一饗、一食、一燕。」

釋曰：《掌客》職又曰：「若弗酌，則以幣致之。」《春秋傳》「戎朝于周，發幣于公卿」，則諸侯既朝，亦當有幣問公卿，如聘問大夫禮。

諸侯覲于天子，爲宫方三百步，四門，壇十有二尋，深四尺，加方明于其上。

鄭注：四時朝覲受之于廟，此謂時會殷同也。宫，謂壝土爲埒，以象牆壁也。爲宫者于國外，春會同則于東方，夏會同則于南方，秋會同則于西方，冬會同則于北方。八尺曰尋，十有二尋則方九十六尺也。深謂高也，從上曰深。《司儀》職曰：「爲壇三成。」成，猶重也。三重者，自下差之爲三等，而上有堂焉。堂上方二丈四尺，上等、中等、下等，每面十二尺。方明者，上下四方神明之象也。上下四方之神者，所謂明神也。會同而盟，明神監之，則謂之天之司盟。有象者，猶宗廟之有主乎？王巡守，至于方嶽之下，諸侯會之，亦爲此宫以見之。《司儀》職曰：「將會諸侯，則命爲壇三成，宫旁一門，詔王儀，南鄉見諸侯也。」

釋曰：《大宗伯》職曰：「時見曰會，殷見曰同。」時見者，王將有征討之事，則既朝覲，王合諸侯而發禁。殷見者，十二歲王如不巡守，則六服盡朝。朝畢，王亦合諸侯而命政，皆爲壇于國外，以命事。《司盟》職云：「北面詔明神。」《春秋傳》：「盟于亳城北。」載書有司慎、司盟。

方明者，木也，方四尺。設六色：東方青，南方赤，西方白，北方黑，上玄下黄。設六玉：上圭，下璧，南方璋，西方琥，北方璜，東方圭。

鄭注：六色象其神，六玉以禮之。上宜以蒼璧，下宜以黄琮。而不以者，則上下之神，非天地之至貴者也。設玉者，刻其木而著之。

釋曰：《大宗伯》職曰：「以玉作六器，以禮天地四方。以蒼璧禮天，以黄琮禮地，以青圭禮東方，以赤璋禮南方，以白琥禮西方，以玄璜禮北方。」此上下用圭璧，蓋禮日月也。《典瑞》職云：「圭璧以祀日月。」鄭下注云：「日月而云天地，靈之。」

上介皆奉其君之旂，置于宫，尚左。公侯伯子男皆就其旂而立。

鄭注：置于宫者，建之豫爲其君見王之位也。諸公，中階之前，北面東上。諸侯，東階之東，西面北上。諸伯，西階之西，東面北上。諸子，門東，北面東上。諸男，門西，北面東上。尚左者，

案：「者」，今注疏本訛作「皆」。

建旂，公東上，侯先伯，伯先子，子先男，而位皆上東方也。諸侯入壝

門，或左或右，各就其旂而立。王降階，南鄉見之，三揖。土揖庶姓，時揖異姓，天揖同姓。見揖，位乃定。古文「尚」作「上」。

釋曰：旂者，表朝位之旂也，與銘旌及作軍徽幟同，以尺易仞而爲之。摯虞曰：❶「建旂者，所以殊爵命，示等威也。《詩》曰：『君子至止，言觀其旂。』」尚左，左者東方也。公侯伯子男面位。鄭皆據《朝事儀》而言，周公朝諸侯于明堂，其位亦如此。或曰：「壇三成者，即明堂也。」《爾雅》：「丘三成爲崑崙。」丘，謂三重也。此明堂形如崑崙丘，故公玉帶遂謂明堂名曰崑崙。謂之明堂者，或者以祀方明而名與？當考。

四傳擯。

鄭注：王既揖五者，升壇，設擯，升諸侯以會同之禮。其奠瑞玉及亨幣，公拜于上等，侯伯于中等，子男于下等。擯者每延之升堂致命，王受玉、撫玉，降拜于下等。及請事、勞，皆如覲禮，是以記之覲云。四傳擯者，案：今注疏本「云」上脱「覲」字。每一位畢，擯者以告，乃更陳列而升其次，公也，侯也，伯也，各一位；子男俠門而俱東上，亦一位也。至庭乃設擯，則諸侯初入門，王官之伯帥之耳。古文「傳」作「傅」。

釋曰：《康王之誥》曰帥諸侯入者，大保畢公，所謂「王官伯」。

❶「摯」，原作「贄」，據《宋書》《通典》改。

天子乘龍，載大旂，象日月、升龍、降龍。出，拜日于東門之外，反祀方明。

鄭注：此謂會同以春者也。馬八尺以上爲龍。大旂，大常也。王建大常，縿首畫日月，其下及旒交畫升龍、降龍。《朝事儀》曰：「天子冕而執鎮圭尺有二寸，繅藉尺有二寸，搢大圭，乘大路，建大常十有二旒，樊纓十有二就，貳車十有二乘，帥諸侯而朝日于東郊，所以教尊尊也。退而朝諸侯。」由此二者言之，已祀方明，乃以會同之禮見諸侯也。凡會同者，不協而盟。《司盟》職曰：「凡邦國有疑、會同，則掌其盟約之載書及其禮儀，北面詔明神，既盟則貳之。」案：「貳」，各本訛作「藏」，今據《周禮》改正。言北面詔明神，則明神有象也。象者其方明乎？及盟時又加于壇上，乃以載辭告焉。詛祝，掌其祝號。

釋曰：常禮，既朝日，退而朝諸侯，若邦國有疑而盟，則既朝日，反祀方明。已祀方明，天子升壇見諸侯。禮畢，更加方明于壇而盟，則此《覲禮》所記是。

禮日于南門外，禮月與四瀆于北門外，禮山川丘陵于西門外。

鄭注：此謂會同以夏、冬、秋者也。變拜言禮者，容祀也。禮月于北郊者，月，大陰之精，以爲地神也。盟神必云日月山川焉者，尚著明也。《詩》曰：「謂予不信，有如皦日。」《春秋傳》曰：「縱子忘之，山川神祇其忘諸乎？」此皆用明神爲信也。

釋曰：言禮者，容兼祀方明也。先北後西者，月尊也。四瀆亦極陰，故與月同配北方。

祭天，燔柴。祭山、丘陵，升。祭川，沈。祭地，瘞。

鄭注：升、沈，必就祭者也。就祭，則是謂王巡守及諸侯之盟祭也。其盟，揭其著明者。燔柴、升、沈、瘞，祭禮終矣，備矣。《郊特牲》曰：「郊之祭也，迎長日之至也，大報天而主日也。」《宗伯》職曰：「以實柴祀日、月、星辰。」則燔柴祭天，謂祭日也。柴爲祭日，則祭地瘞者，祭月也。日月而云天地，靈之也。《王制》曰：「王巡守，至于岱宗，柴。」是王巡守之盟，其神主日也。《春秋傳》曰：「晋文公爲踐土之盟。」而《傳》云「山川之神」，是諸侯之盟，其神主山川也。月者，大陰之精，上爲天使，臣道莫貴焉。是王官之伯會諸侯而盟，其神主月與？古文「瘞」作「殪」。

記。几俟于東箱。

鄭注：王即席，乃設之也。東箱，東夾之前，相翔待事之處。

釋曰：《公食大夫禮》賓食，「公揖退于箱」。

偏駕不入王門。

鄭注：在旁與己同曰偏。同姓金路，異姓象路，四衛革路，蕃國木路。駕之與王同，謂之偏。偏駕不入王門，❶案：今注疏本脱一「偏」字。乘墨車以朝是也。偏駕之車，舍之于館與？

❶ 「偏」字，朱熹《通解》、阮本《儀禮注疏》、胡培翬《正義》皆無。

釋曰：此車，天子所乘者，諸侯亦乘之，故謂之偏。

奠圭于繅上。

鄭注：謂釋于地也。

儀禮集釋卷十七

喪服第十一　子夏傳❶

鄭《目録》云：❷天子以下，死而相喪，衣服、年月、親疏、隆殺之禮。❸不忍言死而言喪，喪者，棄亡之辭，若全存居于彼焉，❹已亡之耳。大戴第十七，小戴第九，劉向《別録》第十一。

釋曰：凡十有一章。《大傳》曰：「服術有六，一曰親親，二曰尊尊，三曰名，四曰出入，五曰長幼，六曰從服。」《喪服小記》曰：「親親、尊尊、長長、男女之有別，人道之大者也。」此服之義也。

喪服。斬衰裳，苴絰、杖、絞帶，冠繩纓，菅屨者。

---

❶ 胡培翬《正義》作「喪服經傳第十一」，阮本《儀禮注疏》無「子夏傳」三字。

❷ 「鄭」上，阮本《儀禮注疏》有「案」字。

❸ 「隆殺之禮」下，胡培翬《正義》有「也喪必有服所以爲至痛飾也」十二字。

❹ 「居」字，胡培翬《正義》無。

鄭注：者者，❶明爲下出也。凡服，上曰衰，下曰裳。麻在首、在要皆曰絰。絰之言實也，明孝子有忠實之心，故爲制此服焉。案：今注疏本脱此六字。首絰象緇布冠之缺項，要絰象大帶，又有絞帶象革帶。齊衰以下用布。

釋曰：凡服，上曰衣，下曰裳。喪服以布爲衰，綴之于衣，因統名此衣爲衰。先言斬者，斬之而後成衰裳也。不言裁割而曰斬者，取痛甚之意。《雜記》曰：「三年之喪若斬。」《春秋傳》曰：「孤斬焉在衰絰之中。」苴絰、杖、絞帶，一苴冒三者，謂以苴色之麻爲首絰、要絰，苴色之竹爲杖。絞帶與要絰同在于要，蓋亦以苴麻爲之。《閒傳》曰：「斬衰何以服苴？苴，惡貌也，所以苴其内而見諸外也。」《喪服四制》又曰「苴衰不補」，則衰裳亦苴色矣。冠繩纓者，以布爲冠，牡麻繩爲其纓也。「冠纓」不蒙「苴」文，故退次「帶」下。「杖」齊其心，故序「帶」上也。《檀弓》曰：「絰也者，實也。」喪服皆因吉服舊名。絰以明忠實之心，衰以表哀摧之義。惟此二者，別制名耳。《春秋傳》：「齊晏桓子卒，晏嬰麤縗斬，苴絰、帶、杖，菅屨。」即此服。不言三年者，下齊衰云三年，此三年可知。

傳曰：「斬者何？不緝也。苴絰者，麻之有蕡者也。苴絰大搹，左本在下，去五分一以爲帶。齊衰之絰，斬衰之帶也，去五分一以爲帶。大功之絰，齊衰之帶也，去五分一以爲帶。小功之絰，大功之

❶「者者」，集成本作「斬者」。

帶也，去五分一以爲帶。緦麻之絰，小功之帶也，去五分一以爲帶。苴杖，竹也。削杖，桐也。杖各齊其心，皆下本。杖者何？爵也。無爵而杖者何？擔主也。非主而杖者何？輔病也。童子何以不杖？不能病也。婦人何以不杖？亦不能病也。絞帶者，繩帶也。冠繩纓，條屬，右縫，冠六升，外畢，鍛而勿灰。衰三升，菅屨者，菅菲也，外納。居倚廬，寢苫枕塊，哭，晝夜無時。歠粥，朝一溢米，夕一溢米。寢不脱絰、帶。❶既虞，翦屏柱楣，案：「柱」，唐石經與此同，今注疏本訛作「拄」。寢有席，食疏食，水飲，朝一哭夕一哭而已。既練，舍外寢，始食菜果，飯素食，哭無時。」

鄭注：盈手曰搤。搤，扼也。中人之扼，圍九寸。以五分一爲殺者，象五服之數也。爵謂天子、諸侯、卿、大夫、士也。無爵謂庶人也。擔，猶假也。無爵者假之以杖，尊其爲主也。❷非主謂衆子也。屬，猶著也。通屈一條繩爲武，垂下爲纓，著之冠也。布八十縷爲升。「升」字當爲「登」。登，成也。今之《禮》皆以「登」爲「升」，俗誤已行久矣。《雜記》曰：「喪冠條屬，以別吉凶。三年之練冠，亦條屬，右縫。小功以下，左縫。」外畢者，❸冠前後屈而出，縫于武也。二十

❶「脱」，朱熹《通解》、阮本《儀禮注疏》作「説」。
❷「爲」，集成本作「受」。
❸「畢」，朱熹《通解》作「縪」。

兩曰溢，爲米一升二十四分升之一。楣謂之梁，柱楣所謂梁闇。疏，猶麤也。❶舍外寢于中門之外，屋下纍墼爲之。案：「纍」即「累」，今注疏本訛作「壘」。不塗墍，所謂堊室也。素，猶故也，謂復平生時食也。斬衰不書受月者，天子、諸侯、卿、大夫、士，虞、卒哭異數。

釋曰：不緝者，不緶衰裳之邊側也。蕡，麻子也。《爾雅》曰：「蕡，枲實。」麻之有子者，其色惡，以實言之謂之蕡，以色言之謂之苴。本，麻根也。大功以上，絰有本。左本在下者，麻根居左，❷其末自右來加其上也。絰文一「絰」包二者，別而言之，則首絰曰絰，要絰曰帶。《士喪禮》曰：「苴絰大鬲，下本在左，要絰小焉。」杖下本者，竹、桐之根在下，順其性也。《小記》曰：「絰殺五分而去一，杖大如絰。」謂如要絰也。童子不杖，未成人不能備禮也。《雜記》曰：「童子不杖不菲。」婦人亦謂童子婦人。「小功」章「爲姪、庶孫丈夫婦人之長殤」，亦謂未成人者爲婦人也，其成人者皆杖。《喪服四制》曰：「杖者何？爵也，或曰擔主，或曰輔病。婦人童子不杖，不能病也。」繩帶者，絞麻爲繩作帶也。五服之絰皆絞麻兩股相交，繩帶則不但兩股矣。絞帶輕于要絰，故加細而爲飾也。《閒傳》曰：「既虞卒哭，葛帶三重。」三重者，四股糾之。要絰輕于首絰，既虞不但爲兩股，義與繩帶同。絞帶大小，王肅以爲如要絰，雷次宗以爲五分要絰而去一。條

---

❶「疏猶麤也」四字，朱熹《通解》無。

❷「左」，集成本作「右」。

屬者，喪冠之制也。條謂冠之纓武共材，以一條繩若布圍之，兩相交過，綴之以爲武，垂其餘者以爲纓。屬謂著冠于武，冠與武相連屬也。吉冠纓、武異材，冠與武各爲一物，冠時乃合之。惟燕居之冠少威儀，冠、武相屬。《玉藻》所謂「居冠屬武」是也。喪冠則又因武之材以爲纓，謂之條屬，喪事質略故也。齊衰之冠，纓用布，則繩纓蓋用牡麻。右縫者，冠之三辟積其縫皆鄉右也。大功以下，乃從吉冠左縫。外畢者，冠之前後皆從武下出，鄉外而反縫之也。喪冠皆然，是謂厭冠，言冠厭伏于武下也。《既夕禮·記》曰：「冠六升，外縪，纓條屬。」厭冠尊在首，升數常細于衣，其布鍛治之，不加灰耳。《閒傳》曰：「斬衰三升。」菲，草屨也。茅已漚爲菅。外納者，以屨之餘末向外編納之，皆取醜惡不事飾也。「居倚廬」以下，《傳》因博記居喪之禮。虞，謂已葬而虞祭。練，謂期而練祭也。倚廬之制，于中門外東壁之西，横一木著地以爲楣，立細木其上，倚就東壁，以草屏覆之，開户北鄉。既虞而施柱，柱起楣，翦正草而西其户，是爲「柱楣翦屏」。既練又别爲兩下之屋，不復偏倚東壁，謂之堊室。哭無時者，謂十日五日哀至則哭也。凡喪，皆既虞、卒哭，變而受以輕服，以初喪冠之布爲衰，冠降其衰一等，受麻絰以葛絰，其殺五分而去一。《閒傳》曰：「斬衰三升，既虞卒哭，受以成布六升，冠七升，去麻服葛，葛帶三重。」又曰：「斬衰之葛與齊衰之麻同。」絞帶與冠纓，齊衰用布，則斬衰宜受以布帶、布纓。《傳》曰：「帶，視其冠。」則宜以七升布爲之。十三月而練，又以七升之冠爲衰，冠又降一等，以八升布爲之。帶亦然。七升者，始入大功之布，而以練衰謂之功衰。《服問》曰：「三年之喪，既練，服其功衰。」《雜記》曰：「三年之喪，雖功衰不弔。」是也。《閒傳》曰：「期而小祥，練冠縓緣，要絰不除。男子除乎首，婦人除乎帶。」《檀弓》曰：「練，葛要絰，繩屨無絇。」既虞、卒哭之屨無文，以既練用大功繩屨差之，其用齊衰藨蒯之屨乎？大率斬衰既葬如齊衰之服，既練如大功之服。斬衰既虞、卒哭遭齊衰之喪，既練遭大功之喪，乃爲之變服，義由于此。二十五月大祥，除衰去杖，縞冠，素紕，布純，深衣。《閒傳》曰：「又期而大祥，素縞麻衣。」《檀弓》曰：「祥而縞。」《玉藻》曰：「縞冠素紕，既祥之冠也。」二十七月而禫，冠朝服。《閒傳》曰：「中月而禫，禫而纖，無所不佩。」禫之屨無文，先儒以爲大祥白麻屨，禫屨無絇，禫逾月即吉。此章不言受服之月者，《雜記》曰：「士三月而葬，是月也卒哭。大夫三月而葬，五月而卒哭。諸侯五月而葬，七月而卒哭。」又虞，大夫五，諸侯七，以次差之，❶天子七月葬，九虞，九月而卒哭矣。大夫以上既虞而卒哭、受服，故不得定言其月數。溢，一斛之米百升，其重一石，石九，案：此二字有脱誤，當云石，百二十斤。」名斛爲石，本此。闇，鄭讀「高宗諒闇」爲「梁闇」，謂施梁，案：此下原本空一字，應是「也」字。故引以釋「柱楣」之義。

---

❶「次」，原作「七」，據四庫本改。

父。傳曰：爲父何以斬衰也？父至尊也。

釋曰：嫡孫爲祖亦然。下《傳》曰「父卒，然後爲祖後者服斬」，爲此也。

諸侯爲天子。傳曰：天子至尊也。

釋曰：諸侯爲天子斬衰，爲王后齊衰。《昏義》曰：「斬衰，服父之義也。爲王后齊衰，服母之義。」以爲君之妻，故服期也。諸侯之夫人爲天子，婦人爲夫之君，齊衰不杖期。《服問》曰：「君爲天子三年，夫人如外宗之爲君也。」外宗爲君，亦期也。《服問》又曰：「世子不爲天子服。大夫之適子爲君夫人、太子如士服。」❶諸侯世子世國，卿大夫不世爵，故其服異也。

君。傳曰：君，至尊也。

鄭注：天子、諸侯及卿大夫有地者，皆曰君。

釋曰：《喪服四制》曰：「其恩厚者其服重。故爲父斬衰三年，以恩制者也。門内之治恩掩義，門外之治義斷恩。案：原本脱「義斷」二字，今補。資于事父以事君，而敬同。貴貴尊尊，義之大者也。故爲君亦斬衰三年，以義制者也。」尊尊謂天子、諸侯，貴貴謂卿、大夫君也。下《傳》曰：「卿、大夫君，謂有地者。」士卑無臣。《士虞禮》：「賓執事者如弔服，祝免，❷澡葛絰帶。」則士之官屬爲

❶「太」，四庫本作「世」。

❷「免」字，原無，據《士虞禮》補。

其長弔服而加麻耳。凡與國君爲族親者，不敢以輕服服君。《小記》曰：「與諸侯爲兄弟者，服斬。」

父爲長子。

鄭注：不言適子，案：「適」，今注疏本作「嫡」，下同。通上下也。亦言立適以長。

釋曰：天子、諸侯曰世子，大夫以下曰適子。天子、諸侯亦爲世子三年，故通上下而言長子也。《公羊傳》曰：「立適以長不以賢。」言長者，又以見斯義。

傳曰：何以三年也？正體于上，又乃將所傳重也。庶子不得爲長子三年，不繼祖也。

鄭注：此言爲父後者，然後爲長子三年，重其當先祖之正體，又以其將代己爲宗廟主也。庶子者，爲父後者之弟也。言庶者，遠别之也。《小記》曰：「不繼祖與禰。」此但言祖不言禰，容祖、禰共廟。

釋曰：長子與所後父皆恩服，本輕，故更發問也。父子一體也，而長適獨正，故曰正體。長子正體先祖，又將代己主宗廟，所傳者重，故爲之三年。《小記》曰：「庶子不爲長子斬，不繼祖禰故也。」必己身繼祖繼禰，自祖而下，適適相承者，乃爲長子三年。蓋自義言之，則祖爲重，己承二重，故以重服服長子也，父在則否。周之道，有適子者無適孫，父在己爲適，則己之子未成適。故必爲父後，而後爲長子三年。凡言爲後者，謂所後者没，而己當其世也。若適子有廢疾若他故不立，則否。《小記》曰：「適婦不爲舅後者，則姑爲之小功。」適婦不爲後者，服之與庶婦同，則適子不爲後者，服之與衆子同耳。凡將傳重，而不爲之重服者有三：一則體而不正，庶子是也；二則正而不體，適孫是也；三則傳重而非正體，庶孫是也。與適子正體而不傳重者，服之皆期。庶子者，妾子之號。雖適妻第二子，欲遠別之，故亦謂之庶子。

爲人後者。傳曰：何以三年也？受重者，必以尊服服之。何如而可爲之後？同宗則可爲之後。何如而可以爲人後？支子可也。爲所後者之祖父母、妻，妻之父母、昆弟、昆弟之子，若子。

鄭注：若子者，爲所爲後之親如親子。

釋曰：同宗，同大宗也。支子，適妻次子以下及妾子也。禮，大宗無子，則同宗以支子後之。所後者之祖父母、妻，于爲後者爲曾祖父母、母。妻之父母、昆弟、昆弟之子，則爲後者之外祖父母、舅、舅之子也。《傳》舉正尊以見旁親，舉外親以明本族。餘有服者，服之一如親子。故經于「斬衰」章舉「爲人後」之目，空其文以包見之，後不重出也。若宗子爲殤而死，則宗人來後者，惟後死者之父，以昆弟之服服殤死者。《曾子問》曰：「宗子爲殤而死，庶子弗爲後。」《小記》曰：「爲殤後者，以其服服之。」

妻爲夫。傳曰：夫，至尊也。

釋曰：父者，子之天。君者，臣之天。夫者，妻之天。三者皆至尊，故以斬服服之。

妾爲君。傳曰：君，至尊也。

鄭注：妾謂夫爲君者，不得體之，加尊之也，雖士亦然。

釋曰：士無臣，不得君稱。而妾之尊夫，與臣不異，故雖士，妾亦名夫爲君。

女子子在室爲父。

鄭注：女子子者，女子也，案：「女子」，各本訛作「子女」，杜佑《通典》兩引鄭注「女子子者，女子也」，今據以訂正。別于男子也。言在室者，關已許嫁。❶

釋曰：上父條女子子在其中矣。嫌許嫁即從降服，故重出此文。

布總，箭笄，髽，衰，三年。

鄭注：此妻、妾、女子子喪服之異于男子者。總，束髮，謂之總者，既束其本又總其末。箭笄，篠竹也。案：注疏本脱「竹」字。髽，露紒也，猶男子之括髮。斬衰，括髮以麻，則髽亦用麻。案：此下今注疏本有「也蓋」二字。以麻者，案：今注疏本脱「者」字。自項而前，交于額上，卻繞紒，如著幓頭焉。《小記》曰：「男子冠而婦人笄，男子免而婦人髽。」凡服，上曰衣，案：各本「衣」訛作「衰」，據上云「凡服，則通吉服之上衣下裳」言之，今改正。下曰裳，此但言衰，不言裳，婦人不殊裳，衰如男子衰，下如深衣，深衣則衰無帶，下案：「衰」原本訛作「裳」，據今注疏本改正。又無衽。

---

❶「關」，阮本《儀禮注疏》作「謂」。

釋曰：絰、杖、帶、屨，婦人同于男子。其異者，總、笄、髽以易男子之冠纓，衰則連裳爲之，故别見此四者也。髽者，去纚而露其紒也。其别有二。婦人吉時以纚韜髮，以笄固之，謂之纚笄。遭喪去笄而纚，至小斂後復去纚而露其紒，謂之髽，至成服而加以箭笄，此著笄之髽也，所謂「男子冠而婦人笄」也。其未成服之時與既啟殯之後，當男子括髮之節，則婦人髽亦用麻；當免之節，則髽亦用布。用麻之時如著幓頭，無笄，此麻布之髽也，所謂「男子免而婦人髽」也。經蓋指著笄之髽，鄭兼未成服之髽明之。三年者，因箭笄而言，箭笄有除無變。《小記》曰：「箭笄，終喪三年。」

傳曰：總六升，長六寸。箭笄長尺，吉笄尺二寸。

鄭注：總六升，❶首飾象冠數。長六寸，謂出紒後所垂爲飾也。

釋曰：斬衰冠六升，亦以爲總。《檀弓》曰：「南宫縚之妻之姑之喪，蓋榛以爲笄，長尺，而總八寸。」爲姑齊衰期而笄亦長尺，則五服之笄皆長尺也。大功以下，總之長短無文。大功當與齊衰同八寸，小功緦同一尺，吉總當尺二寸，與吉笄之長同。下《記》有用吉笄折首之制，故于此併傳之。

子嫁，反在父之室，爲父三年。

鄭注：謂遭喪後而出者，始服齊衰，期。出而虞，則受以三年之喪受。既虞而出，則小祥亦如

❶「升」下，朱熹《通解》、阮本《儀禮注疏》有「者」字。

之。既除喪而出，則已。凡女，行于大夫以上曰嫁，行于士、庶人曰適人。

釋曰：出則爲父三年者，已絶夫族，于本親還服其本服也。喪之變服，必因虞、祥之節。故變而重服者，亦因其節乃變。《小記》曰：「婦爲父母喪，未練而出，則三年。既練而出，則已。未練而反，則期。既練而反，則遂之。」反謂還歸夫家也。遂之，遂其三年。

公士、大夫之衆臣爲其君，布帶、繩屨。

鄭注：士，卿士也。公卿大夫厭于天子諸侯，故降其衆臣布帶、繩屨。貴臣得伸，不奪其正。

釋曰：布帶，齊之帶。繩屨，大功之屨。其貴臣自若絞帶、菅屨。

傳曰：公卿大夫室老、士，貴臣，其餘皆衆臣也。君，謂有地者也。衆臣杖不以即位。近臣，君服斯服矣。繩屨者，繩菲也。

鄭注：室老，家相也。士，邑宰也。近臣，閽寺之屬。君，嗣君也。斯，此也。近臣從君，喪服無所降也。繩菲，今時不借也。

釋曰：公卿大夫有采地者，有家相，有邑宰。仲弓爲季氏宰，家相也。子羔爲費宰，邑宰也。無地者，惟家相而已。孔子爲魯大夫，而原思爲宰是也。言君，謂有地者，則無地者無斬服矣。即位，即朝夕哭位也。「衆臣杖不以即位」，下于貴臣，猶庶子不以杖即位，下於適子然也。近臣從君，亦絞帶、菅屨。不借，漢時菲名。

疏衰裳齊，牡麻絰，冠布纓，削杖，布帶，疏屨，三年者。

鄭注：疏，猶麤也。

釋曰：疏衰裳，以疏布爲之。斬衰，斬而後爲衰裳，故先言斬。疏衰，衰裳已制而後齊，故後言齊也。斬衰固麤矣，而麤不足以言之，故以斬名衰，見其痛甚之意。至齊衰而始有麤稱。箭笄不曰惡笄，而齊衰櫛笄曰惡笄，亦是意也。削杖，言削殺于父也。疏屨，草屨也，讀如《周禮》「聚斂疏材」之「疏」。

傳曰：齊者何？緝也。牡麻者，枲麻也。牡麻絰，右本在上。冠者沽功也。疏屨者，藨蒯之菲也。

鄭注：沽，猶麤也。冠尊加其麤。麤功，大功也。齊衰不書受月者，亦天子、諸侯、卿大夫、士虞、卒哭異數。❶

釋曰：牡麻，麻之無子者，枲，其名也。《閒傳》曰：「斬衰貌若苴，齊衰貌若枲。」服以稱其貌，故斬衰之絰用苴麻，齊衰用枲麻也。右本在上，麻本從左來，加右之上也。沽功，謂人功麤大也。下記曰：「齊衰四升，冠七升。」七升者，大功之布，故曰「冠者沽功也」。藨、蒯皆草名。《玉藻》曰：「屨蒯席。」《閒傳》曰：「爲母，疏衰四升，既虞卒哭，受以成布七升，冠八升。」又曰：「齊衰之葛與大功之麻同。」練而衰八升，冠九升，其他變除如斬衰之禮。練而亦用大功繩屨，則既虞、卒

---

❶「齊衰」至「卒哭異數」，凡二十一字，朱熹《通解》無。

哭或者用不杖期麻屨乎？

父卒，則爲母。

鄭注：尊得伸也。

釋曰：《小記》曰：「祖父卒，而后爲祖母後者三年。」父卒，君母存，爲其母當何服？❶按，《小記》曰：「庶子在父之室，則爲其母不禫。」則父在，爲妾母亦杖期，同宮者惟不禫耳。父殁，君母存，得伸三年可知。其屈厭之節未聞。

繼母如母。傳曰：繼母何以如母？繼母之配父，與因母同。故孝子不敢殊也。

鄭注：因，猶親也。

釋曰：緣父之意，視繼母與因母不殊故也。

慈母如母。傳曰：慈母者何也？傳曰：妾之無子者，妾子之無母者，父命妾曰：「女以爲子。」命子曰：「女以爲母。」若是，則生養之，終其身如母，❷死則喪之三年如母。貴父之命也。

鄭注：此主謂大夫、士之妾。案：今注疏本脱「主」字，又此句之下有「也」字。妾子之無母，父命爲母子者，其使養之，案：今注疏本脱此十五字。不命爲母子，案：今注疏本脱此三字。則亦服庶母慈己

---

❶「爲」上，胡培翬《正義》引《集釋》有「妾子」二字。

❷「母」上，朱熹《通解》有「慈」字。

之服可也。❶大夫之妾子，父在爲母大功，則士之妾子爲母期矣。父卒，則皆得伸也。

釋曰：「傳曰」者，引舊《傳》也。《小記》曰：「爲慈母後者，爲庶母可也，爲祖庶母可也。」言妾子亦可命之與庶祖母爲後也。公子爲其母，父卒乃大功，無命爲母子服三年之禮。終其身者，終慈母之身而已。《小記》曰：「慈母與妾母不世祭。」又曰：「爲慈母之父母無服。」先儒謂「婦不服慈姑，孫不服慈祖母」，義本于此。養，羊亮反。

母爲長子。傳曰：何以三年也？父之所不降，母亦不敢降也。

鄭注：不敢降者，不敢以己尊降祖、禰之正體。

釋曰：夫妻一體故也。子爲母齊衰，故母亦爲之齊衰。父在，子爲母期，而母仍爲之三年者，自爲服祖、禰之正體，無厭屈之義也。《小記》曰：「母爲長子削杖。爲父母，長子稽顙。婦人爲夫與長子稽顙，其餘則否。」又曰：「妾爲君之長子與女君同。」

疏衰裳齊，牡麻絰，冠布纓，削杖，布帶，疏屨，期者。傳曰：問者曰：何冠也？曰：齊衰大功，冠其受也，緦麻小功，冠其衰也。帶緣各視其冠。

鄭注：問之者，見斬衰有二，案：今注疏本脱「見」字。其冠同。今齊衰有四章，不知其冠之異同耳。緣，如深衣之緣。今文無「冠布纓」。

---

❶ 「己」下，朱熹《通解》、胡培翬《正義》有「者」字。

釋曰：此服與前章不殊，以一期與三年懸隔，嫌其服有異，故重列之。《閒傳》曰：「齊衰四升、五升、六升。」四升者，三年齊衰也。舊説杖期之衰五升，不杖者五升、六升。下惟記斬衰與三年齊衰之冠，杖期以下無文，故《傳》發「何冠」之問。冠其受者，以受衰之布爲冠也。冠其衰者，冠與衰同也。大功以上有受，故冠其受。小功以下無受，故冠其衰。率七升以上之衰，受衰降三等，此衰五升，則冠八升也。帶，布帶也。緣，喪中衣之緣也。吉時中衣用素若布，緣之以采，喪中衣則緣以布，故特著之。中衣之布，亦當視其冠也。《檀弓》曰：「練，練衣黄裏，縓緣。」謂三年既練之中衣也。練而練冠，亦練中衣，哀殺稍飾，故縓緣也。此章本三年之喪，屈而服期，其與餘期異者，服而加杖，雖一期而練，祥、禫具有。《雜記》曰：「期之喪，十一月而練，十三月而祥，十五月而禫。」謂此章也。疏衰不廬，而父在爲母爲妻居廬。期，三月不御于内，而父在爲母爲妻終喪不御于内。期，三月既葬，食肉飲酒，而父在爲母爲妻終喪不食肉飲酒。皆其異者。杖期既虞，卒哭，受以衰裳八升，冠九升，練衰冠又各降一等。其他變除，先儒以爲如三年齊衰之禮。

父在爲母。傳曰：何以期也？屈也。至尊在，不敢伸其私尊也。父必三年然後娶，達子之志也。

釋曰：《喪服四制》曰：「資于事父以事母，而愛同。天無二日，土無二王，國無二君，家無二尊，以一治之也。故父在爲母齊衰期者，見無二尊也。」此以權制者也，猶心喪三年，故父必三年然後娶。士妾之子爲其母亦然，惟不禫耳。《小記》曰：「庶子在父之室，爲其母不禫。」謂士之庶子也。大夫以上妾子，父在降其母，無期服。鄭氏以父在爲母，衰五升。按，《閒傳》止言爲母疏衰四升，無父卒、父在之文，當考。

妻。傳曰：爲妻何以期也？妻至親也。

鄭注：適子，父在則爲妻不杖，以父爲之主也。《服問》曰：「君所主，夫人、妻、大子適婦。」父在，子爲妻以杖即位，謂庶子。

釋曰：夫妻一體，故曰至親。周穆后崩，王太子壽卒，叔向以爲王一歲而有三年之喪二，則妻本亦三年之喪也。《雜記》曰：「爲妻，父母在，不杖，不稽顙。母在，不稽顙。稽顙者，其贈也拜。」《小記》曰：「父在，庶子爲妻，以杖即位可也。」則適子，父在爲妻不以杖即位也。父母在，爲妻亦不禫。《小記》曰：「宗子，母在爲妻禫。」宗子之妻尊故也。父在，爲母期杖而禫。爲妻，父母在，不禫。適子父爲之主，則又不杖。此其異也。

出妻之子爲母。

鄭注：出，猶去也。

釋曰：妻有出義，而母無絶道，故不曰「出母」，而曰「出妻之子爲母」。

傳曰：出妻之子爲母期，則爲外祖父母無服。傳曰：絶族無施服，親者屬。出妻之子爲父後者，則

爲出母無服。傳曰：與尊者爲一體，不敢服其私親也。

鄭注：在旁而及曰施。親者屬，母子至親，無絶道。

釋曰：「施」讀如《詩·葛藟》「施于條枚」之「施」。妻出則與夫族絶，惟母子自以至親而相爲服，不施出于餘親也。《服問》曰：「母死，則爲其母之黨服。母出，則爲繼母之黨服。」《小記》曰：「爲父後者，爲出母無服。」無服也者，喪者不祭故也。爲後者，傳重主祭，不敢以己私喪廢祖、禰之祭，故爲出母無服。宋桓夫人生襄公，而出歸于衛，襄公請于桓公，使目夷立，曰：「臣之舅在衛，愛臣，若終立，則不可以往。」以爲父後者，不敢私出母故也。母雖出，自爲其子期。《小記》曰：「妾從女君而出，則不爲女君之子服。」妾不服，則女君固自服之也。父卒母嫁，其服無文，韋玄成、蕭望之、鄭玄皆謂當服杖期。爲父後者則不服，以嫁母與出母俱是絶族，故約此經爲服。譙周、袁準、吴商以爲嫁母非父所絶，爲父後者亦當服期。或以爲子無絶母之義，爲嫁母應服三年。

父卒，繼母嫁，從，爲之服報。傳曰：何以期也？貴終也。

鄭注：嘗爲母子，貴終其恩。

釋曰：從者，從乎繼母而寄育也，即下《傳》所爲「夫死妻穉、子幼，與之適人者」也，如此則爲之服。然繼母配父之尊已絶，故還以此服報之。王肅曰：「從乎繼母而寄育則服，不從則不服。

服也則報，不服則不報。」馬融、鄭玄以繼母已服父喪，貴終母子之恩，故隨爲之服。王順經文，鄭附傳説，諸儒多從王義。皇密曰：「婦無再醮之義，禮許其嫁者，以身稺子幼，不能自存，攜其孤幼與之適人，❶使無窮屈之難，故曰貴終也。若偏喪之日，志存爽貳，棄己如遺，何貴終之有？」

不杖，麻屨者。

鄭注：此亦齊衰，言其異于上。

釋曰：自此已下，哀殺病輕，故不杖也。斬衰菅屨，齊衰藨蒯之屨，不杖者麻屨，輕重之節也。《春秋傳》曰：「雖有絲麻，無棄菅蒯。」此章之衰裳五升、六升，冠八升、九升。五升者，正服也；六升者，義服也。凡名從服，君服爲義服。既虞、卒哭，各以其冠爲受，受冠降衰一等，服終而除。凡婦人之笄與要絰，齊衰之上皆有除無變。《小記》曰：「齊衰帶、惡笄以終喪。」又曰：「箭笄，終喪三年。」

祖父母。傳曰：何以期也？至尊也。

世父母、叔父母。傳曰：世父、叔父，何以期也？與尊者一體也。然則昆弟之子，何以亦期也？旁尊也，不足以加尊焉，故報之也。父子一體也，夫妻一體也，昆弟一體也。故父子首足也，夫妻牉

---

❶ 「幼」，胡培翬《正義》作「孩」。

合也，昆弟四體也。故昆弟之義無分，然而有分者，則辟子之私也，子不私其父，則不成爲子。故有東宫，有西宫，有南宫，有北宫，異居而同財，有餘則歸之宗，不足則資之宗。世母、叔母，何以亦期也？以名服也。

鄭注：宗者，世父爲小宗典宗事者。案：此下今注疏本有「也」字。資，取也，爲姑在室亦如之。案：「爲姑」下，原本衍「姊妹」二字。今注疏本無之，據後「昆弟」下注云「爲姊妹在室亦如之」，則此不兼姊妹言明矣。

釋曰：伯父有繼世爲小宗，故謂之世父。五屬之服，同父者期，同祖者大功，同曾祖者小功，同高祖者緦。世父、叔父與己同出于祖，應服大功，以其與父爲一體，故進服期也。世母、叔母與世父、叔父一體而生母名，故同乎世父、叔父之服。《大傳》曰：「同姓從宗合族屬，異姓主名治際會，名著而男女有别，其夫屬乎父道者，妻皆母道也。其夫屬乎子道者，妻皆婦道也。」此名服之義也。雖以名服，其情則輕。《喪大記》曰：「叔母、世母，故主、宗子，飲酒食肉。」異于他期，喪之未葬，不飲酒食肉也。姑與世父、叔父之親等，故在室者亦期。案：「姑」下，原本亦衍「姊妹」二字，據經「世父母、叔父母」與「昆弟」分見，姑與世父、叔父之親等，姊妹與昆弟之親等，此因姑連及姊妹，訛衍甚明，今删正。凡女子子適人者，皆降本服一等。經惟見其降服者，以其未成人則爲殤，已成人則當嫁，故没其本服，欲明嫁當及時之義。

大夫之適子爲妻。傳曰：何以期也？父之所不降，子亦不敢降也。何以不杖也？父在則爲妻不杖。

鄭注：大夫不以尊降適婦者，重適也。凡不降者，謂如其親服服之。降有四品：君、大夫以尊降，公子、大夫之子以厭降，公之昆弟以旁尊降，爲人後者、女子子嫁者以出降。

釋曰：凡言子者，父在之稱。夫人不以尊降適婦，故適子亦不以厭降其妻，以父爲之主，辟尊者而不敢杖耳。杖者，所以扶病也。《服問》曰：「父在，不敢杖，尊者在故也。」《雜記》曰：「爲長子杖，則其子不以杖即位。」《小記》曰：「父不主庶子之喪，則孫以杖即位可也。父在，庶子爲妻以杖即位可也。」則凡父在，適子爲妻亦不以杖即位矣。大夫之適子爲妻，雖得伸服，猶厭于其父，直去其杖，故在此章。尊厭降者，禮始于周。《檀弓》曰：「古者不降，上下各以其親。滕伯文爲孟虎齊衰，其叔父也；爲孟皮齊衰，其叔父也。」至周而大夫以上，始以尊降其親，惟正統不降。天子、諸侯服高曾祖父母、祖父母、父母、妻、長子、適婦。旁期以下，尊不同者，皆絶服。大夫于天子諸侯所絶者，降一等，緦則不服。《司服》職曰「凡凶事服弁服。卿大夫加以大功、小功」是也。服弁服，謂斬衰、齊衰也。其尊同者皆不降。大夫以上，其子厭于其父，降與不降，服與不服，一視其父也。公之昆弟，其尊視大夫。大功以下，以旁尊降其尊不同者一等；期以上，則厭于先君餘尊。先君所不服者，服之不過大功。又大夫以尊厭其子，而公之昆弟無厭。此其異也。其爲人後者及女子子嫁者，則通乎上下，皆以出降其親一等。大夫以上于其尊不同者，則又以己尊累降之。此四品降服，不盡見于經，參互出之。《小記》曰：「世子爲妻，與大夫之適子同。」則凡大夫、大夫之子不降者，達于天子皆然。以大夫爲尊降之始，其子爲厭降之始，舉以例其餘。

昆弟。

鄭注：昆，兄也。爲姊妹在室亦如之。

爲衆子。

鄭注：衆子者，長子之弟及妾子。女子子亦如之。❶案：今注疏本脱一「子」字。原本「女子子」下有「在室」二字，據疏云「上姑姊妹云『在室』，此不云『在室』可知，故略不言也」，可證「在室」二字乃後人所加，今刪正。士謂之衆子，未能遠别也。大夫則謂之庶子，降之爲大功。天子國君不服之。《内則》曰：「冢子未食而見，必執其右手。適子、庶子已食而見，必循其首。」

釋曰：《喪服》平文皆據士，❷此云衆子，則士之稱也。經每云「大夫之庶子」，則大夫乃謂之庶子。《内則》所云「適子」者，止謂適妻之子；其云「冢子」，則此所謂長子。

昆弟之子。傳曰：何以期也？報之也。❸

---

❶「女子子」下，朱熹《通解》、阮本《儀禮注疏》均有「在室」二字。

❷「平」，胡培翬《正義》引《集釋》作「本」，當是。

❸「傳曰何以期也報之也」九字，胡培翬《正義》疑爲衍文。

鄭注：《檀弓》曰：「喪服，兄弟之子猶子也。蓋引而進之。」

大夫之庶子，爲適昆弟。

鄭注：兩言之者，適子或爲兄，或爲弟。

傳曰：何以期也？父之所不降，子亦不敢降也。

鄭注：大夫雖尊，不敢降其適，重之也。適子爲庶昆弟，庶昆弟相爲，亦如大夫爲之。

適孫。傳曰：何以期也？不敢降其適也。有適子者無適孫，孫婦亦如之。

鄭注：周之道，適子死則立適孫，是適孫將上爲祖後者也。長子在，則皆爲庶孫耳。孫婦亦如之。適婦在，亦爲庶孫之婦。凡父于將爲後者，非長子，皆期也。

釋曰：孫爲祖期，祖。案：此下原本缺。

爲人後者，爲其父母，報。傳曰：何以期也？不貳斬也。何以不貳斬也？持重于大宗者，降其小宗也。爲人後者，孰後？後大宗也。曷爲後大宗？大宗者，尊之統也。禽獸知母而不知父，野人曰：父母何算焉。都邑之士則知尊禰矣，大夫及學士則知尊祖矣。諸侯及其大祖，天子及其始祖之所自出。尊者尊統上，卑者尊統下。大宗者，尊之統也。大宗者，收族者也，不可以絶。故族人以支子後大宗也。適子不得後大宗。

鄭注：都邑之士則知尊禰，近政化也。大祖，始封之君。始祖者，感神靈而生，若稷、契也。自，由也。及始祖之所由出，謂祭天也。上猶遠也，下猶近也。收族者，謂別親疏，序昭穆。《大傳》曰：「繫之以姓而弗別，綴之以食而弗殊，雖百世而昏姻不通者，周道然也。」

釋曰：其者，其私親也。凡爲其私親者，皆其以別之。凡服旁尊則皆報，正尊則降之。既持重大宗，案：「持」，原本訛作「特」，今改正。則其本生不足以加尊于此子，故報之也。降其小宗者，下記「爲人後者，于兄弟降一等」是也。禮，公子不得禰先君，又不敢宗君，謂之別子，而自爲其後世爲祖。其自他國而始來此國者，亦然。別子而下，適適相承。出于別子者，皆來宗之，齊衰。雖百世不遷，是謂大宗。小宗則惟統其五屬之内，亦以其適長爲宗。繼禰者，其弟宗之。繼祖者，從父昆弟宗之。繼曾祖者，從祖昆弟宗之。繼高祖者，族昆弟宗之。自如其本服，親盡宗易，五世而遷，是謂小宗。吕大臨曰：「國君之次適爲別子，立以爲先君一族。大宗之祖，子孫世繼之爲大宗，每一君一大宗，故曰『宗其繼別子之所自出』。」所自出，則先君也。國君主先君之祀，上及先君之大祖，而下爲先君子孫之宗，故曰「尊者尊統上」。別子爲先君百世大宗之祖，❶而不禰先君，故曰「卑者尊統下」。大宗者，所以統先君之子孫，故曰「大宗，尊之統也」。適子不得後大宗者，以其自爲小宗故也。何休曰：「小宗無後，當絕。」或曰適子不後大宗，則無

❶「先君」，疑爲衍文。

後亦有立後之義。

女子子適人者，爲其父母、昆弟之爲父後者。傳曰：爲父何以期也？婦人不貳斬也。婦人不貳斬者何也？婦人有三從之義，無專用之道，故未嫁從父，既嫁從夫，夫死從子。故父者，子之天也；夫者，妻之天也。婦人不貳斬者，猶曰不貳天也，婦人不能貳尊也。爲昆弟之爲父後者，何以亦期也？婦人雖在外，必有歸宗，曰小宗，故服期也。

鄭注：從者，從其教令。歸宗者，父雖卒，猶自歸宗其爲父後持重者，案：「持」，今注疏本訛作「服」。不自絶于其族類也。曰小宗者，言是乃小宗也。小宗明非一也，小宗有四。丈夫、婦人之爲小宗，各如其親之服，避大宗。❶

釋曰：女子子適人爲昆弟爲父後期者，雖外成，猶重本統也。《檀弓》曰：「妻之昆弟爲父後者死，哭之適室。子爲主，父在，哭于妻之室。非爲父後者，哭于異室。」上《傳》止言「不貳斬」，此言「婦人不貳斬」者，彼謂不兩統貳父耳。爲君、爲長子猶有斬服，婦人則惟于所天服斬，故《傳》每連言「婦人不貳斬」以別之。或曰：鄭氏謂内宗、外宗爲君服斬，何言乎「婦人不貳斬」也？曰：非也。《服問》曰：「君爲天子三年，夫人猶内宗之爲宗也。」❷夫人爲天子期，則内宗爲君亦

❶「避大宗」三字，朱熹《通解》無。

❷「内」，胡培翬《正義》、《禮記・服問》作「外」，當是。

期矣。《雜記》曰：「外宗爲君夫人猶内宗也。」是内宗、外宗之服不異也。所謂「與諸侯爲兄弟服斬」者，自爲男子生文，婦人不貳斬何義，而以斬服服君乎？《周禮》曰内宗外宗、内女外女之有爵者，謂嫁于卿、大夫、士者也。爲夫之君，自應服期。其異者，并服夫人，猶之仕焉而已者并服小君耳。遂以爲服斬，則誤矣。

繼父同居者。傳曰：何以期也？傳曰：夫死，妻穉，子幼，子無大功之親，與之適人。而所適者，亦無大功之親。所適者以其貨財爲之築宫廟，歲時使之祀焉。妻不敢與焉。若是，則繼父之道也。同居則服齊衰期，異居則服齊衰三月。案：此下唐石經有「也」字。**必嘗同居，然後爲異居。未嘗同居，則不爲異居。**

鄭注：妻穉，謂年未滿五十。子幼，謂年十五以下。子無大功之親，謂同財者也。爲之築宫廟于家門之外，神不歆非族，妻不敢與焉。恩雖至親，族已絶矣，夫不可二，此以恩服耳。未嘗同居，則不服之。

釋曰：《小記》曰：「繼父不同居也者，必嘗同居，皆無主後，同財而祭其祖、禰爲同居。有主後者，爲異居。」與《傳》義同。其或同居而異財，或繼父與己更自有子，或昔同居今異，則皆爲異居。繼父服此子無文。如主以繼母嫁報服推之，或者亦報服乎？同母異父之昆弟之服，經亦無文。《檀弓》曰：「公叔木有同母異父之昆弟死，問于子游，子游曰：『其大功乎？』」狄儀有同母異父之昆弟死，問于子夏，子夏曰：『我未之前聞也，魯人則爲之齊衰。』狄儀行齊衰，今之齊衰，狄儀之問也。」鄭氏謂服大功者，是同父服期，同母故降一等，服大功。或曰母屬之親，不過小功而已。

爲夫之君。傳曰：何以期也？從服也。

釋曰：從乎夫而服之也。凡從服，降所從一等。《大傳》曰：「有屬從，有徒從。」屬從者，所爲服者于己有血屬之親也。徒從者，與彼非親，空從而服之耳。子爲母之黨，妻爲夫之黨，屬從也。臣爲君之黨，妾子爲君母之黨，妾爲女君之黨，子爲母之君母，妻爲夫之君，徒從也。《小記》曰：「從服者，所從亡則已。屬從者，所從雖没也服。」❶從服謂徒從也。

姑、姊妹、女子子適人無主者，姑、姊妹報。傳曰：無主者，謂其無祭主者也。何以期也？爲其無祭主故也。

鄭注：無主後者，人之所哀憐，不忍降之。

釋曰：《檀弓》曰：「喪服，姑姊妹之薄也，蓋有受我而厚之者也。」今無夫無子，則無厚之者矣，故爲之服其本服。女子子不貳斬，雖無主後，仍爲其父母期，故惟姑姊妹報。

爲君之父母、妻、長子、祖父母。傳曰：何以期也？從服也。父母、長子，君服斬。妻則小君也。父卒，然後爲祖後者，服斬。

---

❶「没」，四庫本作「殁」。

鄭注：此爲君矣。而有父若祖之喪者，謂始封之君也。若是繼體，則其父若祖有廢疾不立。父卒者，父爲君之孫宜嗣位而早卒，今君受國于曾祖。

釋曰：父母、長子，君服三年，故臣從服期也。爲母齊衰而言君服斬者，連文而言耳。案：「文」，原本訛作「父」，今改正。妻則小君者，爲小君齊衰，自其本服，故《傳》別見其義。父卒爲祖後者服斬者，言君爲之服斬者，乃從服期也，非服之常，故經文次「長子」之下。君之父祖若爲君而卒，則群臣固自服斬矣。以其不立，故止從君而服期也。凡此服雖重，而恩則輕。《雜記》曰：「親喪外除，兄弟之喪内除，視君之母與妻，比之兄弟。」《檀弓》曰：「居君之母與妻之喪，居處、言語、飲食，衎爾。」《小記》曰：「爲君之父母、妻、長子，君已除喪，而后聞喪，則不稅。」其禮若小功以下耳。君之適殤，適婦從服無文。按，下《記》君之所爲兄弟服，室老降一等，則君爲之服者，臣皆從服也。庾蔚之以爲經惟見重服之從，則輕服不從可知，未知然否？《服問》曰：「大夫之適子，爲君、夫人、大子，如士服。君之母，非夫人，則群臣無服，惟近臣及驂乘從服，惟君所服服也。」《小記》曰：「近臣，君服斯服矣。其餘，從而服，不從而稅。君雖未知喪，臣服已。」惟君所服者，其服視君，無所降也。稅，謂于喪服年月已過，乃追服之。

妾爲女君。傳曰：何以期也？妾之事女君，與婦之事舅姑等。

鄭注：女君，君適妻也。女君于妾無服，報之則重，降之則嫌。

釋曰：妾爲女君之黨，雖爲從服，然猶之近臣君服斯服。故其服悉與女君同，不從降一等之例。且雖徒從而女君死，猶服其黨，所以防覬覦也。《雜記》曰：「女君死，則妾爲女君之黨服，攝女君則不爲先女君之黨服。」攝女君差尊，故自從徒從之例。

婦爲舅姑。傳曰：何以期也？從服也。

釋曰：夫爲父母三年，故婦從服期。《小記》曰：「婦當喪而出，則除之。」

夫之昆弟之子。

鄭注：男女皆是。

傳曰：何以期也？報之也。

釋曰：從乎夫而服，則當大功。報之，故期也。凡爲夫之黨，尊者皆從服，卑者皆報之。從服故降其夫一等，卑者以名服，己與夫同，故己報之，亦與夫同也。此報服之重者，故著之，餘皆例此。

公妾、大夫之妾爲其子。傳曰：何以期也？妾不得體君，爲其子得遂也。

鄭注：此言二妾不得從于女君尊降其子也。女君與君一體，惟爲長子三年，其餘以尊降之，與妾子同也。

釋曰：妾無尊，君又不厭妾，故自爲其子伸其本服。

女子子爲祖父母。傳曰：何以期也？不敢降其祖也。

鄭注：經似在室，《傳》似已嫁，明雖有出道，猶不降。

釋曰：章首已著祖父母，今重出之，明爲已嫁者生文。下章女子子嫁者、未嫁者爲曾祖父母之服同，知此雖已嫁者，亦不降也。女子子適人者，爲昆弟之爲父後者期，爲祖父母、曾祖父母皆與在室者同。然則女子子于正統之親，雖出猶不降。其爲父母期者，屈于不貳斬耳。鄭氏以爲女子子成人者有出道，不敢降其祖，則得降其旁親。

大夫之子爲世父母、叔父母、子、昆弟、昆弟之子，姑、姊妹、女子子無主者，爲大夫、命婦者。惟子不報。傳曰：大夫者，其男子之爲大夫者也。命婦者，其婦人之爲大夫妻者也。無主者，命婦之無祭主者也。何以言惟子不報也？女子子適人者，爲其父母期，故言不報也，言其餘皆報也。何以期也？父之所不降，子亦不敢降也。大夫曷爲不降命婦也？夫尊于朝，妻貴于室矣。

鄭注：命者，加爵服之名。自士至上公，凡九等。君命其夫，則后夫人亦命其妻矣。此所爲者，凡六命夫，六命婦。案：以上注文，今注疏本在經之下，「傳曰」之上。無主者，命婦之無祭主，謂姑、姊妹、女子子也。其有祭主者，如衆人。惟子不報，男女同不報耳。《傳》以爲據謂女子子，案：「據」，原本訛作「主」。今注疏本作「傳惟據女子子」。似失之矣。大夫曷爲不降命婦，據大夫于姑、姊妹、女子子，既以出降。案：此下今注疏本有「大功」二字。❶ 其適士者，又以尊降在小功也。夫尊于

❶ 朱熹《通解》、胡培翬《正義》亦有「大功」二字。

朝，與己同，妻貴于室，從夫爵也。

釋曰：六命夫者，世父一、叔父二、子三、昆四、弟五、昆弟之子六。六命婦者，世母一、叔母二、姑三、姊四、妹五、女子子六。大夫爲命夫、命婦以尊同不降，故其子亦不敢以厭降之。按下章「大夫爲世父母、叔父母、子、昆弟、昆弟之子爲士者」大功，則其爲大夫者期矣。大夫爲姑、姊妹、女子子嫁于大夫者大功，則其無主者亦期也。此惟見大夫之子者，嫌此命夫、命婦猶以尊降，大夫之子不報，故特著之。惟子不報者，子爲父斬，女子子適人者爲父期，自其本服，非報服也。《傳》止言女子子不報者，女子子適人者爲父期與爲女子子無主者期，其服適同，嫌是報服，故別其非報。上經姑、姊妹、女子子適人無祭主者，言姑姊妹報而不及于女子子，意與此同。

大夫爲祖父母、適孫爲士者。傳曰：何以期也？大夫不敢降其祖與適也。

鄭注：不敢降其祖與適，則可降其旁親也。

釋曰：三年之喪達乎天子，祖與適則稍殺矣，嫌得以尊降，故舉大夫以明之。按：《雜記》曰：「大夫爲其父母、兄弟之未爲大夫者之喪服如士服。士爲其父母、兄弟之爲大夫者之喪服如士服。大夫之適子服大夫之服。大夫之庶子爲大夫，則爲其父母服大夫服。」案：原本脱「其」字，今補。《春秋傳》：「晏桓子卒，晏嬰麤縗斬，寢苫枕草，其老曰：『非大夫之禮也。』曰：『惟卿爲大夫。』」則大夫喪服與士服有異也。故鄭氏以爲士爲父服，縷如三升半而三升，爲母蓋五升縷而四升，爲兄弟六升縷而五升。大夫以上乃備儀盡飾，大功以下，大夫士服則同然。按，經「斬衰」章不見大夫、士服之異，《孟子》亦云：「三年之喪，齊疏之服，飦粥之食，自天子達。」記、傳所言蓋周衰禮壞，或自爲服制以相别異，記者因雜記之，非舊典也。

公妾以及士妾爲其父母。傳曰：何以期也？妾不得體君，得爲其父母遂也。

鄭注：然則女君有以尊降其父母者與？《春秋》之義：「雖爲天王后，猶曰吾季姜。」是言子尊不加于父母，此《傳》似誤矣。禮，妾從女君而服其黨服，是嫌不自服其父母，故以明之。

釋曰：經嫌妾以厭降其私親，故明之。下記曰：「凡妾爲私兄弟如邦人。」

儀禮集釋卷十八

喪服

疏衰裳齊，牡麻絰，無受者。

鄭注：無受者，服是服而除，不以輕服受之。不著月數者，天子、諸侯葬異月也。《小記》曰：「齊衰三月與大功同者，繩屨。」

釋曰：凡喪皆既葬受以輕服，此服三月，既葬而除，其爲天子、諸侯者葬而又反服之。舊説此章衰裳六升，冠九升。如圭按：曾祖父母不當爲義服，其衰亦宜五升，冠八升。不言冠、帶、屨者，因服輕略之。繩屨者，以麻糾繩爲之。凡用麻者，以繩爲絰，❶故齊衰期麻屨，無受者繩屨。

寄公爲所寓。

鄭注：寓，亦寄也，爲所寄之國君服。

釋曰：《春秋傳》：「衛侯出奔齊，齊人以郲寄衛侯。」《詩序》曰：「狄人迫逐黎侯，黎侯寓于衛。」

❶「絰」，胡培翬《正義》引《集釋》作「輕」，當是。

是謂寄公。

傳曰：寄公者何也？失地之君也。何以爲所寓服齊衰三月也？言與民同也。

鄭注：諸侯五月而葬，而服齊衰三月者，三月而藏其服，至葬又反服，❶案：「反」，今注疏本作「更」。既葬而除之。

釋曰：《郊特牲》曰「諸侯不臣寓公」，故服所寓惟與民同。

丈夫、婦人爲宗子、宗子之母、妻。

鄭注：婦人，女子子在室及嫁歸宗者也。宗子，繼别之後，百世不遷，所謂大宗也。

釋曰：宗子有君族之道，故族人皆爲齊衰三月，其在五屬之内，則三月之後，自以本服終之。宗子之母妻，統族人之婦，故族人亦爲之服。《曾子問》曰：「宗子雖七十，無無主婦。」義由于此。

傳曰：何以服齊衰三月也？尊祖也。尊祖故敬宗。敬宗者，尊祖之義也。宗子之母在，則不爲宗子之妻服也。

釋曰：無二統故也。下《記》宗子不孤爲殤，則族人不爲之服，孤爲殤者乃服之，義亦猶此。宗子母在，雖不爲宗子之妻服，然舅没則姑老，宗子之妻收放承祭之重，異于他人，故宗子母在，得爲妻禫。《大傳》曰：「自仁率親，等而上之，至于祖。自義率祖，順而下之，至于禰。故人道親

❶「反」，朱熹《通解》、胡培翬《正義》作「更」。集成本「服」下有「之」字。

親也。親親故尊祖，尊祖故敬宗，敬宗故收族，收族故宗廟嚴。」

爲舊君、君之母、妻。傳曰：爲舊君者，孰謂也？仕焉而已者也。何以服齊衰三月也？言與民同也。君之母、妻，則小君也。

鄭注：仕焉而已者，謂老若有廢疾而致仕者也。爲小君服者，恩深于民。

釋曰：仕焉而已，則釋斬而齊者，别親疏、明貴賤也。按：《士相見禮》：「凡自稱于君，宅者在邦，則曰市井之臣，在野則曰草莽之臣。」宅者，謂致仕者也。《孟子》曰：「在國曰市井之臣，在野曰草莽之臣，皆謂庶人。」宅者，稱謂與庶人正同，故其服亦同。

庶人爲國君。

鄭注：不言民而言庶人，庶人或有在官者。天子畿内之民服天子，亦如之。

釋曰：庶人在官者，謂府、史、胥、徒也。《檀弓》曰：「公之喪，諸達官之長杖。」則庶人在官者不杖斬，同于民而已。

大夫在外，其妻、長子爲舊國君。

鄭注：在外，待放已去者。

傳曰：何以服齊衰三月也？妻，言與民同也。長子，言未去也。

鄭注：妻雖從夫而出，古者大夫不外娶，婦人歸宗，往來猶民也。《春秋傳》曰：「大夫越竟逆女，

案：「竟」，今注疏本作「境」。非禮。」君臣有合離之義，長子去，可以無服。

釋曰：長子言未去，則妻已去矣。長子未去，固從庶人之服，而特著之者，以大夫之適子爲君得服士服，嫌大夫已去，猶爲君斬也。士之妻服舊國君與大夫妻同。經欲明大夫長子之服，故主大夫而言耳。大夫之庶子、士之子未去，則庶人服之，已去則皆不服。上下條曰舊君，此曰舊國君者，以在其國，而服之義繫于國，故與庶人爲國君之文同。

繼父不同居者。

鄭注：嘗同居，今不同。

曾祖父母。傳曰：何以齊衰三月也？小功者，兄弟之服也。不敢以兄弟之服服至尊也。

鄭注：正言小功者，服之數盡于五，則高祖宜緦麻，曾祖宜小功也。據祖期，則曾祖宜大功，案：今注疏本脱「宜」字。高祖宜小功也。祖高、曾祖❶案：各本作「高祖曾祖」，據《通典》所引，先曾祖方與下先曾孫語相貫。皆有小功之差，則曾孫、玄孫爲之服同也。重其衰麻，尊尊也；減其日月，恩殺也。

釋曰：減其日月者，減五月爲三月也。兄弟猶言族親也。《記》曰：「小功以下爲兄弟。」與己同出于曾祖者，己皆爲之小功，故不敢以其服服曾祖也。曾，猶重也。曾祖以上，皆謂之曾祖。曾

---

❶「祖高曾祖」，《經苑》本及朱熹《通解》、阮本《儀禮注疏》作「高祖曾祖」，胡培翬《正義》作「曾祖高祖」。

孫以下，皆謂之曾孫。雖成王之于后稷，蒯聵之于康叔，皆稱曾孫，故喪服無高祖、玄孫之文，雖十世之祖苟相逮者，必爲之齊衰三月。《小記》所謂「親親以三爲五，以五爲九，上殺、下殺、旁殺而親畢」者，自爲旁親生文。旁親之殺極于九，正統則固無絶道也。不言以五爲七者，因曾祖以上、曾孫以下之服皆同，故略爲一節言之。

大夫爲宗子。傳曰：何以服齊衰三月也？大夫不敢降其宗也。

釋曰：大夫不奪宗故也。《曾子問》曰：「宗子爲士，庶子爲大夫，以上牲祭于宗子之家。」小宗且然，大宗可知。

舊君。

鄭注：大夫待放未去者。

傳曰：大夫爲舊君，何以服齊衰三月也？大夫去，君埽其宗廟，故服齊衰三月也，言與民同也。何大夫之謂乎？言其以道去君，而猶未絶也。

鄭注：以道去君，謂三諫不從，待放于郊。未絶者，言爵禄尚有列于朝，出入有詔于國，妻、子自若民也。

釋曰：按《傳》言「大夫去」，又曰「以道去君」，蓋大夫已去而服舊君之有恩禮者，非待放未去者也。《雜記》曰：「違諸侯，之大夫，不反服。」《檀弓》曰：「仕而未有禄者，違而君薨，弗爲服也。」

其爲反服者，則此經是已。「穆公問于子思曰：爲舊君反服，古與？曰：古之君子，進人以禮，退人以禮，故有舊君反服之禮。」齊宣王問孟子曰：「禮，爲舊君有服，何如斯可爲之服？」曰：「諫行言聽，膏澤下于民，有故而去，則君使人道之出疆，又先之于其所往去，三年不反，然後收其田里，如此則爲之服。」子思、孟子所言皆據此《傳》也。埽其宗廟，謂揜除之也。❶ 鄭以此經爲大夫待放未去，又以子思所論爲仕焉而已者，失之矣。《雜記》又曰：「違大夫，之諸侯，不反服。」則此經舊君亦通。謂大夫君，士去其國爲舊君亦然，《傳》舉大夫而言耳。

曾祖父母爲士者，如衆人。傳曰：何以齊衰三月也？大夫不敢降其祖也。

女子子嫁者、未嫁者爲曾祖父母。傳曰：嫁者，其嫁于大夫者也。未嫁者，其成人而未嫁者也。何以服齊衰三月？不敢降其祖也。

鄭注：言嫁于大夫者，明雖尊猶不降也。成人謂年二十已笄醴者也。此著不降，案：「著」，今注疏本訛作「者」。明有所降。

釋曰：成人有出道，嫌即得降其祖，故特出以明之。

大功布衰裳，牡麻絰，無受者。

---

❶「揜」，《經苑》本、集成本作「拼」。

鄭注：大功布者，其鍛治之功麤沽之。

釋曰：布用功麤略，故曰大功布也。大功則功差細密，❶緦則治其縷細如絲矣。《閒傳》曰：「大功七升、八升、九升。」此章皆齊衰以上之殤，降而服大功。其齊裳七升、冠十升。衰服不言齊者，❷齊之可知。無受者，既卒哭不變服也。《服問》曰：「殤非重麻，爲其無卒哭之税。」所謂無受也。

子、女子子之長殤、中殤。

鄭注：殤者，男女未冠笄而死可傷者。案：「傷」，各本訛作「殤」，今改正。女子子許嫁不爲殤也。

釋曰：言子者，長子亦在焉，以殤死略之。《小記》曰：「丈夫冠而不爲殤，婦人笄而不爲殤。」《春秋》「伯姬卒」，《公羊傳》曰：「此未適人，何以卒？許嫁矣。婦人許嫁，字而笄之，死則以成人之喪治之。」

傳曰：何以大功也？未成人也。何以無受也？喪成人者，其文縟，喪未成人者，其文不縟。故殤之經不樛垂，蓋未成人也。年十九至十六爲長殤，十五至十二爲中殤，十一至八歲爲下殤，不滿八歲以下皆爲無服之殤。案：今注疏本脱「皆」字，唐石經亦有。**無服之殤，以日易月。以日易月之殤，殤而無服。故子生三月則父名之，死則哭之，未名則不哭也。**

---

❶「大功」，四庫本、《經苑》本同，據文義或作「小功」。

❷「服」，胡培翬《正義》引《集釋》作「裳」。

鄭注：縟，猶數也。其文數者，謂變除之節也。不樛垂者，不絞其帶之垂者。《雜記》曰：「大功以上，散帶。」以日易月，謂生一月者，哭之一日也。殤而無服者，哭之而已。爲昆弟之子、女子子亦如之。凡言子者，可以兼男女。又云女子子者，殊之以子，關適庶也。

釋曰：凡喪，小斂後皆服麻，大功以上垂其帶，是謂散帶，至成服而絞之。小功以下初而絞之，殤則自初以至成服皆垂之而不絞，是謂不樛垂。其文不縟與無受之義同。以日易月者，謂若滿七歲，則八十四日哭之，惟期親則然，故《傳》于此章發之。大功親以下，不復有以日易月之哭。馬融、王肅以爲以哭之日易服之月，謂若當服期者則哭之十有三日，當服緦者則哭之三日，非也。期親，長中殤降而大功，下殤降而小功，猶有緦一等，以無服之殤未及于禮，不以緦服之，隨其生月制爲哭日。若大功，則長中殤降而小功，下殤降而緦。無服之殤，服名已絶，與小功中殤、緦之長殤皆已無服矣。奈何生三月而更制哭日乎？束晳曰：「緦麻不服長殤，小功不服中殤，大功不爲易月哭，惟齊衰乃備四殤。」

叔父之長殤、中殤，姑姊妹之長殤、中殤，昆弟之長殤、中殤，夫之昆弟之子、女子子之長殤、中殤，適孫之長殤、中殤，大夫之庶子爲適昆弟之長殤、中殤，公爲適子之長殤、中殤，大夫爲適子之長殤、中殤。

鄭注：公，君也。諸侯大夫不降適殤者，重適也。天子亦如之。

釋曰：天子、諸侯絶服旁親，大夫降一等，正統之親則皆不降。故經兩見之。

其長殤皆九月，纓絰。其中殤七月，不纓絰。

鄭注：絰有纓者，爲其重也。自大功以上絰有纓，以一條繩爲之。小功以下絰無纓也。

釋曰：纓所以固絰，亦于頤下結之。《小記》曰：「再期之喪，三年也。期之喪，二年也。九月、七月之喪，三時也。五月之喪，二時也。三月之喪，一時也。」喪服之正無七月，七月者，謂此中殤之服也。

大功布衰裳，牡麻絰纓，布帶，三月，受以小功衰，即葛，九月者。

鄭注：受，猶承也。

釋曰：此章衰裳三等。降服七升，正服八升，冠皆十升，義服九升，冠十一升。三月既葬，各以其冠爲受。十升、十一升者，小功之布，故曰「受以小功衰」也。下《記》曰：「大功八升若九升，小功十升若十一升。」記此受服之差也。纓絰者，絰有纓也。大功九月以上絰有纓，故于此著之。即，就也。

傳曰：大功布九升，小功布十一升。

鄭注：此受之下也，以發傳者，明受盡于此也。又受麻絰以葛絰，《閒傳》曰：「大功之葛與小功之麻同。」凡天子、諸侯、卿大夫既虞，士卒哭，而受服。正言三月者，天子、諸侯無大功，主于大夫、士也。此雖有君爲姑、姊妹、女子子嫁于國君者，非内喪也。❶ 案：「凡天子諸侯」至此五十四字，

---

❶ 「内」，阮本《儀禮注疏》作「主」。

今注疏本接上注「受猶承也」之下。古文依此禮也。案：今注疏本脱此六字，又「古文」二字下當有訛脱。

釋曰：《傳》據義服大功而言也。義服大功衰九升，受以小功衰十一升，服之有受者止于此，小功以下無受也。凡爲天子、諸侯，必以重服服之。嫁于國君者，彼國雖以五月葬，此國自以三月受服。

姑、姊妹、女子子適人者。傳曰：何以大功也？出也。

鄭注：出必降之者，蓋有受我而厚之者。

釋曰：《雜記》曰：「伯母、叔母疏衰，踊不絶地。姑、姊妹之大功，踊絶于地。若知此者，由文矣哉！」❶絶地，離地也。伯叔母義也，姑姊妹骨肉也。姑姊妹雖已出降，其情猶不殺也。

從父昆弟。

鄭注：世父、叔父之子也，其姊妹在室亦如之。

釋曰：世父、叔父從父而别，故謂其子爲從父昆弟。

爲人後者，爲其昆弟。傳曰：何以大功也？爲人後者，降其昆弟也。

庶孫。❷

鄭注：男女皆是。下「殤小功」章曰「爲姪庶孫丈夫、婦人」同。

❶ 「由文矣哉」四字，四庫本據《禮記》重。

❷ 「孫」，阮本《儀禮注疏》作「子」。

適婦。

鄭注：適婦，適子之妻。

傳曰：何以大功也？不降其適也。

鄭注：婦言適者，從夫名。

釋曰：婦人從服夫黨之尊者，降于夫一等，所爲服者亦降其夫一等報之。婦爲舅姑期，舅姑宜爲之大功，又以正尊降之，服小功。惟適婦則不降。《小記》曰：「適婦不爲舅後者，則姑爲之小功。」

女子子適人者，爲衆昆弟。

鄭注：父在則同，父没乃爲爲父後者服期也。案：「爲父後者爲之服期」，各本脱一「爲」字，今據文義補。

姪丈夫婦人，報。

鄭注：爲姪，男女服同。

釋曰：姪者，嫁姑謂其昆弟之子、女子子也。言婦人者，明已嫁者與在室之服同。下經大夫之妻爲姑、姊妹嫁于大夫者大功，爲人後者爲其姊妹適人者小功，則以出降者，兩皆出，亦止降一等。

傳曰：姪者何也？謂吾姑者，吾謂之姪。

釋曰：《春秋傳》曰：「姪其從姑。」

夫之祖父母、世父母、叔父母。

傳曰：何以大功也？從服也。夫之昆弟何以無服也？其夫屬乎父道者，妻皆母道也。其夫屬乎子道者，妻皆婦道也。謂弟之妻婦者，是嫂亦可謂之母乎？故名者，人治之大者也，可無慎乎！

鄭注：道，猶行也。言婦人棄姓無常秩，嫁于父行，則爲母行，嫁于子行，則爲婦行。案：今注疏本脱此二十四字。謂弟之妻爲婦者，卑遠之，故謂之婦。嫂者，尊嚴之稱。是嫂亦可謂之母乎？案：今注疏本脱此八字。言不可。案：各本脱此三字，今據《通典》所引補。嫂，猶叟也。叟，老人之稱也，是爲序男女之别耳。若己以母婦之服服兄弟之妻，兄弟之妻以舅子之服服己，則是亂昭穆之序也。治，猶理也。父母、兄弟、夫婦之理，人倫之大者，可不慎乎？《大傳》曰：「同姓從宗合族屬，異姓主名治際會，名著而男女有别。」

釋曰：母道者，名之爲母，以名服之，與其夫同。婦道者，名之爲婦，以服己之服報之。昆弟之妻本非母婦之行，不可服以母婦之服，又不得以妻道屬其昆弟之妻，故昆弟之妻與夫之昆弟不相爲服。其謂之嫂與婦者，以名遠之耳。夫之祖父母、世叔父母，夫皆服期，故妻從服大功。爲昆弟子、夫之昆弟子之妻之服，經無文。按，下經爲夫之姑小功，爲夫之諸祖父母緦，皆言報，則夫之旁尊于卑者之婦，皆報之，不盡出耳。王肅以爲與己子之婦同服小功，❶非旁尊報之例也。

❶「己」，原作「旁」，疑涉上下「旁尊」誤，據四庫本改。胡培翬《正義》引作「衆」。

大夫爲世父母、叔父母、子、昆弟、昆弟之子爲士者。

鄭注：子，謂庶子。

傳曰：何以大功也？尊不同也。尊同，則得服其親服。

鄭注：尊同，謂亦爲大夫者。親服，期。

公之庶昆弟、大夫之庶子，爲母、妻、昆弟。

鄭注：公之庶昆弟，則父卒也。大夫之庶子，則父在也。其或爲母，謂妾子也。

釋曰：昆弟者，繫于今君之稱，言公之昆弟，則庶自明矣。重言庶者，主見爲母者指妾子爲其母，適子爲母自伸其本服。

傳曰：何以大功也？先君餘尊之所厭，不得過大功也。大夫之庶子，則從乎大夫而降也。父之所不降，子亦不敢降也。

鄭注：言從乎大夫而降，則于父卒如國人也。昆弟，庶昆弟也。舊讀昆弟在下，其于厭降之義，宜蒙此《傳》也，是以上而同之。父所不降，謂適也。

釋曰：大夫降其庶子、庶婦一等，爲貴妾緦。故大夫庶子爲其母、妻、昆弟亦降期而大功。諸侯絶服庶子、庶婦，不服妾，故公子不敢服其母、妻、昆弟。先君既没，猶厭于餘尊，服大功而已。凡屈而降服者，皆以心喪終其月數。劉智曰：「小功以下不税服者，乃無心喪耳。」厭降之與尊降異者，不降其正統之親及旁親之尊同者。厭降者，父所不服，則皆不敢服之。《穀梁傳》曰：「公子之重，視大夫。」公之昆弟其尊與大夫等，而其服有不同者，以此公之昆弟于大功以下乃無餘尊之厭得伸于尊，不同者則自以己旁尊降之一等，與大夫同。

皆爲其從父昆弟之爲大夫者。

鄭注：皆者，言其互相爲服。尊同則不相降。其爲士者，降在小功，適子爲之，亦如之。

釋曰：皆者，皆公之庶昆弟、大夫之庶子也。公之昆弟爲從父昆弟爲大夫不降者，以尊同。大夫之庶子不降者，以父所不降也，大夫之適子亦然，承上庶子之文而不及于適耳。

爲夫之昆弟之婦人子適人者。

鄭注：婦人者，❶女子子也。不言女子子者，因出見恩疏。

大夫之妾爲君之庶子。

鄭注：下《傳》曰：「何以大功也？妾爲君之黨服，得與女君同。」指爲此也。妾爲君之長子亦三年，自爲其子期，異于女君也。士之妾爲君之衆子亦期。

女子子嫁者、未嫁者爲世父母、叔父母、姑、姊妹。傳曰：嫁者，其嫁于大夫者也。未嫁者，成人而未嫁者也。案：以上乃本節經文之《傳》。**何以大功也？妾爲君之黨服，得與女君同。**案：此十六字乃

❶「人」下，朱熹《通解》、阮本《儀禮注疏》有「子」字。

上節經文之《傳》，鄭注以爲文爛在下，是也。

鄭注：舊讀「合大夫之妾爲君之庶子，女子子嫁者、未嫁者」，言大夫之妾爲此三人之服也。案：舊讀以下三十二字各本訛在經之下，「傳曰」之上，文勢遂不相貫，今改正。下言「爲世父母、叔父母、姑、姊妹」者，謂妾自服其私親也。案：此二十一字各本接《傳》「得與女君同」下，爲《傳》文，唐石經亦然。賈氏疏乃云「下言」二字及「者謂妾自服其私親也」九字，總十一字，既非子夏自著，又非舊讀者自安，是誰置之也？今以義，必是鄭君置之。鄭君欲分別舊讀者如此意趣，然後以注破之。據疏，此說以「爲世父母叔父母姑姊妹」十字爲《傳》文。以「下言」二字，及「者謂妾自服其私親也」九字，共十一字爲鄭所加。不知經既見「爲世父母叔父母姑姊妹」十字，《傳》不應重見此十字而絶不釋其意，是二十一字通爲鄭注無疑。且考其文義上云「言大夫之妾爲此三人之服也」，下云謂「妾自服其私親也」，一「言」字一「謂」字，皆指舊讀者之意，如是自「舊讀」至「此不辭」凡五十六字一氣連貫，不可截斷，今訂正。此不辭，即實爲妾遂自服其私親，當言其以明之。案：「明」，今注疏本作「見」。「齊衰三月」章曰：「女子子嫁者、未嫁者爲曾祖父母。」經與此同，足以明之矣。案：「明」，今注疏本亦作「見」。《傳》所云「何以大功也？妾爲君之黨服，得與女君同」，文爛在下耳。女子子成人者，有出道，降旁親，及將出者，明當及時也。

釋曰：未嫁者爲此期親當服期，而服大功者，以其成人將出，欲其及時，故逆降旁親也。假年十九而遭期喪，降之爲大功，則得及時而嫁。大功之末可以嫁子故也。馬融舊讀以大夫之妻降其庶子大功，爲女子子未嫁者亦然。其嫁于大夫者則以出降，無尊降，亦大功。大夫之妾爲此三人者，悉從女君之服。其自服其私親，世父以下則無尊厭降，一如邦人出降一等。兩義各異，故經兩言「爲」以别之，其義自通。鄭義于經文爲順，特成人未嫁者得逆降其旁親爲異耳。

大夫、大夫之妻、大夫之子、公之昆弟，爲姑、姊妹、女子子嫁于大夫者。

釋曰：凡婦人從其夫之爵位，故大夫之妻得體夫之尊，其服與大夫同。

君爲姑、姊妹、女子子嫁于國君者。傳曰：何以大功也？尊同也。尊同，則得服其親服。諸侯之子稱公子，公子不得禰先君。公子之子稱公孫，公孫不得祖諸侯。此自卑别于尊者也。若公子之子孫有封爲國君者，則世世祖是人也，不祖公子。此自尊别于卑者也。是故始封之君不臣諸父、昆弟，封君之子不臣諸父而臣昆弟，封君之孫盡臣諸父、昆弟。故君之所爲服，子亦不敢不服也，君之所不服，子亦不敢服也。

鄭注：不得禰、不得祖者，不得立其廟而祭之也。卿大夫以下，祭其祖、禰。則世世祖是人，不得祖公子者，後世爲君者，祖此受封之君，不得祀别子也。公子若在高祖以下，則如其親服，後世遷之，乃毁其廟爾。因國君以尊降其親，故終説此義云。

釋曰：《檀弓》曰：「齊穀王姬之喪，魯莊公爲之大功，由魯嫁，故爲之服姊妹之服。」《春秋》「伯姬卒」，《穀梁傳》曰：「外夫人不卒，此其言卒，何也？吾女也，適諸侯則尊同，以吾爲之變，卒之也。」其尊不同者，則皆絶服也。所不臣者，鄭氏謂以其親服服之；荀顗以爲大夫猶降其親，則諸侯雖所不臣者亦絶不服；虞喜以爲大夫亦當從諸侯之例，一世爲大夫，不降兄弟，二世不降諸父，三世乃皆降之。如圭謂諸侯世國，大夫不世爵禄，恐不得以世數爲比。所不臣者，服此國君，先儒據《小記》謂「與諸侯爲兄弟者，服斬」，疑亦未然。

繐衰裳，牡麻絰，既葬除之者。《傳》曰：繐衰者何？以小功之繐也。

鄭注：治其縷如小功，而成布四升半。細其縷者，以恩輕也。升數少者，以服至尊也。凡布細而疏者，謂之繐。今南陽有鄧繐。

釋曰：繐衰裳縷如小功，又服天子七月，既葬而除，故章次在「大功九月」下也，其冠八升。戴德謂經亦當同小功之絰，馬融以小功帶絰言澡麻，此但言牡麻，則絰當從大功。

諸侯之大夫爲天子。傳曰：何以繐衰也？諸侯之大夫以時接見乎天子。

鄭注：接，猶會也。諸侯之大夫以時會見于天子而服之，則其士、庶民不服可知。

釋曰：會見謂聘覜之屬雖未會見，猶服之。周衰，子柳之妻以繐衰環絰服其舅叔仲皮。又有緦衰而繐裳者，皆非禮。

小功布衰裳，澡麻帶絰，五月者。

鄭注：澡者，治去莩垢，不絶其本也。《小記》曰：「下殤小功，帶澡麻，不絶其本，屈而反，以報之。」

釋曰：《閒傳》曰：「小功十升、十一升、十二升。」此殤小功，衰裳十升，冠亦如之。澡麻者，以牡麻澡戛之，使滑浄也。小功以下皆然。凡言絰，則帶在其中矣。此又言帶者，欲見下殤之帶不絶其本，屈而反，以報之，異于餘帶也。凡絰，大功以上有本，小功以下斷本。下殤小功本齊衰之親，首絰無本，而要絰猶有本。又凡殤皆散帶垂，下殤小功則屈所垂散帶，上至于要，乃中分麻爲兩股，合糾爲繩，垂之以明親重，故絰帶、絰兩見，而帶又序絰上，主爲下殤生文也。賀瑒曰：「下殤小功之服，男子澡麻帶，婦人澡麻絰，故帶在絰上。男子絰、婦人帶，仍用牡麻。」非鄭義也。凡喪，年月已過而始聞喪者，大功以上皆追服之，謂之税，小功則否。《檀弓》曰：「小功不税。」《小記》曰：「降而在緦小功者，則税之。」

叔父之下殤，適孫之下殤，昆弟之下殤，大夫庶子爲適昆弟之下殤，爲姑、姊妹、女子子之下殤。爲人後者爲其昆弟。

釋曰：此下少「之長殤」三字。

從父昆弟之長殤。傳曰：問者曰：中殤何以不見也？大功之殤中從上，小功之殤中從下。

鄭注：問者據從父昆弟之下殤在緦麻也。大功、小功皆謂服其成人也。大功之殤中從上，則齊衰之殤亦中從上也。此主謂大夫之爲殤者服也。❶凡不見者，以此求之也。

❶「大」，朱熹《通解》、胡培翬《正義》作「丈」。

釋曰：下《傳》曰：「齊衰之殤中從上，大功之殤中從下。」彼謂婦人爲夫黨之殤生文，知此則主謂丈夫也。不見中殤者，以服差輕從省文。

爲夫之叔父之長殤。❶

鄭注：不見中殤者，中從下也。

昆弟之子、女子子，夫之昆弟之子、女子子之下殤。

釋曰：昆弟之子、女子子下殤在此章，則長中殤當大功矣。公大夫爲適長中殤大功，則下殤亦小功也，互文耳。

爲姪、庶孫丈夫婦人之長殤，大夫、公之昆弟，大夫之子爲其昆弟、庶子、姑、姊妹、女子子之長殤。

鄭注：大夫爲昆弟之長殤小功，謂爲士者若不仕者也。以此知爲大夫無殤服也。公之昆弟不言庶者，此無服無所見也。大夫之子不言庶者，關適子亦服此殤也。云公之昆弟爲庶子之長殤，則知公之昆弟猶大夫。

釋曰：大夫爲昆弟之爲士者，尊不同，故降其長殤大功，而爲小功也。然則尊同者不降矣。而《大功章》不見大夫爲昆弟之長殤者，爲大夫無殤服也。五十命爲大夫者，禮之常。其或少有才德命爲大夫者，雖在殤年而死，亦不以殤服服之，故大夫無爲昆弟之殤大功也。公子之重，視大

❶ 「爲」字，集成本無。

夫。舊見大夫昆弟相爲期，而公之昆弟相爲大功，遂疑公之昆弟與大夫之尊不等，此經大夫與公之昆弟爲庶子以下之殤服同，則公之昆弟與大夫之尊不殊也。上章公之昆弟言庶者，主見妾母之服，此無取于庶之義，故不言妾。❶

大夫之妾，爲庶子之長殤。

鄭注：君之庶子。

小功布衰裳，牡麻絰，即葛，五月者。

鄭注：即，就也。小功輕，三月變麻，因故衰以就葛絰帶，而五月也。《閒傳》曰：「小功之葛與緦之麻同。」舊説，小功以下，吉屨無絇也。

釋曰：此章降服衰冠十升，正服十一升，義服十二升。牡麻不言澡，因上文也。絇，屨飾也。吉屨大飾，故去其絇。

從祖祖父母，從祖父母，報。

鄭注：祖父之昆弟之親。

釋曰：從祖父者，從祖祖父之子，父之從父昆弟也。報者，爲昆弟之孫、從父昆弟之子，亦小功，故其長殤皆緦。凡旁尊之服皆報。從祖祖母、從祖母云報，則凡夫之卑屬，皆報之可知。

❶「妾」，胡培翬《正義》引《集釋》作「庶」，據文義似當作「庶」。

從祖昆弟。

鄭注：父之從父昆弟之子。

釋曰：上三小功與己同出于曾祖而别，故以從祖名之。

從父姊妹。

鄭注：父之昆弟之女。

孫適人者。

鄭注：孫者，子之子。女孫在室亦大功也。

爲人後者，爲其姊妹適人者。

鄭注：不言姑者，舉其親者，而恩輕者降可知。

釋曰：上章爲人後者爲其昆弟，而不言世叔父猶此。

爲外祖父母。傳曰：何以小功也？以尊加也。

釋曰：從乎母而服之也。母之正尊，故加緦而小功。

從母、丈夫婦人，報。

鄭注：從母，母之姊妹。

釋曰：從乎母而有母名，故曰從母。旁尊故報之。

傳曰：何以小功也？以名加也。外親之服，皆緦也。

鄭注：外親異姓，正服不過緦。丈夫婦人，姊妹之子，男女同。

釋曰：言婦人者，異姓無出降，已嫁與在室者同服，故舉其成人之名。外親之服以緦斷。外祖有尊，從母有名，因其可加而加之。男女異長，母于姊妹有相親之近情，故加及于從母，而不及于舅。

夫之姑、姊妹、娣姒婦，報。

鄭注：夫之姑、姊妹不殊在室及嫁者，因恩輕，略從降。

釋曰：從于夫而降一等，當大功，恩輕，故與嫁者皆小功。

傳曰：娣姒婦者，弟長也，何以小功也。以爲相與居室中，則生小功之親焉。

鄭注：娣姒婦者，兄弟之妻相名也。長婦謂穉婦爲娣婦，娣婦謂長婦爲姒婦。

釋曰：年小者曰娣，年大者曰姒。穆姜謂聲伯之母爲姒，伯華妻謂叔向妻爲長叔姒，則弟之妻亦曰姒也。兄妻非母道，弟妻非婦道，以相與居室而小功耳。「娣姒婦」兩見則相爲服自明。報文指爲夫之姑、姊妹，而退在下者，要娣姒之服亦因夫而生，故使并蒙上文。

大夫、大夫之子、公之昆弟，爲從父昆弟、庶孫、姑姊妹、女子子適士者。

鄭注：從父昆弟及庶孫亦謂爲士者。

大夫之妾，爲庶子適人者。

鄭注：君之庶子，女子子也。庶女子子在室大功，其嫁于大夫亦大功。

釋曰：上文云適士，則此亦適士也。適士者小功，則嫁于大夫者大功。「大功章」大夫之妾與女子子嫁者，《傳》謂嫁于大夫是也。鄭氏曰：「凡女行于大夫以上曰嫁，行于士庶人曰適人。」蓋據此也。

庶婦。

鄭注：夫將不受重者。

釋曰：凡父母于子，舅姑于婦，將不傳重于適，及將所傳重非適者，服之如庶子庶婦。

君母之父母，從母。

鄭注：君母，君之適妻也。從母，君母之姊妹。

傳曰：何以小功也？君母在，則不敢不從服。君母不在，則不服。

鄭注：不敢不服者，恩實輕也。凡庶子爲君母如適子。

釋曰：《小記》曰：「爲君母後者，君母卒則不爲君母之黨服。」是則君母卒，雖爲後者猶不服其黨。徒從者，所從亡則已也。庶子亦自服其母之黨。下《記》曰：「庶子爲父後者，爲其外祖父母、從母、舅無服。不爲後如邦人。」馬氏以爲外親無二統，君母在則降其外祖父母緦，君母卒乃得申服。凡親母之黨，惟母出則無施服，母猶服之，母之君母則否。《小記》曰：「爲母之君母，母卒則不服。」亦徒從故也。爲繼母之黨無服，親母出則服之。《服問》曰：「母出，則爲繼母之黨服；母死，則爲其母之黨服。爲其母之黨服，則不爲繼母之黨服。」雖外親亦無二統故也，慈母恩不能及其黨。《小記》曰：「爲慈母之父母無服。」

君子子爲庶母慈己者。

鄭注：君子子者，大夫及公子之適妻子。

傳曰：君子子者，貴人之子也。爲庶母，何以小功也？以慈己加也。

鄭注：云君子子者，則父在也。父没則不服之矣。以慈己加，則君子子亦以士禮爲庶母緦也。《内則》曰：「異爲孺子，室于宮中，擇于諸母與可者，必求其寬裕、慈惠、温良、恭敬、慎而寡言者，使爲子師，其次爲慈母，其次爲保母，皆居子室，他人無事不往。」又曰：「大夫之子有食母。」庶母慈己者，此之謂也。其可者，賤于諸母，案：今注疏本脱此七字。謂傅姆之屬也。❶其不慈己則緦可矣。不言師保，慈母居中，服之可知也。「國君世子生，卜士之妻、大夫之妾，使食子」，「三年而出，見于公宮，則劬」，非慈母也。士之妻自養其子。

釋曰：父没不服，謂不服小功，仍服緦也。禮言貴人君子者，皆謂大夫以上。士之子賤，無庶母

❶「其可者賤于諸母謂傅姆之屬也」十三字，朱熹《通解》引此無。

慈己者。國君子雖有此三母，厭而不服。故知君子子者，指謂大夫及公子之適妻子，其妾子賤，亦無此三母也。《曾子問》曰：「子游問：『喪慈母如母，禮與？』孔子曰：『非禮也，古者男子外有傅，内有慈母，君命所使教子也。何服之有！』」則庶母慈己者，公子不服。梁武帝曰：庶母慈己，謂適妻之子無母，使妾養之者。適妻之子，妾無爲母之義，故謂之庶母慈己者，而服以小功。若子非無母，擇賤者視之者，亦有慈母之名，此母無服。《内則》所云是也。子游所問乃此慈母，故夫子曰「非禮」。

儀禮集釋卷十九

喪服

緦麻，三月者。

鄭注：緦麻，布衰裳而麻絰帶也。不言衰絰，略輕服，省文。

傳曰：緦者，十五升抽其半，有事其縷，無事其布，曰緦。

鄭注：謂之緦者，治其縷，細如絲也。或曰有絲。朝服用布，何衰用絲乎？抽，猶去也。《雜記》曰：「緦冠繰纓。」

釋曰：《閒傳》曰：「緦麻，十五升去其半。有事其縷，無事其布，曰緦。」事，猶治也。朝服之布，其經千二百縷，緦半之，升數雖少，而縷之精麤如朝服，故服次小功也。冠之布與衰同，纓則加澡治之，又事其布也。斬衰冠繩纓，重于冠；齊衰以下布纓，纓與冠同；緦冠澡纓，纓輕于冠，服輕者冠彌飾也。三月既葬，除之。

族曾祖父母、族祖父母、族父母、族昆弟。

鄭注：族曾祖父者，曾祖昆弟之親也，族祖父者，亦高祖之孫，祖父之從父昆弟之親也。案：原本脱此十字，據今注疏本補。則高祖有服明矣。

釋曰：族父者，族祖父之子，父之從祖昆弟。族昆弟者，族父之子，己之三從昆弟也。族之爲言屬也，骨肉相連屬也。高祖、玄孫之親，謂之九族。《春秋傳》曰：「凡諸侯之喪，同姓臨于宗廟，同宗于祖廟，同族于禰廟。」杜預云：「同族，謂高祖以下也。」此四緦麻，與己同出于高祖，恐其親盡相疏，故以族名之。《大傳》曰：「四世而緦，服之窮也。五世袒免，殺同姓也。六世，親屬竭矣。」

庶孫之婦。

釋曰：適孫之婦服無文，以次差之，當小功也。庶婦小功，適婦則大功，庶孫之婦緦，故適孫之婦當小功。

庶孫之中殤。

鄭注：庶孫者，成人大功，其殤中從上。此當爲「下殤」，言「中殤」者，字之誤耳。又諸言「中」者，皆連上下也。

從祖姑姊妹適人者，報。從祖父從祖昆弟之長殤。

鄭注：不見中殤者，案：今注疏本脱「者」字。中從下。

外孫。

鄭注：女子子之子。

釋曰：女外適所生，故曰外孫。外祖父母，以尊加小功。爲外孫，自從其正服緦。

從父昆弟姪之下殤，夫之叔父之中殤、下殤。

鄭注：言中殤者，明中從下。案：今注疏本脱「明」字。

從母之長殤，報。

庶子爲父後者爲其母。傳曰：何以緦也？傳曰：與尊者爲一體，不敢服其私親也。然則何以服緦也？有死于宫中者，則爲之三月不舉祭，因是以服緦也。

鄭注：君卒，庶子爲母大功。大夫卒，庶子爲母三年也。案：今注疏本脱「也」字。士雖在，庶子爲母皆如衆人。

釋曰：不敢服與不服出母義同。《雜記》曰：「父母之喪，將祭，而兄弟死，既葬而祭。如同宫，則雖臣妾，葬而後祭。」緣此義而爲之三月，異于出母之不同宫悉無服也，此服自士上達天子皆然。《服問》曰：「君之母非夫人，則群臣無服，惟近臣及僕驂乘從服，惟君所服服。」《曾子問》又曰：「古者天子練冠以燕居。」鄭謂蓋庶子王爲其母，異代之制，非周禮也。皇氏以爲練冠者，君母在之服，君母没，則伸服緦。

士爲庶母。傳曰：何以緦也？以名服也。大夫以上，爲庶母無服。

釋曰：《喪服》平文皆通據士、庶人。此特言士者，庶人無妾無庶母，大夫以上又降其庶母不服，爲庶母服者，惟士而已。

貴臣、貴妾。傳曰：何以緦也？以其貴也。

鄭注：此謂公士大夫之君也。殊其臣妾貴賤而爲之服。貴臣，室老士也。貴妾，姪娣也。天子、諸侯降其臣妾，無服。士卑無臣，案：此下各本衍「則士」二字，據疏內舉注文無之，今删正。妾又賤，不足殊，有子則爲之緦，無子則已。案：此注今注疏本在經文下「傳曰」上。

釋曰：士妾之服見《小記》。魯哀公爲悼公之母齊衰，晉平公爲少姜衰絰，皆非禮。

乳母。

鄭注：謂養子者有它故，賤者代之慈己。

傳曰：何以緦也？以名服也。

釋曰：《荀子》曰：「乳母，飲食之者也，而三月。慈母，衣被之者也，而九月。君，曲被者也，三年畢乎哉？」

從祖昆弟之子。

鄭注：族父母爲之服。

釋曰：族祖父母、族曾祖父母，亦服從父昆弟之孫、昆弟之曾孫緦，從省文可知。

曾孫。

鄭注：孫之子。

釋曰：曾、玄以下皆爲曾孫。曾祖同服齊衰三月，故曾祖同服緦。

父之姑。

鄭注：歸孫爲祖父之姊妹。

釋曰：不言適人者，行屬已尊，適人可知，猶從祖祖父之不言殤服也。其在室者，自從上章從祖父之服。《釋親》曰：「女子謂晜弟之子爲姪，謂姪之子爲歸孫。」

從母昆弟。傳曰：何以緦也？以名服也。

釋曰：從母之子也，以與己有昆弟之名而服之。

甥。

鄭注：姊妹之子。

傳曰：甥者何也？謂吾舅者，吾謂之甥。何以緦也？報之也。

壻。

鄭注：女子子之夫也。

傳曰：何以緦？案：此下今注疏本有「也」字。**報之也。**

釋曰：壻亦有甥名。《孟子》曰「帝館甥」是也。《釋親》曰：「妻之父爲外舅。」

妻之父母。傳曰：何以緦？從服也。

鄭注：從于妻而服之。

釋曰：此《服問》所謂「有從重而輕」也。妻之父母，妻服期，而夫從服緦，抑外親以崇己族，故不從降一等之例，雖母黨亦然，加不過小功而已。凡以厭降者，皆降其妻之父母。《服問》曰「『有從有服而無服』，公子爲其妻之父母」是也。《小記》曰：「世子不降妻之父母。」適子得伸服其妻，故爲其黨亦不降。庾蔚之曰：「適子服妻之父母，則天子、諸侯亦服之矣。母之父母，其服可知。」譙周曰：「舊説外祖父母，母之正統。妻之父母，妻之正統。母、妻與己尊同，母、妻所不降，己亦不降。」

姑之子。

鄭注：外兄弟也。

釋曰：姑外適而生，故曰外兄弟。

傳曰：何以緦？報之也。

釋曰：姑之子從于母而服己，己則報之。

舅。

鄭注：母之昆弟。案：「昆」，今注疏本訛作「兄」。考篇内及《爾雅·釋親》曰「昆弟」，曰「從父昆弟」，曰「從祖昆弟」，曰「族昆弟」，皆不稱兄弟，女子謂其五屬之内亦然。至若母與妻之黨爲兄弟及舅之子爲内兄弟、姑之子爲外兄弟，皆不得稱昆弟，而兄弟又爲小功以下通稱。此經、傳中辨别親疏義例，不宜溷同也。

傳曰：何以緦？從服也。

鄭注：從于母而服之。

舅之子。

鄭注：内兄弟也。

釋曰：從于母而服，故對姑之子而名内兄弟。

傳曰：何以緦？從服也。

夫之姑姊妹之長殤。

夫之諸祖父母，報。

鄭注：諸祖父母者，❶夫之所爲小功，從祖祖父母、外祖父母，或曰曾祖父母。曾祖于曾孫之婦無服，而云報乎？曾祖父母，正服小功，妻從服緦。

---

❶「母」字，朱熹《通解》、阮本《儀禮注疏》無。

釋曰：馬融曰：夫之諸祖父母有四：曾祖父母也，從祖祖父母也，從祖父母也，外祖父母也，夫皆爲之小功。曾祖本亦小功之服，故妻皆降一等從服緦。曾祖父母以正尊降之，不報。外祖父母亦降外孫之服，于其妻蓋亦不報。報之者，旁尊耳。

君母之昆弟。傳曰：何以緦？從服也。

鄭注：從于君母而服緦也。君母在，則不敢不從服，君母卒，則不服也。

釋曰：以其徒從，故經每別出之。

從父昆弟之子之長殤，昆弟之孫之長殤，爲夫之從父昆弟之妻。傳曰：何以緦也？以爲相與同室，則生緦之親焉。長殤、中殤降一等，下殤降二等，齊衰之殤中從上，大功之殤中從下。

鄭注：同室者，不如居室之親也。齊衰大功，皆服其成人也。❶大功之殤中從下，則小功之殤亦中從下也。此主謂妻爲夫之親服也。凡不見者，以此求之。

釋曰：此例發于「爲夫黨」之下，知服夫黨之殤則然也。《檀弓》曰：「同爨緦。」大功同居同財，故從父昆弟之妻相爲緦。今人謂從父昆弟爲同堂，本此。

記。公子爲其母，練冠麻，麻衣縓緣。爲其妻，縓冠，葛絰帶，麻衣縓緣。皆既葬除之。

鄭注：公子，君之庶子也，其或爲母，謂妾子也。麻者，緦麻之絰帶也。此麻衣者，如小功布深

---

❶ 「服」，朱熹《通解》作「明」。

衣，爲不制衰裳變也。《詩》云：「麻衣如雪。」縓，淺絳也，一染謂之縓。練冠而麻衣縓緣，三年練之受飾也。《檀弓》曰：「練，練衣黄裏縓緣。」諸侯之妾子厭于父，爲母不得伸，權爲制此服，不奪其恩也。爲妻縓冠葛絰帶，❶妻輕。

釋曰：此經「麻」、下經「朋友麻」與「緦麻」之「麻」同文，知麻之大小如緦之絰帶也。練冠，練布冠也，其布蓋與衣同。父在，士之子爲其母、妻期，大夫之子爲其母、妻大功，則公子宜爲其母妻小功矣，知此麻衣用小功布也。麻衣與深衣皆用十五升布，連裳爲之。麻衣緣以布，深衣緣以采，此麻衣不用十五升布而又縓緣，其名同耳。

傳曰：何以不在五服之中也？君之所不服，子亦不敢服也。君之所爲服，子亦不敢不服也。

鄭注：君之所不服，謂妾與庶婦也。君之所爲服，謂夫人與適婦也。諸侯之妾，貴者視卿，賤者視大夫，皆三月而葬。

釋曰：諸侯絶旁期，公子亦從乎父而絶之。母、妻本杖期，三年之喪雖不敢服，不奪其恩，猶制此服，三月既葬除之。齊王子有其母死，其傅爲之請數月之喪。孟子曰：「是欲終之而不可得也。」謂此也。公子既以厭降其母、妻，爲其母、妻之黨無服。其妻于公子之黨自如其本服服之，舅不厭婦故也。《服問》曰「『有從輕而重』，公子之妻爲其皇姑。『有從無服而有服』，公子之妻

❶ 「妻」，四庫本作「妾」。

爲公子之外兄弟。『有從有服而無服』，公子爲其妻之父母」是也。皇姑之服期。外兄弟謂母黨。夫爲之小功者，妻從服緦。公子之妻不厭于其舅，大夫之妻可知。

大夫、公之昆弟大夫之子，于兄弟降一等。

鄭注：兄弟，猶言族親也。凡不見者，以此求之。案：此下今注疏本有「也」字。

爲人後者，于兄弟降一等，報。于所爲後之於、兄弟，❶若子。案：各本訛作「于所爲後之兄弟之子若子」，唐石經亦然。考古人「昆弟」不稱「兄弟」，凡稱兄弟皆疏遠者，上節注云「兄弟，猶言族親」是也。「于所爲後之子兄弟若子」，所爲後之子者，其女子子也，所爲後之兄弟，則其族親也，舉遠以該近之辭，若言兄弟之子則義不可通矣。《通典》載賀循引《喪服制》曰：「爲人後者爲兄弟降一等，報。于所爲後之子、兄弟若子。」其所見《記》文未舛誤，今據以訂正。

鄭注：言報者，❷嫌其爲宗子不降。

釋曰：雖後大宗，其本親第依降服報之。《小記》曰：「爲人後者，其妻爲舅姑，大功。」則妻于夫本親兄弟，亦從夫而降一等。

兄弟皆在他邦，加一等。不及知父母，與兄弟居，加一等。

---

❶ 「之於兄弟」，四庫本、《經苑》本、集成本作「之子兄弟」，阮本《儀禮注疏》作「之兄弟之子」。

❷ 「言」字，四庫本無。

鄭注：皆在他邦，謂行仕、出遊若辟仇。案：今注疏本作「讎」。不及知父母，父母早卒。

傳曰：何如則可謂之兄弟？傳曰：小功以下爲兄弟。

鄭注：于此發兄弟傳者，嫌大功以上又加也。大功以上，若皆在他國，則親自親矣。若不及知父母，則固同財矣。

釋曰：大功以上，同居同財，恩義自重，服稱其情，無所復加，故傳明記所加謂小功以下者。

朋友皆在他邦，袒免，歸則已。

鄭注：謂服無親者，❶當爲之主，每至袒時則袒，袒則去冠，代之以免。舊説以爲「免，象冠，廣一寸」。❷已，猶止也。歸有主，則止也。主若幼少，則未止。《小記》曰：「大功者主人之喪，有三年者，則必爲之再祭。朋友，虞、祔而已。」

朋友，麻。

鄭注：朋友雖無親，有同道之恩，相爲服緦之經帶。《檀弓》曰：「群居則經，出則否。」其服，弔服也。《周禮》曰：「凡弔，當事則弁經。」服弁經者，如爵弁而素，加環經也。其服有三：錫衰也，緦衰也，疑衰也。王爲三公六卿錫衰，爲諸侯緦衰，爲大夫士疑衰。諸侯及卿大夫亦以錫衰爲弔

---

❶「無親者」三字，朱熹《通解》無。

❷「舊説以爲免象冠廣一寸」十字，朱熹《通解》無，阮本《儀禮注疏》作「舊説云以爲免象冠廣一寸。」

服，當事乃弁經，案：「乃」，今注疏本作「則」。否則皮弁，辟天子也。士以緦衰爲喪服，其弔服則疑衰也。❶ 舊説以爲士弔服布上素下，或曰素委貌冠加朝服。《論語》曰「緇衣羔裘」，又曰「羔裘玄冠不以弔」，何朝服之有乎？然則二者皆有似也。此實疑衰也。其弁經皮弁之時，則如卿大夫然。又改其裳以素，辟諸侯也。朋友之相爲服，即士弔服，疑衰素裳，冠則皮弁加經。❷ 庶人不爵弁，則其弔服素冠委貌。

釋曰：朋友言麻而不言衰，則不别制衰，因士之弔服耳。弁經者，素弁而加環經，以一股麻爲骨，一股麻爲繩，纏之如環然，異于五服之絞經也。朋友相爲服，士之弔服，疑衰素裳而加麻經帶，雖不當事，亦弁經。大夫以上亦然。爲師之異于朋友者，出行亦經，《檀弓》曰「孔子之喪，二三子皆經而出」是也。皆三月，既葬除之。爲師則有心喪三年者，隨其恩之輕重，無定制也。凡弔服皆有經而無帶，故經止云弁經，朋友則加帶。子游帶經而入弔，鄭謂「所弔者朋友」是也。賈公彦以爲麻者不紳，凶服必用麻帶。君有友諸臣之義，弔服三衰所服皆朋友，經帶具有也。帶未必如環，亦五分去一爲帶糾之矣，未詳是否。

君之所爲兄弟服，室老降一等。

---

❶「服」，集成本作「年」。

❷「冠則皮弁加經」六字，朱熹《通解》、阮本《儀禮注疏》無。

鄭注：公士大夫之君。

釋曰：邑宰遠臣不從服。旁期，國君不服。

夫之所爲兄弟服，妻降一等。

釋曰：謂從服尊于己者，卑者則報之與夫同。

庶子爲後者，爲其外祖父母、從母、舅無服。不爲後，如邦人。

釋曰：與尊者爲一體，降其母矣，故于其黨無服。

宗子孤爲殤，大功衰、小功衰，皆三月。親，則月算如邦人。

鄭注：言孤，有不孤者。不孤則族人不爲殤服服之也。不孤，謂父有廢疾，若年七十而老，子代主宗事者也。孤爲殤，長殤、中殤大功衰，下殤小功衰，皆如殤服而三月，謂與宗子絶屬者也。親，謂在五屬之内。算，數也。月數如邦人者，與宗子有期之親者，成人服之齊衰期，長殤大功衰九月，中殤大功衰七月，下殤小功衰五月。有大功之親者，成人服之齊衰三月，卒哭，受以大功衰九月。其長殤、中殤大功衰五月，下殤小功衰三月。有小功之親者，成人服之齊衰三月，卒哭，受以小功衰五月。其殤與絶屬者同。有緦麻之親者，成人及殤，皆與絶屬者同。

釋曰：爲宗子齊衰，其殤中從上。

改葬，緦。

鄭注：謂墳墓以他故崩壞，將亡失尸柩也。言改葬者，案：今注疏本脱「言」字。明棺物毁敗，改設之，如葬時也。其奠如大斂，從廟之廟，從墓之墓，理宜同也。❶服緦者，臣爲君也，子爲父也，妻爲夫也。必服緦者，親見尸柩，不可以無服，緦三月而除之。

釋曰：《穀梁傳》曰：「改葬之禮，緦，舉下，緬也。」言舉服之下者，以其緬藐故也。司徒文子改葬其叔父，問服于子思。荅曰：「禮，父母改葬緦，既葬而除，不忍無服送至親也。非父母無服，無服則弔服而加麻。」文子曰：「喪服既除，然後葬，則其服何服？」荅曰：「三年之喪，未葬服不變，除何有焉？期、大功之喪，服其所除之服以葬，既葬而除之。」

童子，惟當室緦。

鄭注：童子，未冠之稱也。當室者，爲父後承家事者，爲家主，與族人爲禮。于有親者，雖恩不至，不可以無服也。

傳曰：不當室，則無緦服也。

釋曰：《禮》曰：「童子不緦，惟當室緦。」緦者，其免也，當室則免而杖矣。言童子不杖，不杖者不免，當室則杖而免，乃有緦服也。《内則》曰：「男子二十而冠，惇行孝弟。」則未冠者容有恩不至者，故不備禮。

---

❶「理」，朱熹《通解》、阮本《儀禮注疏》作「禮」。

凡妾爲私兄弟，如邦人。

鄭注：嫌厭降之也。私兄弟，自其族親也。然則女君有以尊降其兄弟者，案：今注疏本脱「然則」二字。謂士之女爲大夫妻，大夫之女爲諸侯夫人，諸侯之女爲天王后也。案：「也」，今注疏本作「者」。父卒，昆弟之爲父後者宗子，亦不敢降也。

釋曰：如鄭義，則繼禰之宗子，嫁者亦不敢以尊降也。爲父後者無出降，又不以尊降，則還服期矣。射慈、譙周、賀循以爲大宗子亦不降。按，上經「婦人爲宗子」，鄭謂「女子在室及嫁歸宗者」，則出嫁者不服。

大夫弔于命婦，錫衰。命婦弔于大夫，亦錫衰。

鄭注：弔于命婦，命婦死也。弔于大夫，大夫死也。《小記》曰：「諸侯弔，必皮弁錫衰。」《服問》曰：「公爲卿大夫，錫衰以居，出亦如之，當事則弁絰。大夫相爲亦然。爲其妻，往則服之，出則否。」

釋曰：《雜記》曰：「大夫之哭大夫弁絰。大夫與殯亦弁絰。」諸侯弔者，弔異國之臣也。雖當事，亦皮弁耳。出，謂以他事，非至喪所。

傳曰：錫者何也？麻之有錫者也。錫者，十五升抽其半，無事其縷，有事其布，曰錫。

鄭注：謂之錫者，治其布使之滑易也。錫者，不治其縷，哀在内也。緦者，不治其布，哀在外也。君及卿大夫弔士，雖當事，皮弁錫衰而已。士之相弔，則如朋友服矣，案：今注疏本脱「矣」字。疑衰素裳。凡婦人相弔，吉笄無首，素總。

釋曰：灰治之，使錫錫然滑易，故曰錫也。《雜記》曰：「朝服十五升去其半而緦，加灰，錫也。」疑衰之布十四升，疑之言擬，擬于吉也。婦人笄總相將，男子弔服素冠，故婦人素總。爲父母卒哭，折吉笄之首，故弔服吉笄無首也。

女子子適人者爲其父母，婦爲舅姑，惡笄有首以髽，卒哭，子折笄首以笄，布總。

鄭注：言以髽，則髽有著笄者明矣。

釋曰：舊蓋云髽無笄。南宮縚之妻之姑之喪，夫子誨之髽。蓋榛以爲笄，髽笄之文相連，亦髽有笄之證。

傳曰：笄有首者，惡笄之有首也。惡笄者，櫛笄也。折笄首者，折吉笄之首也。吉笄者，象笄也。何以言子折笄首而不言婦，終之也。

鄭注：櫛笄者，以櫛之木爲笄，或曰榛笄。有首者，若今時刻鏤摘頭矣。卒哭而喪之大事畢，女子子可以歸于夫家而著吉笄。吉笄尊，變其尊者，婦人之義也。❶案：此十二字，今注疏本在下「爲其大飾也」之下。折其首者，爲其大飾也。據在夫家，宜言婦。終之者，終子道于父母之恩。

釋曰：《玉藻》曰：「沐，櫛用樿櫛。」此惡笄以樿木爲之。象笄者，象骨之笄也。婦人外成，卒哭，

❶「吉笄尊變其尊者婦人之義也」十二字，朱熹《通解》無，胡培翬《正義》在下「爲其大飾也」之下。

歸夫家，可以加容，婦于人之義。

妾爲女君、君之長子，惡笄有首，布總。

釋曰：妾之事女君與婦之事舅姑等，故其服皆同。❶ 其爲君之長子，雖與女君同三年，而情本輕，故從齊衰之笄總。

凡衰，外削幅。裳，内削幅。幅三袧。

鄭注：削，猶殺也。大古冠布衣布，先知爲上，外殺其幅，以便體也。後知爲下，内殺其幅，稍有飾也。後世聖人易之，以此爲喪服。袧者，謂辟兩側，空中央也。祭服朝服，辟積無數。凡裳，前三幅，後四幅也。

釋曰：外削幅者，削布之邊幅向外。内幅者，❷幅向内也。幅三袧者，拘裳而言。❸ 裳，前三幅象陽，後四幅象陰，每幅三辟攝之，每辟攝兩邊相著，中央空也。吉冠與裳辟積無數，喪服三辟積而已。

若齊，裳内衰外。

❶ 「服皆」，胡培翬《正義》引《集釋》作「首服」。
❷ 「内」下，胡培翬《正義》引《集釋》有「削」字。
❸ 「拘」，胡培翬《正義》引《集釋》作「據」。

鄭注：齊，緝也。凡五服之衰，一斬四緝。緝裳者，内展之。緝衰者，外展之。

釋曰：展已乃行針功也。裳内衰外，順其削幅也。齊以裳爲主，故先言裳。

負廣出于適寸。

鄭注：負，在背上者也。適，辟領也。負出于辟領外旁一寸。

釋曰：以一方布負之于背，故曰負。其上端縫著于領，其下垂之。辟領廣尺六寸，負廣尺八寸。

適，博四寸，出于衰。

鄭注：博，廣也。辟領廣四寸，則與闊中八寸也。兩之爲尺六寸也。出于衰者，旁出衰外，不著寸數者，可知也。

釋曰：衣領當項處，左右各開四寸，向外辟厭之，是謂辟領，所開處則闊中也。辟領與闊中，每旁合爲八寸，通左右計之則尺六寸。衰廣四寸，當心。辟領旁出衰外六寸。「闊中」，或作「闕中」，謂闕去中央以安項也。

衰，長六寸，博四寸。

鄭注：廣袤當心也。前有衰，後有負版，左右有辟領，孝子哀戚無所不在。

釋曰：衰，綴于外衿之上，表其哀摧之心。負，言負其悲哀。適，言主于念親不及他事。張子厚曰：「喪服變而之輕而衰不變。著之變服之上謂之受者，以此得名，不欲摧割之心亟忘，且表其本服也。」

衣帶下尺。

鄭注：衣帶下尺者，要也。廣尺，足以掩裳上際也。

釋曰：衣身之下爲要，其闊一尺，以掩衣裳之際。

衽，二尺有五寸。

鄭注：衽，所以掩裳際也。二尺五寸，與有司紳齊也。上正一尺，燕尾一尺五寸。案：「燕尾一尺五寸」，各本譌作「二尺五寸」。據三尺五寸之布裁成兩衽，上下各留正一尺，中一尺五寸交裁之，得正一尺，燕尾一尺五寸，通正與燕尾共二尺五寸爲衽。今改正。凡用布三尺五寸。

釋曰：取布三尺五寸，交解之，兩端各留全幅長一尺，其下横斷六寸，乃斜裁之爲二燕尾，長尺五寸。凡用布三尺五寸而得二衽，綴于衣要之兩旁，垂之以掩裳前後際，其闊頭在上，反于吉也。《春秋傳》：「魯昭公比及葬，襄公三易衰，衰衽如故。」衰即此衽。

袂，屬幅。

鄭注：屬，猶連也。連幅，謂不削。

釋曰：袂，袖也。布幅二尺二寸，凡用布，兩邊各去一寸爲縫削。❶此袂則全幅用之，屬之于衣，

❶「削」字，胡培翬《正義》引《集釋》無。

欲其與袂中縱横正方也。

衣，二尺有二寸。

鄭注：此謂袂中也。言衣者，明與身參齊。二尺二寸，其袖足以容中人之肱也。衣自領至要二尺二寸，倍之四尺四寸，加辟領八寸，❶而又倍之。案：「辟領」，今注疏本作「闊中」。凡衣用布一丈四寸。

釋曰：袂中，謂袂自上向掖下之廣狹也。中人之肘尺二寸，袂可以回肘，故袂中二尺二寸。左右袂中與身參齊，故舉衣之尺寸以見袂中也。布幅二尺二寸，袂中與衣身長亦二尺二寸，以其正方故謂之端衰。《雜記》曰：「端衰，喪車，皆無等。」無等者，自天子達于庶人也。「辟領」，賈氏作「闕中」。

袪，尺二寸。

鄭注：袪，袖口也。尺二寸，足以容中人之併兩手也。吉時拱尚左手，喪時拱尚右手。

釋曰：袂中二尺二寸，自掖下微圜裁之，至袂口而狹，止闊尺二寸。《深衣》曰「袂圜以應規」是也。《雜記》曰：「凡弁經，其衰侈袂。」侈袂者，蓋半而益一，則其袂三尺三寸，袪尺八寸。

衰三升、三升有半，其冠六升，以其冠爲受，受冠七升。

❶「加」，集成本作「如」。

鄭注：衰，斬衰也。或曰三升半者，義服也。其冠六升，齊衰之下也。斬衰正服，變而受之此服也。三升、三升半，其受冠皆同。以服至尊，宜少差也。

釋曰：義服者，爲君服也。六升者，義服之齊衰，故曰齊衰之下。三升半之衰不見于《閒傳》，經、記亦無降、正、義服之文。先儒以《閒傳》齊功之衰各有三，差之爲三等，又此記之三升半爲義服，舊説「服夫之族類爲義，而以名服者，其情亦輕」，則凡服君與從服、名服皆義服也。夫妻雖以義合，然一體之名均于天性，是曰至親，列于正服，與君臣之方喪有殊，爲夫之黨曰屬從，而爲君之黨曰徒從，蓋由于此。

齊衰四升，其冠七升，以其冠爲受，受冠八升。

鄭注：言受以大功之上也。此謂爲母服也。齊衰正服五升，其冠八升。義服六升，其冠九升，亦以其冠爲受。凡不著之者，服之首主于父母。

釋曰：七升者，降服之大功，故曰大功之上。

繐衰四升有半，其冠八升。

鄭注：此謂諸侯之大夫，案：今注疏本脱一「謂」字。爲天子繐衰也。服在小功之上者，欲著其縷之精麤也。升數在齊衰之中者，不敢以兄弟之服服至尊也。

釋曰：齊衰五升者，冠八升。繐衰雖四升有半，而縷則細，故冠與之同。

大功八升若九升，小功十升若十一升。

鄭注：此以小功受大功之差也。不言七升者，主于受服，欲其文相值，言服降而在大功者，衰七升，正服衰八升，其冠皆十升。義服九升，其冠十一升，亦皆以其冠爲受也。斬衰受之以下大功受之以正者，重者輕之，輕者從禮，聖人之意然也。其降而在小功者，衰十升，正服衰十一升，義服衰十二升，皆以即葛，及緦麻無受也。此大功不言受者，其章既著之。

釋曰：自衰三升以下，主記受服，「斬齊」章經無受文，故記明言其受。「大功」章既言「受以小功衰」矣，故直記其受服之差而已。凡有喪服而重遭喪者，若遭重喪，則皆變而服後喪之服；遭輕喪，則惟大功以上乃得變前服。其變之節，必于前喪之葛與後喪之麻大小正等之時。《間傳》曰：「斬衰之喪既虞卒哭，遭齊衰之喪，輕者包，重者特。既練，遭大功之喪，麻葛。齊衰之喪既虞卒哭，遭大功之喪，麻葛兼服。」《小記》曰：「斬衰之葛與齊衰之麻同，齊衰之葛與大功之麻同，皆兼服之。」兼服，謂服麻又服葛也。男子重絰而輕帶。絰重喪之葛，特之而不變。帶輕喪之麻，以包重喪之葛，所謂易服易輕者也。大功之麻，與三年之練葛同，故大功之服，于三年既練乃變，練而首絰已除，故得重麻也。《雜記》曰：「有三年之練冠，則以大功之麻易之，惟杖屨不易。」其衰裳則皆從其麤者服之，後喪既虞卒哭，則反前喪之葛。若前喪已除，則自受以後喪之受矣。若遭小功以下之喪，則皆無所變。《服問》曰：「小功，無變也。」又曰：「小功不易喪之練冠。」又曰：「緦之麻，不變小功之葛。小功之麻，不變大功之葛。」惟大功之長中殤降而在緦小功者，乃有變耳。《服問》曰：「殤長中，變三年之葛，下殤則否。」《閒傳》曰：「大功之葛與小功之麻同。小功之葛與緦之麻同。麻同則兼服之。」主爲大功之殤長中而言也。然則下殤小功亦得變矣。《服問》曰：「麻之有本者，變三年之葛。」小功以下麻斷本，下殤小功齊衰之親麻猶有本，得變可知。庾蔚之以爲殤長中經無大功文，蓋謂齊衰之殤在大功者，其下殤雖麻有本，以在小功，亦不得變三年之葛。《閒傳》所云「緦小功麻葛兼服」者，因上文而并言之耳，非鄭義也。凡遭輕喪而不得變者，皆爲之成服，當事則服之，卒事反前服。《雜記》曰：「有殯，聞外喪，哭之他室，改服即位。」又曰：「三年之喪，雖功衰，不弔，如有服而將往哭之，則服其服而往。」其輕喪當除者，亦服其服而除之。《雜記》曰「雖諸父昆弟之喪，如當父母之喪，其除諸父昆弟之喪也，皆服其除喪之服，卒事，反喪服」是也。《曾子問》曰：「有君喪服于身，不敢私服，又何除焉。」則惟服君喪者，有私喪不服，亦不除爾。

儀禮集釋卷二十

士喪禮第十二

鄭《目録》云：士喪其父母，自始死至于既殯之禮。喪于五禮屬凶禮。案：今注疏本脱此「禮」字。大戴第四，小戴第八，《别録》第十二。

釋曰：《雜記》曰：「恤由之喪，哀公使孺悲之孔子學士喪禮，《士喪禮》于是乎書。」

士喪禮。死于適室，幠用斂衾。

鄭注：適室，正寢之室也。疾者齊，故于正寢焉。疾時處北墉下，死而遷之當牖下，有牀衽。幠，覆也。斂衾，大斂所并用之衾。衾，被也。小斂之衾當陳。《喪大記》曰：「始死，遷尸于牀，幠用斂衾，去死衣。」

復者一人，以爵弁服，簪裳于衣，左何之，扱領于帶。

鄭注：復者，有司招魂復魄也。天子則夏采、祭僕之屬，諸侯則小臣爲之。爵弁服，純衣纁裳也，禮以冠名服。簪，連也。

釋曰：連裳于衣，取其便也。凡復，皆用死者之上服。《喪大記》曰：「君以卷，夫人以屈狄，大夫以玄赬，世婦以襢衣，士以爵弁，士妻以稅衣。」以卷者，謂上公。以屈狄者，謂子、男之夫人，互舉之也。《雜記》又曰：「復，諸侯以褒衣、冕服、爵弁服。夫人稅衣、揄狄，狄、稅素沙。內子以鞠衣、褒衣，素沙。下大夫以襢衣。其餘如士。復西上。」則復所用非一服，復者非一人，蓋各如其命數，公侯伯之士一命，子男之士不命，故此經「復者一人」。

升自前東榮，中屋北面招以衣，曰：「皋，某復！」三，降衣于前。

鄭注：北面招，求諸幽之義也。皋，長聲也。某，死者之名也。復，反也。降衣，下之也。《喪大記》曰：「凡復，男子稱名，婦人稱字。」

釋曰：《檀弓》曰：「復，盡愛之道也，有禱祠之心焉。望反諸幽，求諸鬼神之道也。北面，求諸陰之義也。」士禮復于寢而已。《檀弓》曰：「君復于小寢、大寢、小祖、大祖、庫門、四郊。」《周禮》：「大喪，夏采以冕服復于大祖，以乘車建綏復于四郊。」《祭僕》：「復于小廟。」《隸僕》：「復于小寢、大寢。」

受用篋，升自阼階，以衣尸。

鄭注：受者，受之于庭也。復者，其一人招，則受衣亦一人也。人君則司服受之。衣尸者，覆之，若得魂反之。

釋曰：此衣浴而去之，不用襲斂，故《喪大記》曰：「復衣不以衣尸，不以斂。」又曰：「復，有林麓則虞人設階，無林麓則狄人設階。小臣復，復者朝服，皆升自東榮，中屋履危，北面三號，卷衣投于前，司服受之，降自西北榮。」

復者降自後西榮。

鄭注：不由前降，不以虛反也。降因徹西北厞，若云此室凶，不可居然也。自是行死事。

釋曰：復者，冀其生，復而不蘇，可以爲死事也。《喪大記》曰：「惟哭先復，復而後行死事。」徹西北厞薪，用以爨沐，必毁屋厞，明于死者無所愛惜，所以趨其急也。前後各有東西榮，則屋有四榮。

楔齒用角柶。

鄭注：爲將含，恐其口閉急也。

釋曰：《周禮・玉府》：「大喪，共角枕、角柶。」

綴足用燕几。

鄭注：綴猶拘也。爲將屨，案：「屨」，今注疏本訛作「履」。恐其辟戾也。今文「綴」爲「對」。

釋曰：燕几，燕寢所用以安體者。《喪大記》曰：「小臣楔用角柶，綴足用燕几，君、大夫、士一也。」《檀弓》曰：「殷道毁竈以綴足。」

奠脯醢、醴酒，升自阼階，奠于尸東。

鄭注：鬼神無象，設奠以馮依之。

釋曰：是謂始死之奠，自始死至葬之祭曰奠，不立尸，奠置之而已。

帷堂。

鄭注：事小訖也。

釋曰：帷之者，鬼神尚幽闇。《檀弓》曰：「復，楔齒、綴足、飯、設飾、帷堂並作。父兄命赴者。曾子曰：『尸未設飾，故帷堂，小斂而徹帷。』仲梁子曰：『夫婦方亂，故帷堂，小斂而徹帷。』」

乃赴于君。主人西階東，南面命赴者，拜送。

鄭注：赴，告也。臣，君之股肱耳目，死當有恩。

有賓，則拜之。

鄭注：賓，僚友群士也。其位猶朝夕哭矣。

釋曰：因出命赴者而拜賓也，始死惟君命出。朝夕哭，賓位在庭，直東序，及門東門西。

人，坐于牀東。衆主人在其後，西面。婦人俠牀，東面。

鄭注：衆主人，庶昆弟也。婦人，謂妻妾子姓也，亦適妻在前。

親者在室。

鄭注：謂大功以上，父、兄、姑、姊妹、子姓在此者。

衆婦人户外北面，衆兄弟堂下北面。

鄭注：衆婦人、衆兄弟，小功以下。

釋曰：《喪大記》曰：「既正尸，子坐于東方，卿、大夫、父兄、子姓立于東方；有司、庶士哭于堂下，北面；夫人坐于西方；内命婦、姑、姊妹、子姓立于西方；外命婦率外宗哭于堂上，北面。大夫之喪，主人坐于東方，主婦坐于西方。其有命夫、命婦則坐，無則皆立。士之喪，主人、父兄、子姓皆坐于東方，主婦、姑、姊妹、子姓皆坐于西方。哭尸于室者，❶主人二手承衾而哭。」下記室中惟主人、主婦坐，兄弟有命夫、命婦在焉亦坐。《大記》據不命之士，下記據命士，故與大夫禮同。

君使人弔，徹帷，主人迎于寢門外，見賓不哭，先入門右，北面。

鄭注：使人，士也。禮使人必以其爵。使者至，使人入將命，乃出迎之。寢門，内門也。徹帷，㡩之，事畢則下之。

釋曰：不迎于外門外，降于君至也。

弔者入，升自西階，東面。主人進中庭，弔者致命。

鄭注：主人不升，賤也。致命曰：「君聞子之喪，使某如何不淑。」

主人哭，拜稽顙，成踊。

❶ 「哭」上，四庫本及《禮記》有「凡」字。

鄭注：稽顙，頭觸地。成踊，三者三。

釋曰：稽顙，拜稽首而觸地無容也。踊，跳躍也。成踊，每踊三跳，三踊而九跳，成一節也。《檀弓》曰：「拜稽顙，哀戚之至隱也。稽顙，隱之甚也。辟踊，哀之至也。有算，爲之節文也。」《喪服小記》曰：「爲父母、長子稽顙。大夫弔之，雖緦必稽顙者。」

賓出，主人拜送于外門外。君使人襚。徹帷。主人如初。襚者左執領，右執要，入，升致命。

鄭注：襚之言遺也。衣被曰襚。致命曰：「君使某襚。」

主人拜如初。襚者入，衣尸，出。主人拜送如初。惟君命出，升降自西階。遂拜賓，有大夫則特拜之。即位于西階下，東面，不踊。大夫雖不辭，入也。

鄭注：惟君命出，以明大夫以下時來弔襚，不出也。始喪之日，哀戚甚，在室，故不出拜賓也。大夫則特拜，別于士旅拜也。即位西階下，未忍在主人位也。不踊，但哭拜而已。不辭而主人升入，明本不爲賓出，不成禮也。

釋曰：因事曰遂，因君出而拜賓，非爲賓出也。既小斂，主人位階下。不辭，不致弔辭也。《喪大記》曰：「君之喪未小斂，爲寄公、國賓出；大夫之喪未小斂，爲君命出；士之喪，于大夫不當斂則出。凡主人之出也，徒跣，扱衽，拊心，降自西階。君拜寄公、❶國賓于位。大夫于君命，迎

❶「拜」，原作「命」，據阮本《儀禮注疏》改。

于寢門外，使者升堂致命，主人拜于下。士于大夫親弔，則與之哭，不逆于門外。❶ 夫人爲寄公夫人出，命婦爲夫人之命出，士妻不當斂則爲命婦出。」

親者禭，不將命，以即陳。

鄭注：大功以上，有同財之義也。不將命，不使人將之致于主人也。即陳，陳在房中。

釋曰：《少儀》曰：「親者兄弟不禭進。」

庶兄弟禭，使人以將命于室，主人拜于位，委衣于尸東牀上。

鄭注：庶兄弟，即衆兄弟也。變衆言庶，容同姓耳。將命曰：「某使某禭。」拜于位，室中位也。

釋曰：庶者，疏遠之稱。同姓，謂絶服者。君禭尊，故以衣尸。庶禭委于牀而已，下經曰「西面委衣，如于室禮」，則委衣西面。

朋友禭，親以進，主人拜，委衣如初。退，哭，不踊。

鄭注：親以進，親之，恩也。退，下堂反賓位也，主人徒哭不踊，別于君禭也。

徹衣者執衣如禭，以適房。

鄭注：凡于禭者出，有司徹衣。

釋曰：如禭，亦右執要，左執領，房以即陳。

---

❶「逆」，四庫本作「迎」。

爲銘，各以其物。亡則以緇，長半幅，䞓末，長終幅，廣三寸。書銘于末曰：「某氏某之柩。」

鄭注：銘，明旌也。雜帛爲物。大夫、士之所建也，以死者爲不可別，故以其旗識識之，愛之斯録之矣。亡，無也。無旌，案：「旌」，今注疏本譌作「旗」。不命之士也。半幅一尺，終幅二尺。在棺爲柩。今文「銘」皆爲「名」，「末」爲「旆」也。

釋曰：雜帛者，以絳帛爲旗，縿白緣之。按《司常》大夫、士同建物，❶而杠之長短則異。䞓，赤也。《喪服小記》曰：「復與書銘，自天子達于士，其辭一也。男子稱名，婦人稱姓與伯仲，如不知姓，則書氏。」《司常》：「大喪，共銘旌。」

竹杠長三尺，置于宇西階上。案：敖繼公云：「宇，檐也。不宜與『西階上』連文。『宇』字蓋因『于』字而衍也。《周官·小祝職》鄭司農注引此無『宇』字。」

鄭注：杠，銘橦也。宇，梠也。

釋曰：屋之邊垂謂之宇。宇西階上者，宇之下，西階之上也。宇即檐也。《釋宮》曰：「檐謂之樀。」郭曰：「屋梠。」樀與梠，以承檐之材言之。西階上當宇，則堂廉迫近霤矣。是以《鄉飲酒·記》言「階間縮霤」。

甸人掘坎于階間，少西。爲垼于西牆下，東鄉。

---

❶ 「士」字，原無，據《周禮》補。

鄭注：甸人，有司主田野者。坅，塊竈。西牆，中庭之西。今文「鄉」爲「面」。

釋曰：中庭，庭南北之中也。

新盆、槃、瓶、廢敦、重鬲，皆濯，造于西階下。

鄭注：新此瓦器五種者，重死事。盆以盛水，槃承渜濯，瓶以汲水也。廢敦，敦無足者，所以盛米也。重鬲，鬲將縣于重者也。濯，滌溉也。造，至也，猶饌也。以造言之，喪事遽。

釋曰：凡物無足者曰廢。《士虞禮》有「廢爵」「足爵」。敦之有足者直名敦。下經「敦啟會，面足」是也。

陳襲事于房中，西領，南上，不綪。

鄭注：襲事謂衣服也。綪讀爲緈。緈，屈也。案：今注疏本脱一「緈」字。襲事少，上陳而下不屈。江、沔之閒謂縈收繩索爲緈。古文「綪」皆爲「精」。

明衣裳，用布。

鄭注：所以親身，爲圭潔也。

釋曰：《論語》曰：「齊必有明衣、布。」親如字，或清刃反。

鬠笄，用桑，長四寸，纋中。

鄭注：桑之爲言喪也。用爲笄，取其名也。長四寸，不冠故也。纋笄之中央以安髮。

釋曰：鬠即髺也。男子冠而婦人笄，下記云「母之喪，鬠無笄」，則知男子亦不冠。此笄四寸者，安髮之笄耳。纋中，謂狹其中央也。《家語》曰：「孔子之喪，襲而冠。」《家語》出于王肅，與禮異。

布巾，環幅，不鑿。

鄭注：環幅，廣袤等也。不鑿者，士之子親含，反其巾而已。大夫以上，賓爲之含，當口鑿之，嫌有惡。古文「環」作「還」。

釋曰：此巾含時設之，覆面。《雜記》曰：「鑿巾以含，公羊賈爲之也。」

掩，練帛廣終幅，長五尺，析其末。

鄭注：掩，裹首也。析其末，爲將結于頤下，又還結于項中。

瑱，用白纊。

鄭注：瑱，充耳。纊，新綿。

幎目，用緇，方尺二寸，䞓裏，著，組繫。

鄭注：幎目，覆面者也。幎，讀若《詩》云案：「云」，今注疏本作「曰」。「葛藟縈之」之「縈」。䞓，赤也。著，充之以絮也。組繫，爲可結也。古文「幎」爲「涓」。案：今注疏本脱此五字。

握手，用玄，纁裏，長尺二寸，廣五寸，牢中旁寸，著，組繫。

鄭注：「牢」讀爲「樓」。樓謂削約握之中央，以安手也。今文「牢」爲「纋」，「旁」爲「方」。

決，用正王棘，若檡棘，組繫，纊極二。

鄭注：決猶闓也，挾弓以横執弦。《詩》云：「決拾既佽。」正，善也。王棘與檡棘，善理堅刃者皆可以爲決。極，猶放弦也。以沓指放弦，令不挈指也。生者以朱韋爲之，而三。死用纊，又二，明不用也。古文「王」爲「玉」。案：「玉」，今注疏本訛作「三」。今文「檡」爲「澤」。❶世俗謂王棘矺鼠。

冒，緇質，長與手齊，䞓殺，掩足。

鄭注：冒，韜尸者，制如直囊，上曰質，下曰殺。質，正也。其用之，先以殺韜足而上，後以質韜首而下，齊手。上玄下纁，象天地也。《喪大記》曰：「君錦冒黼殺，綴旁七。大夫玄冒黻殺，案：「黻」，原本、今注疏本皆作「黼」，張淳《儀禮識誤》云：「監杭本『黼』作『黻』，巾箱、嚴本之爲『黼』，其以《禮記·喪大記》之文乎？《禮器》曰：『君黼大夫黻』。《喪大記》之文蓋誤也。從監杭本。」綴旁五。士緇冒䞓殺，綴旁三。」凡冒，質長與手齊，殺三尺。

釋曰：冒者，總名。對殺言之，則亦爲在上之稱。其制爲兩囊，一旁不縫，韜尸已，乃綴之，自明衣至冒皆喪具，以所用先後爲陳之次。

---

❶「澤」下，四庫本有「也」字。

爵弁服，純衣。

鄭注：謂生時爵弁之服也。案：今注疏本作「爵弁所衣之服」也。據疏内舉注文，亦無「所衣」二字。純衣者，纁裳。古者以冠名服，死者不冠。

皮弁服。

鄭注：皮弁所衣之服也。其服，白布衣、素裳也。

褖衣。

鄭注：黑衣裳赤緣之謂之褖。案：原本作「赤緣謂之褖」。據《釋文》云「緣之」，則「緣」下當有「之」字。今注疏本作「赤緣之謂褖」，删去下「之」字，亦非也。注意謂黑衣裳以赤緣之謂之褖耳。褖之言緣也，所以表袍者也。《喪大記》曰：「衣必有裳，袍必有表，不禪，謂之一稱。」古文「褖」爲「緣」。

釋曰：此玄端也。玄端有三裳，喪禮略，用玄裳而已。變名褖衣者，以其連裳爲之，與婦人赤緣之褖衣同。連衣裳者用之以表袍，袍連衣裳故也。《雜記》曰：「子羔之襲也，繭衣裳與褖衣爲一。」❶纊爲繭，緼爲袍，衣有著之異名耳。

緇帶。

鄭注：黑繒之帶。

❶「褖」，阮本《儀禮注疏》作「税」。

靺韐。

鄭注：一命緼韍。

釋曰：靺，赤色也。韐，蔽膝也，合韋爲之。祭服謂之韍，他服謂之韠。士名靺韐。一命者名緼韍，不得直名韍。襲三服共一帶、一靺韐。

竹笏。

鄭注：笏，所以書思對命者。《玉藻》曰：「笏，天子以璆玉，諸侯以象，大夫以魚須文竹，士以竹本象可也。」又曰：「笏度二尺有六寸，其中博三寸，其殺六分而去一。」又曰：「天子搢珽，方正于天下也。諸侯荼，前詘後直，讓于天子也。大夫前詘後詘，無所不讓。」今文「笏」作「忽」。

夏葛屨，冬白屨，皆繶緇純，案：「緇」下，各本衍「絇」字。據《釋文》「緇純」中無「絇」字，又《周禮·屨人》注引此文皆「繶緇純」，疏云「葛屨、皮屨，皆有繶也，緇純，純用緇」，可證漢及唐初之本皆無「絇」字，後人因注引《士冠禮》「緇絇繶純」，譌入經耳，今刪正。**組綦，繫于踵。**

鄭注：冬皮屨，變言白者，明夏時用葛，葛亦白。此皮弁之屨。《士冠禮》曰：「素積白屨，以魁柎之。緇絇繶純，純博寸。」綦，屨係也，所以拘止屨也。綦，讀如「馬絆綦」之「綦」。

釋曰：踵，足跟也。《士冠禮》曰：「屨，夏用葛，冬皮屨可也。」又曰：「素積白屨，緇絇繶純。」素積，皮弁之服也。屨用皮弁，帶用玄端，靺韐用爵弁，參相備。自爵弁服至屨皆主者常服。其陳之，以貴賤爲次。

庶襚繼陳，不用。

鄭注：庶，衆也。不用，不用襲也。多陳之爲榮，少納之爲貴。

釋曰：庶襚至小斂則用之。

貝三，實于笲。

鄭注：貝，水物，古者以爲貨，江水出焉。笲，竹器名。

稻米一豆，實于筐。

鄭注：豆，四升。

釋曰：《春秋傳》曰：「四升爲豆。」

沐巾一，浴巾二，皆用綌，于笲。

鄭注：巾所以拭污垢。案：「污」，今注疏本訛作「汙」。浴巾二者，上體下體異也。綌，麤葛。

櫛，于簞。

鄭注：簞，葦笥。案：「葦」，今注疏本訛作「簟」。

釋曰：櫛，梳也。

浴衣，于篋。

鄭注：浴衣，已浴所衣之衣，以布爲之，其制如今通裁。

釋曰：浴衣無殺，布單衣以晞身者。巾、櫛、衣，既沐浴棄之，故饌次貝、米口實之下。❶

皆饌于西序下，南上。

鄭注：皆者，皆貝以下。案：「貝」，原本誤作「具」，從今注疏本。東西牆謂之序，中以南謂之堂。

釋曰：堂半以北，近房與户，多繼房户言之。半以南無所繫屬者，則謂之堂，下文「淅米于堂」是也。

管人汲，不説繘，屈之。

鄭注：管人，有司主館舍者。不説繘，將以就祝濯米。屈，縈也。

釋曰：《聘禮·記》曰：「管人爲客，三日具沐，五日具浴。」繘，綆也。《易》曰：「汔至，❷亦未繘井。」

祝淅米于堂，南面，用盆。

鄭注：祝，夏祝也。淅，汏也。

管人盡階，不升堂，受潘，煮于垼，用重鬲。

鄭注：盡階，三等之上。《喪大記》曰：「管人受沐，乃煮之。甸人取所徹廟之西北厞薪，用爨之。」案：今注疏本脱「用」字。

---

❶「口實」二字，胡培翬《正義》引《集釋》無。

❷「汔」，原作「訖」，據四庫本改。

釋曰：《説文》曰：「潘，淅米汁也。」用之以沐，故又曰沐。

祝盛米于敦，奠于貝北。

鄭注：復于筐處。案：此下今注疏本有「也」字。

釋曰：米未淅，盛于筐。已淅，盛于敦，還于筐處置之。

士有冰，用夷槃可也。

鄭注：謂夏月而君加賜冰也。夷槃，承尸之槃。《喪大記》曰：「君設大槃，造冰焉。大夫設夷槃，造冰焉。士併瓦槃，無冰，設牀襢笫，有枕。」

釋曰：設冰于牀下，以寒尸也。《春秋傳》曰：「命夫、命婦喪，沐用冰；士加賜則有冰。其無冰者，併瓦槃以盛水耳。」《周禮・凌人》：「大喪，共夷槃、冰。」諸侯曰大槃，辟天子；大夫、士曰夷槃，卑不嫌。

外御受沐入。

鄭注：外御，小臣侍從者。沐，管人所煮潘也。

主人皆出，户外北面。

鄭注：象平生沐浴裸裎，子孫不在旁，主人出而襢笫。❶

❶「第」，原作「裸」，據四庫本及下文改。

釋曰：襢第，去席而露其簀，盝水便也。

乃沐，櫛，挋用巾。

鄭注：挋，晞也，清也。古文「挋」皆作「振」。

釋曰：沐，沐髮也。挋，拭也。

浴用巾，挋用浴衣。

鄭注：用巾，用拭之也。《喪大記》曰：「御者二人浴，浴水用盆，沃水用枓。」

釋曰：盛浴餘水之槃，于尸牀下置之。枓，酌水器。

渜濯棄于坎。

鄭注：沐浴餘潘水、巾、櫛、浴衣，亦并棄之。古文「渜」作「湪」，荆、沔之間語。

蚤，揃如他日。

鄭注：蚤，讀爲爪，斷爪揃鬚也。人君則小臣爲之。他日，平生時。

釋曰：《喪大記》曰：「管人汲，授御者，御者差沐于堂上。君沐粱，大夫沐稷，士沐粱。甸人爲垼于西牆下，陶人出重鬲。管人受沐，乃煑之。甸人取所徹廟之西北厞薪，用爨之。管人授御者沐，乃沐。沐用瓦盤，挋用巾，如他日。小臣爪手翦須，渜濯棄于坎。」又曰：「管人汲，不説繘，屈之，盡階不升堂，授御者。御者入浴，小臣四人抗衾，御者二人浴，浴水用盆，沃水用枓，浴用絺巾，挋用浴衣，如他日。小臣爪足，浴餘水棄于坎。」《周禮》大喪，大祝「以肆鬯渳尸」，小祝「贊渳」，鬯人「設斗，共其釁鬯」，鬱人「共其肆器」。《喪大記》云「士沐粱」者，蓋天子之士也。浴用絺巾，蓋亦君大夫禮。《玉藻》云「浴用二巾，上絺下綌」，亦與此士禮異也。潘已煮，故曰渜；已沐，故曰濯。渜濯棄于坎，則浴餘水與所用器服當亦并棄之。

鬠用組，乃笄，設明衣裳。

鄭注：用組，組束髮也。古文「鬠」皆爲「括」。

主人入，即位。

鄭注：已設明衣，可以入也。

商祝襲祭服，褖衣次。

鄭注：商祝，祝習商禮者。商人教之以敬，于接神宜。襲，布衣牀上。祭服，爵弁服、皮弁服，皆從君助祭之服。大蜡有皮弁素服而祭，送終之禮也。案：原本脱「也」字，從今注疏本。襲衣于牀，牀次含牀之東，衽如初也。《喪大記》曰：「含一牀，襲一牀，遷尸于堂又一牀。」

主人出，南面，左袒，扱諸面之右，盥于盆上，洗貝，執以入。宰洗柶，建于米，執以從。

鄭注：俱入户，西鄉也。今文宰不言「執」。

釋曰：面，前也。不言設盥，喪事遽也。《周禮·大宰》：「大喪贊含玉。」

商祝執巾從入，當牖，北面，徹枕，設巾，徹楔，受貝，奠于尸西。

鄭注：當牖，北面，值尸南也。設巾覆面，爲飯之遺落米也。如商祝之事位，則尸南首明矣。

釋曰：尸南首，未葬，不忍異于生也。《樂記》曰：「商祝辯乎喪禮，故後主人。」

主人由足西，牀上坐，東面。

鄭注：不敢從首前也。祝受貝、米奠之，口實不由足也。

釋曰：商祝不言由足西，則自尸首往來。

祝又受米，奠于貝北。宰從立于牀西，在右。

鄭注：米在貝北，便扱者也。宰立牀西，在主人之右，當佐飯事。

釋曰：祝奠貝，乃奠米，則米奠貝南爲便。而奠于貝北者，欲其北近主人也。

主人左扱米，實于右，三，實一貝。左、中亦如之。又實米，惟盈。

鄭注：于右，尸口之右。案：《周禮·大宰職》疏内引此注，有「左右顛及中央象齒堅」九字。惟盈，取滿而已。

釋曰：《檀弓》曰：「飯用米、貝，弗忍虚也。不以食道，用美焉爾。」《雜記》曰：「天子飯九貝，諸侯七，大夫五，士三。」

主人襲，反位。

鄭注：襲，復衣也。位在尸東。

商祝掩，瑱，設幎目，乃屨，綦結于跗，連絇。

鄭注：掩者，先結頤下。既瑱，幎目，乃還結項也。跗，足上也。絇，屨飾，如刀衣鼻，在屨頭上，以餘組連之，止足坼也。

釋曰：綦繫于踵，以兩端向前，結于足背，餘組穿兩絇連之。

乃襲，三稱。

鄭注：遷尸于襲上而衣之。凡衣死者，左衽，不紐。襲不言設牀，又不言遷尸于襲上，以其俱當牖，案：「俱」，今注疏本訛作「居」。無大異。

釋曰：三稱，祭服、褖衣也。

明衣不在算。

鄭注：算，數也。不數明衣，案：「不」下，各本衍「在」字。張淳《儀禮識誤》云：「《釋文》『不數』，中無『在』字。從《釋文》。」襌衣不成稱也。

設韐，帶，搢笏。

鄭注：韐，帶，韎韐、緇帶。不言韎、緇者，省文，亦欲見韐自有帶。韐帶用革。搢，捷也，❶

❶「捷」，張敦仁本《注疏》作「插」。下一「捷」字同。

捷于帶之右旁。古文「韐」爲「合」也。

釋曰：《雜記》曰：「子羔之襲也，繭衣裳與稅衣纁袡爲一、素端一、皮弁一、爵弁一、玄冕一。曾子曰：『不襲婦服。』」譏其襲纁袡也。又曰：「公襲：卷衣一、玄端一、朝服一、素積一、纁裳一、爵弁二、玄冕一、褒衣一。朱緑帶，申加大帶重加大帶于上。」❶朱緑帶者，襲衣之帶也。申加大帶，重加于革帶也。革帶以繫韍、繫佩，襲有韎韐，則亦有革帶。士襲三稱，子羔襲五稱，公襲九稱，諸侯其七，天子其十二與？

設決，麗于掔，自飯持之，設握，乃連掔。

鄭注：麗，施也。掔，手後節中也。飯，大擘指本也。決，以韋爲之藉，案：「爲」下，各本衍「之」字。張淳《儀禮識誤》云：「《釋文》『爲藉』中無『之』字，從《釋文》。」有彄。彄内端爲紐，外端有横帶，設之，以紐擐大擘本也。因沓其彄，以横帶貫紐結于擘之表也。案：「擘」，今注疏本訛作「掔」。設握者，以綦繫鉤中指，由手表與決帶之餘連結之。此謂右手也。古文「麗」亦爲「連」，「掔」作「捥」。

釋曰：横帶即組繫也。

設冒，櫜之，幠用衾。

鄭注：櫜，韜盛物者，取事名焉。衾者，始死時斂衾。今文「櫜」爲「橐」。

❶「重加大帶」四字，阮本《儀禮注疏》無，疑是注文羼入經文。

釋曰：《雜記》曰：「冒者何也？所以掩形也。自襲以至小斂，不設冒則形，是以襲而後設冒也。」

巾、柶、鬠、蚤埋于坎。

鄭注：坎至此築之也。將襲辟奠，既則反之。

釋曰：鬠，所櫛之亂髮。蚤，所斷之爪。《喪大記》曰：「君、大夫鬊、爪實于緑中，士埋之。」下記云「小斂辟奠不出室」，此始死之奠，襲後因名「襲奠」。

儀禮集釋卷二十一

士喪禮

重木，刊鑿之。甸人置重于中庭，參分庭一，在南。

鄭注：木也，縣物焉曰重。刊，斲治。鑿之，爲縣簪孔也。士重木長三尺。

釋曰：重者，相重累也。竪者三尺，横者宜半之。士三尺，則重其約銘旌之杠與？

夏祝鬻餘飯，用二鬲，于西牆下。

鄭注：夏祝，祝習夏禮者也。夏人教以忠，其于養宜。鬻餘飯，以飯尸餘米爲鬻也。重，主道也。士二鬲，則大夫四，諸侯六，天子八與？簋同差。

釋曰：凡奠皆夏祝爲之。饋食禮，《特牲》二敦，《少牢》四敦。此二鬲與《特牲》數同。人所嗜者飲食，始死未作主，故以飲食依之。

幂用疏布，案：「幂」，今注疏本訛作「冪」。**久之，繫用軨，縣于重。幂用葦席，北面，左衽，帶用軨，賀之，結于後。**

鄭注：久讀爲灸，謂以蓋塞鬲口也。鞈，竹䈇也。以席覆重，辟屈而反，兩端交于後。左衽，西端在上。賀，加也。今文「冪」皆作「密」。案：「今文」，注疏本作「古文」。

釋曰：北面，以南爲後。以葦席覆重，乃以䈇束加之。

祝取銘置于重。

鄭注：祝，習周禮者也。

釋曰：重，主道，故置銘于重。《荀子》曰：「喪禮者，以生者飾死者也。大象其生以送其死也。始卒，沐浴、鬠體、飯含，象生執也。不沐則濡櫛三律而止，不浴則濡巾三式而止。充耳而設瑱，飯以生稻，琀以槁骨，反生術矣。説褻衣襲三稱，搢紳而無鉤帶矣。設掩面儇目，鬠而不笄矣。書其名，置于其重，則名不見而柩獨明矣。」

厥明，陳衣于房，南領，西上，綪。絞，横三縮一，廣終幅，析其末。

鄭注：綪，屈也。絞，所以收束衣服爲堅急者也，以布爲之。縮，從也。横者三幅，從者一幅。析其末者，令可結也。《喪大記》曰：「絞，一幅爲三。」

釋曰：謂析其末爲三也。《喪大記》又曰：「大斂，布絞，縮者三。」則一幅通皆三析之矣。小斂之絞，析其末以爲堅之强也。大斂之絞，皆三析之以爲堅之急也。凡陳衣，斂時在外者先陳之，布衣亦然。

緇衾，赬裏，無紞。

鄭注：紞，被識也。斂衣或倒，被無别于前後可也。案：今注疏本脱「可」字。凡衾制同，皆五幅也。

釋曰：被生時有紞，以組類爲之，以識被之前後。《喪大記》云：「紟五幅，無紞。」衾亦紟類，故其制同。《内則》曰：「六十歲制，七十時制，八十月制，九十日脩，惟絞、紟、衾、冒，死而後制。」

祭服次。

鄭注：爵弁服、皮弁服。

釋曰：小斂，祭服在中，而次絞、衾。先陳祭服，尊也，與陳襲衣之序同。

散衣次。

鄭注：褖衣以下，袍繭之屬。

凡十有九稱。

鄭注：祭服與散衣。

陳衣繼之。

鄭注：庶襚。

不必盡用。

鄭注：取稱而已，不務多。

釋曰：《喪大記》曰：「小斂布絞，縮者一，横者三。君錦衾，大夫縞衾，士緇衾，皆一。衣十有九稱，君陳衣于序東，大夫、士陳衣于房中，皆西領北上，絞紟不在列。」不在列者，不成稱，不連數也。西領北上，蓋亦天子之士。又曰：「凡陳衣者，實之篋。」凡陳衣不詘。

饌于東堂下，脯醢醴酒。幂奠用功布，實于簞，在饌東。

鄭注：功布，鍛濯灰治之布也。凡在東西堂下者，南齊坫。古文「奠」爲「尊」。

釋曰：鬲幂用疏布，布之不灰治者也。下記曰：「設棜于東堂下，南順，齊于坫，饌于其上。」東堂下，在堂之東。堂隅曰坫。

設盆盥于饌東，有巾。

鄭注：爲奠設盥也。喪事略，故無洗也。

釋曰：凡設洗篚者不言巾，巾在篚可知也。《喪禮》無洗、篚，故見其巾。《饋食禮》尸盥亦然。

苴絰，大鬲，下本在左，要絰小焉。散帶垂，長三尺。牡麻絰，右本在上，亦散帶垂。皆饌于東方。

鄭注：苴絰，斬衰之絰也。苴麻者其貌苴，以爲絰。服重者尚麤惡。絰之言實也。鬲，搤也。中人之手搤圍九寸，絰帶之差，自此出焉。下本在左，重服統于内而本陽也。要絰小焉，五分去一。牡麻絰者，齊衰以下之絰也。牡麻絰者其貌易，服輕者宜差好也。右本在上，輕服本于陰而絻于外。散帶之垂者，男子之道文多變也。饌于東方，東坫之南，苴絰爲上。

釋曰：帶即要絰也。《雜記》曰：「大功以上散帶。」散帶者，小斂後垂其帶，至成服而絞之。婦人則初而絞之，與小功、緦之男子同。饌于東方，不繼前饌而言，則非東堂下矣。下「牀第、夷衾饌于西坫南」，則東方之饌亦然。

婦人之帶，牡麻結本，在房。

鄭注：婦人亦有苴絰，但言帶者，記其異。此齊衰婦人，斬衰婦人亦苴絰也。案：「亦」字下今注疏本衍「有」字。

釋曰：絰本不散帶也，與男子異，故著之。

牀第、夷衾饌于西坫南。

鄭注：第，簀也。夷衾，覆尸之衾。《喪大記》曰：「自小斂以往用夷衾，夷衾質、殺之裁猶冒也。」

釋曰：用夷衾者，大斂之衾當陳。

西方盥，如東方。

鄭注：爲舉者設盥也。如東方者，亦用盆布巾，饌于西堂下。

陳一鼎于寢門外，當東塾，少南，西面。其實特豚，四鬄，去蹄，兩胉、脊、肺。設扃、鼏，鼏西末。素俎在鼎西，西順，覆匕，東柄。

鄭注：鬄，解也。四解之，殊肩、髀而已，喪事略。去蹄，去其甲，爲不絜清也。胉，脅也。素俎，喪尚質。既饌，將小斂，則辟襲奠。今文「鬄」爲「剔」，「胉」爲「迫」，古文「鼏」爲「密」。

釋曰：《孔叢》曰：「豕子曰豚。」殊左右肩髀爲四，并兩胉與脊而七體，是謂豚解。鼏以茅爲之，其本在東。凡物無飾曰素。《檀弓》曰：「奠用素器，以生者有哀素之心也。」

士盥，二人以並，東面，立于西階下。

鄭注：立，俟舉尸也。今文「並」爲「併」。

布席于户内，下莞上簟。

鄭注：有司布斂席也。

釋曰：不牀者，斂衣多，布之于地。《喪大記》曰：「小斂于户内，大斂于阼，君以簟席，大夫以蒲席，士以葦席。」簟，細席也。

商祝布絞衾、散衣、祭服。祭服不倒，案：「倒」，唐石經作「到」。**美者在中。**

鄭注：斂者趨方，或傎倒衣裳。祭服尊，不倒之也。美，善也。善衣後布，于斂則在中也。既後布祭服，而又言善者在中，明每服非一稱也。

釋曰：《喪大記》曰：「小斂之衣，祭服不倒。君無襚。大夫、士畢主人之祭服，親戚之衣受之，不以即陳。小斂，君、大夫、士皆用複衣、複衾。」

士舉遷尸，反位。

鄭注：遷尸于服上。

釋曰：扶君，卜人師扶右，射人師扶左。君薨以是舉。《周禮·射人》大喪「與僕人遷尸」。《喪大記》曰：「凡斂者袒，遷尸者襲。君之喪，大胥是斂，衆胥佐之。大夫之喪，大胥侍之，衆胥是斂。士之喪，胥爲侍，士是斂。小斂、大斂，祭服不倒，皆左衽，結絞不紐。斂者既斂必哭。」

設牀笫于兩楹之閒，衽如初，有枕。

鄭注：衽，寢臥之席也，亦下莞上簟。

卒斂，徹帷。

鄭注：尸已飾。

釋曰：《喪大記》曰：「鋪絞紟踊，鋪衾踊，鋪衣踊，遷尸踊，斂衣踊，斂衾踊，斂絞紟踊。」《檀弓》曰：「周人大事，斂用日出。」《周禮》，王崩，小宗伯及執事涖大殮、小斂，帥異族而佐，大祝贊斂。

主人西面馮尸，踊無算。主婦東面馮，亦如之。

鄭注：馮，服膺之。

釋曰：踊無算，爲動尸也。《問喪》曰：「在牀曰尸，在棺曰柩。動尸舉柩，辟踊無數。」馮音憑，後同。

主人髻髮，袒，衆主人免于房。

鄭注：始死，將斬衰者雞斯，將齊衰者素冠。今至小斂變，又將初變服也。案：「變」，原本及今注疏本皆訛作「喪」。張淳《儀禮識誤》云：「監本『喪』作『變』，從監本。」髻髮者，去笄纚而紒。衆主人免者，齊衰將袒，以免代冠。冠，服之尤尊，不以袒也。免之制未聞。舊説以爲如冠狀，廣一寸。《喪服小記》曰：「斬衰髻髮以麻，免而以布。」此用麻布爲之，狀如今著幓頭矣。案：原本及今注疏本「著」上有「之」字。張淳《儀禮識誤》云：「《釋文》今『著』中無『之』字，從《釋文》。」自項中而前，交于額上，郤繞紒也。于房于室，釋髻髮宜于隱者。今文「免」皆作「絻」，古文「髻」作「括」。

釋曰：《檀弓》曰：「袒、括髮，變也。去飾，去美也，袒、括髮，去飾之甚也。有所袒，有所襲，哀之節也。」凡袒必免。古者冠加于武，有罪免冠而武獨存。喪服之免，以布象而爲之，以其與冕弁之冕音相亂，故讀如問。括髮之狀與免同，用麻爲異耳。按：《喪服小記》及《奔喪》爲父母皆括髮，則此云「衆主人免」者，謂將齊衰者也。下《記》云：「既馮尸，主人袒、髻髮、絞帶，衆主人布帶。」布帶者，齊衰之服，明此衆主人謂齊衰以下。

婦人髽于室。

鄭注：始死，婦人將斬衰者，去笄而纚；將齊衰者，骨笄而纚。今言髽者，亦去笄纚而紒也。齊衰以上，至笄猶髽。髽之異于髻髮者，既去纚而以髮爲大紒，如今婦人露紒其象也。《檀弓》曰：「南宫韜之妻之姑之喪，夫子誨之髽，曰：『爾毋縱縱爾，爾毋扈扈爾。』」其用麻布，亦如著幓頭然。

釋曰：未成服之髽無笄，至成服有笄，猶髽不改。

士舉，男女奉尸，侇于堂，幠用夷衾。男女如室位，踊無算。

鄭注：侇之言尸也。夷衾，覆尸柩之衾也。堂謂楹間牀笫上也。今文「侇」作「夷」。

釋曰：牀曰夷牀，衾曰夷衾，槃曰夷槃，尸曰侇，皆依尸而爲言。《檀弓》曰：「叔孫武叔之母死，既小斂，舉者出尸，出户袒，且投其冠，括髮，子游曰：『知禮。』」袒、括髮爲奉尸。尸出户，乃袒、括髮，故子游嗤之。

主人出于足，降自西階。衆主人東即位。婦人阼階上西面。主人拜賓，大夫特拜，士旅之。即位踊，襲絰于序東，復位。

鄭注：拜賓，鄉賓位拜之也。即位踊，東方位。襲絰于序東，東夾前。

釋曰：主人位在阼階下，衆主人亦降自西階，位繼主人而南。序東，堂下當東序之東。絰在東方，取之便。《喪大記》曰：「小斂，主人即位于户内，主婦東面，乃斂。卒斂，主人馮之踊，主婦亦如之。主人袒，説髦，括髮以麻。婦人髽，帶麻于房中。徹帷，男女奉尸夷于堂，降拜。君拜寄公、國賓。大夫、士拜卿大夫于位，于士旁三拜。夫人亦拜寄公夫人于堂上。大夫内子、士妻持拜命婦，氾拜衆賓于堂上。主人即位，襲帶絰，踊。母之喪，即位而免，乃奠。弔者襲裘，加武，帶、絰，與主人拾踊。」《奔喪》曰：「奔親喪至于家，入門左，升自西階，殯東，西面坐，哭盡哀。括髮、袒，降，堂東即位，西鄉哭，成踊。襲、絰于序東，絞帶，反位。拜賓成踊。送賓，反位。」又曰：「奔母之喪，西面哭盡哀，括髮、袒，降，堂東即位，西鄉哭，成踊。襲免絰于序東。拜賓送賓，皆如奔父之禮。」免終事，奔喪禮亦與在家者同，惟不散帶。爲母異于父者，于又哭不括髮而免耳。

乃奠。

鄭注：祝與執事爲之。

釋曰：《曾子問》曰：「天子、諸侯之喪，斬衰者奠。大夫，齊衰奠。士，則朋友奠。不足，則取于大功以下者，不足則反之。」

舉者盥，右執匕，卻之，左執俎，横攝之，入，阼階前西面錯，錯俎北面。

鄭注：舉者盥，出門舉鼎者，右人以右手執匕，左人以左手執俎，因其便也。攝，持也。西面錯，錯鼎于此宜西面。錯俎北面，俎宜西順之。

釋曰：舉鼎者兼執匕俎，喪禮略也。鼎北上，凡陳鼎于外者，北面；阼階下者，西面。喪禮陳鼎門外西面者，變于吉。在東方者，未忍異于生。至虞反吉，乃設鼎于西階前。

右人左執匕，抽扃予左手，兼執之，取鼏，委于鼎北，加扃，不坐。

鄭注：抽扃取鼏，加扃于鼏上，皆右手。今文「扃」爲「鉉」，古文「予」爲「于」，「鼏」爲「密」。

乃朼，載，載兩髀于兩端，案：重一「載」字，應屬衍文。**兩肩亞，兩胉亞，脊、肺在于中，皆覆，進柢，執而俟。**

鄭注：乃朼，以朼次出牲體，右人也。載，受而載于俎，左人也。亞，次也。凡七體，皆覆，爲塵。柢，本也。進本者，未異于生也。骨有本末。古文「朼」爲「匕」，「髀」爲「脾」，今文「胉」爲「迫」，「柢」皆爲「胝」。

釋曰：體覆之，無尸，不食也。

夏祝及執事盥，執醴先，酒、脯醢俎從，升自阼階。丈夫踊。甸人徹鼎，巾待于阼階下。

鄭注：執事者，諸執奠事者。巾，功布也。執者不升，已不設，祝既錯醴，將受之。

釋曰：執者，執巾者。

奠于尸東，執醴酒，北面，西上。

鄭注：執醴酒者先升，尊也。立而俟，後錯，要成也。

釋曰：《檀弓》曰：「小斂之奠，子游曰：『于東方。』曾子曰：『于西方，斂斯席矣。』小斂之奠在西方，魯禮之末失也。」

豆錯，俎錯于豆東。立于俎北，西上。醴酒錯于豆南。祝受巾，巾之，由足降自西階。婦人踊。奠

者由重南，東。丈夫踊。

鄭注：巾之，爲塵也。東，反其位。

釋曰：言豆不言籩，省文。設俎者南面，辟執醴酒者也。巾之，爲牲肉之剥露也。《檀弓》曰：「喪不剥奠也與？祭肉也與？」丈夫、婦人以奠者之升降爲踊節。重，主道，故奠者由之，丈夫又踊也。奠者位蓋在盆盥之東南。

賓出，主人拜送于門外。

鄭注：廟門外也。

釋曰：不送于外門外，降于君使。

乃代哭，不以官。

鄭注：代，更也。孝子始有親喪，悲哀憔悴，禮防其以死傷生，案：「防」，今注疏本作「坊」。使之更哭，不絕聲而已。人君以官尊卑，士賤，以親疏爲之。三日之後，哭無時。《周禮·挈壺氏》：「凡喪，縣壺以代哭。」

釋曰：《喪大記》曰：「君喪，虞人出木角，狄人出壺，雍人出鼎，司馬縣之。乃官代哭。大夫官代哭不縣壺，士代哭不以官。」

有襚者，則將命，擯者出請，入告。主人待于位。

鄭注：喪禮略于威儀，既小斂，擯者乃用辭。出請之辭曰：「孤某使某請事。」

擯者出，告須，以賓入。

鄭注：須，亦待也。出告之辭曰：「孤某須矣。」

賓入中庭，北面致命。主人拜稽顙。賓升自西階，出于足，西面委衣如于室禮，降，出。主人出，拜送。朋友親襚，如初儀。西階東北面哭，踊三，降，主人不踊。

鄭注：朋友既委衣，又還哭于西階上，不背主人。

釋曰：拜君弔、襚、賵，踊。朋友襚不踊，辟君也。

襚者以褶，則必有裳。執衣如初，徹衣者亦如之。升降自西階，以東。

鄭注：帛謂褶，無絮，雖複，與禪同。有裳乃成稱，不用表也。以東，藏以待事也。古文「褶」爲「襲」。

釋曰：如初，左執領，右執要。《雜記》諸侯弔、含、襚、賵之禮，曰：「凡將命，鄉殯將命。❶子拜稽顙。西面而坐委之。宰舉璧與圭，宰夫舉襚。升自西階，西面坐取之，降自西階。」以東，《雜記》言西面坐委，則亦于殯東委之。

宵，爲燎于中庭。

❶「鄉」，原作「卿」，據阮本《儀禮注疏》改。

鄭注：宵，夜也。燎，大燋。

釋曰：古者以荆燋爲燭，其在地者曰燎，或曰庭燎，以布纏葦，以蠟灌之。❶

厥明，滅燎。陳衣于房，南領，西上，綪。絞，紟，衾二。君襚、祭服、散衣、庶襚，凡三十稱。案：「三十」，唐石經作「卅」。**紟不在算，不必盡用。**

鄭注：紟，單被也。衾二者，始死斂衾，今又復制也。小斂衣數，自天子達，大斂則異矣。《喪大記》曰：「大斂，布絞，縮者三，横者三。」

釋曰：紟不在算，以其單也。不盡用者，「守祧」職所謂「其遺衣服藏焉」是也。《喪大記》曰：「大斂，布絞，縮者三，横者五；布紟，二衾，君、大夫、士一也。君陳衣于庭，百稱，北領西上；大夫陳衣于序東，五十稱，西領南上；士陳衣于序東，三十稱，西領南上。絞、紟如朝服，絞一幅爲三，不辟；紟五幅，無紞。小斂，君、大夫、士皆用複衣複衾；大斂，君、大夫、士祭服無算，君褶衣褶衾，大夫、士猶小斂也。」士陳衣與大夫同，蓋亦天子之士。

東方之饌，兩瓦甒，其實醴酒，角觶，木柶。毼豆兩，其實葵菹芋，蠃醢。兩籩無縢，布巾，其實栗，不擇。脯四脡。

鄭注：此饌但言東方，則亦在東堂下也。毼，白也。齊人或名全菹爲芋。縢，緣也。《詩》云：

❶「蠟」，四庫本作「臘」。

「竹柲緄縢。」案：「柲」，《詩》作「閉」。布巾，籩巾也。籩豆具而有巾，盛之也。《特牲饋食禮》有「籩巾」。今文「羸」爲「蝸」，古文「縢」爲「甸」。

釋曰：細切爲齏，全物爲菹，長于四寸者，亦切之。喪菹葵雖長而不切，故得芋名。下記「設棜于東堂下，饌豆二」，即此東方之饌。

奠席在饌北，斂席在其東。

鄭注：大斂奠而有席，彌神之。

掘肂見衽。

鄭注：肂，埋棺之坎也，掘之于西階上。衽，小要也。《喪大記》曰：「君殯用輴，欑至于上，畢塗屋。大夫殯以幬，欑置于西序，塗不暨于棺。士殯見衽，塗上，帷之。」又曰：「君蓋用漆，三衽三束。大夫蓋用漆，二衽二束。士蓋不用漆，二衽二束。」

釋曰：古者棺不釘，鑿棺蓋之際，以衽連之，其形兩端大而中小，所謂小要也。每衽上以皮束之。見衽者，衽出，見于平地，肂深淺之節也。❶君殯，居棺以輴車，以木欑其四面，至于棺上盡塗之，如屋然。大夫廢楯，置棺西牆下，覆以棺衣，欑其三面，欑中狹小，裁使塗不及棺。士掘地下棺，以木覆上而塗之耳。《檀弓》曰：「棺束縮二横三，衽每束一。天子之殯也，菆塗龍輴以

❶「肂」，胡培翬《正義》引《集釋》作「坎」。

椁，加斧于椁上。」畢塗屋，天子之禮也。禮與君殯同，惟輴車畫轅爲龍、欑木如椁、加斧文以覆棺爲異耳。《檀弓》曰：「夏后氏殯于東階之上，殷人殯于兩楹之間，周人殯于西階之上。」

棺入，主人不哭。升棺用軸，蓋在下。

鄭注：軸，輁軸也。輁狀如牀，軸其輪，輓而行。

釋曰：《檀弓》曰：「天子之棺四重，水兕革棺被之，其厚三寸，杝棺一，梓棺二。」《喪大記》曰：「君大棺八寸，屬六寸，椑四寸；上大夫棺八寸，屬六寸；下大夫棺六寸，屬四寸；士棺六寸。」被，猶合也。杝，棺椑也。梓棺，屬與大棺也。上公棺四重，革棺不被；諸侯再重，無革棺；大夫一重，無椑；士不重，惟有大棺耳。

熬黍稷各二筐，有魚腊，饌于西坫南。

鄭注：熬所以惑蚍蜉，令不至棺旁也。爲舉者設盆盥于西。

釋曰：《周官·舍人》：「喪紀，共飯米、熬穀。」

陳三鼎于門外，北上。豚合升，魚鱄鮒九，腊左胖，髀不升，其他皆如初。

鄭注：合升，合左右體升于鼎。其他皆如初，謂豚體及匕俎之陳如小斂時。合升、四鬄，亦相互耳。

釋曰：凡言合升者，皆并髀升，體解則否。凡腊用全，此及虞禮用左胖者，喪禮略。《周禮》喪紀，𩟄人「共其魚之鱻薧」，腊人「共其脯腊」。

燭俟于饌東。

鄭注：燭，燋也。饌，東方之饌。有燭者，堂雖明，室猶暗。火在地曰燎，執之曰燭。

釋曰：《喪大記》曰：「君堂上二燭，下二燭。大夫堂上一燭，下二燭。士堂上一燭，下一燭。」

祝徹盥于門外，入，升自阼階，丈夫踊。

鄭注：祝徹，祝與有司當徹小斂之奠者。小斂設盥于饌東，有巾。大斂設盥于門外，彌有威儀。

釋曰：盥當亦于饌奠後設之。

祝徹巾，授執事者以待。

鄭注：授執巾者于尸東，使先待于阼階下，爲大斂奠又將巾之。祝還徹醴也。

釋曰：《周禮・大祝》：「大喪徹奠。」

徹饌，案：敖繼公云「饌」字誤，當作「奠」。**先取醴酒，北面。**

鄭注：北面立，相待俱降。

其餘取先設者，出于足，降自西階，婦人踊。設于序西南，當西榮，如設于堂。

鄭注：爲求神于庭，孝子不忍使其親須臾無所馮依也。堂，謂尸東也。凡奠設于序西南者，畢事而去之。

釋曰：畢事，後奠事畢也。不知神之所在，故復設于庭以依之。不巾，不久設故也。

醴酒位如初，執事豆北，南面，東上。

鄭注：如初者，如其醴酒北面西上也。執醴尊，不爲便事變位。

釋曰：下徹設大斂奠，「醴酒北面，西上，豆西面錯，立于豆北，南面，籩、俎既錯，立于執豆之西，東上。酒錯，復位。醴錯于西」，與此同。奠時執事俎北西上，今變位東上，便其東適饌也。

乃適饌。

鄭注：東方之新饌。

帷堂。

鄭注：徹事畢。

儀禮集釋卷二十二

士喪禮

婦人尸西東面。主人及親者升自西階，出于足，西面袒。

鄭注：袒，大斂變也。不言髽免髺髮，小斂以來自若矣。

釋曰：至成服乃變。

士盥位如初。

鄭注：亦既盥並立西階下。

布席如初。

鄭注：亦下莞上簟，鋪于阼階上，于楹閒爲少南。

商祝布絞、紟、衾、衣，美者在外，君襚不倒。

鄭注：至此乃用君襚，主人先自盡。

釋曰：襲以明衣裳親身，則祭服當居外，❶小斂衣美者在中，大斂衣美者在外，三相變。《喪大記》曰：「大斂祭服不倒，皆左衽，結絞不紐。」

有大夫，則告。

鄭注：後來者，則告以方斂。非斂時，則當降拜之。

士舉遷尸，復位。主人踊無算。卒斂，徹帷。主人馮如初，主婦亦如之。

釋曰：《喪大記》曰：「君將大斂，子弁絰，即位于序端；卿大夫即位于堂廉，楹西，北面，東上；父兄堂下北面；夫人、命婦尸西，東面；外宗房中南面。小臣鋪席，商祝鋪絞、紟、衾、衣。士盥于盤上。士舉遷尸于斂上。卒斂，宰告，子馮之，踊。夫人東面亦如之。大夫之喪，將大斂，既鋪絞、紟、衾、衣。君至，主人迎，先入門右，巫止于門外。君釋菜，祝先入，升堂。君即位于序端，卿大夫即位于堂廉，楹西，北面東上，主人房外南面，主婦尸西，東面。遷尸。卒斂，宰告，主人降，北面于堂下。君撫之，主人拜稽顙。君降，升主人馮之，命主婦馮之。士之喪，將大斂，君不在，其餘禮猶大夫也。」按：此禮率與《喪大記》禮同，惟君不在而主人西面爲異爾。下《記》云「大夫升自西階，階東北面東上」，即《喪大記》「卿大夫堂廉，楹西，視斂之位」。

主人奉尸斂于棺，踊如初，乃蓋。

---

❶「當」，胡培翬《正義》引《集釋》作「美者」，當是。

鄭注：棺在肂中，斂尸焉，所謂殯也。《檀弓》曰：「殯于客位。」

釋曰：《王制》曰：「天子七日而殯，諸侯五日，大夫、士、庶人三日。」大夫、士三日雖同，而士則通死日數之，故《喪大記》又謂：「大夫之喪三日之朝既殯，士之喪二日而殯。」二日者，自死之明日數也。《問喪》曰：「死三日而后斂者，以俟其生也。三日而不生，亦不生矣，孝子之心亦益衰矣，家室之計、❶衣服之具亦可以成矣，親戚之遠者亦可以至矣。是故聖人爲之斷決，以三日爲之禮制也。」

主人降，拜人夫之後至者，北面視肂。

鄭注：北面于西階東。

釋曰：《雜記》曰：「當袒，大夫至，雖當踊，絶踊而拜之，反，改成踊，乃襲。于士，既事成踊，襲而後拜之。」絶踊，止踊，大夫尊，斂竟，雖當踊，亦絶踊而拜。士則卒塗，主人既襲，乃拜之。

衆主人復位。婦人東復位。

鄭注：阼階上下之位。

設熬，旁一筐，案：敖繼公云：「《喪大記》引此云『旁各一筐』，則是此經脱一『各』字也。各一黍稷也，黍當在南。」**乃塗，踊無算。**

❶「家室」，四庫本倒。

鄭注：以木覆棺上而塗之，爲火備。

卒塗，祝取銘置于肂。主人復位，踊襲。

鄭注：爲銘設柎，樹之肂東。

釋曰：《小祝》：「大喪，贊設熬置銘。」

乃奠。燭升自阼階，祝執巾，席從，設于奥，東面。

鄭注：執燭者先升堂照室，自是不復奠于尸。祝執巾，與執席者從入，爲安神位。室中西南隅謂之奥。執燭南面，巾委于席右。

祝反降，及執事執饌。

鄭注：東方之饌。

士盥，舉鼎入，西面，北上，如初。載，魚左首，進鬐，三列，腊進柢。

鄭注：如初，如小斂舉鼎、執匕俎、扃鼏、朼載之儀。魚左首，設而在南。鬐，脊也。左首進鬐，亦未異于生也。凡未異于生者，不致死也。古文「首」爲「手」，「鬐」爲「耆」。

釋曰：左首，據執者言之。西面設于奥，于席前則右首也。《公食大夫禮》：「右首進鬐。」

祝執醴如初，酒、豆、籩、俎從，升自阼階，丈夫踊。甸人徹鼎。

鄭注：如初，祝先升。

奠由楹内入于室。醴酒北面。

鄭注：亦如初。

設豆，右菹，菹南栗，栗東脯，豚當豆，魚次，腊特于俎北。醴酒在籩南，巾如初。

鄭注：右菹，菹在醴南也。❶此左右異于魚者，載者統于執，設者統于席。醴當栗南，酒當脯南。

既錯者出，立于户西，西上。祝後，闔户，先由楹西，降自西階，婦人踊。奠者由重南，東。丈夫踊。

鄭注：爲神馮依之也。

賓出，婦人踊。主人拜送于門外。入，及兄弟北面哭殯。兄弟出，主人拜送于門外。

鄭注：小功以下，至此可以歸，異門大功亦存焉。

衆主人出門，哭止，皆西面于東方。闔門。主人揖，就次。

鄭注：次，謂斬衰倚廬，齊衰堊室也。大功有帷帳，小功緦麻有牀笫可也。

君若有賜焉，則視斂。既布衣，君至。

鄭注：賜，恩惠也。斂，大斂。君視大斂，皮弁服，襲裘。主人成服之後往，則錫衰。

釋曰：《喪大記》曰：「君于大夫、世婦，大斂焉；爲之賜，則小斂焉。于外命婦，既加蓋而君至。于士，既殯而往；爲之賜，大斂焉。」諸侯弔異國之臣，皮弁錫衰，弔士宜如之。以未成服，故皮

❶「醴」，阮本《儀禮注疏》作「醢」，當是。

弁服，襲裘。《雜記》曰：「公視大斂，公弁，商祝鋪席，乃斂。」既布衣矣，又鋪席者，榮君之來，爲之改始，且示若事由君然。

主人出迎于外門外，見馬首，不哭，還，入門右，北面，及衆主人袒。

鄭注：不哭，厭于君，不敢伸其私恩。

巫止于廟門外，祝代之。小臣二人執戈先，二人後。

鄭注：巫，掌招弭以除疾病。案：「弭」，今注疏本譌作「彌」，據《周禮》改正。小臣掌正君之法儀者。案：原本「小臣」上有「周禮」二字，今注疏本移在下「男巫」上，並屬衍文。「男巫，王弔則與祝前。」案：此下今注疏本有「喪祝王弔則與巫前」八字，蓋疏内所引，後人誤加入注耳。《檀弓》曰：「君臨臣喪，以巫祝、桃茢、執戈以惡之，所以異于生也。」皆天子之禮。諸侯臨臣之喪，則使祝代巫，執茢居前，下天子也。小臣，君行則在前後，君升則俠阼階北面。凡宮有鬼神曰廟。

釋曰：此殯宮而曰廟門外，神之。《書·顧命》成王崩于翼室而曰「諸侯出廟門俟」是也。巫、祝，皆接神者。《春秋傳》曰：「楚康王卒，楚人使魯公親襚。魯人親襚，❶乃使巫以桃茢先祓殯。」❷《檀弓》亦云：「桃茢、執戈，惡之。」按此禮及《喪大記》皆不云「桃茢」。桃茢，其周之末造

❶「魯人」，四庫本及《左傳》作「公」。

❷「巫」下，四庫本有「祝」字，《左傳》無。

與？又《傳》説公子圍設君衛曰「二執戈者前矣」，則二人執戈，疑亦君之常衛。

君釋采，入門，主人辟。

鄭注：釋采者，祝爲君禮門神也。必禮門神者，明君無故不來也。《禮運》曰：「諸侯非問疾弔喪，而入諸臣之家，是謂君臣爲謔。」

君升自阼階，西鄉。

釋曰：《郊特牲》曰：「君適其臣，升自阼階，不敢有其室也。」

祝負墉南面，主人中庭。

鄭注：祝南面房中，東鄉君。墻謂之墉。主人中庭，進益北。

釋曰：中庭，庭南北之中。

君哭。主人哭，拜稽顙，成踊，出。

鄭注：出，不敢必君之卒斂事。

君命反行事，主人復位。

鄭注：大斂事。

君升主人，主人西楹東，北面。

鄭注：命主人使之升。

升公卿大夫，繼主人，東上，乃斂。

鄭注：公，大國之孤，四命也。《春秋傳》曰：「鄭伯有嗜酒，爲窟室而夜飲酒擊鐘焉，朝至未已。朝者曰：『公焉在？』其人曰：『吾公在壑谷。』」伯有者，公子子良之孫良霄。案：今注疏本脱此二十八字。案：今注疏本脱此十一字。

卒，公卿大夫逆降，復位。主人降，出。

鄭注：逆降者，後升者先降，位如朝夕哭弔之位。

釋曰：主人降出，不敢久留君。

君反主人，主人中庭。君坐撫，當心。主人拜稽顙，成踊，出。

鄭注：撫，手案之。凡馮尸，興，必踊。今文無「成」。

釋曰：撫，撫尸也。《喪大記》曰：「君于臣撫之，子于父母馮之。」

君反之，復初位。衆主人辟于東壁，南面。

鄭注：以君將降也。南面，則當坫之東。

釋曰：初位，中庭位也。《燕禮》：「小臣師在東堂下，南面。」則此亦南面，辟于坫東東堂下。

君降，西鄉，命主人馮尸。主人升自西階，由足，西面馮尸，不當君所，踊。主婦東面馮，亦如之。

鄭注：君必降者，欲孝子盡其情。

釋曰：馮尸不當君所，不敢與君所撫同處也。

奉尸斂于棺，乃蓋。主人降，出。君反之，入門左，視塗。

鄭注：肂在西階上，入門左，由便趨疾，不敢久留君。

君升即位，衆主人復位。卒塗，主人出。君命之反奠，入門右，乃奠，升自西階。

鄭注：亦復中庭位。

鄭注：以君在阼。

君要節而踊，主人從踊。

鄭注：節，謂執奠始升階，及既奠由重南東時也。

釋曰：《喪大記》曰：「君弔，見尸柩而后踊。」然則塗之後，雖往不踊。

卒奠，主人出，哭者止。

鄭注：以君將出，不敢讙囂聒尊者也。

君出門，廟中哭。主人不哭，辟。君式之。

鄭注：辟，逡遁辟位也。古者立乘，式謂小俛以禮主人也。《曲禮》曰：「立視五巂，式視馬尾。」

貳車畢乘，主人哭，拜送。

鄭注：貳車，副車也，其數各視其命之等。君出，使異姓之士乘之，在後。君弔，蓋乘象路。案：「路」，今注疏本作「輅」。《曲禮》曰：「乘君之乘車不敢曠左，左必式。」

釋曰：《周禮・大行人》：「上公貳車九乘，侯伯七乘，子男五乘。」按：此禮君視斂，亦與《喪大記》君視大夫斂之禮同，彼主人房外南面，而此西楹東北面爲異爾。《喪大記》又曰：「大夫、士既殯而君往焉，使人戒之，主人具殷奠之禮，俟于門外。見馬首，先入門右，巫止于門外，祝代之先，君釋菜于門内。祝先，升自阼階，負墉南面。君即位于阼。小臣二人執戈立于前，二人立于後。擯者進，主人拜稽顙。君稱言，視祝而踊，主人踊。大夫則奠可也。士則出俟于門外，命之反奠，乃反奠。卒奠，主人先俟于門外，君退，主人送于門外，拜稽顙。」亦與此禮同。

襲，入即位，衆主人襲，拜大夫之後至者，成踊。

鄭注：後至，布衣而後來者。

賓出，主人拜送。

鄭注：自賓出以下，如君不在之儀。

三日，成服，杖，拜君命及衆賓。不拜棺中之賜。

鄭注：既殯之明日，全三日，始歠粥矣。禮，尊者加惠，明日必往拜謝之。棺中之賜，不施己也。《曲禮》曰：「生與來日。」

釋曰：三日成服者，除死日數之也。《孝經》曰：「三日而食。」《喪大記》云「三日不食」者，通死日數之。成服，除死日，數生與來日也。殯斂以死日數死與往日也。此士禮貶于大夫，大夫以上皆以來日數。《喪大記》曰：「君之喪三日，子、夫人杖；五日既殯，授大夫、世婦杖。大夫之喪，三日之朝既殯，主人、主婦、室老皆杖。士之喪，二日而殯，三日之朝，主人杖，婦人皆杖。」《檀弓》曰：「天子崩，三日祝先服，五日官長服。」服謂杖也，子亦三日而杖。「七日國中男女服」，七日而殯，殯後乃皆成服。

朝夕哭，不辟子卯。

鄭注：既殯之後，朝夕及哀至乃哭，不代哭也。子卯，桀、紂亡日，凶事不辟，吉事闕焉。

釋曰：《檀弓》曰：「子卯不樂。」《雜記》曰：「國禁哭則止，朝夕之奠，即位自因也。」自因，謂因其故，惟止哭耳。

婦人即位于堂，南上，哭。丈夫即位于門外，西面，北上。外兄弟在其南，南上。賓繼之，北上。門東，北面，西上。門西，北面，東上。西方，東面，北上。主人即位，辟門。

鄭注：外兄弟，異姓有服者也。辟，開也。凡廟門有事則開，無事則閉。

釋曰：婦人哭，則門外亦哭矣。《喪大記》曰：「祥而外無哭者。」則外位有哭也。賓，弔賓也。《少儀》曰：「喪俟事，不植弔。」故以朝夕哭時而弔。《喪服小記》曰：「無事不辟廟門，哭皆于其次。」堂上之帷亦虔之。《雜記》曰：「朝夕哭不帷，無柩者不帷。」自敬姜哭穆伯始帷殯，非古也。

婦人拊心，不哭。

鄭注：方有事，止讙囂。

主人拜賓，旁三，右還，入門，哭。婦人踊。

鄭注：先西面拜，乃南面拜，東面拜也。

釋曰：每面三拜。《檀弓》記君之喪，「士備入而後朝夕踊」。

主人堂下，直東序，西面。兄弟皆即位，如外位。卿大夫在主人之南。諸公門東，少進。他國之異爵者門西，少進。敵則先拜他國之賓。凡異爵者，拜諸其位。

鄭注：賓皆即此位乃哭，盡哀止。主人乃右還拜之，如外位矣。兄弟齊衰大功者，主人哭則哭。小功、緦麻亦即位乃哭。上言賓，此言卿大夫，明其亦賓爾。少進，前于列。異爵，卿大夫也。他國卿大夫亦前于列，尊之。拜諸其位，就其位特拜。

釋曰：內位，外兄弟亦在主人之南，以其少退于主人，故卿大夫繼主人言之。敵，謂其爵等也。先拜他國之賓，優遠客也。賓非異爵者，皆士也。主人爲之旁三拜，《喪大記》曰：「拜卿大夫于位，于士旁三拜。」《春秋傳》：「衛穆公卒，晉大夫自役弔焉，哭于大門之外。衛人逆之，婦人哭于門內。」異此者，晉大夫未復命，不敢成弔禮，衛人于門外設喪位逆之，故婦人亦自堂移位于門内。

徹者盥于門外，燭先入，升自阼階。丈夫踊。

鄭注：徹者，徹大斂之宿奠。

祝取醴，北面；取酒，立于其東；取豆、籩、俎，南面，西上。祝先出，酒、豆、籩、俎序從，降自西階。婦人踊。

鄭注：序，次也。

設于序西南，直西榮。醴酒北面，西上，豆西面錯。立于豆北，南面。籩、俎既錯，立于執豆之西，東上。酒錯，復位。醴錯于西，遂先，由主人之北適饌。

鄭注：遂先者，明祝不復位也。適饌，適新饌，將復奠。

乃奠。醴、酒、脯、醢升，丈夫踊。入，如初設，不巾。

鄭注：入，入于室也。如初設者，豆先，次籩，次酒，次醴也。不巾，無菹、無栗也。菹、栗具則有俎，有俎乃巾之。

釋曰：初設，謂大斂奠時無俎爾。《檀弓》曰：「朝奠日出，夕奠逮日。」《雜記》曰：「喪奠，脯醢而已。」

錯者出，立于户西，西上。滅燭，出。祝闔户，先降自西階。婦人踊。奠者由重南，東。丈夫踊。賓

出，婦人踊，主人拜送。

鄭注：哭止乃奠，奠則禮畢矣。今文無「拜」。

衆主人出，婦人踊。出門，哭止。皆復位。

釋曰：位，東方西面位。

闔門。主人卒拜送賓，揖衆主人，乃就次。朔月，奠用特豚、魚、腊，陳三鼎如初。東方之饌亦如之。

鄭注：朔月，月朔日也。自大夫以上，月半又奠。如初者，謂大斂時。

無籩，有黍稷。有瓦敦，有蓋，當籩位。

鄭注：黍稷併于甒北也。于是始有黍稷。死者之于朔月、月半，猶平常之朝夕。大祥之後，則四時祭焉。

主人拜賓，如朝夕哭。卒徹。

鄭注：徹宿奠也。

舉鼎入，升，皆如初奠之儀。卒杫，釋匕于鼎。俎行，杫者逆出。甸人徹鼎。其序：醴酒、菹醢、黍稷、俎。

鄭注：俎行者，俎後執，執俎者行，鼎可以出，其序，升入之次。

其設于室，豆錯，俎錯，腊特。黍稷當籩位。敦啟會，卻諸其南。醴酒位如初。

鄭注：當籩位，俎南黍，黍南稷。會，蓋也。今文無「敦」。

祝與執豆者巾，乃出。

鄭注：共爲之也。

主人要節而踊，皆如朝夕哭之儀。月半不殷奠。

鄭注：殷，盛也。士月半不復如朔盛奠，下尊者。

釋曰：士言不者，大夫以上則有之。

有薦新，如朔奠。

鄭注：薦五穀，若時果物新出者。

徹朔奠，先取醴酒，其餘取先設者。敦啟會，面足。序出如入。

鄭注：啟會，徹時不復蓋也。面足執之，令足間鄉前也。敦有足，則敦之形如今酒敦。

其設于外，如于室。

鄭注：外，序西南。

筮宅，冢人營之。

鄭注：宅，葬居也。冢人，有司掌墓地兆域者。營，猶度也。《詩》云：「經之營之。」

釋曰：《周禮》：「大喪既有日，冢人請度甫竁，遂爲之尸。」甫竁謂始穿地，祭告后土則爲之尸。

或曰謂成葬祭墓時。《荀子》曰：「經纊聽息之時，❶則夫忠臣孝子亦知其閔已，❷然而殯斂之具未有求也；垂涕恐懼，然而幸生之心未已，持生之事未輟也；卒矣，然後作具之。故雖備家，必踰日然後殯，三日而成服，然後告遠者出矣，備物者作矣。故殯久不過七十日，速不損五十日，是何也？曰：遠者可以至矣，百求可以得矣，百事可以成矣。其忠至矣，其節大矣，其文備矣。然後月朝卜日，月夕卜宅，然後葬也。」卜宅，大夫禮，云「月朝卜日，月夕卜宅」，未詳。

掘四隅，外其壤。掘中，南其壤。

鄭注：爲葬將北首故也。

釋曰：壤，柔土也。《九章》曰：「穿地四，爲壤五。」《檀弓》曰：「葬于北方，北首。」

既朝哭，主人皆往，兆南北面，免絰。

鄭注：兆，域也，所營之處。案：「所」，今注疏本訛作「新」。免絰者，求吉不敢純凶。

釋曰：免絰，去絰也。

命筮者在主人之右。

鄭注：命尊者宜由右出也。《少儀》曰：「贊幣自左，詔辭自右。」

---

❶「經」，《荀子》作「絰」，當是。

❷「已」，《荀子》作「矣」。

筮者東面，抽上韇，兼執之，南面受命。

鄭注：韇，藏筴之器也。兼與筴執之。今文無「兼」。

命曰：「哀子某，爲其父某甫筮宅。度兹幽宅，兆基無有後艱？」

鄭注：某甫，其字也，若言山甫、孔甫矣。宅，居也。度，謀也。兹，此也。基，始也。言爲其父筮葬居，今謀此以爲幽冥居兆域之始，得無後將有艱難乎？艱難，謂有非常若崩壞也。《孝經》曰：「卜其宅兆，而安厝之。」古文無「兆」，「基」作「期」。

釋曰：哀子，喪稱也。《雜記》曰：「祭稱孝子孝孫，喪。」案：此下原本缺。

筮人許諾，不述命，右還，北面，指中封而筮。卦者在左。

鄭注：述，循也，既受命而申言之曰述。不述者，士禮略。凡筮，因會命筮爲述命。中封，中央壤也。卦者，識爻卦畫地者。古文「述」皆作「術」。

釋曰：凡筮，因述命以命筮。士禮則否。

卒筮，執卦以示命筮者。命筮者受視，反之，東面。旅占，卒，進告于命筮者與主人：「占之曰從。」

鄭注：卒筮，卦者寫卦示主人，乃受而執之。旅，衆也。反與其屬共占之，謂掌《連山》《歸藏》《周易》者。從，猶吉也。

釋曰：《冠禮》：「筮者，主人受眡。」知此亦然。

主人經，哭，不踊。若不從，筮擇如初儀。

鄭注：更擇地而筮之。

釋曰：不踊者，得吉變也。《雜記》曰：「大夫卜宅與葬日，有司麻衣、布衰、布帶，因喪屨，緇布冠不蕤；占者皮弁。如筮，則史練冠、長衣以筮；占者朝服。」亦不純凶也。《喪服小記》曰：「祔葬者不筮宅。」

歸，殯前北面哭，不踊。

鄭注：易位而哭，明非常。

釋曰：易位，易阼階下西面位。

既井椁，主人西面拜工，左還椁，反位，哭，不踊。婦人哭于堂。

鄭注：既，已也。匠人爲椁，刊治其材，以井構于殯門外也。反位，拜位也。既哭之，則往施之竁中矣。主人還椁，亦以既朝哭矣。

釋曰：《檀弓》曰：「天子柏椁以端，長六尺。」《喪大記》曰：「君松椁，大夫柏椁，士雜木椁。」其施之竁中也，積疊亦上，四周于棺，故椁材之陳亦井構之。

獻材于殯門外，西面，北上，綪。主人徧視之，如哭椁。獻素、獻成亦如之。

鄭注：材，明器之材。視之，亦拜工左還。形法定爲素，飾治畢爲成。

釋曰：《檀弓》曰：「既殯，旬而布材與明器。」《周禮》：「王崩，大宗伯及執事視葬、獻器，遂哭之；卜葬兆，甫竁，亦如之。」

卜日，既朝哭，皆復外位。卜人先奠龜于西塾上，南首，有席。楚焞置于燋，在龜東。

鄭注：楚，荆也。荆焞，所以鑽龜者。燋，炬也，所以燃火者也。《周禮·菙氏》：「掌共燋契，以待卜事。凡卜，以明火爇燋，遂歙其焌契，以授卜師，遂役之。」

族長涖卜，及宗人吉服立于門西，東面，南上。占者三人在其南，北上。卜人及執燋、席者在塾西。

鄭注：族長，有司掌族人親疏者也。涖，臨也。吉服，服玄端也。占者三人，掌玉兆、瓦兆、原兆者也。在塾西者，南面，東上。

闔東扉，主婦立于其内。

鄭注：扉，門扉也。

席于闑西閾外。

鄭注：爲卜者也。古文「闑」作「槷」，「閾」作「蹙」。

宗人告事具。主人北面，免絰，左擁之。涖卜即位于門東，西面。

鄭注：涖卜，族長也。更西面，當代主人命卜。

卜人抱龜燋，先奠龜，西首，燋在北。

鄭注：既奠燋，又執龜以待之。

宗人受卜人龜，示高。

鄭注：以龜腹甲高起所當灼處示涖卜也。

涖卜受視，反之。宗人還，少退，受命。

鄭注：受涖卜命。授龜宜近，受命宜卻也。

命曰：「哀子某，來日，❶卜葬其父某甫，考降無有近悔？」

鄭注：考，登也。降，下也。言卜此日葬，魂神上下得無近于咎悔者乎？

釋曰：《王制》曰：「天子七月而葬，諸侯五月，大夫、士、庶人三月。」士之三月亦通死月數，故《春秋傳》又謂：「大夫三月，士踰月也。」《曲禮》曰：「凡卜筮日，喪事先遠日。」《雜記》曰：「祝稱卜葬虞，子孫曰哀，夫曰乃，兄弟曰某，卜葬其兄弟曰伯子某。」《春秋傳》卜有令龜者，涖卜，其令龜者乎？近，「附近」之「近」。

許諾，不述命；還即席，西面坐；命龜，興；授卜人龜，負東扉。

鄭注：宗人不述命，亦士禮略。凡卜述命。命龜異，龜重，威儀多也。負東扉，俟龜之兆也。

釋曰：《周禮·大卜》：「大祭祀，則眡高、命龜。凡喪事，命龜。」

---

❶「日」下，阮本《儀禮注疏》有「某」字。

卜人坐，作龜，興。

鄭注：作，猶灼也。《周禮·卜師》：「凡卜事，眂高，揚火以作龜，致其墨。」興，起也。

宗人受龜，示涖卜。涖卜受視，反之。宗人退，東面。乃旅占，卒，不釋龜，告于涖卜與主人：「占曰某日從。」

鄭注：不釋龜，復執之也。古文「曰」爲「日」。

授卜人龜。告于主婦，主婦哭。

鄭注：不執龜者，下主人也。

告于異爵。❶使人告于衆賓。

鄭注：衆賓，僚友不來者也。

卜人徹龜。宗人告事畢。主人絰，入哭，如筮宅。賓出，拜送。若不從，卜擇如初儀。

---

❶「爵」下，四庫本及阮本《儀禮注疏》有「者」字。

儀禮集釋卷二十三

既夕第十三

鄭《目録》云：《士喪禮》之下篇也。既，已也。謂先葬二日，已夕哭時，與葬間一日。凡朝廟日，請啟期，必容焉。此諸侯之下士一廟，其上士二廟，則既夕哭，先葬前三日。大戴第五，删，小戴第十四，《别録》名「《士喪禮》下篇第十三」。

既夕哭。

鄭注：既，已也。謂出門哭止，復外位時。

釋曰：謂先葬二日，已夕哭時。

請啟期，告于賓。

鄭注：將葬，當遷柩于祖，有司于是乃請啟肂之期于主人。以告賓，賓宜知其時也。今文「啟」爲「開」。

釋曰：《冠禮》曰：「夕，爲期于廟門外，告期于賓之家。」請。❶

夙興，設盥于祖廟門外。

鄭注：祖，王父也。下士祖、禰共廟。

釋曰：《祭法》曰：「適士二廟，官師一廟。」官師，中士、下士也。此經據一廟者曰祖廟，舉尊者而言。

陳鼎皆如殯，東方之饌亦如之。

鄭注：皆，皆三鼎也。如殯，如大斂既殯之奠。

侇牀饌于階間。

鄭注：侇之言尸也。朝正柩，用此牀。

二燭俟于殯門外。

鄭注：早闇，以爲明也。燭用蒸。

丈夫髽，散帶垂，即位如初。

鄭注：爲將啟變也。此互文以相見耳。髽，婦人之變。《喪服小記》曰：「男子免而婦人髽，男子冠而婦人笄。」如初，朝夕哭門外位。

❶ 此處疑有闕文。

釋曰：小斂後，男子髻髪，免，散帶垂，婦人髽。今啟殯見柩，故變同小斂也。《雜記》曰：「非從柩與反哭，無免于堩。」從柩言免，不言括髪。又既啟之後，皆無「括髪」之文，則啟後雖斬衰者亦免。爲母于即位又哭而免，斬衰啟殯乃免，禮之差也。

婦人不哭，主人拜賓，入，即位，袒。

鄭注：此不蒙如初者，以男子入門不哭也。不哭者，將有事，止讙囂。案：此下今注疏本有「也」字。

釋曰：朝夕哭，主人即門外位，婦人不哭，主人拜賓，入門哭，即位。此啟之昕，主人、主婦皆不哭，與朝夕哭異。

商祝免，袒，執功布入，升自西階，盡階，不升堂。聲三，啟三，命哭。

鄭注：功布，灰治之布也，執之以接神爲有所拂扐也。聲三，三有聲，存神也。啟三，三言啟，告神也。舊説以爲「聲，噫興」也。今文「免」作「絻」。

釋曰：袒必免者，《問喪》曰：「冠至尊，不居肉袒之體，故爲之免以代之也。」《曾子問》君薨，告世子，亦祝聲三，乃告聲。

燭入。

鄭注：炤徹與啟殯者。

祝降，與夏祝交于階下，取銘置于重。

鄭注：祝降者，祝徹宿奠降也。與夏祝交，事相接也。夏祝取銘置于重，爲啟殯遷之。吉事交相左，凶事交相右。今文「銘」皆作「名」。

釋曰：祝不言夏、商，則周祝也。宿奠，昨日之奠。曰相右，降者在東，升者在西。

踊無算。

鄭注：主人也。

釋曰：爲見柩。

商祝拂柩用功布，幠用夷衾。

鄭注：拂，去塵也。幠，覆之，案：今注疏本脱「幠」字。爲其形露。

遷于祖，用軸。

鄭注：遷，徙也。徙于祖，朝祖廟也。《檀弓》曰：「殷朝而殯于祖，周朝而遂葬。」蓋象平生時，將出，必辭尊者。軸，輁軸也。軸狀如轉轔，刻兩頭爲軹。輁狀如長牀，穿桯。前後著金而關軹焉。案：「軹」，今注疏本譌作「軸」。大夫、諸侯以上有四周，謂之輴。天子畫之以龍。

釋曰：載柩以輁，輓其軸而行也。轔，輪也。桯，謂輁之兩旁木如牀髀者。《檀弓》謂「三家者廢輴」，《喪大記》謂「大夫葬用輴」，當考。

重先，奠從，燭從，柩從，燭從，主人從。

鄭注：行之序也。主人從者，丈夫由右，婦人由左，以服之親疏爲先後，各從其昭穆。男賓在前，女賓在後。

釋曰：奠，所徹宿奠也。《周禮·天府》：「凡吉凶之事，祖廟之中，沃盥，執燭。」《内豎》：「王后之喪，遷于宫中，則前蹕。」

升自西階。

鄭注：柩也。猶用子道，不由阼也。

奠俟于下，東面，北上。

鄭注：俟正柩也。

主人從升，婦人升，東面。衆主人東即位。案：各本脱「主」字，據唐石經補。

鄭注：東方之位。

釋曰：東階下西面位也，主人既正柩，乃西面。

正柩于兩楹閒，用夷牀。

鄭注：兩楹閒，象鄉户牖也。是時柩北首。

釋曰：兩楹閒，堂東西之中也。户東牖西，尊者之處。其位西，柩居中而北首，象鄉之耳。《檀弓》曰：「喪之朝也，順死者之孝心也。其哀離其室也，故至于祖考之廟而遂行。」《雜記》升正柩，諸侯大夫有銜枚執鐸之禮。

主人柩東，西面。置重如初。

鄭注：如殯宮時也。

席升，設于柩西。奠設如初，巾之。升降自西階。

鄭注：席設于柩之西，直柩之西，當西階也。從奠設如初，東面也。不統于柩，神不西面也。不設柩東，東非神位也。巾之者，爲禦當風塵。

釋曰：奠設如初，如于殯宮，席前東面也。殯宮設于奥，此設于柩西耳。奠統于柩，則當西面。不西面者，神位在奥，不在東也。不于廟奥者，奥，廟神所在，非死者之處也。凡奠有牲肉乃巾之，此宿奠無牲肉，以設于堂，堂多風塵，故巾之，異于在室。

主人踊無算，降，拜賓，即位，踊，襲。主婦及親者由足，西面。

鄭注：設奠時，婦人皆室户西，南面，奠畢，乃得東面。親者西面，堂上迫，疏者可以居房中。

釋曰：奠設于柩西，故婦人辟之。下記曰：「將載，祝及執事舉奠，户西，南面，東上。」知婦人辟奠時面位亦然。奠畢還東面時，主人猶在柩東，既降，拜賓，婦人乃得西面。《雜記》曰：「小斂、大斂、啓，皆辯拜。」

薦車，直東榮，北輈。

鄭注：薦，進也。進車者，象生時將行陳駕，案：此下今注疏本有「也」字。❶今時謂之魂車。輈，轅也。車當東榮，東陳西上于中庭。

釋曰：輈，車前持衡者。北輈者，鄉内也。中庭，庭南北之中。下記薦乘車、道車、稾車，乘車爲首，下經「陳明器于乘車之西」，則陳車西上。

質明，滅燭。

鄭注：質，正也。

徹者升自阼階，降自西階。

鄭注：徹者，辟新奠，不設序西南，已再設爲褻。

釋曰：將爲遷祖奠，故徹舊夕奠。

乃奠如初，升降自西階。

鄭注：爲遷祖奠也。奠升不由阼階，柩北首，辟其足。

釋曰：亦柩西，席前設之。

主人要節而踊。

鄭注：節，升降。

---

❶ 此戴校，四庫本無。

薦馬，纓三就，入門，北面，交轡，圉人夾牽之。

鄭注：駕車之馬，每車二匹。纓，今馬鞅也。就，成也。諸侯之臣飾纓以三色而三成。此三色者，蓋條絲也，其著之如罽然。天子之臣如其命數。王之革路條纓。圉人，養馬者。在左右曰夾。既奠乃薦馬者，爲其踐污廟中也。凡入門，參分庭二在南。❶

釋曰：下經「公賵馬兩」，則每車馬二匹也。《周禮·巾車》：「玉路纓十有再就，金路纓九就，象路纓七就，革路條纓五就。」鄭謂：「象路已上以五采罽飾之，革路以條絲飾之。」此三色三就，則諸侯之大夫、士皆同，不依命數也。凡陳于庭者皆三分庭，繼堂言之者皆庭一在北，繼門言之者皆一在南。此言入門，而不言門左、門右，則當門北矣。既奠，乃薦馬，便其既出，不久停廟中也。《周禮·圉人》：「凡賓客、喪紀，牽馬而入陳。」

御者執策立于馬後。哭，成踊，右還出。

鄭注：主人于是乃哭踊者，薦車之禮成于薦馬。

釋曰：馬以行車，薦馬則行期已至，故主人哭踊。

賓出，主人送于門外。有司請祖期。

鄭注：亦因在外位請之，當以告賓，賓每事畢輒出。將行而飲酒曰祖。祖，始也。

❶「二」，阮本《儀禮注疏》作「一」。

釋曰：吕氏云：「朝廟祖賓，送而不拜。」

曰：「日側。」

鄭注：側，昳也，謂將過中之時。

主人入，袒。乃載，踊無算。卒束，襲。

鄭注：袒，爲載變也。乃舉柩，卻下而載之。案：今注疏本脱「乃」字。束，束棺于柩車。賓出，遂匠納車于階間，謂此車。

釋曰：下柩于階間載之。

降奠，當前束。

鄭注：下遷祖之奠也。當前束，猶當尸腢也。亦在柩車西。束有前後也。

釋曰：下記：「始死，即牀而奠，當腢。」腢，肩頭也。

商祝飾柩，一池，紐前䞓後緇，齊三采，無貝。

鄭注：飾柩，謂設牆柳也，「巾奠乃牆」謂此也。牆有布帷，柳有布荒。池者，象宮室之承霤，以竹爲之，狀如小車笭，衣以青布。一池縣于柳前。士不揄絞。紐，所以聯帷荒，前赤後黑，因以爲飾。左右面各有前後，齊居柳之中央，若今小車蓋上蕤矣。以三采繒爲之，上朱、中白、下蒼，著以絮。元士以上有貝。

釋曰：柩飾在旁曰帷，在上曰荒。荒，蒙也。對言之則帷爲牆，象宮室之牆壁，荒爲柳，柳之言聚，諸采之所聚，通言之則帷、荒總名柳，《周禮・縫人》「掌喪，縫棺飾，衣翣柳之材」是也。亦總名牆，下記云「巾奠乃牆」，《檀弓》云「周人牆置翣」是也。齊三采，以繅藉例之，則宜朱、白、蒼，以其居中，若人之有齊，故謂之齊。

設披。

鄭注：披，絡柳棺上，❶貫結于戴，人居旁牽之，以備傾虧。案：今注疏本脱「虧」字。《喪大記》曰：「士戴前纁後緇，二披用纁。」今文「披」皆爲「藩」。

釋曰：許叔重曰：「從旁持曰披。」以戴連繫棺束于柳材，又以披貫于戴結之，餘披出于外，使人持之，若登高則引前，適下則引後，敧左則引右，敧右則引左，以防傾側也。《喪大記》曰：「飾棺，君龍帷，三池，振容，黼荒，火三列，黼三列，素錦褚，加僞荒，纁紐六，齊五采，五貝，黼翣二，黻翣二，畫翣二，皆戴圭，魚躍拂池。君纁戴六，纁披六。大夫畫帷，二池，不振容，畫荒，火三列，黻三列，素錦褚，纁紐二，玄紐二，齊三采，三貝，黻翣二，畫翣二，皆戴綏，魚躍拂池。大夫戴前纁後玄，披亦如之。士布帷，布荒，一池，揄絞，纁紐二，緇紐二，齊三采，一貝，畫翣二，皆戴綏。士戴前纁後緇，二披用纁。」鄭謂「僞」當爲「帷」，「綏」當爲「緌」。大夫以上有褚以覆棺，以

❶「絡」，阮本《儀禮注疏》作「輅」。

銅爲魚，垂于池下，畫揄翟于絞繒而垂之，以爲振容。大夫不揄絞。士則去魚，士揄絞、一貝，與此禮異，蓋亦天子之士。

屬引。

鄭注：屬，猶著也。引，所以引柩車，在軸輴曰紼，古者人引柩。《春秋傳》曰：「坐引而哭之三。」

釋曰：繩曰紼，用力曰紖。人引柩，所謂乘人也。《雜記》曰：「士喪有與天子同者三：其終夜燎，及乘人，專道而行。」專道謂行不辟人。屬音燭，引音胤，又如字，注「引所」後「屬引」皆同。

陳明器于乘車之西。

鄭注：明器，藏器也。《檀弓》曰：「其曰明器，神明之也。」言神明者，異于生器。「竹不成用，瓦不成味，木不成斲，琴瑟張而不平，竽笙備而不和，有鐘磬而無簨虡。」陳器于乘車之西，則重北也。案：「重」下，今注疏本衍「之」字。

釋曰：薦車陳于南北之中庭，重三分庭一在南，明器陳于乘車之西，知在重北。

折，横覆之。

鄭注：折，猶庪也。方鑿連木爲之。蓋如牀，而縮者三横者五，無簀。窆事畢，加之壙上，以承抗席。横陳之者，爲苞筲以下絣于其北便也。覆之，見善面也。

釋曰：折以承抗木，抗木横三縮二，折宜大于抗木，故縮三横五。横謂東西陳之，折加于壙，其善面下鄉于棺，今覆之，而以善面鄉上，取觀之便也。

抗木，橫三縮二。

鄭注：抗，禦也，所以禦止土者。其橫與縮，各足掩壙。

釋曰：抗木陳于折西。

加抗席，三。

鄭注：席所以禦塵。

釋曰：加者，加于抗木上。

加茵用疏布，緇翦，有幅，亦縮二橫三。

鄭注：茵，所以藉棺者。翦，淺也。幅，緣之。亦者，亦抗木也。及其用之，木三在上，茵二在下，象天三合地二，人藏其中焉。今文「翦」作「淺」。

釋曰：加者，又加于抗席上也。茵用麤布，爲淺緇色，不去邊幅，縫合爲袋，更以物緣固邊縫，因爲飾也。古之爲椁，累木于棺之四旁，而上下不周。棺之下藉以茵，其上加以折，次加抗席，次加抗木，故今亦重累陳之。後陳者先用，故窆時茵先入也。折不加于抗上者，爲其長大，故别陳之。

器，西南上，綪。

鄭注：器，目言之也。陳明器，以西行南端爲上。緈，屈也，不容則屈而反之。

茵。

鄭注：茵在抗木上，陳器次而北也。

苞二。

鄭注：所以裹奠羊豕之肉。

筲三，黍、稷、麥。

鄭注：筲，畚種類也，其容蓋與簋同，一觳也。

甕三，醯、醢、屑，冪用疏布。

鄭注：甕，瓦器，其容亦蓋一觳。屑，薑、桂之屑也。《内則》曰：「屑桂與薑。」冪，覆也。今文「冪」皆作「密」。

甒二，醴、酒，冪用功布。

鄭注：甒亦瓦器也。案：今注疏本脱「也」字。古文「甒」皆作「廡」。

釋曰：甕甒有冪者，溼物也。

皆木桁，久之。

鄭注：桁，所以庪苞、筲、甕、甒也。久，當爲灸，灸謂以蓋按塞其口。每器異桁。

釋曰：言皆塞之異衎。

用器，弓矢、耒耜、兩敦、兩杅、槃匜。匜實于槃中，南流。

鄭注：此皆常用之器也。杅，盛湯漿。槃匜，盥器也。流，匜口也。今文「杅」爲「桙」。

釋曰：《周禮・司弓矢》：「大喪，共明弓矢。」

無祭器。

鄭注：士禮略也。大夫已上，兼用鬼器、人器也。

釋曰：《檀弓》曰：「明器，鬼器也。祭器，人器也。」士無祭器，故明器實之，兼用之則虛明器而實祭器。「宋襄公葬其夫人，醯醢百甕。曾子曰：『既曰明器，而又實之。』」譏其與祭器皆實之。

有燕樂器可也。

鄭注：與賓客燕飲用樂之器也。

釋曰：《周禮》笙師、鎛師、籥師、眡瞭「大喪，廞樂器；及葬，奉而藏之」。

役器，甲、冑、干、笮。

鄭注：此皆師役之器。甲，鎧。冑，兜鍪。干，楯。笮，矢箙。

釋曰：《周禮・司兵》：「大喪，廞五兵。」

燕器，杖、笠、翣。

鄭注：燕居安體之器也。笠，竹䈬蓋也。翣，扇。

徹奠，巾席俟于西方，主人要節而踊。

鄭注：巾席俟于西方，祖奠將用焉。要節者，來象升，丈夫踊；去象降，婦人踊。徹者，由明器北，西面。既徹，由重南，東。不設于序西南者，非宿奠也。宿奠必設者，爲神馮依之久也。

祖。

鄭注：爲將祖變。

商祝御柩。

鄭注：亦執功布居前，爲還柩車爲節。

乃祖。

鄭注：還柩鄉外，爲行始。

釋曰：還柩車，令轅鄉外。

踊，襲，少南，當前束。

鄭注：主人也。柩還則當前束南。

釋曰：柩未還時亦當前束，今還柩少南于故。

婦人降，即位于階間。

鄭注：爲柩將去有時也。位東上。

釋曰：東上，統于男子也。不位車西，辟祖奠。

祖，還車不還器。

鄭注：祖有行漸，車亦宜鄉外也。器之陳，自若南上。案：「若」，今注疏本作「已」。

祝取銘，置于茵。

鄭注：重不藏，故于此移銘加于茵上。

二人還重，左還。

鄭注：重與車馬還相反，由便也。

布席，乃奠如初，主人要節而踊。

鄭注：車已祖，可以爲之奠也，是之謂祖奠。

釋曰：下記曰：「祝饌祖奠于主人之南，當前輅，北上，巾之。」不言陳鼎，蓋止如朝夕之奠也。《雜記》曰：「君若載而後弔之，則主人東面而拜，門右北面而踊，出待，反而後奠。」

薦馬如初。

鄭注：柩動車還，宜新之也。

賓出，主人送。有司請葬期。

鄭注：亦因在外位時。

入，復位。

鄭注：主人也，自死至于殯，自啟至于葬，主人及兄弟恒在内位。

釋曰：未小斂，位在尸東。小斂後及啟後朝廟，位在阼階下。

公賵，玄纁束，馬兩。

鄭注：公，國君也。賵，所以助主人送葬也。兩馬，士制也。《春秋傳》曰：「宋景曹卒，魯季康子使冉求賵之以馬，曰：『其可以稱旌繁乎？』」

釋曰：士常兩馬，出使若戎事，則乘駟馬。大夫已上常乘四馬。《春秋公羊傳》曰：「賵者蓋以馬，以乘馬束帛。」以馬者，謂士不備四，即此「馬兩」是也。《書傳》曰：「士乘，飾車，兩馬。」束帛，玄三纁二。賵，芳鳳反，車馬曰賵。稱，舉也。

擯者出請，入告。主人釋杖，迎于廟門外，不哭，先入門右，北面，及衆主人袒。

鄭注：尊君命也。衆主人自若西面。

釋曰：釋杖迎，及衆主人亦袒，皆尊君命也。衆主人不出，自若柩東，西面。《喪大記》曰：「子有王命則去杖，國君之命則輯杖。大夫有君命則去杖，大夫之命則輯杖。内子爲夫人之命去杖，爲世婦之命授人杖。士于君命、夫人之命，如大夫；于大夫、世婦之命，如大夫。」

馬入設。

鄭注：設于庭，在重南。

釋曰：重北陳明器，故設重南。

賓奉幣，由馬西當前輅，北面致命。

鄭注：賓，使者。幣，玄纁也。輅，轅縛，所以屬引。由馬西，則亦當前輅之西，于是北面致命，得鄉柩與奠。柩車在階閒少前，參分庭之北，案：「參」，今注疏本作「三」。輅有前後。

釋曰：輅言前，知有後也。轅縛者，以木縛于轅上，屬引其上而挽之也。既還柩而婦人降，即位于階間，知柩車在階間少前。

主人哭，拜稽顙，成踊。賓奠幣于棧左服，出。

鄭注：棧，謂柩車也。凡士，車制無漆飾。左服，象授人授其右也。服，車箱。今文「棧」作「輚」。

釋曰：《周禮·巾車》職曰：「士乘棧車。」柩車鄉外，以東爲左，于尸柩南首，則東爲右也。

宰由主人之北，舉幣以東。

鄭注：柩東，主人位。以東，藏之。

釋曰：宰由柩東主人位之北舉幣也。時主人在門右，未復位。《雜記》諸侯賵殯之禮曰：「上介賵，執圭將命，曰：『寡君使某賵。』相者入告，反命曰：『孤某須矣。』陳乘黄、大輅于中庭，北輈。

執圭將命。客使自下由路西。子拜稽顙。坐委于殯東南隅。宰舉以東。」

士受馬以出。

鄭注：此士，謂胥徒之長也，有勇力者受馬。《聘禮》曰：「皮馬相閒可也。」

主人送于外門外，拜，襲，入復位，杖。賓賵者將命。

鄭注：賓，卿、大夫、士也。

擯者出請，入告，出告須。

鄭注：不迎，告曰：「孤某須。」

馬入設。賓奉幣，擯者先入，賓從，致命如初。

鄭注：初，公使者。

主人拜于位，不踊。

鄭注：柩車東位也。既啟之後，與在室同。

釋曰：惟君命出及受朋友襚，不踊，皆與始死同。

賓奠幣如初。舉幣、受馬如初。擯者出請。

鄭注：賓出在外，請之，爲其復有事。

若奠。

鄭注：賓致可以奠也。

釋曰：致可爲奠之物。

入告，出，以賓入。將命如初。士受羊如受馬，又請。

鄭注：十，亦謂胥徒之長。又，復也。

若賻。

鄭注：賻之言補也、助也。貨財曰賻。

釋曰：《公羊傳》曰：「車馬曰賵，貨財曰賻，衣被曰襚。」

入告。主人出門左，西面。賓東面將命。

鄭注：主人出者，賻主施于主人。

主人拜，賓坐委之。宰由主人之北，東面舉之，反位。

鄭注：坐委之，明主人哀戚，志不在受人物。反位，反主人之後位。

釋曰：宰違其位，而由主人之北舉幣，則位在主人後。《少儀》曰：「賵馬入廟門。賻馬與其幣、大白兵車不入廟門。賻者既致命，坐委之，擯者舉之。主人無親受也。」賵馬入廟門，以其主于死者。

若無器，則捂受之。

鄭注：謂對相授受，案：今注疏本脱「受」字。不委地。

又請，賓告事畢，拜送，入。

釋曰：《雜記》曰：「諸侯使人弔，其次含、襚、賵、臨，皆同日而畢事者也，其次如此也。」此賓賵、奠、賻亦相次，以一人行之耳。

贈者將命。

鄭注：贈，送。

擯者出請，納賓如初。

鄭注：如其「入告，出告須」。

賓奠幣如初。

鄭注：亦于棧左服。

若就器，則坐奠于陳。

鄭注：就，猶善也。贈無常，惟翫好所有。陳，明器之陳。

凡將禮，必請而後拜送。

鄭注：雖知事畢猶請，君子不必人意。

兄弟，賵、奠可也。

鄭注：兄弟，有服親者，可且賵且奠，許其厚也。賵、奠于死生兩施。

所知，則賵而不奠。

鄭注：所知，通問相知也，降于兄弟。奠，施于死者爲多，故不奠。

釋曰：上經賓賵若奠若賻者，亦任行其一，非必並行也。

知死者贈，知生者賻。

鄭注：各主于所知。

書賵于方，若九，若七，若五。

鄭注：方，板也。書賵、奠、賻、贈之人名與其物于板。每板若九行，若七行，若五行。

釋曰：云書賵者，舉某首也。《曲禮》曰：「書方、衰、凶器，不以告，不入公門。」

書遣于策。

鄭注：策，簡也。遣，猶送也。謂所當藏物，茵以下。

釋曰：策者，簡之編連者也。《聘禮·記》曰：「百名以上書于策，不及百名書于方。」遣物多，故以策書之。

乃代哭如初。

鄭注：棺柩有時將去，不忍絶聲也。初，謂既小斂時。

宵，爲燎于門内之右。

鄭注：爲哭者爲明。

釋曰：《周禮・閽人》：「大喪紀，設門燎，蹕宫門、廟門。」

厥明，陳鼎五于門外，如初。

鄭注：鼎五，羊、豕、魚、腊、鮮獸各一鼎也。士禮，特牲三鼎，盛葬奠加一等，用少牢也。如初，如大斂奠時。

釋曰：陳如大斂奠，鼎數則異。凡宰鼎用特牲者，一鼎或三鼎。《冠禮》醮子、《昏禮》饋舅姑、《喪禮》小斂奠、朝禰奠，皆特豚一鼎。《昏禮》同牢，《喪禮》大斂奠、朔奠、遷祖奠、祖奠，用特豚。《虞禮》《饋食禮》用特豚，皆三鼎，而以魚、腊配之。用少牢者皆五鼎，《饋食禮》其實羊、豕、魚、腊、膚，士葬奠加鮮獸而無膚。《聘禮》致飧衆介少牢，鄭謂「去膚而有腸胃」，惟《有司徹》殺于正祭，用少牢，而羊、豕、魚三鼎。用大牢者，《公食大夫》鼎七若九，《聘禮》致飧饔鼎十若十二者，牛、羊、豕、魚、腊、腸胃、膚，加鮮魚、鮮腊而九，又各加陪鼎膷、臐、膮而十與十二。《郊特牲》曰：「鼎俎奇而籩豆偶。」鼎有十與十二而曰奇者，正鼎與陪鼎各數之。

其實，羊左胖。

鄭注：反吉祭也。言左胖者，體不殊骨也。

髀不升。

鄭注：周貴肩賤髀。古文「髀」作「脾」。

釋曰：左胖，骨體相連，惟去其體耳。❶然則前後體爲二，豚皆合升。成牲者，則升其胖者，髀不升；合升者，並髀升之。

腸五，胃五，

鄭注：亦盛之也。

釋曰：《少牢饋食禮》：「腸三，胃三。」

離肺。

鄭注：離，搟也。案：今注疏本脱「也」字。

豕亦如之，豚解，無腸胃。

鄭注：如之，如羊左胖，髀不升，離肺也。豚解，解之如解豚，亦前肩、後肫、脊、脅而已。無腸胃者，君子不食圂腴。❷

釋曰：豕升左胖，髀不升，與羊同，而豕解則異。豚解者，殊左右肩、左右髀、左右脅，并脊爲七

❶「去其體」之「體」，依文義疑爲「髀」字之誤。

❷「圂」，四庫本作「溷」。

體。臂、臑屬于肩，肫、胳屬于髀。此惟取右胖，亦屬肩、肫、脊、脅爲四，惟去髀耳。

魚、腊、鮮獸，皆如初。

鄭注：鮮，新殺者。士腊用兔。加鮮獸而無膚者，豕既豚解，略之。

釋曰：鮮獸亦兔，膚出于豕，豕不體解，故亦無膚。《周禮》：「喪紀，獸人共其生獸、死獸。」

東方之饌：四豆，脾析、蜱醢、葵菹、蠃醢。

鄭注：脾，讀爲「雞脾肶」之「脾」。脾析，百葉也。蜱，蜯也。今文「蠃」爲「蝸」。

釋曰：脾析，虀也。虀、菹之稱，菜肉通，凡不言菹者皆虀也。

四籩：棗、糗、栗、脯。

鄭注：糗，以豆糗粉餌。

釋曰：粉，稻米、黍米合蒸之以爲餌，擣熬大豆爲糗以粉之。《籩人》謂之「糗餌」。

醴、酒。

鄭注：此東方之饌，與祖奠同在主人之南，當前輅，北上，巾之。

釋曰：下記云：「祝饌祖奠于主人之南，當前輅，北上，巾之。」此葬奠與之同處，甒在北，次南豆，次南籩。

陳器。

鄭注：明器也。夜斂藏之。案：「夜」，今注疏本訛作「適」。

滅燎。執燭，俠輅，北面。

鄭注：炤徹與葬奠也。

釋曰：輅西炤徹，輅東炤饌。

賓入者，拜之。

鄭注：明自啟至此，主人無出禮。

釋曰：拜賓于内位。

徹者入，丈夫踊。設于西北，婦人踊。

鄭注：猶阼階升時也，亦既盥乃入。入由重東，而主人踊，猶其升也。自重北西面而徹，設于柩車西北，亦猶序西南。

徹者東。

鄭注：由柩車北，東適葬奠之饌。

鼎入。

鄭注：舉入陳之也。陳之蓋于重東北，西面，北上如初。

釋曰：如小斂奠時。

乃奠，豆南上，綪。籩贏醢南，北上，綪。

鄭注：籩贏醢南，辟醴酒也。

釋曰：脾析，其北蜱醢，蜱醢東葵菹，葵菹南贏醢。醴酒將奠脾析南，故棗辟之而在贏醢南，棗南糗，糗東栗，栗北脯。

俎二以成，南上，不綪，特鮮獸。

鄭注：成，猶併也。不綪者，魚在羊東，腊在豕東。古文「特」爲「俎」。

釋曰：不綪者，不屈陳，復以南爲始也。鮮獸在北，無偶。

醴酒在籩西，北上。

鄭注：統于豆也。

奠者出，主人要節而踊。

鄭注：亦以往來爲節。奠由重北西，既奠，由重南東。

釋曰：《檀弓》曰：「曾子弔于負夏，主人既祖，填池，推柩而反之，降婦人而後行禮。從者問諸子游曰：『禮與？』子游曰：『飯于牖下，小斂于户内，大斂于阼，殯于客位，祖于庭，葬于墓，所以即遠也。故喪事有進而無退。』」鄭氏曰：「填池，當爲奠徹。謂徹遣奠，更設祖奠也。禮既祖而婦人降，今反柩車于載處，婦人辟之升堂，而又降婦人，皆非禮。」曾子之弔，蓋在此時。

甸人抗重，出自道，道左倚之。

鄭注：還重不言甸人，抗重言之者，重既虞將埋之，言其官使守視之。抗，舉也。出自道，出從門中央也。不由闑東西者，重不反，變于恒出入。道左，主人位。今時有死者，鑿木置食其中，樹于道側，由此。

薦馬，馬出自道，車各從其馬，駕于門外，西面而俟，南上。

鄭注：南上，便其行也。行者乘車在前，道、稾序從。

釋曰：薦馬凡三。

徹者入，踊如初。徹巾，苞牲，取下體。

鄭注：苞者，象既饗而歸賓俎者也。取下體者，脛骨象行，又俎實之終始也。士苞三個，前脛折取臂、臑，後脛折取骼，亦得俎釋三個。《雜記》曰：「父母而賓客之，所以爲哀。」

釋曰：臂、臑、膊、骼，下體也。《少牢饋食禮》載俎，「肩、臑、膊、骼在兩端」。《特牲禮》取牲、魚、腊以歸尸，俎釋三個。此羊俎骨體有二，豕俎有四，各折取其臂、臑與骼。羊俎仍有二，豕俎仍有四，所釋者通六個也。《雜記》曰：「遣車視牢具。」牢具者，所苞牲體之個數也。《檀弓》曰：「國君七個，遣車七乘；大夫五個，遣車五乘。」自上差之，則士三個，遣車三乘矣。士葬用少牢而苞二，則每牲一苞也。用大牢者當苞三，以個數爲尊卑之别耳。遣車，吕大臨謂即上所薦之車，士則乘車、道車、稾車也。先儒疑遣車載苞牲而藏于壙者。若然，則車各有苞，苞數亦視其個數矣。士禮二苞三個，各自爲數，而曰「苞視牢具」，非例也。吕義似長。惟説《校人》「大喪，共遣車之馬，及葬埋之」，以爲嘗薦于神，懼爲人褻用，故殺而埋之，當考。

不以魚、腊。

鄭注：非正牲也。

行器。

鄭注：目葬行明器，在道之次。

茵、苞、器序從。

鄭注：如其陳之先後。

釋曰：舉茵以兼抗折、抗席，舉苞以兼筲、罋、甒。器，謂用器以下。

車從。

鄭注：次器。

徹者出，踊如初。

鄭注：于是廟中當行者惟柩車。

儀禮集釋卷二十四

既　夕

主人之史請讀賵，執算從。柩東，當前束，西面。不命毋哭，哭者相止也。惟主人、主婦哭。燭在右，南面。

鄭注：史北面請，既而與執算西面于主人之前，讀書、釋算。燭在右，南面，照書便也。❶古文「算」皆爲「筭」。

釋曰：燭在右，則算在史南。

讀書，釋算則坐。

鄭注：必釋算者，榮其多。

釋曰：算者坐爲釋之。

卒，命哭，滅燭，書與算執之，以逆出。

❶「照」，朱熹《通解》、阮本《儀禮注疏》均作「炤」。

鄭注：卒，已。案：此下今注疏本有「也」字。

釋曰：《雜記》曰：「大夫之喪，既薦馬，薦馬者哭，踊，出乃包奠而讀書。」士禮異。

公史自西方東面，命毋哭。主人、主婦皆不哭。讀遣，卒，命哭。滅燭，出。

鄭注：公史，君之典禮書者。遣者，入壙之物。君使史來讀之，成其得禮之正以終也。燭俠輅。

釋曰：公史尊，故命毋哭，而主人、主婦皆不哭。

商祝執功布以御柩，執披。

鄭注：居柩車之前，若道有低仰傾虧，則以布爲抑揚左右之節，使引者、執披者知之。士執披八人。今文無「以」。

釋曰：下記曰：「執披者旁四人。」《喪大記》曰：「君葬用輴，四綍，二碑，御棺用羽葆。大夫葬用輴，二綍，二碑，御棺用茅。士葬用國車，二綍，無碑，比出宮，御棺用功布。」《周禮·喪祝》：「掌大喪勸防之事。及辟，令啟。及朝，御匶，乃奠。及祖，飾棺，乃載，遂御。及葬，御匶。出宮乃代。及壙，説載，除飾。小喪，亦如之。」《鄉師》：「大喪及葬，執纛，以與匠師御匶而治役。」《司士》：「作六軍之士執披。」《大司徒》：「帥六鄉之衆庶屬其六引。」《遂人》：「帥六遂之役，屬六綍。」功布，士以上蓋通有之。御柩，天子以纛，君以羽葆，大夫以茅，士賤，無御柩之物，故在宮以功布拂柩，而出宮因以御柩。案：原本脱「出」字，今補。

主人袒，乃行，踊無算。

鄭注：袒爲行變也。乃行，謂柩車行也。凡從柩者，先後左右，如遷于祖之序。

出宫，踊，襲。

鄭注：哀次。

釋曰：大門外有賓次。常時，君、大夫將葬，弔于宫；及出，命引之，三步則止，如是者三。君退朝亦如之，哀次亦如之。朝，謂喪朝廟也。哀次，謂此出宫踊時也。三命引柩，以義奪孝子之情。

至于邦門，公使宰夫贈玄纁束。

鄭注：邦門，城門也。贈，送也。

主人去杖，不哭，由左聽命。賓由右致命。

鄭注：柩車前輅之左右也，當時止柩車。

主人哭，拜稽顙。賓升，實幣于蓋，降。主人拜送，復位，杖，乃行。

鄭注：升柩車之前，實其幣于棺蓋之柳中，若親授之然。復位，反柩車後。

至于壙，陳器于道東面，❶北上。

❶ 「面」，朱熹《通解》、阮本《儀禮注疏》、胡培翬《正義》作「西」，當是。

鄭注：統于壙。

釋曰：墓南鄉。《周禮·巾車》：「大喪，及墓，嘑啟關，陳車。」《方相氏》：「大喪，先匶，及墓，入壙，以戈擊四隅，敺方良。」

茵先入。

鄭注：當藉柩也。元士則葬用輁軸，加茵焉。

釋曰：元士用輁軸，未聞。

屬引。

鄭注：于是説載除飾，更屬引于緘耳。古文「屬」爲「燭」。

釋曰：棺束末皆爲緘耳。及壙，以紼貫之而下棺。人君又以木横貫緘耳，屬紼于横木。《喪大記》曰：「君窆以衡，大夫、士以咸。」「咸」即「緘」也。

主人袒。衆主人西面，北上。婦人東面。皆不哭。

鄭注：俠羡道爲位。

釋曰：袒，爲下棺變也。不哭者，下棺宜静。《喪大記》曰：「君命毋譁，以鼓封。大夫命毋哭，士哭者相止也。」婦人亦北上。羨道者，入壙之道，明器之屬皆自羨道入，壙口容下棺而已。「國昭子之母死，問于子張曰：『葬及墓，男子、婦人安位？』子張曰：『司徒敬子之喪，夫子相，男子西鄉，婦人東鄉。』曰：『噫！毋！賓爲賓焉，主爲主焉，婦人從男子皆西鄉。』」非禮也。

乃窆。主人哭，踊無算。

鄭注：窆，下棺也。今文「窆」爲「封」。

襲，贈用制幣，玄纁束。拜稽顙，踊如初。

鄭注：丈八尺曰制。二制合之。束，十制、五合。

釋曰：玄纁束，蓋公使宰夫所贈者，重君物，故以送終也。《雜記》曰：「魯人之贈也，三玄三纁，廣尺，長終幅。」禮幣用制以儉爲節。昏禮幣用二丈，取成數。

卒，袒，拜賓，主婦亦拜賓。即位，拾踊三，襲。

鄭注：主婦拜賓，拜女賓也。即位，反位也。

釋曰：反羡道東西位。賓位，男女各繼主人。言拾踊三者，主人踊、婦人踊、賓踊。

賓出，則拜送。

鄭注：相問之賓也。凡弔賓有五，去皆拜之，此舉中焉。

藏器于旁，加見。

鄭注：器，用器，役器也。見，棺飾也。更謂之見者，加此則棺柩不復見矣。先言藏器，乃言加見者，器在見内也。内之者，明君子之于事，終不自逸也。《檀弓》曰：「有虞氏之瓦棺，夏后氏塈周，殷人棺槨，案：今注疏本脱此十五字。周人牆置翣。」

釋曰：棺飾在柩外若牆然，其外置翣，後王之制文也。《周禮·冢人》：「共喪之窆器，及葬，言鸞車象人；及窆，執斧以涖，遂入藏凶器。」

藏苞、筲于旁。

鄭注：于旁者，在見外也。不言甕甒，饌相次可知。四者兩兩而居。《喪大記》曰：「棺槨之間，君容柷，大夫容壺，士容甒。」

釋曰：《雜記》曰：「甕、甒、筲、衡，實見間，而後折入。」「衡」即「桁」也。

加折，卻之。加抗席，覆之。加抗木。

鄭注：宜次也。

釋曰：卻，仰也。折、抗席皆善面鄉下。折于陳時則爲仰。自茵至抗木相重累之。此士禮。重，《禮器》曰：「天子五重八翣，諸侯三重六翣，大夫再重四翣，以多爲貴。」

實土三，主人拜鄉人。

鄭注：謝其勤勞。

釋曰：《雜記》曰：「弔非從主人也，四十者執綍。鄉人五十者從反哭，四十者待盈坎。」鄉人助事，故于實土拜之。

即位。踊，襲，如初。

鄭注：哀親之在斯。

釋曰：上無「袒」文而言「襲」，疑。杜佑曰：「將踊，袒，既踊即襲。」

乃反哭。入，升自西階，東面。衆主人堂下，東面北上。

鄭注：西階東面，反諸其所作也。反哭者，于其祖廟，不于阼階西面。西方，神位。

釋曰：所作者，廟堂親平日所行禮之處。

婦人入，丈夫踊，升自阼階。

鄭注：辟主人也。

主婦入于室，踊，出即位，及丈夫拾踊三。

鄭注：入于室，反諸其所養也。出即位，堂上西面也。拾，更也。

釋曰：所養，廟室親所饋食之處。自小斂以後，主婦位常在阼階上，西面。《問喪》曰：「送形而往，迎精而反也。其往送也，望望然，汲汲然，如有追而弗及也。其反哭也，皇皇然，若有求而弗得也。故其往送也如慕，其反也如疑。求而無所得之也，入門而弗見也，上堂又弗見也，入室又弗見也，亡矣喪矣，不可復見已矣，故哭泣辟踊，盡哀而止矣。」養，羊尚反。

賓弔者升自西階，曰：「如之何！」主人拜稽顙。

鄭注：賓弔者，衆賓之長也。反而亡焉，失之矣，于是爲甚，故弔之。弔者北面，主人拜于位，不北面拜賓東者，以其亦主人位也。今文無「曰」。案：今注疏本作「古文無曰字」。

釋曰：此相見之賓也。升無改面文，則北面也。反哭，主人之位在西，故因其位而拜。《坊記》曰：「升自客階，受弔于賓位，教民追孝也。」《檀弓》曰：「反哭之弔也，哀之至也。殷既封而弔，周反哭而弔。孔子曰：『殷已慤，吾從周。』」

賓降，出，主人送于門外，拜稽顙。遂適殯宮，皆如啓位，拾踊三。

鄭注：啓位，婦人入升堂，丈夫即中庭之位。

釋曰：啓位，亦朝夕哭位也。二廟者，先朝禰，次朝祖，乃行，其反哭亦當于祖廟，次禰廟，乃適殯宮。

兄弟出，主人拜送。

鄭注：兄弟，小功以下也。異門大功，亦可以歸。

衆主人出門，哭止。闔門。主人揖，衆主人乃就次。

鄭注：次，倚廬也。

釋曰：《問喪》曰：「成壙而歸，不敢入處室，居于倚廬，哀親之在外也。寢苫枕塊，哀親之在土也。」

猶朝夕哭，不奠。

鄭注：是日也，以虞易奠。

三虞。

鄭注：虞，喪祭名。虞，安也。骨肉歸于土，精氣無所不之，孝子爲其彷徨，三祭以安之。朝葬，日中而虞，不忍一日離也。案：今注疏本無「也」字。

卒哭。

鄭注：卒哭，三虞之後祭名。始朝夕之閒，哀至則哭。至此祭，止也，朝夕哭而已。

釋曰：《雜記》：「士三月而葬，是月也卒哭。大夫三月而葬，五月而卒哭。諸侯五月而葬，七月而卒哭。士三虞，大夫五，諸侯七。」

明日，以其班祔。

鄭注：班，次也。祔，卒哭之明日祭名。祔，猶屬也，祭昭穆之次而屬之。今文「班」爲「胖」。

案：今注疏本脱此五字。

釋曰：《檀弓》曰：「葬于北方北首，三代之達禮也，之幽之故也。既封，主人贈，而祝宿虞尸。既反哭，主人與有司視虞牲。有司以几筵舍奠于墓左，反，日中而虞。葬日虞，不忍一日離也，是日也，以虞易奠。卒哭曰成事，是日也，以吉祭易喪祭。明日祔于祖父。殷練而祔，周卒哭而祔。孔子善殷。」

記。士處適寢，寢東首于北墉下。

鄭注：將有疾，乃寢于適室。今文「處」爲「居」，「于」爲「於」。

有疾，疾者齊。

鄭注：正情性也。適寢者，不齊不居其室。

養者皆齊。

鄭注：憂也。

釋曰：《曲禮》曰：「言不惰，琴瑟不御，食肉不至變味，飲酒不至變貌。」

徹琴瑟。

鄭注：去樂。

疾病，外内皆埽。

鄭注：爲有賓客來問也。疾甚曰病。

徹褻衣，加新衣。

鄭注：故衣垢污，爲來人穢惡之。

御者四人，皆坐持體。

鄭注：爲不能自轉側。御者，今時侍從之人。

屬纊，以俟絶氣。案：此條之前，今注疏本有記文「男女改服」四字，注文「爲賓客來問病，亦朝服，主人深衣」十三字，與《禮記・喪大記》篇正文及注並同，蓋後人取彼混入，❶故李如圭《集釋》所據之本無之。

鄭注：爲其氣微難節也。纊，新絮。

男子不絶于婦人之手，婦人不絶于男子之手。

鄭注：備褻。

釋曰：謂持體者。《春秋傳》曰：「男子不絶于婦人之手，以齊終也。」《喪大記》曰：「疾病，外内皆埽，君、大夫徹縣，士去琴瑟。寢東首于北牖下。廢牀，徹褻衣，加新衣，體一人。男女改服。屬纊以俟絶氣。」

乃行禱于五祀。

鄭注：盡孝子之情。五祀，博言之。士二祀：曰門，曰行。

釋曰：《論語》：「子疾病，子路請禱。」禱，禮也。請之，非也。五祀當考。

乃卒。

鄭注：卒，終也。

主人啼，兄弟哭。

---

❶「後」字，四庫本無。「李如圭《集釋》所據之本無之」，四庫本作「永樂大典本無此十七字」。

鄭注：哀有甚有否，于是始去笄纚，服深衣。《檀弓》曰：「始死，羔裘、玄冠者，易之。」

釋曰：主人啼者，發聲則氣絶而息，若往而不反也。「曾申問于曾子曰：『哭父母有常聲乎？』曰：『中路嬰兒失其母焉，何常聲之有！』」

設牀第，當牖。衽，下莞上簟。設枕。

鄭注：病卒之閒廢牀，至是設之，事相變。衽，卧席。古文「第」爲「茨」。

遷尸。

鄭注：徙于牖下也，于是幠用斂衾。

復者朝服，左執領，右執要，招而左。

鄭注：衣朝服，服未可以變。

釋曰：復以求生，未可變服凶服。

楔，貌如軶，上兩末。

鄭注：事便也。今文「軶」作「厄」。

釋曰：軶，馬鞅，軶馬領者也。角柶，屈之如軶，中間入口，兩末向上，與扱醴之柶異。

綴足用燕几，校在南，御者坐持之。

鄭注：校，脛也。尸南首，几脛在南以拘足，則不得辟戾矣。古文「校」爲「枝」。案：此與《士昏禮》

「主人拂几」，「授校」注云「古文校爲技」有異，與注疏本同。❶

釋曰：几，兩端各二足，今縱用之，以夾尸足，又使御者坐持之，恐几攲側也。

即牀而奠，當腢，用吉器。若醴，若酒，無巾、柶。

鄭注：腢，肩頭也。用吉器，器未變也。或卒無醴，用新酒。

釋曰：脯醢亦取閣上所餘者，卒遽不用改新也。《檀弓》曰：「始死之奠，其餘閣也與？」

赴曰：「君之臣某死。」赴母、妻、長子則曰：「君之臣某之某死。」

鄭注：赴，走告也。今文「赴」作「訃」。

釋曰：《雜記》曰：「凡訃于其君，曰『君之臣某死』。父、母、妻、長子，曰『君之臣某之某死』。」

室中，惟主人、主婦坐。兄弟有命夫、命婦在焉，亦坐。

鄭注：别尊卑也。

尸在室，有君命，衆主人不出。

鄭注：不二主。

襚者委衣于牀，不坐。

鄭注：牀高由便。

---

❶ 此戴校，四庫本無。

其襚于室，户西北面致命。

鄭注：始死時也。

夏祝淅米，差盛之。

鄭注：差，擇之。

御者四人，抗衾而浴，襢笫。

鄭注：抗衾，爲其裸裎，蔽之也。襢，袒也。袒簀，去席，盝水便也。案：今注疏本脱「也」字。

其母之喪，則内御者浴，鬠無笄。

鄭注：内御，女御也。無笄，猶丈夫之不冠也。

釋曰：《周禮·女御》：「大喪，掌沐浴。」

設明衣，婦人則設中帶。

鄭注：中帶，若今之褌襂。

卒洗，貝反于笄，實貝，柱右䪼、左䪼。

鄭注：象齒堅。

夏祝徹餘飯。

鄭注：徹去鬻。

瑱塞耳。

鄭注：塞，充窒。

釋曰：瑱縣耳旁，今以塞耳，與生時異。

掘坎，南順，廣尺，輪二尺，深三尺，南其壤。

鄭注：南順，統于堂。輪，從也。今文「掘」爲「坅」。

垼用塊。

鄭注：塊，塧也。古文「垼」爲「役」。

明衣裳，用幕布，袂屬幅，長下膝。

鄭注：幕布，帷幕之布，升數未聞也。屬幅，不削幅也。長下膝，又有裳，于蔽下體深也。

釋曰：長下膝，衣長至膝下也。

有前後裳，不辟，長及轂。

鄭注：不辟積也。轂，足跗也。凡他服，短不見膚，長無被土。

縓綼緆。

鄭注：一染謂之縓，今之淺紅也。案：今注疏本脱「之淺」二字。飾裳，在幅曰綼，在下曰緆。

緇純。

鄭注：七入爲緇。緇，黑也。案：今注疏本作「黑色也」。飾衣曰純，謂領與袂，衣以緇，裳以縓，象天地也。

釋曰：按自「掘坎，南順」至「緇純」，經次當在「夏祝淅米」之前，疑脱簡在此。

設握，裏親膚，繫鉤中指，結于掔。

鄭注：掔，掌後節中也。手無決者，以握繫一端繞掔，還從上自貫，反與其一端結之。

甸人築坅坎。

鄭注：築，實土其中，堅之。穿坎之名，一曰坅。

隸人涅厠。

鄭注：隸人，罪人也。今之徒役作者也。涅，塞也，爲人復往褻之，又亦鬼神不用。

釋曰：《周禮·司隸》：「邦有喪紀之事，則役其煩辱之事。」

既襲，宵爲燎于中庭。

鄭注：宵，夜。

厥明，滅燎，陳衣。

鄭注：記節。

釋曰：記陳衣之時。

凡絞、紟用布，倫如朝服。

鄭注：凡，凡小斂、大斂也。倫，比也。今文無「紟」，古文「倫」爲「輪」。

設棜于東堂下，南順，齊于坫，饌于其上，兩甒：醴、酒，酒在南。篚在東，南順，實角觶四，木柶二，素勺二。豆在甒北，二以並。籩亦如之。

鄭注：棜，今之轝也。角觶四，木柶二，素勺二，爲夕進醴酒，兼饌之也。勺二，醴、酒各一也。豆籩二以併，則是大斂饌也。記于此者，明其他與小斂同陳。古文「角觶」爲「角柶」。

釋曰：醴用觶一、柶一，酒用觶一，而實四觶二柶者，後奠醴、酒不同，今器兼饌之。

凡籩豆，實具設，皆巾之。

鄭注：籩豆偶而爲具，具則于饌巾之。巾之，加飾也，明小斂一豆一籩，不巾。

觶俟時而酌，柶覆加之，面枋，及錯，建之。

鄭注：時，朝夕也。《檀弓》曰：「朝奠日出，夕奠逮日。」

釋曰：建，扱之于醴中也。

小斂，辟奠，不出室。

鄭注：未忍神遠之也。辟襲奠以辟斂，既斂則不出于室，設于序西南，畢事而去之。

釋曰：辟奠而不遽徹也。

無踊節。

鄭注：其哀未可節也。

既馮尸，主人袒，髻髮，絞帶。衆主人布帶。

鄭注：衆主人，齊衰以下。

大斂于阼。

鄭注：未忍便離主人位也。主人奉尸斂于棺，則西階上賓之。

大夫升自西階，階東，北面，東上。

鄭注：視斂。

釋曰：此大夫未大斂而先至者，其視斂位與君在之位同。君視斂，主人西楹東，北面。大夫繼主人東上。

既馮尸，大夫逆降，復位。

鄭注：中庭西面位。

釋曰：位在主人之南，同朝夕哭位。

巾奠，執燭者滅燭，出，降自阼階，由主人之北，東。

鄭注：巾奠而室事已。

既殯，主人説髦。

鄭注：既殯，置銘于肂，復位時也。今文「説」皆作「税」。兒生三月，鬌髮爲鬌，男角女羈。否則男左女右，長大猶爲飾存之，謂之髦。所以順父母幼小之心。至此，尸柩不見，喪無飾，可以去之。髦之形象未聞。

三日，絞垂。

鄭注：成服日。絞，要絰之散垂者。

釋曰：《内則》曰：「子事父母，笄總，拂髦，冠、緌、纓。」《玉藻》曰：「親没不髦。」

冠六升，外縪，纓條屬，厭。

鄭注：縪，謂縫著于武也。外者，案：「外」下，今注疏衍「之」字。外其餘也。纓條屬者，通屈一條繩爲武，垂下爲纓，屬之冠。厭，伏也。

釋曰：武，冠卷也。喪冠纓武同材，以冠屬之。武謂之條屬，蓋以一條繩交過兩旁，綴之爲武，垂其餘爲纓，乃以冠前後著武，從下鄉外縫之。

衰三升。

鄭注：衣與裳也。

屨外納。

鄭注：納，收餘也。

杖下本，竹、桐一也。

鄭注：順其性也。

居倚廬。

鄭注：倚木爲廬，在中門外東方，北户。

釋曰：朝夕哭位在東方，故廬亦在門外之東，横一木著地，立細木其上，倚就東墉，北其户。既虞，乃柱，起横木之著地者而西其户，《喪服傳》謂之「外寢」。

寢苫，枕塊。

鄭注：苫，編稾。案：各本作「藁」，據《釋文》改正。塊，塩也。

不説絰帶。

鄭注：哀戚不在于安。

哭晝夜無時。

鄭注：哀至則哭，非必朝夕。

釋曰：始喪至殯，哭不絶聲。既殯，哭晝夜無時。既卒哭，惟朝夕哭。既練，朝夕止哭，或一日二日，哀至則哭，亦無時。

非喪事不言。

鄭注：不忘所以爲親。

歠粥，朝一溢米，夕一溢米，不食菜果。

鄭注：不在于飽與滋味。粥，糜也。二十兩曰溢，爲米一升二十四分升之一。實在木曰果，在地曰蓏。

主人乘惡車。

鄭注：拜君命，拜衆賓，及有故行所乘也。《雜記》曰：「端衰、喪車，皆無等。」然則此惡車，王喪之木車也。古文「惡」作「堊」。

白狗幦。

鄭注：未成豪，狗。幦，覆笭也。以狗皮爲之，取其臑也。白于喪飾宜。古文「幦」爲「幕」。

釋曰：車前有式，以幦覆之，式之材謂之軨，故通謂式爲軨也。《禮記》謂之「幦」，《周禮》謂之「複」，《詩》謂之「幭」，其實一也。《釋畜》曰：「犬未成豪，狗。」

蒲蔽。

鄭注：蔽，藩。

御衣蒲菆。

鄭注：不在于驅馳。蒲蔽，牡蒲莖也。古文「蔽」作「𩦸」。

釋曰：御者以蒲蔽策馬。《春秋傳》：「蒲蔽可爲矢。」

犬服。

鄭注：笭閒兵服，以犬皮爲之，取堅也，亦白。今文「犬」爲「大」。案：今注疏本脱此五字。

木錧。

鄭注：取少聲。今文「錧」爲「轄」。

釋曰：常時車錧、馬鑣以金爲之。

約綏，約轡。

鄭注：約，繩。綏，所以引升車。

木鑣。

鄭注：亦取少聲。古文「鑣」爲「苞」。

馬不齊髦。

鄭注：齊，翦也。今文「髦」爲「毛」。主人之惡車，如王之木車，則齊衰以下，其乘素車、繅車、駹車、漆車與？

釋曰：《周禮》：「蒲蔽，犬禊。」鄭謂：「始喪所乘也。」卒哭乘素車，既練乘繅車，大祥乘駹車，禫乘漆車，喪車無等，齊衰以下，蓋差次乘之。

主婦之車亦如之，疏布裧。

鄭注：裧者，車裳幃，于蓋弓垂之。

釋曰：裧，《周禮》謂之「容」，《詩》謂之「帷裳」。

貳車，白狗攝服。

鄭注：貳，副也。攝，猶緣也。狗皮緣服，差飾。

其他皆如乘車。

鄭注：如所乘惡車。

朔月，童子執帚，卻之，左手奉之，

鄭注：童子，隸子弟，若内竪寺人之屬。執用左手，卻之，示未用。

釋曰：《曲禮》拚者「加帚于箕上」。

從徹者而入。

鄭注：童子不專禮事。

比奠，舉席，埽室，聚諸窔，布席如初。卒奠，埽者執帚，垂末内鬣，從執燭者而東。

鄭注：比，猶先也。室中東南隅謂之窔。案：今注疏本脱「中」字。

釋曰：突，近户隱闇處也。入時，燭先徹者，童子從徹者；出時，徹者先燭，童子從燭。童子常後于成人。

燕養、餽、羞、湯沐之饌，如他日。

鄭注：燕養，平常所用供養也。饋，朝夕食也。羞，四時之珍異。湯沐，所以洗去污垢。《内則》曰：「三日具沐，五日具浴。」孝子不忍一日廢其事親之禮。于下室日設之，如生存也。進徹之時如其頃。

釋曰：下室，燕寢也。如其頃，如食頃。

朔月，若薦新，則不饋于下室。

鄭注：以其殷奠有黍稷也。下室，如今之内堂。正寢聽朝事。

筮宅，冢人物土。

鄭注：物，猶相也。相其地可葬者，乃營之。

卜曰吉，告從于主婦。主婦哭，婦人皆哭。主婦升堂，哭者皆止。

鄭注：事畢。

啓之昕，外内不哭。

鄭注：將有事，爲其讙囂。既啓，命哭。古文「啓」爲「開」。

夷牀、輁軸饌于西階東。

鄭注：明階間者，位近西也。夷牀饌于祖廟，輁軸饌于殯宫。其二廟者，于禰亦饌輁軸焉。古文「輁」或作「拱」。❶

其二廟，則饌于禰廟，如小斂奠，乃啓。

鄭注：祖尊禰卑也。士事祖、禰，上士異廟，下士共廟。

朝于禰廟，重止于門外之西，東面。柩入，升自西階，正柩于兩楹閒。奠止于西階之下，東面北上。主人升，柩東西面。衆主人東即位。婦人從升，東面。奠升，設于柩西，升降自西階。主人要節而踊。

鄭注：重不入者，主于朝祖而行，若過之矣。門西東面待之，便也。

燭先入者，升堂，東楹之南，西面。後入者，西階東，北面，在下。

鄭注：照正柩者。先，先柩者。後，後柩者。適祖時，燭亦然。互記于此。

主人降，即位，徹，乃奠，升降自西階，案：今注疏本脱「降」字。主人踊如初。

鄭注：如其降拜賓，至于要節而踊，不薦車，不從此行。

祝及執事舉奠，巾、席從而降，柩從，序從如初，適祖。

---

❶「作」，四庫本作「爲」。

鄭注：此謂朝禰明日，舉奠適祖之序也。此祝執醴先，酒、脯、醢、俎從之，巾、席爲後。既正柩，席升設，設奠如初。祝受巾，巾之。凡喪，自卒至殯，自啓至葬，主人之禮其變同，則此日數亦同矣。序從主人以下，今文無「從」。

薦乘車，鹿淺幦，干、笮、革靾，載旜，載皮弁服，纓、轡、貝勒縣于衡。

鄭注：士乘棧車。鹿淺，鹿夏毛也。幦，覆笭。《玉藻》曰：「士齊車，鹿幦豹植。」干，盾也。笮，矢箙也。靾，韁也。旜，旌旗之屬，通帛爲旜，孤卿之所建，亦攝焉。皮弁服者，視朔之服。貝勒，貝飾勒。有干無兵，有箙無弓矢，明不用。古文「靾」爲「殺」，「旜」爲「膳」。

釋曰：纓、轡、貝勒，馬所用也。及薦馬又取纓用。

道車，載朝服。

鄭注：道車，朝夕及燕出入之車。朝服，日視朝之服也，玄衣素裳。

槀車，載蓑笠。

鄭注：槀，猶散也。散車，以田以鄙之車。蓑笠，備雨服。今文「槀」爲「潦」。凡道車、槀車之纓、轡及勒，亦縣于衡也。

釋曰：槀車，游散所乘也。《詩·都人士》曰：「臺笠緇撮。」

將載，祝及執事舉奠，户西，南面，東上。卒束前而降，奠席于柩西。

鄭注：將于柩西當前束設之。

巾奠，乃牆。

鄭注：牆，柩飾也。

抗木，刊。

鄭注：剥削之。古文「刊」爲「竿」。

茵著，用荼，實綏澤焉。

鄭注：荼，茅秀也。綏，廉薑也。澤，澤蘭也。皆取其香且御溼。

葦苞，長三尺，一編。

鄭注：用便易也。

菅筲三，其實皆瀹。

鄭注：米麥皆湛之湯，未知神之所享，不用食道，所以爲敬。

釋曰：不以食道，謂不孰之。飯用米，其義亦然。

祖，還車不易位。

鄭注：爲鄉外耳，未行。

執披者，旁四人。

鄭注：前後左右各二人。

凡贈幣，無常。

鄭注：賓之贈也。玩好曰贈，在所有。

凡糗，不煎。

鄭注：以膏煎之則褻，非敬。

惟君命，止柩于堩，其餘則否。

鄭注：不敢留神也。堩，道也。《曾子問》曰：「葬既引，至于堩。」

車至道左，北面立，東上。

鄭注：道左，墓道東，先至者在東。

釋曰：不北上統于壙者，車不入壙。

柩至于壙，斂服載之。

鄭注：柩車至壙，祝説載除飾，乃斂乘車、道車、稾車之服載之，不空之以歸也。案：今注疏本脱「也」字。送形而往，迎精而反，亦禮之宜。

卒窆而歸，不驅。

鄭注：孝子往如慕，反如疑，爲親之在彼。

釋曰：《檀弓》曰：「衛有送葬者，夫子觀之，曰：『善哉爲喪乎！足以爲法矣。其往也如慕，其反也如疑。』」

君視斂，若不待奠，加蓋而出。不視斂，則加蓋而至，卒事。

鄭注：爲有他故及辟忌也。

既正柩，賓出，遂、匠納車于階閒。

鄭注：遂、匠，遂人、匠人也。遂人主引徒役，匠人主載柩窆，職相左右也。車，載柩車。《周禮》謂之「蜃車」，《雜記》謂之「團」，或作「輇」，或作「槫」，聲讀皆相附耳，未聞孰正。其車之轝狀如牀，中央有轅前後出，設前後輅，轝上有四周，下則前後有軸，以輇爲輪。許叔重說：「有輻曰輪，無輻曰輇。」

祝饌祖奠于主人之南，當前輅，北上，巾之。

鄭注：言饌于主人之南，當前輅，則既祖，祝乃饌。

弓矢之新，沽功。

鄭注：設之宜新，沽示不用。今文「沽」作「古」。

釋曰：沽功，麤功也。

有弭飾焉，

鄭注：弓無緣者謂之弭，弭以骨角爲飾。

釋曰：弭，弓梢末也。

亦張可也。

鄭注：亦使可張。

有柲，

鄭注：柲，弓檠。弛則縛之于弓裹，備損傷，以竹爲之。《詩》云：「竹柲緄縢。」古文「柲」爲「柴」。

釋曰：柲狀如弓，緄縢謂繩約之。

設依撻焉。

鄭注：依，纏絃也。撻，弣側矢道也。皆以韋爲之。今文「撻」爲「銛」。

有韣。

鄭注：韣，弓衣也，以緇布爲之。

矢，案：各本脱此字，據《釋文》補。**翭矢一乘，骨鏃，短衛。**

鄭注：翭，猶候也，候物而射之矢也。四矢曰乘。骨鏃短衛，亦示不用也。案：「示」，今注疏本訛作「云」。生時翭矢金鏃。凡爲矢，五分笴長而羽其一。

釋曰：衛謂羽也，羽以防衛矢，使之調，故名羽爲衛。《釋器》曰：「骨鏃不翦羽，謂之志。」短衛即翦羽也。

志矢一乘，軒輖中，亦短衛。

鄭注：志，猶擬也，習射之矢。《書》云：「若射之有志。」輖，蟄也，無鏃短衛，亦示不用。生時志矢骨鏃。凡爲矢，前重後輕也。

釋曰：志矢不言鏃，則無鏃也。軒蟄中者，矢前後之輕重等也。自「君視斂」至此記者，更自前記之。

儀禮集釋卷二十五

士虞禮第十四

鄭《目録》云：虞，猶安也。案：今注疏本脱「猶」字。士葬其父母，❶迎精而反，日中而祭之于殯宮以安之之禮。案：今注疏本脱「之禮」二字。虞于五禮屬凶禮。大戴第六，小戴第十五，《别録》第十四。

士虞禮。特豕饋食。

鄭注：饋，猶歸也。

釋曰：大夫、士之祭曰饋食。虞，喪祭也。《雜記》曰：「上大夫之虞也少牢，卒哭成事，附皆大牢。下大夫之虞也犆牲，卒哭成事，附皆少牢。」則下大夫與士虞同牲。

側亨于廟門外之右，東面。

鄭注：側亨，亨一胖也。亨于爨用鑊，不于門東，未可以吉也。是日也，以虞易奠，祔而以吉祭

❶「葬」上，阮本《儀禮注疏》有「既」字。

易喪祭。鬼神所在則曰廟，尊言之。

釋曰：吉禮左右胖皆亨。虞無主人、主婦及賓以下俎，亨一胖而已。《特牲饋食禮》：「亨于門外東方。」

魚、腊爨亞之，北上。

鄭注：爨，竈。

釋曰：《特牲饋食禮·記》：「魚、腊爨在牲爨南。」

饎爨在東壁，西面。

鄭注：炊黍稷曰饎。饎北上，上齊于屋宇。于虞有亨饎之爨，彌吉。

釋曰：《特牲禮·記》：「饎爨在西壁。」西壁，堂之西牆也。虞在東壁，亦反吉。黍爨爲上。上爨與堂檐齊。《周禮·饎人》：「掌凡祭祀共盛。」

設洗于西階西南，水在洗西，篚在東。

鄭注：反吉也。亦當西榮，南北以堂深。

尊于室中北墉下，當户。兩甒醴、酒，酒在東。無禁，冪用絺布，加勺，南枋。

鄭注：酒在東，上醴也。絺布，葛屬。

釋曰：喪祭無玄酒，以醴代之。凡酌者之左爲上尊。絺綌以葛爲之，布則以麻。言絺布，蓋麻葛雜。

素几、葦席在西序下。

鄭注：有几，始鬼神也。

釋曰：《周禮·司几筵》：「凡喪事，設葦席，右素几。」

苴刌茅，長五寸，束之，實于筐，饌于西坫上。

鄭注：苴，猶藉也。

釋曰：刌，切也。《易》曰：「藉用白茅。」

饌兩豆菹、醢于西楹之東，醢在西，一鉶亞之。

鄭注：醢在西，南面取之，得左取菹，右取醢，便其設之。

釋曰：奥席。案：此下原本缺。

從獻豆兩亞之，四籩亞之，北上。

鄭注：豆從主人獻祝，籩從主婦獻尸祝。北上，菹與棗。不東陳，别于正。

釋曰：亞之，次鉶以東也。入設者皆東面取之。

饌黍、稷二敦于階間，西上。藉用葦席。

鄭注：藉，猶薦也。古文「藉」爲「席」。

匜水錯于槃中，南流，在西階之南，簞、巾在其東。 案：「巾」，今注疏本訛作「布」。

鄭注：流，匜吐水口也。

釋曰：爲尸設盥也。

陳三鼎于門外之右，北面，北上，設扃、鼏。

鄭注：門外之右，門西也。今文「扃」爲「鉉」。

釋曰：鼎門外北面，北上，與《士昏》及《特牲禮》同，惟陳于門外之右耳。

匕俎在西塾之西。

鄭注：不饌于塾上，統于鼎也。塾有西者，是室南鄉。

釋曰：塾有東西，有内外，一門而塾四也。外塾南鄉，則内塾北鄉。

羞燔俎在内西塾上，南順。

鄭注：南順，于南面取，縮執之便也。肝俎在燔東。

主人及兄弟如葬服，賓執事者如弔服，皆即位于門外，如朝夕臨位。婦人及内兄弟服，即位于堂，亦如之。

鄭注：葬服者，《既夕》曰「丈夫髽，散帶垂」也。賓執事者，賓客來執事也。

釋曰：髽，散帶垂，自啓至葬之服也。

祝免，澡葛絰帶，布席于室中，東面，右几。降，出，及宗人即位于門西，東面，南上。

鄭注：祝亦執事。免者，祭祀之禮，祝所親也。澡，治也。治葛以爲首絰及帶，接神宜變也。然則士之屬官爲其長，弔服加麻矣。至于既卒哭，主人變服則除。右几，于席近南也。

釋曰：祝有絰帶，則官屬加麻也。《喪服小記》曰：「緦、小功，虞、卒哭則免。」祝親祭，宜進而從重，接神宜變而之輕。南上，祝爲上。

宗人告有司具，遂請拜賓，如臨。入門哭，婦人哭。

鄭注：臨，朝夕哭。

釋曰：請拜賓，禮漸文也。

主人即位于堂，衆主人及兄弟、賓即位于西方，如反哭位。

鄭注：《既夕》曰：「乃反哭，入門，升自西階，東面。衆主人堂下，東面，北上。」此則異于朝夕。

案：今注疏本脱「此則」二字。

祝入門左，北面。

鄭注：不與執事同位，接神尊也。

釋曰：執事，兄弟及賓也。

宗人西階前，北面。

鄭注：當詔主人及賓之事。

祝盥，升，取苴，降，洗之。升，入設于几東席上，東縮。降，洗觶，升，止哭。

鄭注：縮，從也。古文「縮」爲「蹙」。

釋曰：苴東西設之，順神東面也。

主人倚杖，入，祝從，在左，西面。

鄭注：主人北旋，倚杖西序乃入。《喪服小記》曰：「虞，杖不入于室。祔，杖不升于堂。」然則練杖不入于門明矣。

贊薦菹、醢，醢在北。

鄭注：主婦不薦，衰斬之服不執事也。《曾子問》曰：「士祭不足，則取于兄弟大功以下者。」

釋曰：《曾子問》曰：「天子、諸侯之喪祭也，不斬衰者不與祭。大夫，齊衰者與祭。士祭不足，則取于兄弟大功以下者。」與祭，謂執事也。天子、諸侯之執祭事者，其臣也。大夫辟正君，其臣不執事，兄弟齊衰者執事。士卑，不嫌與君同，故使其屬執事。不足，則取于兄弟大功以下者。不取齊衰者，又辟大夫也。

佐食及執事盥，出舉，長在左。

鄭注：舉，舉鼎也。長在左，❶西方位也。案：「西」上，今注疏本衍「在」字。凡事宗人詔之。

❶「在」，原作「左」，據四庫本及阮本《儀禮注疏》改。

釋曰：吉禮長在右。

鼎入，設于西階前，東面，北上。匕俎從設。左人抽扃，鼏，匕。佐食及右人載。

鄭注：載，載于俎。佐食載，則亦在右矣。今文「扃」爲「鉉」，古文「鼏」爲「密」。

卒，朼者逆退，復位。

鄭注：復賓位也。

俎入，設于豆東，魚亞之，腊特。

鄭注：亞，次也。今文無「之」。

贊設二敦于俎南，黍其東稷。

鄭注：簋實，尊黍也。

設一鉶于豆南。

鄭注：鉶，菜羹也。

佐食出，立于户西。

鄭注：饌已也。今文無「于户西」。

贊者徹鼎。

鄭注：反于門外。

祝酌醴，命佐食啓會。佐食許諾，啓會，卻于敦南，復位。

鄭注：會，合也，謂敦蓋也。復位，出立于户西。今文「啓」爲「開」。

釋曰：言酌醴不言酌奠，此醴、酒並有，明所酌者醴也。吉禮以玄酒配酒，不嫌酌玄酒，故言酌奠而已。

祝奠觶于鉶南，復位。主人再拜稽首。

鄭注：復位，復主人之左。案：此注今注疏本在「主人再拜稽首」經文之上。❶

祝饗，命佐食祭。

鄭注：饗，告神饗。案：此下今注疏本有「也」字。此祭，祭于苴也。饗神辭，記所謂「哀子某，哀顯相，夙興夜處不寧」，下至「適爾皇祖某甫，尚饗」是也。案：今注疏本脱「尚」字。

釋曰：相，息亮切，下「相爵」同。

佐食許諾，鉤袒，取黍、稷祭于苴，三。取膚祭，祭如初。祝取奠觶祭，亦如之，不盡，益，反奠之。主人再拜稽首。

鄭注：鉤袒，如今擐衣也。苴，所以藉祭也。孝子始將納尸以事其親，爲神疑于其位，設苴以定之耳。或曰：苴，主道也。則《特牲》《少牢》當有主象而無，何乎？案：「何」，今注疏本譌作「可」。

❶ 此戴校，四庫本無。

釋曰：益反奠之，復酌醴而還奠于鉶南也。《周禮·司巫》：「祭祀則共匰主及葙館。」葙即此苴也。張子厚曰：「重，主道也。大夫、士有重當有主。既埋重，不可一日無主，故設苴。已作主，則否。」愚按，重既虞而埋，則此時未埋也。當考。

祝祝卒，主人拜如初，哭，出，復位。

鄭注：祝祝者，釋孝子祭辭。

釋曰：祭辭即饗神辭。按，《少牢饋食禮》辭至此乃釋之。

祝迎尸，一人衰絰，奉篚，哭從尸。

鄭注：尸，主也。孝子之祭，不見親之形象，心無所繫，立尸而主意焉。一人，主人兄弟。《檀弓》曰：「既封，主人贈而祝宿虞尸。」

尸入門，丈夫踊，婦人踊。

鄭注：踊不同文者，有先後也。尸入，主人不降者，喪事主哀不主敬。

淳尸盥，宗人授巾。

鄭注：淳，沃也。沃尸盥者，賓執事者也。

尸及階，祝延尸。

鄭注：延，進也，告之以升。

釋曰：在後詔侑曰延。尸升入，祝在後；尸謖，祝在前。《禮器》所謂「詔侑無方」也。《樂記》曰：「宗祝辨乎宗廟之禮，故後尸。」

尸升，宗人詔踊如初。

鄭注：言詔踊如初，則凡踊，宗人詔之。

尸入户，踊如初，哭止。

鄭注：哭止，尊尸。

婦人入于房。

鄭注：辟執事者。

主人及祝拜妥尸，尸拜，遂坐。

鄭注：妥，安坐也。

從者錯篚于尸左席上，立于其北。

鄭注：北，席北也。

尸取奠，左執之，取菹，擩于醢，祭于豆間。祝命佐食隋祭。案：「隋」，今注疏本從《釋文》，于鄭注「猶墮」別作「隳」，而此作「墮」，實則「隳」乃「陸」之俗體，「陸」與「墮」同。❶

❶ 此戴校，四庫本作「『隋』，今注疏本訛作『墮』，注同」。

鄭注：下祭曰隋，隋之言猶墮下也。案：「言」字，今注疏本訛在「猶」字下。《周禮》曰「既祭，則藏其隋」，謂此也。今文「隋」爲「綏」。《特牲》《少牢》或爲「羞」，失古正矣。齊魯之間謂祭爲隋。

釋曰：奠，所奠觶也。

佐食取黍、稷、肺祭，授尸，尸祭之。祭奠，祝祝，主人拜如初。尸嘗醴，奠之。

鄭注：如初，亦祝祝卒，乃再拜稽首。

釋曰：下記饗辭曰：「哀子某，圭爲而哀薦之，饗！」即此祝辭。

佐食舉肺脊授尸。尸受，振祭，嚌之，左手執之。

鄭注：右手將有事也。尸食之時，亦奠肺脊于豆。

祝命佐食邇敦。佐食舉黍，錯于席上。

鄭注：邇，近也。

尸祭鉶，嘗鉶。

鄭注：右手也。《少牢》曰：「以柶祭羊鉶，遂以祭豕鉶，嘗羊鉶。」

泰羹湆自門入，設于鉶南，胾四豆，設于左。

鄭注：博異味也。湆，肉汁也。胾，切肉也。

釋曰：《士昏禮》：「大羹湆在爨。」《昏禮》《公食禮》大羹皆設于薦右，虞，未忍異于生。《少牢饋食禮》胾豆設于薦豆之北。

尸飯，播餘于篚。

鄭注：不反餘也。古者飯用手，吉時播餘于會。古文「播」爲「半」。

三飯，佐食舉幹，尸受，振祭，嚌之，實于篚。

鄭注：飯間啗肉，安食氣。

釋曰：幹，脅也。

又三飯。舉胳，祭如初。佐食舉魚、腊，實于篚。

鄭注：尸不受魚、腊，以喪不備味。

又三飯，舉肩，祭如初。

鄭注：後舉肩者，貴要成也。

舉魚，腊俎，俎釋三個。

鄭注：釋，猶遺也。遺之者，君子不盡人之歡，不竭人之忠。個，猶枚也，今俗或名「枚」曰「個」，音相近。此腊亦七體，如其牲也。

釋曰：牲七體，已舉脊、脅、胳、肩，所釋亦三體。

尸卒食，佐食受肺脊，實于篚，反黍，如初設。

鄭注：九飯而已，士禮也。篚，猶吉祭之有肵俎。

釋曰：肵俎，尸盛牲體之俎。

主人洗廢爵，酌酒，酳尸。尸拜受爵，主人北面荅拜。尸祭酒，嘗之。

鄭注：爵無足曰廢爵。酳，安食也。主人北面以酳酢，變吉也。凡異者皆變吉。古文「酳」作「酌」。

釋曰：《特牲禮》主人西面拜送。

賓長以肝從，實于俎，縮，右鹽。

鄭注：縮，從也。從，實肝炙于俎也。喪祭進柢。右鹽，于俎近北，便尸取之也。縮執俎，言右鹽，則肝、鹽併也。

釋曰：柢，本也，進其本于尸。執俎者左肝右鹽，西面，設于席前，尸得右取肝也。

尸左執爵，右取肝，擩鹽，振祭，嚌之，加于俎。賓降，反俎于西塾，復位。

鄭注：取肝，右手也。加于俎，從其牲體也。以喪不志于味。

釋曰：《特牲》《少牢禮》，尸嚌肝，加于菹豆。豆近而俎遠，遠之者，不志于味也。

尸卒爵，祝受，不相爵。主人拜，尸荅拜。

鄭注：不相爵，喪祭于禮略。相爵者，《特牲》曰：「送爵，皇尸卒爵。」

祝酌授尸，尸以醋主人，主人拜受爵，尸荅拜。

鄭注：醋，報。

主人坐祭，卒爵，拜，尸荅拜。筵祝，南面。

鄭注：祝接神，尊也。筵用萑席。

釋曰：萑如葦而細。尸葦席，祝萑席可也。

主人獻祝，祝拜，坐受爵，主人荅拜。

鄭注：獻祝，因反西面位。

薦菹醢，設俎。祝左執爵，祭薦，奠爵。興，取肺，坐祭，嚌之。興，加于俎，祭酒，嘗之。肝從，祝取肝，擩鹽，振祭，嚌之，加于俎。卒爵，拜，主人荅拜。

鄭注：今文無「擩鹽」。案：此注今注疏本在「祝坐授主人」經文之下。

祝坐授主人。主人酌獻佐食，佐食北面拜，坐受爵。主人荅拜。佐食祭酒，卒爵，拜，主人荅拜，受爵，出，實于篚，升堂，復位。

鄭注：篚在庭，不復入，事已也。亦因取杖，乃東面立。

主婦洗足爵于房中，酌，亞獻尸，如主人儀。

鄭注：爵有足，輕者飾也。《昏禮》曰：「內洗在北堂，直室東隅。」

釋曰：主婦服輕于主人。

自反兩籩棗、栗，設于會南，棗在西。

鄭注：尚棗，棗美。

釋曰：自反，反而取籩，無贊之者也。喪事縱，縱反吉。自薦者，獻已所有事，非執事。

尸祭籩，祭酒，如初。賓以燔從，如初。尸祭燔，卒爵，如初。酌獻祝，籩燔從。獻佐食，皆如初。以虚爵入于房。

鄭注：初，主人儀。

賓長洗繶爵，三獻，燔從，如初儀。

鄭注：繶爵，口足之間有篆，又彌飾。❶

釋曰：繶，履縫飾也。

婦人復位。

鄭注：復堂上西面位。事已，尸將出，當哭踊。

祝出户，西面告利成，主人哭。

鄭注：西面告，告主人也。利，猶養也。成，畢也，言養禮畢也。不言養禮畢，于尸閒嫌。

釋曰：告利成，致尸意于主人也。虞三獻而已。《特牲饋食禮》凡六獻，三獻之後，致爵于主人、

❶「又」，據《通典》疑當作「文」。

主婦，主人獻賓、酬賓，奠觶，其後賓舉以行旅酬，賓、兄弟、弟子又各舉觶于其長，行無算爵，乃告利成。《曾子問》曰：「小祥者，主人練祭而不旅，奠酬于賓，賓不舉，禮也。昔者魯昭公練而舉酬行旅，非禮也。孝公大祥奠酬弗舉，亦非禮也。以次差之，虞不致爵，練不旅酬，大祥無算爵，彌吉。」《雜記》又曰：「自諸侯達于士，小祥之祭，主人之酢也，嚌之，衆賓、兄弟則皆啐之。大祥，主人啐之，衆賓、兄弟則皆飲之可也。」蓋謂致爵以後，受酢則然。其受尸酢，雖虞，主人猶卒爵，重神惠。

皆哭。

鄭注：丈夫、婦人于主人哭，斯哭矣。

祝入，尸謖。

鄭注：謖，起也。案：今注疏本脱此三字。祝入而無事，尸則知起矣。不告尸者，無遣尊者之道也。古文「謖」或爲「休」。

從者奉篚，哭如初。

鄭注：初，哭從尸。

祝前尸，出户，踊如初。降堂，踊如初。出門，亦如之。

鄭注：前，道也。如初者，出如入，降如升。三者之節，悲哀同。

祝反，入，徹，設于西北隅，如其設也。几在南，厞用席。

鄭注：改設饌者，不知鬼神之節，改設之，庶幾歆饗，所以爲厭飫也。几在南，變右文，明東面，不南面，漸也。厞，隱也。于厞隱之處，從其幽闇。

釋曰：如其設，如奥之設也。《特牲禮》「改設饌東面，几在南」，《少牢禮》「南面」，明同于《特牲禮》東面也。東面不反吉者，示向吉有漸也。

祝薦席徹入于房，祝自執其俎出。

鄭注：徹薦席者，執事者。祝薦席，則初自房來。

釋曰：席初在房，今還于房也。冠、昏、公食禮筵皆在房。

贊闔牖户。

鄭注：鬼神尚居幽闇，或者遠人乎？贊，佐食者。

主人降，賓出。

鄭注：宗人詔主人降，賓則出廟門。

主人出門，哭止，皆復位。

鄭注：門外未入位。

宗人告事畢。賓出，主人送，拜稽顙。

鄭注：送拜者，明于大門外也。賓執事者皆去，則徹室中之饌者，兄弟也。

釋曰：《荀子》曰：「几筵饋薦、告祝，如或饗之。物取而皆祭之，如或嘗之。毋利舉爵，主人有尊，如或觴之。賓出，主人拜送，反，易服，即位而哭，如或去之。」謂喪祭也。毋利舉爵，謂佐食不獻尸。主人有尊，謂納一尊于西北隅。易服，楊倞謂易祭服，蓋謂練、祥之祭也。當考。

記。虞，浴，不櫛。 案：各本「浴」上有「沐」字。據注云「今文曰沐浴」，是鄭從古文，無「沐」字甚明。

鄭注：浴者，將祭自潔清。不櫛，未在于飾也。惟三年之喪不櫛，期以下，櫛可也。今文曰「沐浴」。

釋曰：《雜記》曰：「凡喪，小功以上，非虞、祔、練、祥，無沐浴。」三年者，至祔而櫛，則期虞而櫛可。

陳牲于廟門外，北首，西上，寢右。

鄭注：言牲，腊在其中。西上，變吉。寢右者，當升左胖也。腊用棜。《檀弓》曰：「既反哭，主人與有司視虞牲。」

釋曰：特豕而曰西上，明兼兔、腊也。《少牢禮》東上，《特牲禮》升右胖，牲北首東足。

日中而行事。

鄭注：朝葬，日中而虞，君子舉事必用辰正也。再虞、三虞皆質明。

殺于廟門西，主人不視。豚解。

鄭注：主人視牲不視殺，凡爲喪事略也。豚解，解前後脛、脊、脅而已。熟乃體解，升于鼎也。今文無「庿」。

羹飪，升左肩、臂、臑、肫、骼、脊、脅，離肺。膚祭三，取諸左膉上。肺祭一，實于上鼎。

鄭注：肉謂之羹。飪，熟也。脊、脅，正脊、正脅也。喪祭略，七體耳。離肺，舉肺也。《少牢饋食禮》曰：「舉肺一，長終肺，祭肺三，皆刌。」膉，脰肉也。古文曰「左股上」。此字從肉殳，案：今注疏本脱「此」字，「肉」下有「從」字。殳矛之殳聲。

釋曰：肩、臂、臑、肫、骼、脊、脅爲七體。《特牲禮》則增橫脊、短脅而九，《少牢》又增脡脊、代脅而十一。離肺與脊同舉者，膚祭，尸未入前所祭，肺祭，尸所祭。

升魚，鱄、鮒九，實于中鼎。

鄭注：差減之。

釋曰：《特牲禮》魚十有五。

升腊，左胖，髀不升，實于下鼎。

鄭注：腊亦七體，牲之類。

釋曰：《特牲・記》曰：「腊如牲骨。」

皆設扃、鼏，陳之。

鄭注：嫌既陳，乃設扃、鼏也。今文「扃」作「鉉」，古文「鼏」作「密」。

載猶進柢，魚進鬐。

鄭注：猶，猶《士喪》《既夕》，言未可以吉也。柢，本也。鬐，脊也。今文「柢」爲「胝」，古文「鬐」爲「耆」。

釋曰：吉祭進下、進腴。

祝俎：髀、脰、脊、脅，離肺，陳于階間，敦東。

鄭注：不升于鼎，賤也。統于敦，明神惠也。祭以離肺，下尸。

淳尸盥。執槃西面，執匜東面，執巾在其北，東面。宗人授巾，南面。

鄭注：槃以盛棄水，爲淺污人也。執巾不授，巾卑也。

釋曰：槃匜在西階南。執槃西面，執匜東面，亦反于吉。

主人在室，則宗人升，户外北面。

鄭注：當詔主人室事。

佐食無事，則出户，負依南面。

鄭注：室中尊，不空立。户牖之間謂之依。

鉶芼用苦，若薇，有滑。夏用葵，冬用荁，有柶。

鄭注：苦，苦荼也。荁，堇類也，乾則滑。夏、秋用生葵，冬、春用乾荁。古文「苦」爲「枯」，今文或作「芐」。

豆實，葵菹，菹以西，蠃醢。籩，棗烝，栗擇。

鄭注：棗烝栗擇，則菹刌也。棗烝栗擇，則豆不楬，籩有縢也。

釋曰：大斂之奠，毼豆兩，葵菹芋兩。籩無縢，栗不擇。芋，全菹也。

尸入，祝從尸。

鄭注：祝在主人前也。嫌如初時，主人倚杖入，祝從之。初時，主人之心尚若親存，宜自親之。今既接神，祝當詔侑尸也。

尸坐，不説屨。

鄭注：侍神，不敢燕惰也。案：今注疏本脱「也」字。今文「説」爲「税」。

釋曰：《少儀》曰：「凡祭于室中，堂上無跣，燕則有之。」《飲酒》《燕禮》：「降，説屨乃升，坐。」

尸謖，祝前，鄉尸。

鄭注：前，道也。祝道尸，必先鄉之，爲之節。

還，出户，又鄉尸。還，過主人，又鄉尸。還，降階，又鄉尸。

鄭注：過主人則西階上，不言及階，明主人見尸，有踧踖之敬。

降階，還，及門，如出户。

鄭注：及，至也。言還至門，明其閒無節也。降階，如升時，將出門，如出户時，皆還鄉尸也。

案：「鄉」，今注疏本作「向」。每將還，必有辟退之容。凡前尸之禮儀在此。

尸出，祝反，入門左，北面復位，然後宗人詔降。尸服卒者之上服。

鄭注：上服者，如《特牲》士玄端也。不以爵弁服爲上者，祭于君之服，非所以自配鬼神。士之妻則宵衣耳。

釋曰：《特牲禮》主人服玄端，主婦宵衣，故尸還服此祭服也。《曾子問》曰：「尸弁冕而出，卿、大夫、士皆下之。」爲君尸或弁者，君之先祖或爲大夫、士者也，以其子孫爲君，故先祖爲士者之尸，得還服助祭于君之服。

男，男尸。女，女尸，必使異姓，不使賤者。

鄭注：異姓，婦也。賤者，謂庶孫之妾也。尸配尊者，必使適也。

釋曰：《曾子問》曰：「祭成喪者必有尸，尸必以孫，無孫則取于同姓可也。」自禫祭以前，男女別尸。吉祭云以某妃配，則男女共尸。鄭曰：「雖合葬，及同時在殯，皆異几，體實不同。祭于廟，同几，精氣合。」

無尸，則禮及薦饌皆如初。

鄭注：無尸，謂無孫列可使者也，殤亦是也。禮，謂衣服、即位、升降。

既饗，祭于苴，祝祝卒。

鄭注：記異者之節。

不綏祭，無泰羹湇、胾、從獻。

鄭注：不綏言獻，記終始也。事尸之禮，始于綏祭，終于從獻。「綏」當爲「墮」。

釋曰：從獻，肝燔也。

主人哭，出復位。

鄭注：于祝祝卒。

祝闔牖户，降，復位于門西。

鄭注：門西北面位也。

釋曰：初入門左北面位。

男女拾踊三。

鄭注：拾，更也。三更踊。

如食閒。

鄭注：隱之，如尸一食，九飯之頃也。

祝升，止哭，聲三，啓户。

鄭注：聲者，噫歆也。將啓户，警覺神也。今文「啓」爲「開」。

主人入。

鄭注：親之。

祝從，啓牖，鄉如初。

鄭注：牖先闔後啓，扇在内也。鄉，牖一名也。如初者，主人入，祝從在左。

主人哭，出復位。

鄭注：堂上位也。

卒徹，祝、佐食降，復位。

鄭注：祝復門西北面位，佐食復西方位。不復設西北隅者，重閉牖、户，褻也。

釋曰：佐食，賓也。設于西北隅，則當更闔牖、户，懼其褻。

宗人詔降如初。

鄭注：初，贊闔牖、户。宗人詔主人降之。

始虞，用柔日。

鄭注：葬之日，日中虞，欲安之，柔日陰，取其静。

曰：「哀子某，哀顯相，夙興夜處不寧。

鄭注：曰，辭也，祝祝之辭也。喪祭稱哀顯相，助祭者也。顯，明也。相，助也。《詩》云：「於穆清廟，肅雝顯相。」不寧，悲思不安。

「敢用絜牲、剛鬣，

鄭注：敢，昧冒之辭。豕曰剛鬣。

釋曰：祭以牲爲主，故先言之。

「香合、

鄭注：黍也。大夫、士于黍稷之號，合言普淖，而此言香合，蓋記者誤爾。辭次黍，又不得在薦上。

釋曰：《曲禮》云：「豕曰剛鬣，兔曰明視，黍曰薌合，粱曰薌萁，稷曰明粢。」黍稷別號者，人君禮。《特牲》《少牢禮》惟言「普淖」。

「嘉薦、普淖、

鄭注：嘉薦，菹醢也。普淖，黍、稷也。普，大也。淖，和也。德能大和，乃有黍稷，故以爲號云。

「明齊、溲酒，

鄭注：明齊，新水也。言以新水溲釀此酒也。《郊特牲》曰：「明水涚齊，貴新也。」或曰當爲明視，謂兔腊也。今文曰「明粢」。粢，稷也。皆非其次。今文「溲」爲「醙」。

釋曰：明視當次牲，上已見「普淖」，不得又言「明粢」。

「哀薦祫事，

鄭注：始虞謂之祫事者，主欲其祫先祖也，以與先祖合爲安。今文曰「合事」。

「適爾皇祖某甫。

鄭注：爾，女也。女，死者，告之以適皇祖，所以安之也。皇，君也。某甫，皇祖字也，若言「尼甫」。

釋曰：至祔始合先祖，于此豫言之。《雜記》曰：「男子祔于王父。」

「饗！」

鄭注：勸强之也。案：「强」，今注疏本作「彊」。❶

再虞，皆如初，曰「哀薦虞事」。

鄭注：丁日葬，則己日再虞，其祝辭異者一言耳。

三虞，卒哭。他，用剛日，亦如初，曰「哀薦成事」。

鄭注：當祔于祖廟，爲神安于此。後虞改用剛日。剛日，陽也，陽取其動也。士則庚日三虞，壬

---

❶ 此戴校，原無，據四庫本補。

日卒哭。其祝辭異者,亦一言耳。他,謂不及時而葬者。《喪服小記》曰:「報葬者報虞,三月而後卒哭。」然則虞、卒哭之閒,有祭事者亦用剛日,其祭無名。謂之他者,假設言之。文不在卒上者,以其非常也,令正者自相亞也。《檀弓》曰:「葬日虞,案:各本訛作「葬日中而虞」,據《禮記》删正。弗忍一日離也,是日也,以虞易奠。卒哭曰成事,是日也,以吉祭易喪祭,明日祔于祖父。」如是,虞爲喪祭,卒哭爲吉祭。今文「他」爲「它」。

釋曰:下云「中月而禫,是月也,吉祭猶未配」,卒哭對虞爲吉祭,對禫後吉祭則猶爲喪祭。

獻畢,未徹,乃餞。

鄭注:卒哭之祭,既三獻也。餞,送行者之酒。《詩》云:「出宿于泲,飲餞于禰。」尸旦將始祔于皇祖,是以餞送之。古文「餞」爲「踐」。

釋曰:虞、卒哭在寢,祔在廟,故餞之。

尊兩甒于廟門外之右,少南。水尊在酒西,勺北枋。

鄭注:少南,將有事于北。有玄酒,即吉也。此在西,尚凶也。言水者,喪質,無鼏,案:「鼏」,今注疏本訛作「冪」。不久陳。古文「甒」爲「廡」也。

釋曰:水,吉禮謂之玄酒。凶禮反吉,洗篚、亯爨皆在西方。

洗在尊東南,水在洗東,篚在西。

鄭注：在門之左，又少南。

饌籩豆，脯四脡。

鄭注：酒宜脯也。古文「脡」爲「挺」。

釋曰：《鄉飲》射脯五脡，大夫禮也。

有乾肉折俎，二尹，縮祭半尹，在西塾。

鄭注：乾肉，牲體之脯也，如今凉州烏翅矣。案：「烏」，今注疏本訛作「鳥」。折以爲俎實，優尸也。尹，正也。雖其折之，必使正。縮，從也。古文「縮」爲「蹙」。

釋曰：從置半尹于上以爲祭。

尸出，執几從，席從。

鄭注：祝入亦告利成。入前尸，尸乃出。几、席，素几、葦席也。以几、席從，執事也。

尸出門右，南面。

鄭注：俟設席也。

席設于尊西北，東面，几在南。賓出，復位。

鄭注：將入臨之位。《士喪禮》：「賓繼兄弟北上，門東，北面，西上。門西，北面，東上。西方，東面，北上。」

主人出，即位于門東，少南。婦人出，即位于主人之北。皆西面，哭不止。

鄭注：婦人出者，重餞尸。

釋曰：喪之常，婦人無外位。

尸即席坐。惟主人不哭，洗廢爵，酌獻尸。尸拜受。主人拜送，哭，復位。薦脯醢，設俎于薦東，朐在南。

鄭注：朐，脯及乾肉之屈也。屈者在南，變于吉。

尸左執爵，取脯擩醢，祭之。佐食授嚌。

鄭注：授乾肉之祭。

釋曰：既祭，嚌之，故謂祭爲嚌。

尸受，振祭，嚌，反之。祭酒，卒爵，奠于南方。

鄭注：反之，反于佐食。佐食反之于俎。尸奠爵，禮有終。

釋曰：尸不酢而奠爵，猶送賓，賓不荅拜。然。案：「然」字下當有脱文。❶

主人及兄弟踊，婦人亦如之。主婦洗足爵，亞獻，如主人儀，無從，踊如初。

釋曰：無從者，無籩燔從。

❶ 此戴校，原無，據四庫本補。

賓長洗繶爵，三獻，如亞獻，踊如初。佐食取俎，實于篚。尸謖，從者奉篚，哭從之。祝前，哭者皆從，及大門內，踊如初。

鄭注：男女從尸，男由左，女由右。及，至也。從尸不出大門者，猶廟門外無事尸之禮也。古文「謖」作「休」。

釋曰：事尸在廟，以廟門爲限。餞在寢門外，故以大門爲限。

尸出門，哭者止。

鄭注：以餞于外，大門猶廟門。

賓出，主人送，拜稽顙。

鄭注：送賓，拜于大門外。❶

主婦亦拜賓。

鄭注：女賓也。不言出，不言送，拜之于闈門之內。闈門，如今東西掖門。

釋曰：《釋宮》曰：「宮中之門謂之闈。」《春秋傳》曰：「婦人送迎不出門。」

丈夫說絰帶于廟門外。

鄭注：既卒哭，當變麻，受之以葛也。夕日，則服葛者爲祔期。今文「說」爲「稅」。

---

❶「外」上，四庫本有「之」字。

釋曰：夕當爲祔期，故前爲期而受服。

入徹，主人不與。

鄭注：入徹者，兄弟大功以下。言主人不與，則知丈夫、婦人在其中。古文「與」爲「豫」。

釋曰：不徹者，齊、斬之服不執事也，吉祭則君、婦廢徹。

婦人説首絰，不説帶。

鄭注：不説帶，齊、斬婦人帶不變也。案：「變」，今注疏本訛作「説」。婦人少變而重帶。帶，下體之上也。大功、小功者葛帶，時亦不説者，未可以輕文變于主婦之質。至祔，葛帶以即位。《檀弓》曰：「婦人不葛帶。」

釋曰：《喪服小記》曰：「齊衰帶、惡笄以終喪。」則斬衰者不變可知。《檀弓》所謂「不葛帶」。

無尸則不餞，猶出，几、席設如初，拾踊三。

鄭注：以餞尸者本爲送神也。丈夫、婦人亦從几席而出。古文「席」爲「筵」。

哭止，告事畢，賓出。死三日而殯，三月而葬，遂卒哭。

鄭注：謂士也。《雜記》曰：「大夫三月而葬，五月而卒哭。諸侯五月而葬，七月而卒哭。」此記更從死起，異人之閒，其義或殊。

將旦而祔，則薦。

鄭注：薦，謂卒哭之祭。

卒辭曰：「哀子某，來日某，隮祔爾于爾皇祖某甫。尚饗！」

鄭注：卒辭，卒哭之祝辭。隮，升也。尚，庶幾也。不稱饌，明主爲告祔也。今文「隮」爲「齊」。

女子，曰：「皇祖妣某氏。」

鄭注：女孫祔于祖母。

婦，曰：「孫婦于皇祖姑某氏。」

鄭注：不言爾，曰孫婦，婦差疏也。今文無「某氏」。案：今注疏本「差疏也」句上少一「婦」字，句下脱「今文無某氏」五字。❶

釋曰：《喪服小記》曰：「妻祔于諸祖姑。」

其他辭，一也。

鄭注：「來日某，隮祔，尚饗！」

饗辭曰：「哀子某，圭爲而哀薦之，饗！」

鄭注：饗辭，勸彊尸之辭也。圭，絜也。《詩》曰：「吉圭爲饎。」凡吉祭饗尸，曰孝子。案：鄭康成注《周禮·秋官·蜡氏》「除不蠲」云：「蠲，讀如『吉圭惟饎』之『圭』。」箋《詩》「吉蠲爲饎」云：「蠲，絜也。」至此

---

❶ 四庫本戴校與此有異，作「今注疏本脱此五字」。

注引《詩》則「爲」與「惟」、「圭」與「蠲」互異。陸德明置此注所引「吉圭」弗釋，而于《詩》「吉蠲」、《周禮》「不蠲」皆云「古玄反」，舊音「圭」，竟若未見。本文有作「圭」者，宋董逌撰《廣川詩故》，其時韓嬰章句尚存，知《韓詩》作「吉圭」，因以鄭注《周禮》之「吉圭惟饎」證明「圭」字作「蠲」音，足補箋、疏、《釋文》所未備，附識于此。

明日，以其班祔。

鄭注：卒哭之明日也。班，次也。《喪服小記》曰：「祔必以其昭穆，亡則中一以上。」凡祔已，復于寢。如既祫，主反其廟，練而後遷廟。古文「班」或爲「辨」，辨氏姓或然，今文爲「胖」。

釋曰：《穀梁傳》曰：「于練焉壞廟。」《檀弓》曰：「殷練而祔，周卒哭而祔。孔子善殷。」

浴，櫛，搔揃。 案：「浴」上，各本衍「沐」字，「揃」訛作「翦」。據注云「今文曰沐浴」，是鄭從古文無「沐」字甚明。

鄭注：彌自飾也。「搔」當爲「爪」。案：「爲」，今注疏本訛作「音」。今文曰「沐浴」。「搔」或爲「蚤」，「揃」或爲「鬋」。案：今注疏本訛作「搔翦」，或爲「蚤揃」，「揃」或爲「鬋」。《釋文》「揃，子淺反，注鬋同」，則經注皆無「翦」字甚明。

用專膚爲折俎，取諸脰膉。

鄭注：專，猶厚也。折俎，謂主婦以下俎也。體盡人多，折骨以爲之。今以脰膉，貶于純吉。今文字爲「折俎」，而説以爲「肵俎」，亦甚誣矣！古文「脰膉」爲「頭膉」也。

釋曰：《特牲禮》：「主婦、佐食俎皆觳折。」

其他如饋食。

鄭注：如特牲饋食之事。或云以左胖虞，右胖祔。今此如饋食，則尸俎、肵俎皆有肩、臂，豈復用虞臂乎？其不然明矣。

釋曰：《特牲饋食禮》尸俎右臂，胙俎臂用左。胙俎，案：原本脱「胙」字，今補。主人俎也。今本「胙」作「肵」，非。

用嗣尸。

鄭注：虞、祔尚質，未暇筮尸。

釋曰：嗣，主人嗣子也。《特牲饋食禮》曰：「嗣舉奠。」《喪服小記》曰：「練，筮日、筮尸。」

曰：「孝子某，孝顯相，夙興夜處，小心畏忌，不惰其身，不寧。

鄭注：稱孝者，吉祭。

釋曰：《雜記》曰：「祭稱孝子、孝孫，喪稱哀子、哀孫。」

「用尹祭、

鄭注：尹祭，脯也，大夫、士祭無云脯者。今不言牲號而云尹祭，亦記者誤矣。

「嘉薦、普淖、普薦、溲酒。

鄭注：普薦，鉶羹，不稱牲，記其異者。今文「溲」爲「醙」。

釋曰：鉶設于黍、稷後酌奠前，故其辭次如此。

「適爾皇祖某甫，以隮祔爾孫某甫，尚饗！」

鄭注：欲其祔合，兩告之。《曾子問》曰：「天子崩，國君薨，則祝取群廟之主而藏諸祖廟，禮也。卒哭成事，而後主各反其廟。」然則士之皇祖，于卒哭亦反其廟。無主，則反廟之禮未聞，以其幣告之乎？

朞而小祥，

鄭注：小祥，祭名。祥，吉也。《檀弓》曰：「歸祥肉。」古文「朞」皆作「基」。

曰：「薦此常事。」

鄭注：祝辭之異者。言常者，朞而祭，禮也。古文「常」爲「祥」。

又朞而大祥，曰：「薦此祥事。」

鄭注：又，復也。

中月而禫。

鄭注：中，猶閒也。禫，祭名也。與大祥閒一月。自喪至此，案：「此」，今注疏本訛作「巾」。凡二十七月。禫之言澹澹然，平安意也。古文「禫」或爲「導」。

釋曰：《聘禮·記》「士中日則二雙」，《喪服小記》「亡則中一以上而祔」，《學記》「中年考校」，「中」皆謂「閒」也。大祥中月而禫，與期之喪十三月而祥、十五月而禫同。王肅據《檀弓》「祥而縞，是月禫，徙月樂」，謂禫在祥是月之中，讀此「中月」與「文王中身享國」之「中」同。按，「是月禫」，自爲下生文，猶「子于是日哭則不歌」，「是日」之文，亦上無所屬。王義非也。

是月也，吉祭，猶未配。

鄭注：是月，是禫月也。當四時之祭月則祭，猶未以某妃配某氏，哀未忘也。《少牢饋食禮》：「祝祝曰：孝孫某，敢用柔毛、剛鬣、嘉薦、普淖，用薦歲事于皇祖伯某，以某妃配某氏，尚饗！」

儀禮集釋卷二十六

特牲饋食禮第十五

鄭《目録》云：特牲饋食之禮，謂諸侯之士祭祖、禰，非天子之士，而于五禮屬吉禮。案：此條有脱誤。《釋文》引鄭云：「諸侯之士以歲時祭其祖廟之禮。」又疏云：「鄭知非天子之士而云諸侯之士者。」似《釋文》所引乃鄭《目録》。本文此云「非天子之士」及「而」字，皆疏内字譌入注文。「于五禮屬吉禮」下，又脱「大戴第七小戴第十三《别録》第十五」凡十四字。

釋曰：諸侯之士祭其祖、禰之禮。特牲，一豕也。韋昭曰：「凡牲，一爲特，二爲牢。」《曲禮》曰「凡祭，大夫以索牛，士以羊豕」者，謂天子之大夫、士。

特牲饋食之禮。不諏日。

鄭注：祭祀自孰始，曰饋食。饋食者，食道也。諏，謀也。士賤職褻，時至事暇，可以祭，則筮其日矣。不如《少牢》，大夫先與有司于廟門諏丁己之日。今文「諏」皆爲「詛」。案：今注疏本脱此六字。

釋曰：饋食，薦孰也。大夫、士之祭不祼、不薦血腥，而自薦孰始，故名其禮曰饋食。天子、諸侯薦孰以前，有祼鬯、薦血腥之禮。

及筮日，主人冠端玄，即位于門外，西面。

鄭注：冠端玄，冠玄、玄端。下言玄者，玄冠有不玄端者。門，謂廟門。

釋曰：玄冠一冠冠玄端、朝服二服。《士冠禮》言：「筮于廟門。」此祭于廟，筮于廟門可知。筮日者，孝子不知鬼神降格之期，故因卜筮以請，敬之至也。

子姓兄弟，如主人之服，立于主人之南，西面，北上。

鄭注：所祭者之子孫。言子姓者，子之所生。小宗祭，而兄弟皆來與焉。宗子祭，則族人皆侍。

釋曰：姓之言生也。兄弟，猶言族親也。《祭統》曰：❶「有事于太廟，則群昭群穆咸在，而不失其倫，此之謂親疏之殺。」

有司群執事如兄弟服，東面，北上。

鄭注：士之屬吏也。

席于門中，闑西，閾外。

鄭注：爲筮人設之也。古文「闑」作「槷」，案：「槷」，今注疏本訛作「槷」。「閾」作「蹙」。

筮人取筮于西塾，執之，東面受命于主人。

鄭注：筮人，官名也。筮，問也。取其所用問神明者，謂蓍也。

---

❶ 「統」，原作「純」，據四庫本改。

釋曰：塾，門側之堂。《士冠禮》：「筮饌于西塾。」

宰自主人之左贊命，命曰：「孝孫某，筮來日某，諏此某事，適其皇祖某子。尚饗！」

鄭注：宰，群吏之長。自，由也。贊，佐也，達也。贊命由左者，爲神求變也。士祭曰「歲事」，此言「某事」，又不言妃者，容大祥之後，禫月之吉祭。皇，君也。言君祖者，尊之也。某子者，祖字也，伯子、仲子也。尚，庶幾也。

釋曰：《郊特牲》曰：「祭稱孝孫、孝子，以其義稱也。」禫月之吉祭，猶未配，喪祭又不言歲事，故空其文，兼見此祭。《少牢饋食禮》曰：「用薦歲事，以其妃配。」此下宿賓辭，亦曰「薦歲事」。

筮者許諾，還，即席，西面坐。卦者在左。卒筮，寫卦。筮者執以示主人。

鄭注：士之筮者坐，蓍短由便。卦者主畫地識爻，爻備，以方寫之。

釋曰：《三正記》曰：「天子蓍長九尺，諸侯七尺，大夫五尺，士三尺。」《少牢禮》：「立筮。」

主人受視，反之。

鄭注：反，還。

筮者還，東面。長占，卒，告于主人：「占曰吉。」

鄭注：長占，以其年之長幼旅占之。❶

❶「年」，四庫本及阮本《儀禮注疏》作「屬」。

若不吉，則筮遠日，如初儀。

鄭注：遠日，旬之外日。

釋曰：《曲禮》云：「旬之内曰近某日，旬之外曰遠某日。」上旬内筮不吉，則筮中旬；不吉，復筮下旬；復不吉，則止。大夫以上，則前一旬筮之。

宗人告事畢。前期三日之朝，筮尸，如求日之儀。命筮曰：「孝孫某，諏此某事，適其皇祖某子，筮某之某爲尸。尚饗。」

鄭注：三日者，容宿賓、視濯也。某之某者，字尸父而名尸，連言其親，庶幾其馮依之也。大夫、士以孫之倫爲尸。

釋曰：祭前二日宿賓，前一日視濯。《曲禮》曰：「爲人子者，祭祀不爲尸。」則尸筮無父者。天子、諸侯之祭，亦用孫之倫爲尸，取有爵者爲之。

乃宿尸。

鄭注：宿，讀爲肅。肅，進也。進之者，使知祭日當來。古文「宿」皆作「羞」。凡「宿」或作「速」，記作「肅」，《周禮》亦作「宿」。

釋曰：「速賓」「肅客」「宿眂滌濯」是也。乃，緩辭。宿尸、宿賓同日。

主人立于尸外門外，子姓兄弟立于主人之後，北面，東上。

鄭注：不東面者，來不爲賓客。子姓立于主人之後，上當其後。

釋曰：《祭統》曰：「孫爲王父尸。所使爲尸者，于祭者子行也。父北面而事之，所以明子事父之道也。」

尸如主人服，出門左，西面。

鄭注：不敢南面當尊。

主人辟，皆東面，北上。

鄭注：順尸。

主人再拜。尸荅拜。

鄭注：主人先拜，尊尸。

宗人擯辭如初，卒曰：「筮子爲某尸，占曰吉，敢宿。」

鄭注：宗人擯者，釋主人之辭。如初者，如宰贊命筮尸之辭。卒曰者，著其辭所易也。今文無「敢」。案：今注疏本脱此四字。

祝許諾，致命。

鄭注：受宗人辭，許之，傳命于尸。始宗人、祝北面，至于傳命，皆西面受命，東面釋之。

釋曰：始時，宗人、祝從主人北面。

尸許諾，主人再拜稽首。

鄭注：其許，亦宗人受于祝，而告主人。

尸入，主人退。

鄭注：相揖而去。尸不拜送，尸尊。

宿賓。賓如主人服，出門左，西面再拜。主人東面，荅再拜。宗人擯，曰：「某薦歲事，吾子將涖之，敢宿。」

鄭注：薦，進也。涖，臨也。言吾子將臨之，知賓在有司中。今特肅之，尊賓耳。

釋曰：賓即筮時有司，知有祭事矣。不筮賓者，主人爲獻主，賓助祭而已。

賓曰：「某敢不敬從。」主人再拜，賓荅拜，主人退，賓拜送。厥明夕，陳鼎于門外，北面，北上，有鼏。

鄭注：厥，其也。宿賓之明日夕。門外，北面當門也。古文「鼏」爲「密」。

釋曰：不言門之東西，知當門。

棜在其南，南順。實獸于其上，東首。

鄭注：順猶從也。棜之制，如今大木轝矣，上有四周，下無足。獸，腊也。

牲在其西，北首，東足。

鄭注：其西，棜西也。東足者，尚右也。牲不用棜，以其生。

釋曰：牲，豕也。縛其足，寢左。

設洗于阼階東南，壺、禁在東序，豆、籩、鉶在東房，南上。几、席、兩敦在西堂。

鄭注：東房，房中之東，當夾北。西堂，西夾之前，近南耳。案：「西夾」下，各本衍「室」字，據疏引注文删正。

釋曰：大夫、士直曰房，此言東房，明在房中之東，當東夾室之北也。西堂，西廂也。《釋宫》曰：「室有東西廂曰廟。」郭曰：「夾室前堂。」

主人及子姓兄弟即位于門東，如初。

鄭注：初筮位也。

賓及衆賓即位于門西，東面，北上。

鄭注：不蒙如初者，以宰在，而宗人、祝不在。案：今注疏本「蒙」作「象」，「宰」作「賓」，俱誤。❶

釋曰：賓及衆賓，即筮時有司群執事也。筮時，祝、宗人在其中，惟宰在門東。今宰在衆賓中，祝、宗人别自爲位，與筮位異。

宗人、祝立于賓西北，東面，南上。

鄭注：事彌至，位彌異。宗人、祝于祭宜近廟。

---

❶ 四庫本戴校與此有異，作「『宰』，今注疏本訛作『賓』」。

主人再拜，賓荅再拜。三拜衆賓，衆賓荅再拜。

鄭注：衆賓再拜者，士賤，旅之得備禮也。

釋曰：《少牢》下篇大夫三拜衆賓，衆賓皆荅一拜，不再拜者，辟國君。

主人揖入，兄弟從，賓及衆賓從，即位于堂下，如外位。

鄭注：爲視濯也。

宗人升自西階，視壺濯及豆、籩，反降，東北面告濯具。

鄭注：濯，溉也。不言敦、鉶者，省文也。東北面告，緣賓意欲聞也。言濯具，不言絜，以有几、席。

釋曰：几、席不濯，告具而已。

賓出，主人出，皆復外位。

鄭注：爲視牲也。今文「復」爲「反」。案：今注疏本脱此五字。

宗人視牲，告充。雍正作豕。

鄭注：充，猶肥也。雍正，官名也。北面以策動作豕，視聲氣。

釋曰：《周禮·充人》：「展牲，則告牲。」牲無疾，則聲氣和。

宗人舉獸尾，告備，舉鼎鼏，告絜。

鄭注：備，具。

請期，曰：「羹飪。」

鄭注：肉謂之羹。飪，孰也。謂明日質明時，而曰肉孰，重豫勞賓。宗人既得期，西北面告賓、有司。

釋曰：《少牢饋食禮》：「爲期，宗人北面。」

告事畢，賓出，主人拜送。夙興，主人服如初，立于門外東方，南面，視側殺。

鄭注：夙，早也。興，起也。主人服如初，則其餘有不玄端者。側殺，殺一牲也。

釋曰：不記賓及兄弟服朝服，惟尸、祝、佐食同主人服玄端。側，猶特也。

主婦視饎爨于西堂下。

鄭注：炊黍稷曰饎，宗婦爲之。爨，竈也。西堂下者，堂之西下也，近西壁，南齊于坫。案：陸德明《釋文》于《既夕·記》分書「齊于坫」三字，至此注則連書「齊坫」二字，似此注無「于」字，因各本皆有仍之。

古文「饎」作「糦」，《周禮》作「⿰食熙」。

釋曰：坫在堂角。《既夕·記》曰：「設棜于東堂下，南順，齊于坫。」❶如在東西堂下者，皆齊于坫。

❶ 此處四庫本有戴校：「『坫』上各本有『于』字，《釋文》舉『齊坫』二字，可證『于』字乃衍文。」

亨于門外東方，西面，北上。

鄭注：亨，煑也。煑豕、魚、腊以鑊，各一爨。《詩》云：「誰能亨魚，溉之釜鬵。」

羹飪，實鼎，陳于門外如初。

鄭注：初，視濯也。

尊于户東，玄酒在西。

鄭注：户東，室户東。玄酒在西，尚之。凡尊，酌者在左。

實豆、籩、鉶，陳于房中，如初。

鄭注：如初者，取而實之，既而反之。

執事之俎，陳于階間，二列，北上。

鄭注：執事，謂有司及兄弟。二列者，因其位在東西。祝、主人、主婦之俎，亦存焉。不升鼎者，異于神。

盛兩敦，陳于西堂，藉用萑，几、席陳于西堂，如初。

鄭注：盛黍稷者，宗婦也。萑，細葦。古文「用」爲「于」。

尸盥，匜水，實于槃中，簞巾，在門内之右。

鄭注：設盥水及巾，尸尊，不就洗，又不揮。門内之右，象洗在東，統于門東，西上。凡鄉内，以入爲左右，鄉外，以出爲左右。

釋曰：尸盥在門右，據鄉内也。揮，振去水也。《春秋傳》曰：「奉匜沃盥，既而揮之。」

祝筵几于室中，東面。

鄭注：爲神敷席也，至此使祝接神。

釋曰：《祭統》曰：「鋪筵，設同几，爲依神也。」筵于室中西南隅。

主婦纚笄，宵衣，立于房中，南面。

鄭注：主婦，主人之妻。雖姑存，猶使之主祭祀。纚笄，首服。宵，綺屬也。此衣染之以黑，其繒本名宵。《詩》有「素衣朱宵」，《記》有「玄宵衣」。凡婦人助祭者，同服也。《内則》曰：「舅没則姑老，冢婦所祭祀、賓客，每事必請于姑。」案：《詩》「素衣朱繡」，毛傳云：「繡，黼也。」鄭箋：「繡，當爲綃。」其注《士昏禮》之「姆纚笄宵衣」云：「宵，讀爲《詩》『素衣朱綃』之『綃』。」《魯詩》以「綃爲綺屬也」，似「綃」乃《魯詩》原文。賈公彦之疏《周官・蜡氏》「吉圭惟饎」注，所謂「鄭從三家《詩》，故不同」，即謂是類。至此注引《詩》則云：「其繒本名曰宵」，并《禮記・玉藻》篇「玄綃衣之」，「綃」亦改作「宵」，猶《七月》詩箋引《月令》「鮮羔開冰」句，徑作「獻羔」，但取音義相合，不仍原文，而賈疏槩以《詩》及《禮記》皆作「宵」，轉滋淆惑，附辯于此。❶

❶ 此戴校，四庫本無。

釋曰：《祭統》曰：「夫祭也者，必夫婦親之，所以備外内之官也，官備則具備。」

主人及賓、兄弟、群執事，即位于門外，如初。宗人告有司具。

鄭注：具，猶辦也。

主人拜賓如初，揖入，即位，如初。

鄭注：初，視濯也。

佐食北面，立于中庭。

鄭注：佐食，賓佐尸食者，立于宗人之西。

釋曰：虞禮，主人即位于堂，如反哭，東面，宗人西階前北面詔主人。此禮，主人位堂下西面，宗人當在阼階南擯主人，知佐食在主人之西。

主人及祝升，祝先入，主人從，西面于户内。

鄭注：祝先入，接神宜在前也。《少牢饋食禮》曰：「祝盥于洗，升自西階。主人盥，升自阼階。祝先入，南面。」

主婦盥于房中，薦兩豆，葵菹、蝸醢，醢在北。

鄭注：主婦盥，盥于内洗。《昏禮》：「婦洗在北堂，直室東隅。」

釋曰：薦豆于奥席前。

宗人遣佐食及執事盥，出。

鄭注：命之盥出，當助主人及賓舉鼎。

主人降，及賓盥，出，主人在右，及佐食舉牲鼎，賓長在右，及執事舉魚腊鼎，除鼏。

鄭注：及，與也。主人在右，統于東，主人與佐食者，賓尊不載。《少牢饋食禮》：「魚用鮒，腊用麋。」士腊用兔。

釋曰：入以東爲右。賓不偶主人者，左人當載，載，賤者之事。《曲禮》曰：「兔曰明視。」

宗人執畢先入，當阼階，南面。

鄭注：畢，狀如叉，蓋爲其似畢星取名焉。主人親舉，宗人則執畢導之。既錯，又以畢臨朼載，備失脱也。《雜記》曰：「朼用桑，長三尺，畢用桑，三尺，案：「三尺」上，今注疏本有「長」字。刊其本與末。」朼畢同材明矣。今此朼用棘心，則畢亦用棘心。舊説云，畢以御他神物，案：「以」，今注疏本訛作「似」。神物惡桑叉。則《少牢饋食》及《虞》無叉，何哉？此無叉者，乃主人不親舉耳。《少牢》大夫祭不親舉。《虞》，喪祭也，主人未執事。祔、練、祥，執事用桑叉，自此純吉，用棘心叉。

鼎西面錯，右人抽扃，委于鼎北。

鄭注：右人，謂主人及二賓。既錯，皆西面俟也。

贊者錯俎，加匕。

鄭注：贊者，執俎及匕從鼎入者。其錯俎東縮，加匕，東枋，案：今注疏本作「柄」。既則退，而左人北面也。

釋曰：左人北面，于其南載之。《昏禮》曰：「北面載。」《少牢饋食禮》：「俎皆設于鼎西。」

乃朼。

鄭注：右人也，尊者于事指使可也，左人載之。

佐食升肵俎，鼏之，設于阼階西。

鄭注：肵俎案：今注疏本脱「俎」字。謂心舌之俎也。《郊特牲》曰：「肵之爲言敬也。」言主人之所以敬尸之俎。古文「鼏」皆作「密」。

卒載，加匕于鼎。

鄭注：卒，已也。已載，畢亦加焉。

主人升，入復位。俎入，設于豆東，魚次，腊特于俎北。

鄭注：入設俎，載者。腊特，饌要方也。凡饌必方者，明食味，人之性所以正。

主婦設兩敦黍稷于俎南，西上，及兩鉶鉶芼設于豆南，南陳。案：各本脱一「鉶」字，據唐石經補。

鄭注：宗婦不贊敦、鉶者，以其少，可親之。芼，菜也。

祝洗，酌奠，奠于鉶南，遂命佐食啟會。佐食啟會，卻于敦南，出，立于户西，南面。案：今注疏本脱「户」字，唐石經亦有。

鄭注：酌奠，奠其爵觶也。《少牢饋食禮》啟會乃奠之。

釋曰：會，敦蓋也。卻，仰也。

主人再拜稽首。祝在左。

鄭注：稽首，服之甚者。祝在左，當爲主人釋辭于神也。祝祝曰：「孝孫某，敢用剛鬣、嘉薦、普淖，用薦某事于皇祖某子。尚饗。」

卒祝，主人再拜稽首。祝迎尸于門外。

鄭注：尸自外來，代主人接之。就其次而請，不拜，不敢與尊者爲禮。《周禮·掌次》：「凡祭祀，張尸次。」

主人降，立于阼階東。

鄭注：主人不迎尸，成尸尊。尸，所祭者之孫也。祖之尸，則主人乃宗子，禰之尸，則主人乃父道。事神之禮，廟中而已，出迎則爲厭。

釋曰：《祭統》曰：「君迎牲而不迎尸，别嫌也。尸在廟門外，則疑于臣；在廟中，則全于君。君在廟門外，則疑于君；入廟門，則全于臣，全于子。」

尸入門左，北面盥。宗人授巾。

鄭注：侍盥者執其器就之。執簞者不授巾，賤也。宗人授巾，庭長尊。《少牢饋食禮》曰：「祝先入門右，尸入門左。」

釋曰：尸盥在門右，侍盥者執以之門左就尸。

尸至于階，祝延尸。尸升，入。祝先，主人從。

鄭注：延，進，在後詔侑曰延。《禮器》所謂「詔侑無方」者也。❶《少牢饋食禮》曰：「尸升自西階，入，祝從，主人升自阼階。祝先入，主人從。」

釋曰：無方，無常也。

尸即席坐，主人拜妥尸。

鄭注：妥，安坐也。

釋曰：《郊特牲》曰：「舉斝、角，詔妥尸。古者尸無事則立，有事而后坐也。」

尸荅拜，執奠，祝饗，主人拜如初。

鄭注：饗，勸强之也。其辭取于《士虞・記》，則宜云：「孝孫某圭爲孝薦之饗。」舊説云：「明薦之。」

祝命挼祭。尸左執觶，右取菹㨎醢，案：各本作「㨎于醢」，《釋文》舉「㨎醢」二字，可證「于」字乃衍文。**祭**

❶「無」，原作「武」，據下李如圭釋改。

于豆間。

鄭注：命，詔尸也。挼祭，祭神食也。《士虞禮》古文曰：「祝命佐食隋祭。」案：「隋」，今注疏本訛作「墮」，下同。《周禮》曰：「既祭則藏其隋。」「隋」與「挼」讀同耳。今文改「挼」皆爲「綏」，古文此皆爲「挼祭」也。挼醢者，染于醢。

釋曰：鄉者設饌厭飫神，謂之陰厭。案：此下原本缺。

佐食取黍、稷、肺祭，授尸。尸祭之，祭酒，啐酒，告旨。主人拜，尸奠觶，荅拜。

鄭注：肺祭，刌肺也。旨，美也。祭酒，穀味之芬芳者，齊敬共之，惟恐不美，告之美，案：「美」上，今注疏本有「以」字。達其心，明神享之。

釋曰：尸俎具有離肺、刌肺，此所祭者刌肺。《郊特牲》曰：「祭肺、肝、心，貴氣主也。」《明堂位》曰：「夏后氏祭心，殷祭肝，周祭肺。」

祭鉶，嘗之，告旨。主人拜，尸荅拜。❶

鄭注：鉶，肉味之有菜和者。《曲禮》曰：「客絮羹，主人辭不能亨。」

釋曰：鉶羹有菜和，故告旨。盛之鉶器，故名鉶羹。

祝命爾敦。佐食爾黍稷于席上。

---

❶「尸」下，四庫本有「再」字。

鄭注：爾，近也。近之，便尸之食也。

設大羹湆于醢北。

鄭注：大羹湆，煑肉汁也。不和，貴其質。設之，所以敬尸也。不祭不嚌，大羹不爲神，非盛者也。《士虞禮》曰：「大羹湆自門入。」今文「湆」皆爲「汁」。

釋曰：《士虞禮·記》曰：「無尸則無大羹湆。」大羹在左者，神禮變于食。

舉肺脊以授尸。尸受，振祭，嚌之，左執之。

鄭注：肺，氣之主也。脊，正體之貴者。先食啗之，所以導食通氣。

釋曰：肺，離肺也。《周禮》九祭，五曰振祭、六曰擩祭。擩祭者，擩于醢以祭，不食也。振祭者，將食，既擩，必振乃祭也。黍、稷、牢、肉、魚，皆擩于醢。

乃食，食舉。

鄭注：舉言食者，明凡解體皆連肉。

釋曰：食舉，即肺脊也。食必先舉之，故曰舉。以其可食，故又曰食舉。凡體皆連肉，以骨爲主耳。

主人羞肵俎于腊北。

鄭注：肵俎主于尸，主人親羞，敬也。神俎不親設者，貴得賓客以神事其先。

尸三飯，告飽。祝侑，主人拜。

鄭注：三飯告飽，禮一成也。侑，勸也。或曰又，勸之使又食。《少牢饋食禮》侑辭曰：「皇尸未實，侑也。」案：今注疏本脱「也」字。

釋曰：實，飽也。《詩·楚茨》曰：「以享以祀，以妥以侑。」

佐食舉幹，尸受，振祭，嚌之。佐食受，加于肵俎。舉獸幹、魚一，亦如之。

鄭注：幹，長脅也。獸腊，其體數與牲同。

釋曰：正脅曰幹。此禮無正脅，則幹者通謂長脅。《公羊傳》曰：「擠幹而殺之。」

尸實舉于葅豆。

鄭注：爲將食庶羞。舉，謂肺脊。

佐食羞庶羞四豆，設于左，南上，有醢。

鄭注：庶，衆也。衆羞以豕肉，所以爲異味。四豆者，膮、炙、胾、醢。南上者，以膮炙爲上，以有醢，不得綼也。

釋曰：《王制》曰：「庶羞不踰牲。」按，《公食大夫禮》醢與胾炙綼設，此進一醢，故不得綼。

尸又三飯，告飽。祝侑之，如初。

鄭注：禮再成也。

舉骼及獸、魚，如初。尸又三飯，告飽。祝侑之如初。

鄭注：禮三成。獸魚如初者，獸骼、魚一也。

舉肩及獸、魚如初。

鄭注：不復飯者，三三者，士之禮大成也。舉，先正脊，後肩，自上而卻下，綍而前，終始之次也。

釋曰：按，《少牢饋食禮》載牲體之次，肩、臂、臑、膊、骼在俎兩端，脊、脅、肺在上。其序：肩、脊、脅、骼，先舉正脊，自上也。次舉脅，卻也。後舉骼，下綍也。終舉肩，前也。尸舉牲體如綍也。

佐食盛肵俎，俎釋三個。

鄭注：佐食取牲魚腊之餘，盛于肵俎，將以歸尸。俎釋三個，爲改饌于西北隅遺之。所釋者，牲腊則正脊一骨，長脅一骨及臑也，魚則三頭而已。個猶枚也，今俗言物數有云若干個，案：今注疏本作「有若干個者」。此讀然。

釋曰：按下記，尸俎：右肩、臂、臑、肫、胳，正脊二骨、横脊，長脅二骨、短脅。今已舉肩、胳、正脊一骨，長脅一骨。前脛宜盛臂，後脛宜盛肫，脊脅宜盛横脊、短脅。知所釋者，正脊一骨，長脅一骨及臑。

舉肺脊加于肵俎，反黍稷于其所。

鄭注：尸授佐食，佐食受而加之，反之也。肺脊初在菹豆。

主人洗角，升酌，酳尸。

鄭注：酳，猶衍也，是獻尸也。謂之酳者，案：「謂之」二字，今注疏本作「云」字。尸既卒食，又欲頤衍養樂之。不用爵者，下大夫也。因父子之道質而用角，角加人事略者。案：「者」，今注疏本訛作「也」。今文「酳」皆爲「酌」。

釋曰：凡觴，一升曰爵，二升曰觚，三升曰觶，四升曰角，五升曰散。《少牢饋食禮》酳尸用爵，此辟大夫，不用爵。次當用觚，而用角者，角用功少，象質也。

尸拜受，主人拜送。尸祭酒，啐酒，賓長以肝從。

鄭注：肝，肝炙也。今文曰「啐之」，案：今注疏本脱此五字。古文無「長」。

釋曰：羞肝亦以祭，右鹽。

尸左執角，右取肝，擩于鹽，振祭，嚌之，加于菹豆，卒角。祝受尸角，曰：「送爵，皇尸卒爵。」主人拜，尸荅拜。

鄭注：曰「送爵」者節，主人拜。

祝酌授尸，尸以醋主人。

鄭注：醋，報也。祝酌不洗，尸不親酌，尊尸也。尸親醋，相報之義。案：今注疏本脱此七字。古文「醋」作「酢」。

主人拜受角，尸拜送。主人退，佐食授妥祭。案：「妥」，各本訛作「挼」，據注訂正。

鄭注：退者，進受爵反位。「妥」亦當爲「挼」。案：今注疏本脱此五字。尸將嘏主人，佐食授之挼祭，亦使祭尸食也。其授祭，亦取黍稷肺祭。今文或皆改「妥」作「挼」。案：今注疏本作「今文『妥』作『綏』」。

主人坐，左執角，受祭，祭之，祭酒，啐酒，進聽嘏。

鄭注：聽，猶待也。受福曰嘏。嘏，長也，大也，待尸授之以長大之福。案：此下今注疏本有「也」字。

佐食摶黍授祝，祝授尸。尸受以菹豆，執以親嘏主人。

鄭注：獨用黍者，食之主。其辭，則《少牢饋食禮》有焉。

主人左執角，再拜稽首受，復位，詩懷之，實于左袂，挂于季指，卒角，拜。尸荅拜。

鄭注：詩，猶承也。謂奉納之懷中。季，少也。實于左袂，挂袪以小指者，便卒角也。《少牢饋食禮》曰：「興受黍，坐振祭嚌之。」古文「挂」作「卦」。案：今注疏本脱此五字。

釋曰：《内則》曰：「詩負之。」《詩含神霧》曰：「詩，持也。」以手維持，則承奉之義。袂，袖也。袪，袖口。

主人出，寫嗇于房，祝以籩受。

鄭注：變黍言嗇，案：「言」，今注疏本訛作「以」。因事託戒欲其重稼嗇。嗇者，農力之成功。

筵祝，南面。

鄭注：主人自房還時。

主人酌獻祝，祝拜受角，主人拜送。設菹醢、俎。

鄭注：行神惠也。先獻祝，以接神，尊之。菹醢皆主婦設之，佐食設俎。

釋曰：神坐及亞獻致爵之籩豆，皆主婦設之。《少牢饋食禮》：「主人獻祝，佐食設俎。」

祝左執角，祭豆，興取肺，坐祭，嚌之，興，加于俎，坐祭酒，啐酒，以肝從。祝左執角，右取肝，㨎于鹽，振祭，嚌之，加于俎，卒角，拜。主人荅拜，受角。酌獻佐食。佐食北面拜受角，主人拜送，佐食坐祭，卒角，拜。主人荅拜，受角，降，反于篚，升，入復位。

釋曰：下記「祝俎離肺，則祝絶肺以祭」，此不見者，省文。

主婦洗爵于房，酌，亞獻尸。

鄭注：亞，次也，次猶貳。主婦貳獻不夾拜者，士妻儀簡耳。

釋曰：爵，房中爵也。《少牢饋食禮》：「主婦拜獻尸，尸拜受，主婦拜送。」

尸拜受，主婦北面拜送。

鄭注：北面拜者，辟内子也。大夫之妻，拜于主人之北，西面。

宗婦執兩籩，户外坐。主婦受，設于敦南。

鄭注：兩籩，棗、栗。棗在西。

釋曰：《士虞禮》：「主婦亞獻尸，自反兩籩，棗、栗，設于會南，棗在西。」《周禮・九嬪》：「凡祭祀，贊玉齍，贊后薦、徹豆籩。」

祝贊籩祭，尸受，祭之，祭酒，啐酒。

鄭注：籩祭，棗、栗之祭。❶其祭之，亦于豆祭。

釋曰：祝贊者，猶前命挼祭也。籩豆同祭于豆間。《少牢》下篇曰：「尸取豐、蕡、白、黑，兼祭于豆祭。」

兄弟長以燔從，尸受，振祭，❷嚌之，反之。

鄭注：燔，炙肉也。

釋曰：反之，反于長兄弟。《楚茨》曰：「執爨踖踖，爲俎孔碩，或燔或炙。」

羞燔者受，加于肵，出。

鄭注：出者，俟後事也。

釋曰：俟羞燔于祝也。

尸卒爵，祝受爵，命送如初。

---

❶「祭」下，四庫本有「也」字。

❷「祭」字，原無，據四庫本、集成本補。

鄭注：送者，送卒爵。

酢，如主人儀。

鄭注：尸酢主婦如主人儀者，自祝酌至尸拜送。如酢主人也，不易爵，辟内子。

釋曰：上尸酢主人，不易爵，此如之，亦不易爵也。禮，男女不相襲爵。《少牢饋食禮》尸酢主婦，祝易爵，洗以授尸。此襲爵者，辟大夫之妻。

主婦適房，南面。佐食挼祭。主婦左執爵，右撫祭，祭酒，啐酒，入，卒爵，如主人儀。

鄭注：撫挼祭，示親祭。佐食不授而祭于地，亦儀簡也。入室卒爵于尊者前，成禮，明受惠也。

釋曰：《少牢禮》：「主婦受祭，祭之。」

獻祝，籩燔從，如初儀。及佐食，如初。卒，以爵入于房。

鄭注：及佐食如初，如其獻佐食，則拜主人之北，西面也。

釋曰：佐食北面受獻，主婦不宜同面拜送。言如初，明同主人西面拜，與内子禮同。

賓三獻，如初。燔從如初，爵止。

鄭注：初，亞獻也。尸止爵者，三獻禮成，❶欲神惠之均于室中，是以奠而待之。❷

---

❶ 「三獻禮成」四字，原無，據四庫本及阮本《儀禮注疏》補。

❷ 「待」，四庫本作「獻」。

儀禮集釋卷二十七

特牲饋食禮

席于户内。

鄭注：爲主人鋪之，西面。席自房來。

主婦洗爵，酌，致爵于主人。主人拜受爵，主婦拜送爵。

鄭注：主婦拜，拜于北面也。今文曰：「主婦洗，酌爵。」

宗婦贊豆如初，主婦受，設兩豆兩籩。

鄭注：初，贊亞獻也。主婦薦兩豆籩，東面也。

俎入設。

鄭注：佐食設之。

主人左執爵，祭薦，宗人贊祭。奠爵，興取肺，坐絶祭，嚌之，興加于俎，坐挩手，祭酒，啐酒。

鄭注：絶肺祭之者，以離肺長也。《少儀》曰：「牛羊之肺，離而不提心。」豕亦然。挩，拭也。挩

手者，爲絶肺染汙也，忖肺不捝手。❶案：「刌」，今注疏本作「村」。❷古文「捝」皆作「説」。❸

釋曰：刌肺，忖切之，直取以祭。離肺，四面離割之，不絶其中央少許，時絶之以祭。❹下記主人以下，俎皆離肺，無刌肺。

肝從。左執爵，取肝擩于鹽，坐，振祭，嚌之。宗人受，加于俎。燔亦如之。興，席末坐，卒爵，拜。

鄭注：于席末坐卒爵，敬也。一酳而備，再從而次之，亦均。❺

釋曰：尸再獻而具肝從，主人一酳而肝燔從，與尸均。坐振祭，重出「坐」字，疑。

主婦荅拜，受爵，酌，醋，左執爵，拜。主人荅拜。坐祭，立飲，卒爵，拜。主人荅拜。主婦出，反于房。

釋曰：主婦醋，不更爵，殺也。

主人降，洗，酌，致爵于主婦，席于房中，南面。主婦拜受爵，主人西面荅拜。宗婦薦豆、俎，從獻皆

---

❶「刌」，四庫本作「忖」，下「刌肺」「刌切」同。

❷此戴校，四庫本無。

❸「文」，原作「今」，據四庫本、集成本及阮本《儀禮注疏》改。

❹「時」上，胡培翬《正義》引《集釋》有「祭」字。

❺「亦」，四庫本及阮本《儀禮注疏》作「示」。

如主人。主人更爵酌，醋，卒爵，降，實爵于篚，入復位。

鄭注：主人更爵自酢，男子不承婦人爵也。《祭統》曰：「夫婦相授受，不相襲處，酢必易爵，明夫婦之别。」古文「更」爲「受」。案：今注疏本訛作「今文『授』爲『受』」。

釋曰：更爵，更房内之爵也。庭篚惟有二爵，其一獻尸爵止，其一主人致爵于主婦。《少牢》下篇：「賓致爵于主婦之俎，亦佐食設之。」

三獻，作止爵。

鄭注：賓也，謂三獻者，以事命之。作，起也。舊説云：賓入户，北面，曰：「皇尸請舉爵。」

尸卒爵，酢。酌獻祝及佐食。洗爵，酌，致于主人、主婦，燔從皆如初。更爵，酢于主人，卒，復位。

鄭注：洗乃致爵爲異事新之。「燔從皆如初」者，如亞獻及主人、主婦致爵也。凡獻，佐食皆無從。其薦俎，獻兄弟以齒設之。賓更爵自酢，亦不承婦人爵。今文曰「洗致」，古文「更」爲「受」。

案：今注疏本脱此十字。

釋曰：下記「佐食旅」，旅齒于兄弟，故其薦俎亦然。「賓三獻」節中有十一爵，獻尸一，主婦致爵于主人二，主婦自酢三，主人致爵于主婦四，主人自酢五，尸卒爵酢賓六，賓獻祝七，獻佐食八，賓致爵于主人九，致爵于主婦十，賓酢于主人十一。

主人降阼階，西面拜賓，如初洗。

鄭注：拜賓而洗爵，爲將獻之，如初，如視濯時。案：今注疏本「視」上脱「如」字。❶主人再拜，賓荅拜，三拜衆賓，衆賓荅再拜者。

賓辭洗。卒洗，揖讓升，酌，西階上獻賓。賓北面拜受爵。主人在右，荅拜。

鄭注：就賓拜者，此禮不主于尊也。賓卑則不專階，主人在右，統于其位。今文無「洗」。案：今注疏本脱此四字。

釋曰：賓，有司耳，不得專階，故主人就而獻之。主人之位在東。

薦脯醢。設折俎。

鄭注：凡節解者，皆曰折俎。不言其體，略云折俎，非貴體也。上賓骼，衆賓儀，公有司設之。

釋曰：《少牢》下篇曰：「司士設賓俎，羊骼，衆賓其脅體，儀也。」儀者，儀度可用者用之。

賓左執爵，祭豆，奠爵，興，取肺，坐絶祭，嚌之，興，加于俎，坐挩手，祭酒，卒爵，拜。主人荅拜，受爵，酌酢，奠爵，拜。賓荅拜。

鄭注：主人酌，自酢者。賓不敢敵主人，主人達其意。

主人坐祭，卒爵，拜。賓荅拜，揖，執祭以降，西面奠于其位，位如初。薦、俎從設。

鄭注：位如初，復其位東面。《少牢饋食禮》：「宰夫執薦以從，設于祭東，司士執俎以從，設于薦

---

❶ 此戴校，四庫本無。

東。」是則皆公有司爲之與？

釋曰：祭脯肺。

衆賓升，拜受爵，坐祭，立飲。薦、俎設于其位，辯。主人備荅拜焉，降，實爵于篚。

鄭注：衆賓立飲，賤不備禮。《鄉飲酒・記》曰：「立卒爵者不拜既爵。」備，盡，盡人之荅拜。

釋曰：《坊記》曰：「尸飲三，衆賓飲一，示民有上下也。因其酒肉，聚其宗族，以教民睦也。」

尊兩壺于阼階東，加勺，南枋。西方亦如之。

鄭注：爲酬賓及兄弟，行神惠。不酌上尊，卑異之。就其位，尊之。兩壺皆酒，優之。先尊東方，示惠由近。《禮運》曰：「澄酒在下。」

釋曰：旅酬禮褻，不敢與神靈共尊，故就賓及兄弟之位尊之。不用玄酒，澄酒在下，人君禮也。按，《司尊彝》：「四時之祭皆有罍，諸臣之所酢。」《少牢饋食禮》上下大夫堂下皆無尊者，辟人君。士卑，不嫌與人君同。

主人洗觶，酌于西方之尊，西階前北面酬賓。賓在左。

鄭注：先酌西方者，尊賓之義。

主人奠觶拜，賓荅拜。主人坐祭，卒觶，拜。賓荅拜。主人洗觶，賓辭，主人對。卒洗，酌，西面。賓北面拜。

鄭注：西面者，鄉賓位。立于西階之前，賓所荅拜之東北。

主人奠觶于薦北。

鄭注：奠酬于薦左，非爲其不舉。行神惠，不可同于飲酒。

釋曰：《鄉飲酒》記云：「凡奠者于左，將舉于右。」

賓坐取觶，還，東面。 案：此下各本衍「拜」字。考上經「賓北面拜主人，奠觶于薦北」，下云「主人荅拜」，荅賓北面之拜也。「賓坐取觶，還東面」，下乃云「賓奠觶于薦南」，賓方執觶在手，不得拜明矣。**主人荅拜。賓奠觶于薦南，揖復位。**

鄭注：還東面，就其位薦西。奠觶薦南，明將舉。

釋曰：揖復位，則奠觶時少南于位。

主人洗爵，獻長兄弟于阼階上，如賓儀。

鄭注：酬賓乃獻長兄弟者，獻之禮成于酬，先成賓禮，此主人之義。亦有薦脀設于位，私人爲之與？

釋曰：下記公有司獻次衆賓，私臣獻次衆兄弟。賓薦俎，蓋公有司設之。兄弟薦俎，蓋私臣設之。

洗，獻衆兄弟，如衆賓儀。

鄭注：獻卑而必爲之洗者，顯神惠。此言如衆賓儀，則知獻衆賓洗明矣。❶

洗，獻内兄弟于房中，如獻衆兄弟之儀。

鄭注：内兄弟，内賓宗婦也。如衆兄弟，如其拜受，坐祭，立飲。設薦俎于其位而立。内賓其位在房中之尊北。案：今注疏本脱「其」字。不殊其長，略婦人也。《有司徹》曰：「主人洗，獻内賓于房中，南面拜受爵。」

釋曰：下記尊兩壺于房中，西墉下。内賓立于其北，東面，南上。宗婦北堂東面。

主人西面荅拜，更爵酢，卒爵，降，實爵于篚，入復位。

鄭注：爵辯乃自酢，以初不殊其長也。内賓之長亦南面荅拜。

長兄弟洗觚爲加爵，如初儀，不及佐食，洗致如初，無從。

鄭注：大夫、士三獻而禮成，多之爲加也。不及佐食，無從，殺也。致，致于主人、主婦。

衆賓長爲加爵，如初，爵止。

鄭注：尸爵止者，欲神惠之均于在庭。

嗣舉奠，盥入，北面再拜稽首。

鄭注：嗣，主人將爲後者。舉，猶飲也。使嗣子飲奠者，將傳重累之者，大夫之嗣子不舉奠，辟

---

❶「知」，四庫本及阮本《儀禮注疏》作「如」。

諸侯。

釋曰：奠，鉶南所奠觶也。《文王世子》曰：「宗廟之中，登餕，獻受爵，則以上嗣。」上嗣，君子適長子也。以此禮言之，受爵謂嗣舉奠，獻謂舉奠洗酌入，餕謂宗人遣舉奠盥，❶祝命之餕也。大夫之嗣無此禮，辟君。

尸執奠，進受，復位，祭酒，啐酒。尸舉肝。舉奠左執觶，再拜稽首，進受肝，復位，坐食肝，卒觶，拜。尸備荅拜焉。

鄭注：食肝，受尊者賜，不敢餘也。備，猶盡也。每拜荅之，以尊者與卑者爲禮，略其文耳。古文「備」爲「復」。

釋曰：肝，酳尸所從獻者。舉奠者，嗣也，以事名之。

舉奠洗，酌，入。尸拜受，舉奠荅拜。祭酒，❷啐酒，奠之。舉奠出，復位。

鄭注：啐之者，荅其欲酢己也。奠之者，復神之奠觶。嗣齒于子姓。凡非主人，升降自西階。

釋曰：尸復神之奠觶，故惟啐之，與挼祭同時。❸

❶「遣」，四庫本、集成本作「遺」。

❷「祭」上，四庫本及阮本《儀禮注疏》、胡培翬《正義》有「尸」字。

❸「同時」，胡培翬《正義》引《集釋》作「時同」。

兄弟弟子洗，酌于東方之尊，阼階前北面，舉觶于長兄弟，如主人酬賓儀。

鄭注：弟子，後生也。

宗人告祭脀。

鄭注：脀，俎也。所告者，衆賓、衆兄弟、内賓也。案：今注疏本「兄弟」上脱一「衆」字。獻時設薦俎于其位，至此禮又殺，告之祭，使成禮也。其祭皆離肺，不言祭豆，可知。

乃羞。

鄭注：羞，庶羞也。下尸，胾醢豆而已。此所羞者，自祝、主人，至于内賓，無内羞。

釋曰：《少牢》下篇乃有内羞，此庶羞降于尸，無膮炙。《少牢》下篇曰：「羞及私人，辯。」

賓坐取觶，阼階前北面酬長兄弟，長兄弟在右。

鄭注：薦南奠觶。

釋曰：主人酬賓之觶。

賓奠觶拜，長兄弟荅拜。賓立卒觶，酌于其尊，東面立。長兄弟拜受觶。賓北面荅拜，揖，復位。

鄭注：其尊，長兄弟尊也。此受酬者拜，亦北面。

長兄弟西階前北面，衆賓長自左受旅，如初。

鄭注：旅，行也，受行酬也。初，賓酬長兄弟。

長兄弟卒觶，酌于其尊，西面立。受旅者拜受。長兄弟北面荅拜，揖，復位。

釋曰：其尊，西面之尊。

衆賓及衆兄弟交錯以辯，皆如初儀。

鄭注：交錯，猶言東西。

釋曰：《楚茨》曰：「獻酬交錯，禮儀卒度，笑語卒獲。」古者于旅也，語謂此時。

爲加爵者作止爵，如長兄弟之儀。

鄭注：于旅酬之間，言作止爵，明禮殺並作。

釋曰：賓酬長兄弟，長兄弟酬賓，二觶繼舉，至此禮殺，故不俟其畢而作止爵。

長兄弟酬賓，如賓酬兄弟之儀，以辯。卒受者實觶于篚。

鄭注：長兄弟酬賓，亦坐取其奠觶。此不言交錯以辯，賓之酬，不言卒受者，實觶于篚，明其相報禮終于此，其文省。

釋曰：長兄弟亦取兄弟、弟子所舉之觶酬賓以相報，故互文以見之。

賓弟子及兄弟弟子洗，各酌于其尊，中庭，北面，西上，舉觶于其長，奠觶拜。長皆荅拜。舉觶者祭，卒觶，拜。長皆荅拜。舉觶者洗，各酌于其尊，復初位。長皆拜。舉觶者皆奠觶于薦右。

鄭注：奠觶，進奠之于薦右，非神惠也。今文曰「奠于薦右」。

長皆執以興，舉觶者皆復位荅拜。長皆奠觶于其所，皆揖其弟子，弟子皆復其位。

鄭注：復其位者，東西面位。弟子舉觶于其長，所以序長幼、教孝弟。凡堂下拜，亦皆北面。

爵皆無算。

鄭注：算，數也。賓取觶酬兄弟之黨，長兄弟取觶酬賓之黨，惟己所欲，亦交錯以辯，無次第之數。因今接會，使之交恩定好，優勸之。

利洗散，獻于尸，酢，及祝，如初儀。降，實散于篚。

鄭注：利，佐食也。言利，以今進酒也。更言獻者，以利待尸禮將終，❶宜一進酒。嫌于加酒亦當三也。不致爵，禮又殺也。

主人出，立于户外，西面。

鄭注：事尸禮畢。

祝東面告利成。

鄭注：利，猶養也。供養之禮成，不言禮畢，于尸閒之嫌。

尸謖，祝前，主人降。

鄭注：謖，起也。前，猶導也。《少牢饋食禮》曰：「祝入，尸謖，主人降，立于阼階東，西面。祝

❶ 「待」，原作「侍」，據四庫本及阮本《儀禮注疏》改。

先，尸從，遂出于廟門。」前尸之儀，《士虞禮》備矣。

釋曰：《楚茨》曰：「孝孫徂位，工祝致告。神具醉止，皇尸載起。」致告，告利成也。

祝反，及主人入，復位。命佐食徹尸俎，俎出于廟門。

鄭注：俎所載于肵俎。❶《少牢饋食禮》曰：「有司受，歸之。」

徹庶羞，設于西序下。

鄭注：爲將餕，去之。庶羞主爲尸，非神饌也。《尚書傳》曰：「宗室有事，族人皆侍終日，大宗已侍于賓奠，然後燕私。」燕私者何也？祭已而與族人飲也。案：今注疏本脱「祭」字。此徹庶羞置西序下者，爲將以燕飲與？然則自尸祝至于兄弟之庶羞，宗子以與族人燕飲于堂；内賓宗婦之庶羞，主婦以燕飲于房。

釋曰：《楚茨》曰：「諸宰君婦，廢徹不遲。諸父兄弟，備言燕私。」

筵對席，佐食分簋鉶。

鄭注：爲將餕分之也。分簋者，分敦黍于會，爲有對也。敦，有虞氏之器也。周制，士用之，變敦言簋，容同姓之士得從周制耳。《祭統》曰：「餕者祭之末也，不可不知也。是故古之人有言曰：『善終者如始，餕其是已。』是故古之君子曰：『尸亦餕鬼神之餘，案：此下今注疏本有「也」字。

❶「載于」，阮本《儀禮注疏》作「以載」。

惠術也，可以觀政矣。』」

宗人遣舉奠及長兄弟盥，立于西階下，東面，北上。祝命嘗食。籑者舉奠許諾，升，入，東面。長兄弟對之，皆坐。佐食授舉，各一膚。

鄭注：命，告也。士使嗣子及兄弟籑其惠，不過族親也。案：今注疏本脱「也」字。古文「籑」皆作「餕」。

釋曰：籑者舉膚，降于尸也。《祭統》曰：「尸謖，君與卿四人餕。君起，大夫六人餕。大夫起，士八人餕。」《少牢饋食禮》：「二佐食及二賓長餕。」

主人西面再拜，祝曰：「籑有以也。」兩籑奠舉于俎，許諾，皆荅拜。

鄭注：以，讀如「何其久也，必有以也」之「以」。祝曰籑，案：「曰」，今注疏本訛作「告」。釋辭以戒之，言女籑乎此，案：今注疏本脱「乎」字。當有所以也，以先祖有德而享于此祭。其坐籑其餘，亦當以之也。《少牢饋食禮》不戒者，非親昵也。舊説曰：主人拜下籑席南。

若是者三。

鄭注：丁寧戒之。

皆取舉，祭食，祭舉乃食，祭鉶，食舉。

鄭注：食乃祭鉶，禮殺。

釋曰：食，簋實也。尸祭鉶，嘗之，乃爾黍。

卒食。主人降洗爵，宰贊一爵。主人升酌，酳上養，上養拜受爵，主人荅拜。酳下養，亦如之。

鄭注：《少牢饋食禮》曰：「贊者洗三爵，酌，案：今注疏本脱「酌」字。主人受于户内，以授次養。」舊説云，主人北面授下養爵。

主人拜，祝曰：「酳有與也。」如初儀。

鄭注：主人復拜，爲戒也。與，讀如「諸侯以禮相與」之「與」。言女酳此，當有所與也。與者，與兄弟也。既知似先祖之德，亦當與女兄弟，謂教化之。

兩養執爵拜。

鄭注：荅主人也。

祭酒，卒爵，拜。主人荅拜。兩養皆降，實爵于篚，上養洗爵，升酌，酢主人。主人拜受爵。

鄭注：下養復兄弟位，不復升也。

上養即位，坐荅拜。

鄭注：既授爵户内，乃就坐。

主人坐祭，卒爵，拜。上養荅拜，受爵，降，實于篚。主人出，立于户外，西面。

鄭注：事餕者禮畢。

祝命徹阼俎、豆、籩，設于東序下。

鄭注：命，命佐食。胙俎，主人之俎。宗婦不徹豆籩，徹禮略，各有爲而已。設于東序下，亦將燕也。

祝執其俎以出，東面于户西。

鄭注：俟告利成。《少牢》下篇曰：「祝告利成，乃執俎以出。」

宗婦徹祝豆、籩入于房，徹主婦薦、俎。

鄭注：宗婦既並徹，徹其卑者。《士虞禮》曰：「祝薦席徹入于房。」

佐食徹尸薦、俎、敦，設于西北隅，几在南，厞用筵，納一尊。佐食闔牖、户，降。

鄭注：厞，隱也。不知神之所在，或諸遠人乎？尸謖而改饌爲幽闇，庶其饗之，所以爲厭飫。《少牢饋食禮》曰：「南面，如饋之設。」此所謂當室之白，陽厭也。則尸未入之前爲陰厭矣。《曾子問》曰：「殤不備祭，何謂陰厭、陽厭也？」案：今注疏本「謂」訛作「爲」。

釋曰：《釋宮》曰：「西南隅謂之奥，西北隅謂之屋漏。」郭璞曰：「奥者，室中隱奥之處。」孫炎曰：「屋漏者，當室之白，日光所漏入也。」厭者無尸，直厭飫神。尸未入，饌于奥，故曰陰厭。厞，謂以席爲障隱也。祭時厞西北隅，因謂西北隅爲厞。《喪大記》曰：「取西北厞薪。」

祝告利成，降，出。主人降，即位。宗人告事畢。賓出，主人送于門外，再拜。

鄭注：拜送賓也。凡去者不答拜。

佐食徹阼俎。堂下俎畢出。

鄭注：記俎出節，兄弟及衆賓自徹而出，惟賓俎有司徹歸之，尊賓也。案：「也」，今注疏本訛作「者」。

釋曰：賓出，主人拜送，明賓不自徹也。《曲禮》曰：「凡祭于公者，必自徹其俎。」

記。特牲饋食，其服皆朝服，玄冠、緇帶、緇韠。❶

鄭注：于祭服此也。皆者，謂賓及兄弟。筮日、筮尸、視濯亦玄端，至祭而朝服。朝服者，諸侯之臣與其君日視朝之服。大夫以祭。今賓兄弟緣孝子欲得嘉賓尊客以事其祖、禰，故服之。緇韠者，下大夫之臣。夙興，主人服如初，則固玄端。

釋曰：凡朝服素韠。

惟尸、祝、佐食玄端，玄裳、黄裳、雜裳可也，皆爵韠。

鄭注：與主人同服。《周禮》士之齊服，有玄端、素端，然則玄裳上士也，黄裳中士，雜裳下士。

釋曰：可者，惟其所當服服之。

設洗，南北以堂深，東西當東榮。

鄭注：榮，屋翼也。

水在洗東。

---

❶「縪」，四庫本及阮本《儀禮注疏》作「韠」。

鄭注：祖天地之左海。案：「左」，今注疏本訛作「右」。

篚在洗西，南順，實二爵、二觚、四觶、一角、一散。

鄭注：順，從也。言南從，統于堂也。二爵者，爲賓獻爵止，主婦當致也。二觚，長兄弟及衆賓長爲加爵，❶二人班同，宜接並也。案：「宜」，今注疏本作「迎」。❷四觶，一酌奠，其三，長兄弟酬賓，卒受者與賓弟子、兄弟弟子舉觶于其長，禮殺，事相接。《禮器》曰：「貴者獻以爵，賤者獻以散。尊者舉觶，卑者舉角。」舊説云爵一升，觚二升，觶三升，角四升，散五升。

釋曰：賓獻尸之爵止，主人當致爵于主婦，故爵二。長兄弟與衆賓長班同，接並爲加爵，宜各用一觚，故觚二。長兄弟酬賓之觶未奠于篚，賓弟子及兄弟弟子已各舉觶于其長，其一觶酌奠于鉶南，故觶四。

壺、棜禁，饌于東序，南順。覆兩壺焉，蓋在南。明日卒奠，冪用綌。即位而徹之，加勺。

鄭注：覆壺者，盝瀝水，且爲其不宜塵。冪用綌，以其堅絜。禁言棜者，祭尚厭飫，得與大夫同器，不爲神戒也。

釋曰：卒奠，酌奠奠于鉶南時。即位，尸即席坐時。《鄉飲酒》：「賓至徹冪。」《禮器》曰：「禮有

---

❶「及」，集成本作「酬」。

❷此戴校，四庫本無。

以下爲貴者。天子、諸侯之尊廢禁，大夫、士棜禁。」《玉藻》曰：「大夫側尊用棜，士側尊用禁。」棜無足，禁有足。士卑，故以禁戒爲稱。棜又曰斯禁，《鄉飲酒》《鄉射》雖大夫，以非祭禮，猶曰斯禁，至祭乃名曰棜。士祭禮言棜禁，得與大夫同名。

籩，巾以綌也。纁裏，棗烝，栗擇。

鄭注：籩有巾者，果實之物多皮核，優尊者，可烝裹之也。烝、擇互文。舊説云，纁裏者皆玄被。

釋曰：《聘禮》竹簋。案：此下原本缺。

鉶芼，用苦若薇，皆有滑，夏葵，冬荁。

鄭注：苦，苦荼也。荁，堇屬，乾之，冬滑于葵。《詩》云：「周原膴膴，堇荼如飴。」今文「苦」爲「芐」，芐乃地黄，非也。

釋曰：《内則》曰：「堇荁以滑之。」

棘心匕，刻。

鄭注：刻，若今龍頭。

釋曰：《詩·大東》曰：「有捄棘匕。」

牲爨在廟門外東南，魚腊爨在其南，皆西面，饎爨在西壁。

鄭注：饎，炊也。西壁，堂之西牆下。舊説云，南北直屋梠，稷在南。

肵俎心舌皆去本末，午割之，實于牲鼎，載心立，舌縮俎。

鄭注：午割，從横割之，亦勿没。立、縮，順其性，心舌知食味者。欲尸之饗此祭，是以進之。

釋曰：一從一横曰午，四面皆鄉中割之。

賓與長兄弟之薦，自東房，其餘在東堂。

鄭注：東堂，東夾之前，近南。

沃尸盥者一人，奉槃者東面，執匜者西面。淳沃，執巾者在匜北。

鄭注：匜北，執匜之北，亦西面。每事各一人。淳沃，稍注之。今文「淳」作「激」。

宗人東面取巾，振之三，南面授尸。卒，執巾者受。

鄭注：宗人代授巾，庭長尊。

尸入，主人及賓皆辟位，出亦如之。

鄭注：辟位，逡遁。

嗣舉奠，佐食設豆鹽。

鄭注：肝宜鹽也。

佐食當事，則户外南面，無事，則中庭北面。

鄭注：當事，將有事而未至。

凡祝呼，佐食許諾。

鄭注：呼，猶命也。

宗人獻與旅，齒于衆賓。

鄭注：尊庭長。齒，從其長幼之次。

佐食于旅，齒于兄弟。

釋曰：《祭統》曰：「凡賜爵，昭爲一，穆爲一，昭與昭齒，穆與穆齒。」及群兄弟。

尊兩壺于房中西牖下，南上。

鄭注：爲婦人旅也，其尊之節亞西方。

釋曰：尊壺于西方已，乃尊于房。

内賓立于其北，東面，南上。宗婦北堂，東面，北上。

鄭注：二者，所謂内弟兄、内賓姑姊妹也。宗婦，族人之婦，其夫屬于所祭爲子孫，或南上，或北上。宗婦宜統于主婦，主婦南面。北堂，中房而北。

主婦及内賓、宗婦亦旅，西面。

鄭注：西面者，異于獻也。男子獻于堂上，旅于堂下。婦人獻于南面，旅于西面。内賓象衆賓，宗婦象兄弟，其節與其儀依男子也。主婦酬内賓之長，酌奠于薦左。内賓之長坐取奠于右。宗婦之娣婦舉觶于其姒婦，亦如之。內賓之長坐取奠觶酬宗婦之姒，交錯以辯。宗婦之姒亦取奠觶酬內賓之長，交錯以辯。內賓之少者，宗婦之娣婦，各舉觶于其長，並行交錯，無筭。其拜及飲者，皆西面于主婦之東南。案：今注疏本脱「于」字。

宗婦贊薦者，執以坐于户外，授主婦。尸卒食，而祭饎爨、雍爨。

鄭注：雍，孰肉。以尸享祭，竈有功也。舊説云宗婦祭饎爨，亨者祭雍爨，用黍肉而已，無籩、豆、俎。《禮器》曰：「燔燎于爨。」夫爨者，老婦之祭，盛于盆，尊于瓶。

賓從尸，俎出廟門，乃反位。

鄭注：賓從尸，送尸也。士之助祭，終其事也。俎，尸俎也。賓既送尸，復入反位者，宜與主人爲禮，乃去之。

尸俎：右肩、臂、臑、肫、胳、正脊二骨、横脊、長脅二骨、短脅。

鄭注：尸俎，神俎也。士之正祭禮九體，貶于大夫，有併骨二，亦得十一之名，合《少牢》之體數，此所謂放而不致者。凡俎實之數奇，脊無中，脅無前，貶于尊者，不貶正脊，不奪正也。正脊二骨，長脅二骨者，將舉于尸，尸食未飽，不欲空神俎。

釋曰：尸餕鬼神之餘，故謂神俎爲尸俎也。尸先舉正脊，次舉長脅，故皆二骨。《少牢饋食禮》又有脡脊、代脅，爲十一體。

膚三。

鄭注：爲養用二，厭飫一也。

離肺一。

鄭注：離，猶挃也。小而長，午割之。亦不提心，謂之舉肺。

刌肺三。

鄭注：爲尸、主人、主婦祭。今文「刌」爲「切」。

釋曰：尸酢主人，主人不絶祭，知用尸俎之刌肺。

魚十有五。

鄭注：魚，水物。以頭枚數，陰中之物，取數于月十有五日而盈。《少牢饋食禮》亦云：「十有五而俎。」尊卑同，此所謂經而等也。

腊如牲骨。

鄭注：不但言體，以有一骨、二骨者。

祝俎：髀脡、脊二骨、脅二骨。

鄭注：凡接于神及尸者，俎不過牲三體。以特牲約加其可併者二，亦得奇名。《少牢饋食禮》羊、豕各三體。

釋曰：脅，蓋代脅也，與脡脊皆尸俎所不備者。

膚一、離肺一。阼俎：臂、正脊二骨、横脊、長脅二骨、短脅。

鄭注：主人尊，欲其體得祝之加數。五體又加其可併者二，亦得奇名。臂，左體臂。

膚一、離肺一。主婦俎：觳折，

鄭注：觳，後足。折，分後右足以爲佐食俎。不分左臑折，辟大夫妻。古文「觳」皆作「穀」。案：今注疏本脱此六字。

其餘如阼俎。

鄭注：餘，謂脊、脅、膚、肺。

佐食俎：觳折、脊、脅。

鄭注：三體，卑者。從正。

釋曰：無加骨也。脊脅不名，無定體。

膚一、離肺一。賓，骼。長兄弟及宗人折，其餘如佐食俎。

鄭注：骼，左骼也。賓俎全體，尊賓。不用尊體，爲其已甚卑而全之，其宜可也。長兄弟及宗人折，不言所分，略之。

釋曰：祝、佐食接神，賓三獻，長兄弟爲加爵。宗人庭長授巾，皆接尸，而祝爲尊，故祝五體而餘皆三體，衆賓長亦爲加爵，接于尸，蓋亦三體。下文惟衆賓骰脅耳。

衆賓及衆兄弟、内賓、宗婦，若有公有司、私臣，皆殽脀。

鄭注：又略。此所折骨，直破折餘體可殽者，升之俎。一而已，不備三者，賤，祭禮接神者貴。凡骨有肉曰殽。《祭統》曰：「凡爲俎者，以骨爲主。貴者取貴骨，賤者取賤骨。貴者不重，賤者不虚，示均也。俎者，所以明惠之必均也。案：今注疏本脱「明」字。善爲政者如此，故曰見政事之均焉。」公有司，亦士之屬，命于君者也。私臣，自己所辟除者。

釋曰：《禮器》曰：「羔豚而祭，百官皆足。大牢而祭，不必有餘，此之謂稱。」百官，謂衆助祭者。

膚一，離肺一。公有司，門西北面東上，獻次衆賓。私臣，門東北面，西上，獻次兄弟。升受，降飲。

鄭注：獻在後者，賤也。祭祀有上事者，貴之。非執事者，亦皆與旅。

釋曰：擇公有司以爲賓，❶爲衆賓位西階下，執祭事。其不執事者則在門西。兄弟雖無上事，亦在堂下，西面，族親故也。宗人獻與旅，齒于衆賓，則公有司爲之佐食，齒于兄弟，其選于私臣與？公有司、私臣薦俎，蓋徒隸爲之。

❶「賓」下，集成本有「者」字。

儀禮集釋卷二十八

少牢饋食禮第十六

鄭《目録》云:「諸侯之卿大夫祭其祖、禰于廟之禮。羊、豕曰少牢。少牢于五禮屬吉禮。大戴第八,小戴第十一,《别録》第十六。」

少牢饋食之禮。

鄭注:禮將祭祀,必先擇牲,繫于牢而芻之。羊、豕曰少牢,諸侯之卿大夫祭宗廟之牲。

日用丁己。

鄭注:内事用柔日。必丁己者,取其令名,自丁寧,自變改,皆爲謹敬。必先諏此日,明日乃筮。

筮旬有一日。

鄭注:旬,十日也。以先月下旬之己,筮來月上旬之己。

筮于廟門之外。主人朝服,西面于門東。史朝服,左執筮,右抽上韇,兼與筮執之,東面受命于主人。

鄭注:史,家臣,主筮事者。

釋曰：主人朝服者，服祭服以筮也。《特牲》筮日，主人亦服祭時玄端。《司服職》曰：「享先王則衮冕。」《祭義》曰：「易抱龜南面，天子衮冕北面。」則天子卜祭，亦服其祭服。《雜記》：「大夫、士筮宅，史練冠長衣以筮。」筮，蓍也。

主人曰：「孝孫某，來日丁亥，用薦歲事于皇祖伯某，以某妃配某氏，尚饗。」

鄭注：丁，未必亥也，直舉一日以言之耳。《禘于大廟禮》曰：「日用丁亥。」不得丁亥，則己亥、辛亥亦用之，無則苟有亥焉可也。」薦，進也，進歲時之祭事也。皇，君也。伯某，祖字也。❶大夫或因字爲謚，《春秋傳》曰「魯無駭卒，請謚與族，公命以字爲展氏」是也。其仲、叔、季，亦曰仲某、叔某、季某也。某妃，某妻也。合食曰配。某氏，若言姜氏、子氏也。尚，庶幾。饗，歆也。

釋曰：《夏小正》曰：「丁亥，萬用入學。」案：原本訛作「萬入大學」，據《大戴禮記》改正。丁亥者，吉日也。筮不同士禮贊命者，蓋辟君。

史曰：「諾。」西面于門西，抽下韇，左執筮，右兼執韇，以擊筮。

鄭注：將問吉凶焉，故擊之，以動其神。《易》曰：「蓍之德，圜而神。」

遂述命曰：「假爾大筮有常。孝孫某，來日丁亥，用薦歲事于皇祖伯某，以某妃配某氏，尚饗。」

鄭注：述，循也。重以主人辭告筮也。假，借也。言因蓍之靈以問之。常，吉凶之占繇。

---

❶「祖」，四庫本作「其」。

乃釋韇，立筮。

鄭注：卿大夫之蓍長五尺，立筮由便。

卦者在左坐，卦以木。卒筮，乃書卦于木，示主人，乃退占。

鄭注：卦者，史之屬也。卦以木者，每一爻，畫地以識之。六爻備，書于板。史受以示主人，退占，東面旅占之。

釋曰：示主人，石本上有「以」字。

吉，則史韇筮，史兼執筮與卦以告于主人：「占曰從。」

鄭注：從者，求吉得吉之言。

乃官戒，宗人命滌，宰命爲酒，乃退。

鄭注：官戒，戒諸官也。當共祭祀事者，使之具其物且齊也。滌，溉濯祭器，掃除宗廟。

若不吉，則及遠日，又筮日如初。

鄭注：及，至也。遠日，後丁若後己。

宿。

鄭注：宿，讀爲肅。肅，進也。大夫尊，儀益多，筮日既，戒諸官以齋戒矣。案：「矣」，今注疏本訛作「也」。至前祭一日，又戒以進之，使知祭日當來。古文「宿」皆作「羞」。

釋曰：申戒爲宿。宿諸官，宜在宿尸之後。宿尸之夕爲期，則宿前于祭一日。

前宿一日，宿戒尸。

鄭注：皆肅諸官之日，又先肅尸者，重所用爲尸者，又爲將筮。

明日，朝筮尸，如筮日之儀。案：「儀」，唐石經及原本皆作「禮」，從今注疏本。**命曰：「孝孫某，來日丁亥，用薦歲事于皇祖伯某，以某妃配某氏，以某之某爲尸。尚饗！」筮、卦、占如初。**

鄭注：某之某者，字尸父而名尸也。字尸父，尊鬼神也。不前期三日筮尸者，大夫下人君，祭之朝乃視濯，與士異。

釋曰：《周禮·大宰》：「享先王，則掌百官之誓戒。前期十日，帥執事而卜日，遂戒。」《祭統》曰：「散齋七日以定之，致齋三日以齊之。先期旬有一日，宫宰宿夫人。夫人亦散齋七日，致齋三日。」則天子、諸侯前祭十日卜日，而戒諸官散齋，前期三日致齋。士卑，亦前期三日筮尸，不嫌與人君同，惟不得散齋七日耳。大夫不敢同君，散齋九日，前祭一日乃筮尸而致齋。

吉，則乃遂宿尸、祝擯。

鄭注：筮吉又遂肅尸，重尸也。既肅尸，乃肅諸官及執事者。祝，爲擯者。尸，神象。

主人再拜稽首。祝告曰：「孝孫某，來日丁亥，用薦歲事于皇祖伯某，以某妃配某氏。敢宿。」

鄭注：告尸以主人爲此事來肅。案：今注疏本脱「肅」字。

尸拜，許諾。主人又再拜稽首。主人退，尸送，揖，不拜。

鄭注：尸不拜者，尸尊。

釋曰：祝釋辭，尸乃拜，異于士。

若不吉，則遂改筮尸。

鄭注：即改筮之，不及遠日。

既宿尸，反，爲期于廟門之外。

鄭注：爲期，肅諸官而皆至，定祭早晏之期，爲期亦夕時也。言既肅尸反爲期，明大夫尊，肅尸而已。其爲賓及執事者，使人肅之。

釋曰：《特牲饋食禮》親宿賓。

主人門東，南面。宗人朝服北面，曰：「請祭期。」主人曰：「比于子。」

鄭注：比次早晏，在于子也。主人不西面者，大夫尊，于諸官有君道也。爲期，亦惟尸不來也。

宗人曰：「旦明行事。」主人曰：「諾。」乃退。

鄭注：旦明，旦日質明。

釋曰：《周禮·雞人》：「凡國事爲期，則告之時。」時，謂此旦明之時。

明日，主人朝服，即位于廟門之外，東方南面。宰、宗人西面，北上。牲北首，東上。司馬刲羊，司士

擊豕。宗人告備，乃退。

鄭注：刲、擊，皆謂殺之。此實既省，告備乃殺之，文互者，省也。案：今注疏本作「省文也」。《尚書傳》曰：案：今注疏本脱「曰」字。「羊屬火，豕屬水。」

雍人概鼎、匕、俎于雍爨。雍爨在門東南，北上。

鄭注：雍人，掌割烹之事者。爨，竈也。在門東南，統于主人，北上。羊、豕、魚、腊皆有竈，竈西有鑊。凡概者，皆陳之而後告絜。

廩人概甑、甗、匕與敦于廩爨。廩爨在雍爨之北。

鄭注：廩人，掌米入之藏者。甗如甑，一孔。匕，所以匕黍稷者也。古文「甑」爲「烝」。

釋曰：甗，無底甑也。

司宫概豆、籩、勺、爵、觚、觶、几、洗、篚于東堂下。勺、爵、觚、觶實于篚。卒概，饌豆、籩與篚于房中，放于西方。設洗于阼階東南，當東榮。

鄭注：放，猶依也。大夫攝官，司宫兼掌祭器也。❶

羹定。雍人陳鼎五，三鼎在羊鑊之西，二鼎在豕鑊之西。

鄭注：魚、腊從羊，膚從豕，統于牲。

---

❶「器」下，四庫本有「者」字。

司馬升豕右胖，髀不升，肩、臂、臑、膊、胳，正脊一、脡脊一、橫脊一、短脅一、正脅一、代脅一，皆二骨以竝。腸三、胃三，舉肺一、祭肺三，實于一鼎。

鄭注：升，猶上也。上右胖，周所貴也。髀不升，近竅，賤也。肩、臂、臑，肱骨。❶膊、胳，股骨。脊從前爲正，脅旁中爲正。脊先前，脅先後，屈而反，猶器之綼也。竝，併也。脊脅骨多，六體各取二骨併之，以多爲貴。舉肺一，尸食所先舉也。祭肺三，爲尸、主人、主婦。古文「胖」皆作「辯」，「髀」皆作「脾」。今文「竝」皆爲「併」。

釋曰：肩至代脅，凡十一體。脊、脅言一，見其體。言二以並，見其骨。腸、胃各三，蓋取脊脅之數。尸、主人、主婦各取神。案：此下原本缺。

司士升豕右胖，髀不升，肩、臂、臑、膊、胳，正脊一、脡脊一、橫脊一、短脅一、正脅一、代脅一，皆二骨以並。舉肺一、祭肺三，實于一鼎。

鄭注：豕無腸、胃，君子不食圂腴。

釋曰：養牛、羊曰芻，犬、豕曰豢。豢亦作圂。犬、豕食米穀，腸胃有似人穢。

雍人倫膚九，實于一鼎。

鄭注：倫，擇也。膚，脅革肉。擇之，取美者。

❶ 「骨」下，阮本《儀禮注疏》有「也」字。

釋曰：膚，豕肉也。

司士又升魚、腊，魚十有五而鼎，腊一純而鼎，腊用麋。

鄭注：司士又升，副倅者，合升左右胖曰純。純猶全也。

釋曰：升鼎同時。下經云「司士三人升魚、腊、膚」。

卒脀，皆設扃鼏，乃舉，陳鼎于廟門之外東方，北面，北上。

鄭注：北面，北上，鄉内相隨。古文「鼏」皆爲「密」。

司宫尊兩甒于房户之間，同棜，皆有幂，案：「幂」，各本訛作「冪」，據唐石經改正。**甒有玄酒。**

鄭注：房户之間，房西室户東也。棜，無足，禁者，酒戒也。大夫去足改名，優尊者，若不爲之戒然。古文「甒」皆作「廡」，今文「幂」作「鼏」。

司宫設罍水于洗東，有枓。設篚于洗西，南肆。

鄭注：枓，剩水器也。凡設水用罍，沃盥用枓，禮在此也。

改饌豆、籩于房中，南面，如饋之設。實豆、籩之實。

鄭注：改，更也。爲賓之更之，威儀多也。如饋之設，如其陳之左右也。饋設東面。

釋曰：如設于奥時。

小祝設槃、匜與簞、巾于西階東。

鄭注：爲尸將盥。

主人朝服即位于阼階東，西面。

鄭注：爲將祭也。

司宫筵于奥，祝設几于筵上，右之。

鄭注：布陳神坐也。室中西南隅謂之奥，席東面近南爲右。

主人出迎鼎，除鼏，士盥，舉鼎，主人先入。

鄭注：道之也。主人不盥不舉。

司宫取二勺于篚，洗之，兼執以升，乃啓二尊之蓋冪，奠于棜上。加二勺于二尊，覆之，南柄。

鄭注：二尊，兩甒也。今文「啓」爲「開」，古文「柄」皆爲「枋」。案：今注疏本脱「啓爲開古文皆」共六字。

釋曰：玄酒亦有勺，重古如酌者然。

鼎序入，雍正執一匕以從，雍府執四匕以從，司士合執二俎以從，司士贊者二人，皆合執二俎以相，從入。

鄭注：相，助。

釋曰：雍正，雍官之長，府其屬也。鼎一匕。二俎，正俎五，與肵俎而六。

陳鼎于東方，當序，南于洗西，皆西面，北上。膚爲下。匕皆加于鼎，東枋。

鄭注：膚爲下，以其加也。南于洗西，陳于洗西南。

釋曰：榮在序外，鼎當序，洗當榮。❶膚升鼎，先魚、腊，從其牲。陳之在下，如其次。

俎皆設于鼎西，西肆。肵俎在羊俎之北，亦西肆。

鄭注：肵俎在北，將先載也。異其設文，不當鼎。

釋曰：肵俎不言在羊鼎西，知不當鼎。

宗人遣賓就主人，❷皆盥于洗，長朼。

鄭注：長朼者，長賓先，次賓後也。主人不朼，言「就主人」者，明親臨之。古文「朼」作「匕」。

釋曰：此臣也，而曰賓者，祭以得賓客之助爲榮也。《禮運》曰：「仲尼與于蜡賓。」

佐食上利升牢心、舌，載于肵俎。心皆安下切上，午割勿沒。其載于肵俎，末在上。舌皆切本末，亦午割勿沒，其載于肵，横之。皆如初爲之于爨也。

鄭注：牢，羊、豕也。安，平也，平割其下，于載便也。凡割本末，食必正也。午割，使可絶也。案：今注疏本脱「也」字。勿沒，爲其分散也。肵之爲言敬也，所以敬尸也。周禮祭尚肺，事尸尚心、舌，心、舌知滋味。今文「切」皆爲「刌」。

---

❶「當」下，胡培翬《正義》引《集釋》有「東」字。

❷「遣」，原作「遺」，據四庫本、集成本改。

釋曰：凡言牢者，羊、豕具有也。午割，從横割之。勿没，不絶其中央少許，在爨制之已然。《特牲饋食禮》曰：「肵俎，心、舌皆去本末，午割之，實于牲鼎，載心立，舌縮俎。」《論語》曰：「割不正，不食。」

佐食遷肵俎于阼階西，西縮，乃反。佐食二人，上利升羊，載右胖，髀不升，肩、臂、臑、膊、骼，正脊一、脡脊一、横脊一、短脅一、正脅一、代脅一，皆二骨以並。腸三、胃三，長皆及俎拒。舉肺一，長終肺。祭肺三，皆切。肩、臂、臑、膊、骼，在兩端。脊、脅、肺、肩，在上。

鄭注：升之以尊卑，載之以體次，各有宜也。拒，讀爲「介距」之「距」。俎距，脛中當横節也。凡牲體之數及載，備于此。

釋曰：俎距，謂中俎足爲横距，猶雞距也。凡牲體，前脛骨三：肩、臂、臑也。後脛骨三：膊、骼、觳也。脊骨三：正脊、脡脊、横脊也。脅骨三：代脅、長脅、短脅也。膊之。案：此下原本缺。

下利升豕，其載如羊，無腸胃。體其載于俎，皆進下。

鄭注：進下，變于食生也。所以交于神明，不敢以食道，敬之至也。《鄉飲酒禮》進腠，羊次其體，豕言進下，互相見。

釋曰：骨有本末，進腠，進本也；進下，進末也。

司士三人，升魚、腊、膚。魚用鮒，十有五而俎，縮載，右首，進腴。

鄭注：右首進腴，亦變于食生也。《有司》載魚横之。《少儀》曰：「羞濡魚者進尾。」

釋曰：凡載魚皆右首，食生則寢右而進鬐。下篇賓尸，魚橫，于人爲縮，蓋進其尾也，又與此正祭異。

腊一純而俎，亦進下，肩在上。

鄭注：如羊、豕。凡腊之體，載禮在此。

膚九而俎，亦橫載，革順。

鄭注：列載于俎，令其皮相順。亦者，亦其骨體。

釋曰：牲體進下，則俎亦橫載，于此互見之。

卒脀，祝盥于洗，升自西階。主人盥，升自阼階。祝先入，南面。主人從，戶內西面。

鄭注：將納祭也。

主婦被錫，衣侈袂，薦自東房，韭菹、醓醢，坐奠于筵前。主婦贊者一人，亦被錫，衣侈袂，執葵菹、蠃醢以授主婦。主婦不興，遂受，陪設于東，韭菹在南，葵菹在北。主婦興，入于房。

鄭注：被錫，讀爲髲鬄。古者或剔賤者、刑者之髮，以被婦人之紒爲飾，因名髲鬄焉。此《周禮》所謂次也。不纚笄者，大夫妻尊，亦衣綃衣，而侈其袂耳。侈者，蓋半士妻之袂以益之，袂三尺三寸，❶袪尺八寸。韭菹、醓醢，朝事之豆也，而饋食用之，豐大夫禮。葵菹在北綪。❷今文「錫」

---

❶「袂」，四庫本及胡培翬《正義》作「衣」。

❷「北」字，阮本《儀禮注疏》無。

爲「緆」，「羸」爲「蝸」。

釋曰：《追師》有次，次第髮之長短爲之，亦見《士昏禮》。婦贊者一人，❶亦被錫，衣侈袂，則其餘如士之妻，纚笄宵衣耳。士妻與助祭婦人同宵衣無異服者，禮窮則同故也。袂，袖也。袪，袂口也。士妻之袂，二尺二寸，袪尺二寸。朝事，薦血腥之事也。《周禮·醢人》朝事八豆，有韭菹、醓醢。饋食八豆，有葵菹、蠃醢。士饋食禮，惟取葵菹、蠃醢。豐大夫禮，故兼取朝事二豆。豆皆右菹左醢，而此葵菹在北者，與韭菹綪設之。《采蘋》詩曰：「于以奠之，宗室牖下。」王肅以爲大夫妻助祭。《采蘋》藻以爲菹，設之于奥，奥即牖下。「朝士」當作「朝事」。

佐食上利執羊俎，下利執豕俎，司士三人執魚、腊、膚俎，序升自西階，相從入。設俎，羊在豆東，豕亞其北，魚在羊東，腊在豕東，特膚當俎北端。

鄭注：相，助也。

主婦自東房執一金敦黍，有蓋，坐設于羊俎之南。婦贊者執敦稷以授主婦，主婦興受，坐設于魚俎南。又興受贊者敦黍，坐設于稷南。又興受贊者敦稷，坐設于黍南。敦皆南首。主婦興，入于房。

鄭注：敦有首者，尊者器飾也，飾蓋象龜。周之禮，飾器各以其類，龜有上下甲。今文曰「主婦入于房」。

---

❶「婦」上，胡培翬《正義》引《集釋》有「主」字。

祝酌奠，遂命佐食啓會。佐食啓會蓋，二以重，設于敦南。

鄭注：酌奠，酌酒爲神奠之。後酌者，酒尊，要成也。《特牲饋食禮》曰：「祝洗，酌奠，奠于鉶南。」重累之。

釋曰：饌由尊者而成，故酒後設之。下經「鉶設于韭菹之南」，此時鉶未設，故奠處亦空其文。

主人西面，祝在左。主人再拜稽首，祝祝曰：「孝孫某，敢用柔毛、剛鬣、嘉薦、普淖，用薦歲事于皇祖伯某，以某妃配某氏。尚饗。」主人又再拜稽首。

鄭注：羊曰柔毛，豕曰剛鬣。嘉薦，菹醢也。普淖，黍稷也。普，大也。淖，和也。德能大和，乃有黍稷。《春秋傳》曰：「奉粢以告曰『絜粢豐盛』，❶謂其三時不害而民和年豐也。」

釋曰：《曾子問》曰：「宗子爲士，庶子爲大夫，其祭也如之何？孔子曰：『以上牲祭于宗子之家。祝曰：孝子某爲介子某薦其常事。若宗子有罪，居于他國，庶子爲大夫，其祭也，祝曰：孝子某使介子某執其常事。』」羊肥則毛柔，豕肥則鬣剛。盛音成。

祝出，迎尸于廟門之外。主人降，立于阼階東，西面。祝先，入門右，尸入門左。

鄭注：主人不出迎尸，伸尊也。《特牲饋食禮》曰：「尸入，主人及賓皆辟位，出亦如之。」祝入門右者，辟尸盥也，既則後尸。

---

❶「粢」，《左傳》作「盛」。

釋曰：不迎尸，伸尸之尊。

宗人奉槃，東面于庭南。一宗人奉匜水，西面于槃東。一宗人奉簞巾，南面于槃北。乃沃尸，盥于槃上。卒盥，坐奠簞，取巾，興，振之三，以授尸，坐取簞，興，以受尸巾。

鄭注：庭南，没霤。

釋曰：尸盥設于西階東。尸入門左，至門内霤，侍盥者奉器就之。門内霤，在庭之南。《特牲饋食禮》曰：「尸入門左，北面盥。」亦繼門言之。

祝延尸，尸升自西階，入，祝從。

鄭注：由後詔相之曰延。延，進也。《周禮》曰：「大祝相尸禮。」祝從，從尸升自西階。

主人升自阼階。祝先入，主人從。

鄭注：祝接神，先入宜也。

尸升筵，祝、主人西面立于户内，祝在左。

鄭注：主人由祝後而居右，尊也。祝從尸，尸即席，乃卻居主人左。

祝、主人皆拜妥尸，尸不言。尸荅拜，遂坐。

鄭注：拜妥尸，拜之使安坐也。尸自此荅拜，遂坐而卒食，其閒有不啐奠，不嘗鉶，不告旨。大夫之禮，尸彌尊也。不告旨者，爲初亦不饗，所謂曲而殺。

釋曰：不嘗鉶，不嘗豕鉶也。不饗，祝不釋勸强之辭。蓋辟人君。

祝反南面。

鄭注：未有事也。隋祭，爾敦，案：「隋」，各本訛作「墮」，下同，據《釋文》改正。官各肅其職，不命。

尸取韭菹，辯擩于三豆，祭于豆間。上佐食取黍稷于四敦，下佐食取牢一切肺于俎，以授上佐食。上佐食兼與黍以授尸。尸受，同祭于豆祭。

鄭注：牢，羊、豕也。同，合也。合祭于俎豆之祭也。黍稷之祭爲隋祭，將食神餘，尊之而祭之。今文「辯」爲「徧」。

釋曰：切肺，祭肺也。神俎祭肺二，❶取其一也。言牢者，羊、豕兼取之。「俎豆」當作「菹豆」。

上佐食舉尸牢肺、正脊以授尸。上佐食爾上敦黍于筵上，右之。

鄭注：爾，近也，或曰移也。右之，便尸食也。重言上佐食，明更起，不相因。

釋曰：牢肺，離肺也。「授尸」下，賈氏有「尸受祭肺」四字。不設大羹者，大羹爲尸不爲神，賓尸乃有之。

主人羞肵俎，升自阼階，直于膚北。案：「直」，各本訛作「置」，據《釋文》改正。

鄭注：羞，進也。肵，敬也。親進之，主人敬尸之加。

❶ 「二」，胡培翬《正義》引《集釋》作「三」，當是。

上佐食羞兩鉶，取一羊鉶于房中，坐設于韭菹之南。下佐食又取一豕鉶于房中以從，上佐食受，坐設于羊鉶之南，皆芼，皆有柶。尸扱以柶，祭羊鉶，遂以祭豕鉶，嘗羊鉶。

鄭注：芼，菜也。羊用苦，豕用薇，皆有滑。

釋曰：苦、薇、滑，見《公食·記》。

食舉。

鄭注：舉，牢肺正脊也。先食啗之，以爲道也。

三飯。

鄭注：食以黍。

釋曰：飯，扶晚切，下同。

上佐食舉尸牢幹，尸受，振祭，嚌之。佐食受，加于肵。

鄭注：幹，正脅也。古文「幹」爲「肝」。

上佐食羞胾兩瓦豆，有醢，亦用瓦豆，設于薦豆之北。

鄭注：設于薦豆之北，以其加也。四豆亦綪。羊胾在南，豕胾在北。無臐膮者，尚牲不尚味。

釋曰：綪者，羊胾北醢，醢東豕胾，胾南醢。

尸又食，食胾。上佐食舉尸一魚，尸受，振祭，嚌之。佐食受，加于肵，横之。

鄭注：又，復也。或言食，或言飯，食大名，小數曰飯。魚横之者，異于肉。

釋曰：魚縮俎，今則横之。牲横載加于肵，其縮之與？

又食，上佐食舉尸腊肩，尸受，振祭，嚌之。上佐食受，加于肵。

鄭注：腊、魚皆一舉者，《少牢》二牲，略之。腊必舉肩，以肩爲終也。别舉魚、腊，崇威儀。

釋曰：《特牲》魚、腊皆並時三舉肩，尊牲體，亦後舉之。

又食，上佐食舉尸牢骼，如初。

鄭注：如舉幹也。

又食。

鄭注：不舉者，卿大夫之禮，不過五，舉須侑尸。

尸告飽。祝西面于主人之南，獨侑，不拜。侑曰：「皇尸未實，侑。」

鄭注：侑，勸也。祝獨勸者，更則尸飽。實猶飽也。祝既侑，復反南面。

尸又食，上佐食舉尸牢肩，尸受，振祭，嚌之。佐食受，加于肵。

鄭注：四舉牢體，始于正脊，終于肩，尊于終始。

尸不飯，告飽。祝西面于主人之南。

鄭注：祝當贊主人辭。

主人不言，拜侑。

鄭注：祝言而不拜，主人不言而拜，親疏之宜。

釋曰：《周禮・大祝》：「辨九拜，以享侑祭祀。」

尸又三飯。

鄭注：爲祝一飯，爲主人三飯，尊卑之差。凡十一飯，案：「凡」，今注疏本訛作「尸」。下人君也。

釋曰：下，户稼切。

上佐食受尸牢肺、正脊，加于肵。

鄭注：言受者，尸授之也。尸受牢幹而實舉于菹豆，食畢，操以授佐食焉。

釋曰：菹豆，韭菹之豆。

主人降，洗爵，升，北面酌酒，乃酳尸。尸拜受，主人拜送。

鄭注：酳猶羨也。既食之而又飲之，所以樂之。古文「酳」作「酌」。

尸祭酒，啐酒。賓長羞牢肝，用俎，縮執俎，肝亦縮，進末，鹽在右。

鄭注：羞，進也。縮，從也。鹽在肝右，便尸擩之。古文「縮」爲「蹙」。

釋曰：鹽在右，據賓長西面設者而言，于尸爲鹽在左。右取肝，❶鄉左擩之。

---

❶「右取肝鄉左擩之」，胡培翬《正義》引《集釋》作「尸右取肝鄉左擩之便」。

尸左執爵，右兼取肝，擩于俎鹽，振祭，嚌之，加于菹豆，卒爵。主人拜，祝受尸爵，尸荅拜。

鄭注：兼，兼羊、豕。

釋曰：《少儀》曰：「其有折俎者，取祭，反之，不坐，燔亦如之。尸則坐。」

祝酌授尸，尸醋主人。主人拜受爵，尸荅拜。主人西面奠爵，又拜。

鄭注：主人受酢酒，俠爵拜，彌尊尸。

上佐食取四敦黍稷，下佐食取牢一切肺，以授上佐食。上佐食以綏祭。

鄭注：綏，或作「挼」，「挼」讀爲「墮」。將受嘏，亦尊尸餘而祭之。古文「綏」爲「肵」。案：「綏」，各本訛作「墮」，據經云「以綏祭」，又後注云「綏亦當作挼，古文爲肵」，可證此「墮」字乃「綏」之訛。

主人左執爵，右受佐食，坐祭之，又祭酒，不興，遂啐酒。

鄭注：右受佐食，右手受墮于佐食也。至此言坐祭之者，明尸與主人爲禮也。尸恒坐，有事則起。主人恒立，有事則坐。

祝與二佐食皆出，盥于洗，入。二佐食各取黍于一敦，上佐食兼受，摶之，以授尸。尸執以命祝。

鄭注：命祝以嘏辭。

卒命祝，祝受以東，北面于户西，以嘏于主人曰：「皇尸命工祝，承致多福無疆于女孝孫。來女孝孫，使女受禄于天，宜稼于田，眉壽萬年，勿替引之。」

鄭注：嘏，大也，予主人以大福。工，官也。承，猶傳也。來讀曰「釐」，釐，賜也。耕種曰稼。

勿，猶無也。替，廢也。引，長也。言無廢止時，長如是也。古文「嘏」爲「格」，「禄」爲「福」，「眉」爲「微」，「替」爲「袂」，「袂」或爲「戴」，戴、替聲相近。

釋曰：《詩・天保》曰：「吉蠲爲饎，是用孝享。禴祠烝嘗，于公先王。君曰卜爾，萬壽無疆。」《楚茨》曰：「工祝致告，徂賚孝孫。苾芬孝祀，神嗜飲食。卜爾百福，❶如幾如式。既齊既稷，既匡既勑。永錫爾極，時萬時億。」卜，予也。此皆序嘏主人之辭。

主人坐奠爵，興，再拜稽首，興，受黍，坐振祭，嚌之，詩懷之，實于左袂，挂于季指，執爵以興，坐卒爵，執爵以興，坐奠爵，拜。尸荅拜。執爵以興，出。宰夫以籩受嗇黍。主人嘗之，納諸内。

鄭注：詩，猶承也。實于左袂，便右手也。季，猶小也。出，出户也。宰夫，掌飲食之事者。收斂曰嗇，明豐年乃有黍稷也。復嘗之者，重之至也。納，猶入也。古文「挂」作「卦」。

主人獻祝，設席南面。祝拜于席上，坐受。

鄭注：室中迫狹。

釋曰：亦變于尸。

主人西面荅拜。

鄭注：不言拜送，下尸。

❶「福」，原作「神」，據四庫本及《毛詩正義》改。

釋曰：下，户稼切，後「下尸」同。

薦兩豆菹、醢。

鄭注：葵菹、蠃醢。

佐食設俎，牢髀、横脊一、短脅一、腸一、胃一、膚三，魚一横之，腊兩髀屬于尻。

鄭注：皆升下體，祝賤也。魚横者，四物共俎，殊之也。腊兩髀屬于尻，尤賤，不殊。

釋曰：髀、横脊、短脅，皆下體也。四物：羊、豕、魚、腊。腊升左右胖，故尻在兩髀中，連屬之。

祝取菹揳于醢，祭于豆間，祝祭俎。

鄭注：大夫祝俎無肺，祭用膚，遠下尸。不嚌之，膚不盛。

釋曰：大夫尸尊。祝無祭肺，又無離肺。其祭用膚，與餕者同耳。

祭酒，啐酒，肝牢從。祝取肝揳于鹽，振祭，嚌之，不興，加于俎，卒爵，興。

鄭注：亦如佐食授爵乃興。不拜既爵，大夫祝，賤也。

主人酌獻上佐食。上佐食户内牖東，北面拜，坐受爵。主人西面荅拜。佐食祭酒，卒爵，拜，坐授爵，興。

鄭注：不啐而卒爵者，大夫之佐食賤，禮略。

釋曰：授，石本作「受」。

俎設于兩階之間，其俎折，一膚。

鄭注：佐食不得成禮于室中。折者，擇取牢正體餘骨，折分用之，有脀而無薦，亦遠下尸。

釋曰：無肺又無菹醢。

主人又獻下佐食，亦如之。其脀亦設于階間，西上，亦折，一膚。

鄭注：上佐食既獻則出，就其俎。《特牲·記》曰「佐食無事則中庭北面」，謂此時。

有司贊者取爵于篚以升，授主婦贊者于房户。

鄭注：男女不相因。《特牲饋食禮》曰：「佐食卒角，主人受角，降，反于篚。」

婦贊者受，以授主婦。主婦洗于房中，出酌，入户，西面拜，獻尸。

鄭注：入户西面拜，由便也。不北面者，辟人君夫人也。拜而後獻者，當俠拜也。《昏禮》曰：「婦洗在北堂，直室東隅。」

釋曰：《特牲》主婦北面拜。凡大夫所辟者，士多得與君同，卑不嫌也。

尸拜受。主婦主人之北，西面拜送爵。

鄭注：拜于主人之北，西面，婦人位在内，此拜于北，則上拜于南矣，案：「此」，今注疏本訛作「也」，脱「矣」字。由便也。

尸祭酒，卒爵。主婦拜，祝受尸爵，尸荅拜。易爵，洗，酌，授尸。

鄭注：祝出易爵，男女不同爵。

主婦拜受爵，尸荅拜。上佐食綏祭。主婦西面于主人之北受祭，祭之。其綏祭如主人之禮，不挼，卒爵，拜。尸荅拜。

鄭注：不挼，夫婦一體。「綏」亦當作「挼」，古文爲「肵」。

主婦以爵出，贊者受，易爵于篚，以授主婦于房中。

鄭注：贊者，有司贊者也。易爵，亦以授婦贊者，婦贊者受房户外，入授主婦。

主婦洗，酌，獻祝。祝拜，坐受爵。主婦荅拜于主人之北。卒爵，不興，坐授主婦。

鄭注：不俠拜，下尸也。今文曰「祝拜受」。

主婦受，酌，獻上佐食于户内。佐食北面拜，坐受爵。主婦西面荅拜。祭酒，卒爵，坐授主婦。主婦獻下佐食亦如之。主婦受爵，以入于房。

鄭注：不言拜于主人之北，可知也。爵奠于内篚。

賓長洗爵獻于尸，尸拜受爵。賓户西北面，拜送爵。尸祭酒，卒爵。賓拜。祝受尸爵，尸荅拜。祝酌，授尸。賓拜受爵。尸拜送爵。賓坐奠爵，遂拜，執爵以興，坐祭，遂飲，卒爵，執爵以興，坐奠爵，拜。尸荅拜。賓酌，獻祝。祝拜，坐受爵，賓北面荅拜。祝祭酒，啐酒，奠爵于其筵前。

鄭注：啐酒而不啐爵，祭事畢，示醉也。不獻佐食，將儐尸，禮殺。

釋曰：「啐爵」當作「卒爵」。

主人出，立于阼階上，西面。祝出，立于西階上，東面。祝告曰：「利成。」

鄭注：利猶養也。成，畢也。孝子之養禮畢。

釋曰：《特牲饋食禮》户外告利成。此禮于階上，尊者彌遠于尸。

祝入。尸謖。主人降立于阼階東，西面。

鄭注：謖，起也。謖或作「休」。

祝先，尸從，遂出于廟門。

鄭注：事尸之禮，訖于廟門外。案：今注疏本無「外」字。

釋曰：尸在廟門外，則疑于臣，故送逆尸皆以廟門爲斷。

祝反，復位于室中。主人亦入于室，復位。祝命佐食徹肵俎，降設于堂下阼階南。

鄭注：徹肵俎不出門，將儐尸也。肵俎而以儐尸者，其本爲不反魚肉耳。不云尸俎，未歸尸。

釋曰：《特牲饋食禮》佐食徹尸俎出于廟門，即此肵俎。

司宫設對席，乃四人養。

鄭注：大夫禮，四人餕，案：「餕」，今注疏本作「養」。明惠大也。

上佐食盥，升，下佐食對之，賓長二人備。

鄭注：備四人餕也。三餕亦盥升。

釋曰：上佐食坐尸之處。

司士進一敦黍于上佐食，又進一敦黍于下佐食，皆右之于席上。

鄭注：右之者，東面在南，西面在北。

資黍于羊俎兩端，兩下是餕。

鄭注：資，猶減也。減置于羊俎兩端，則一賓長在上佐食之北，一賓長在下佐食之南。今文「資」作「齎」。

司士乃辯舉，養者皆祭黍、祭舉。

釋曰：「餕」當如上下文作「養」。

鄭注：舉，舉膚。今文「辯」爲「徧」。

主人西面，三拜養者。養者奠舉于俎，皆荅拜，皆反，取舉。

鄭注：三拜，旅之示徧也。言反者，拜時或去其席，在東面席者，東面拜，在西面席者，皆南面拜。

釋曰：在西面者，與主人同面，故南面拜。

司士進一鉶于上養，又進一鉶于次養，又進二豆湇于兩下。乃皆食，食舉。

鄭注：湇，肉汁也。

釋曰：神坐，止有羊、豕二鉶，故兩下進湇也。皆食，食黍也。食舉，食膚。

卒食，主人洗一爵，升，酌以授上餕。贊者洗三爵，酌。主人受于户内，以授次餕，若是以辯。皆不拜，受爵。主人西面三拜餕者。餕者奠爵，皆荅拜，皆祭酒，卒爵，奠爵，皆拜。主人荅壹拜。案：「壹」，今注疏本譌作「一」。

鄭注：不拜受爵者，大夫餕者賤也。荅壹拜，略也。古文「壹」爲「一」也。

釋曰：《周禮》「九拜」有「奇拜」，謂一拜也，荅臣下之拜。

餕者三人興，出。

鄭注：出，降實爵于篚，反賓位。

上餕止。主人受上餕爵，酌以醋于户内，西面坐奠爵，拜。上餕荅拜，坐祭酒，啐酒。

鄭注：主人自酢者，上餕獨止，當尸位，尊不酌也。

上餕親嘏，曰：「主人受祭之福，胡壽保建家室。」

鄭注：親嘏，不使祝授之，亦以黍。

主人興，坐奠爵，拜，執爵以興，坐卒爵，拜。上餕荅拜。上餕興，出。主人送，乃退。

鄭注：送佐食不拜，賤。

儀禮集釋卷二十九

有司徹第十七

鄭《目録》云：《少牢》之下篇也。上大夫既祭，❶儐尸于堂之禮。若下大夫祭畢，❷禮尸于室中，無别行儐尸于堂之事。❸天子、諸侯之祭，明日而繹。有司徹于五禮屬吉禮。案：今注疏本脱「禮」字。大戴第九，小戴第十二，《别録》：《少牢》下篇第十七。

有司徹。

鄭注：徹室中之饋及祝、佐食之俎。卿大夫既祭而儐尸，禮崇也。儐尸則不設饌西北隅，以此薦俎之陳有祭象，而亦足以厭飫神。天子、諸侯，明日祭于祊而繹，《春秋傳》曰「辛巳，有事于大廟，仲遂卒于垂，壬午猶繹」是也。《爾雅》曰：「繹，又祭也。」

❶「上」字，朱熹《通解》、阮本《儀禮注疏》無。

❷「若下大夫」四字，朱熹《通解》、阮本《儀禮注疏》無。

❸「無别行儐尸于堂之事」九字，朱熹《通解》、阮本《儀禮注疏》無。

埽堂。

鄭注：爲儐尸新之。《少儀》曰：「汎埽曰埽，埽席前曰拚。」

司宫攝酒。

鄭注：更洗，益整頓之。今文「攝」爲「聶」。

乃燅尸俎。

鄭注：燅，温也。温尸俎于爨，肵亦温焉，獨言温尸俎，則祝與佐食不與儐尸之禮。古文「燅」皆作「尋」，記或作「燖」。《春秋傳》曰：「若可燖也，亦可寒也。」

釋曰：燅，《説文》曰：「于湯中爚肉也。」尸俎，神俎也。尸所舉肩、骼加于肵者，下皆復載于俎，知肵俎亦燅。

卒燅。乃升羊、豕、魚三鼎，無腊與膚。乃設扃、鼏，陳鼎于門外，如初。

鄭注：腊爲庶羞，膚從豕，去其鼎者，儐尸之禮殺于初。如初者，如廟門之外，東方，北面，北上。今文「扃」爲「鉉」，古文「鼏」爲「密」。

乃議侑于賓，以異姓。

鄭注：議猶擇也。擇賓之賢者，可以侑尸。必用異姓，廣敬也。是時，主人及賓、有司已復内位。古文「侑」皆作「宥」。

宗人戒侑。

鄭注：戒，猶告也。南面告于其位，戒曰：「請子爲侑。」

侑出，俟于廟門之外。

鄭注：俟，待也。待于外，❶當與尸更入。主人興禮事尸，極敬心也。

司宫筵于户西，南面。

鄭注：爲尸席也。

又筵于西序，東面。

鄭注：爲侑席也。

釋曰：尸、侑席位，與《鄉飲酒》賓、介之位同。

尸與侑，北面于廟門之外，西上。

鄭注：言與，殊尊卑。北面者，賓尸而尸益卑，西上，統于賓客。

主人出迎尸，宗人擯。

鄭注：賓客尸而迎之，主人益尊。擯，贊。

釋曰：鄉者祝擯，尸神象，今宗人擯，賓尸也。

---

❶「外」，朱熹《通解》、胡培翬《正義》、阮本《儀禮注疏》作「次」。

主人拜，尸荅拜。主人又拜侑，侑荅拜。主人揖，先入門，右。

鄭注：道尸。

尸入門，左。侑從，亦左。揖，乃讓。

鄭注：没霤相揖，至階又讓。

釋曰：没霤，至門内霤。

主人先升自阼階，尸、侑升自西階，西楹西，北面，東上。

鄭注：東上，統于其席。

釋曰：異于門外西上也，户西之席東上。侑席亦西于尸席。

主人東楹東，北面拜至，尸荅拜。主人又拜侑，侑荅拜。

鄭注：拜至，喜之。

乃舉。

鄭注：舉，舉鼎也。舉者不盥，殺也。

司馬舉羊鼎，司士舉豕鼎、舉魚鼎以入。陳鼎如初。

鄭注：如初，如阼階下西面，北上。

雍正執一匕以從，雍府執二匕以從，司士合執二俎以從，司士贊者亦合執二俎以從。匕皆加于鼎，

東枋。二俎設于羊鼎西，西縮。二俎皆設于二鼎西，亦西縮。

鄭注：雍正，群吏掌辨體名肉物者。府，其屬。凡三匕，鼎一匕。四俎，爲尸、侑、主人、主婦。其二俎，設于豕鼎、魚鼎之西，陳之宜具也。古文「縮」皆爲「蹙」。

釋曰：四俎，皆載羊體之正俎，而分陳二鼎西者，欲使鼎具有俎。

雍人合執二俎，陳于羊俎西，並皆西縮。覆二疏匕于其上，皆縮俎，西枋。

鄭注：並，併也。其南俎，司馬以羞羊匕湇、羊肉湇。其北俎，司士以羞豕匕湇、豕肉湇、豕脀、湇魚。疏匕，匕柄有刻飾者。古文「並」皆作「併」。

釋曰：二俎上有匕，知以羞匕湇，既，則以羞羊肉湇、豕脀。下經羊肉湇載于南俎，匕湇皆次賓羞之，侑魚湇司馬羞之。而槩云司馬、司士者，因司馬刲羊、司士擊豕而統言之。疏者，疏通刻飾之名，明堂有疏屏。「豕肉湇」三字衍，即豕脀也。

主人降，受宰几。尸、侑降，主人辭，尸對。

鄭注：几，所以坐安體。《周禮・大宰》：「掌贊玉几、玉爵。」

宰授几，主人受，二手横執几，揖尸。

鄭注：獨揖尸，几禮主于尸。

主人升，尸、侑升，復位。

鄭注：位，阼階、賓階上位。

主人西面，左手執几，縮之。以右袂推拂几三，二手横執几，進授尸于筵前。

鄭注：衣袖謂之袂，案：此下今注疏本有「拂者外拂之也」六字。推拂去塵，示新。

尸進，二手受于手間。

鄭注：受從手間，謙也。

主人退。尸還几，縮之，右手執外廉，北面奠于筵上，左之，南縮，不坐。

鄭注：左之者，異于鬼神。主人陽，長左。鬼神陰，長右。不坐奠之者，几輕。

主人東楹東，北面拜。

鄭注：拜送几也。

尸復位，尸與侑皆北面荅拜。

鄭注：侑拜者，從于尸。

主人降，洗。尸、侑降，尸辭洗。主人對，卒洗，揖。主人升，尸、侑升。尸西楹西北面拜洗。主人東楹東北面奠爵，荅拜，降盥。尸、侑降，主人辭，尸對。卒盥，主人揖，升。尸、侑升。主人坐取爵，酌獻尸。尸北面拜受爵。主人東楹東，北面拜送爵。

鄭注：降盥者，爲土污手，不可酌。

主婦自東房薦韭菹、醢，坐奠于筵前，菹在西方。婦贊者執昌菹、醢以授主婦。主婦不興，受，陪設于南，昌在東方。興，取籩于房，𪍿、蕡坐設于豆西，當外列，𪍿在東方。婦贊者執白、黑以授主婦。主婦不興，受，設于初籩之南，白在西方。興，退。

鄭注：昌，昌本也。韭菹、醓醢、昌本、麋臡。𪍿，熬麥也。蕡，熬枲實也。白，熬稻。黑，熬黍。此皆朝事之豆、籩。大夫無朝事而用之儐尸，亦豐大夫之禮。主婦取籩興者，以饌異，親之。當外列，辟鉶也。退，退入房也。

釋曰：先獻後薦，異于祭也。陪設，重列之也。籩人掌朝事之籩，其實𪍿、蕡、白、黑。醢人掌朝事之豆，其實韭菹、醓醢、昌本、麋臡。凡無骨爲醢，有骨爲臡。當外列，𪍿在昌菹西，韭菹西以俟亞獻設鉶。

乃升。

鄭注：升牲體于俎也。

司馬朼羊，亦司馬載。載右體，肩、臂、肫、骼、臑、正脊一、脡脊一、横脊一、短脅一、正脅一、代脅一、腸一、胃一、祭肺一，載于一俎。

鄭注：言燅尸俎，復序體者，明所舉肩骼存焉，亦著脊、脅皆一骨也。臑在下者，折分之以爲肉湆，貶也。案：「貶」，今注疏本訛作「俎」。一俎，謂司士所設羊鼎西第一俎。

釋曰：此尸之羊正俎也。復肩骼于俎，與正祭神俎同。其異者，脊、脅、腸、胃、祭肺皆一，又無舉肺，且折分其臑，故降臑在骼下。第一俎，謂羊鼎西之南俎。羊肉湆俎，在豕俎之南，知尸俎亦在侑俎南。

羊肉湆，臑折、正脊一、正脅一、腸一、胃一、嚌肺一，載于南俎。

鄭注：肉湆，肉在汁中者，以增俎實，爲尸加也。必爲臑折，上所折分者。嚌肺，離肺也。南俎，雍人所設在南者。此以下十一俎，俟時而載，于此歷説之爾。今文「湆」爲「汁」。

釋曰：此羊加俎也。以肉初在湆中，故異其名曰羊肉湆。臑折，折分正俎之臑也。凡祭肺切之，嚌肺離之。祭肺，祭而不嚌。嚌肺，嚌而亦祭。祭肺尊，故加俎用嚌肺。祭肺又名切肺、刌肺，嚌肺又名離肺、舉肺。南俎，羊俎西之南俎。尸羊俎以下凡十二俎，其四俎，尸、侑、主人、主婦之正俎，餘八俎以雍人所設二俎往還載之。

司士枇豕，亦司士載，亦右體，肩、臂、肫、骼、臑、正脊一、脡脊一、横脊一、短脅一、正脅一、代脅一、膚五、嚌肺一，載于一俎。

鄭注：臑在下者，順羊也。俎，謂雍人所設在北者。

釋曰：此豕脀也。豕無正俎不折臑，臑亦在下，順上文也。

侑俎：羊左肩、左肫、正脊一、脅一、腸一、胃一、切肺一，載于一俎。侑俎：豕左肩折、正脊一、脅

一、膚三、切肺一，載于一俎。

鄭注：侑俎用左體，侑賤。其羊俎過三體，有肫，尊之，加也。豕左肩折，折分爲長兄弟俎也。切肺亦祭肺，互言之爾。無羊湆，下尸也。豕又祭肺，不嚌肺，不備禮。俎，司士所設羊鼎西之北俎也。豕俎與尸同。

釋曰：體數奇而侑羊俎四體，尊侑而加肫也。羊正俎用祭肺，豕加俎當用嚌肺。此豕俎與尸同，用雍人羊俎西之北俎。

阼俎：羊肺一、祭肺一，載于一俎。羊肉湆、臂一、脊一、脅一、腸一、胃一、嚌肺一，載于一俎。豕脀，臂一、脊一、脅一、膚三、嚌肺一，載于一俎。

鄭注：阼俎，主人俎。無體，遠下尸也。以肺代之，肺尊也。加羊肉湆而有體，崇尸惠亦尊主人。臂，左臂也。侑用肩，主人用臂，下之也。不言左臂者，大夫尊，空其文也。降于侑羊體一，而增豕膚三，有所屈，有所申，亦所謂「順而摭」也。阼俎，司士所設豕鼎西俎也。其湆俎與尸俎同，豕俎又與尸豕俎同。

釋曰：侑無羊肉湆，尸酢主人而有之。三體，❶降于侑羊俎一，爲屈。膚三，增于主婦俎二，則申。摭，之石反，猶拾也，拾取上禮用之。

❶ 「三」上，胡培翬《正義》引《集釋》有「羊肉湆」三字。

主婦俎：羊左臑、脊一、脅一、腸一、胃一、膚一、嚌羊肺一，載于一俎。

鄭注：無豕體而有膚，以主人無羊體，不敢備也。無祭肺有嚌肺，亦下侑也。祭肺尊，言嚌羊肺者，文承膚下，嫌也。膚在羊肺上，則羊豕之體名同相亞也。其俎，司士所設在魚鼎西者。

釋曰：豕之膚，猶羊之腸胃，故膚次腸胃下，羊肺上。言羊肺，嫌是豕肺，嚌肺同于侑。

司士杝魚，亦司士載。尸俎五魚，横載之。侑、主人皆一魚，亦横載之。皆加膴祭于其上。

鄭注：横載之者，異于牲體，彌變于神。膴，讀如「殷冔」之「冔」。刳魚時，割其腹以爲大臠也，可用祭也。其俎又與尸豕俎同。

釋曰：食生、薦神，魚俎縮俎，右首，此横于俎，則進其尾也。《少儀》曰：「羞濡魚者進尾，冬右腴，夏右鰭，祭膴。」濡魚，此所謂魚湇。冔，或呼孤反，覆也。

卒升。

鄭注：卒，已也。已載尸羊俎。

賓長設羊俎于豆南，賓降。尸升筵自西方，坐，左執爵，右取韭菹擩于三豆，祭于豆間。尸取麷、蕡，宰夫贊者取白、黑以授尸。尸受，兼祭于豆祭。

鄭注：賓長，上賓。

雍人授次賓疏匕與俎，受于鼎西。左手執俎左廉，縮之，卻右手執匕枋，縮于俎上，以東面受于羊鼎之西。司馬在羊鼎之東，二手執挑匕枋以挹湆，注于疏匕，若是者三。

鄭注：挑謂之歃，讀如「或舂或抌」之「抌」，字或作「挑」者，秦人語也。此二匕者，皆有淺升，狀如飯操。挑長枋，可以抒物于器中者。注，猶寫也。案：「寫」，今注疏本作「瀉」。今文「挑」作「抌」，「挹」皆爲「扱」。

尸興，左執爵，右取肺，坐祭之，祭酒，興，左執爵。

鄭注：肺，羊祭肺。

次賓縮執匕俎以升，若是以授尸。尸卻手受匕枋，坐祭，嚌之，興，覆手以授賓。賓亦覆手以受，縮匕于俎上以降。

鄭注：嚌湆者，明湆肉加耳。嘗之以其汁，尚味。

釋曰：此匕湆也。匕湆無肉，肉湆無汁，匕湆羊豕皆有之。豕不曰肉湆，而曰豕脀。曰肉湆者，言肉初在湆中。曰脀者，明在俎時無汁。羊豕互文也。魚無匕湆，言湆魚者，明魚在湆耳。俎降，以俟羞羊肉湆。

尸席末坐啐酒，興，坐奠爵，拜，告旨，執爵以興。主人北面于東楹東，荅拜。

鄭注：旨，美也。拜告酒美，荅主人意。古文曰「東楹之東」。

司馬羞羊肉湆，縮執俎。尸坐奠爵，興取肺，坐絶祭，嚌之，興，反加于俎。司馬縮奠俎于羊湆俎南，

乃載于羊俎。卒載俎，縮執以降。 案：各本作「縮執俎以降」，唐石經無「俎」字。

鄭注：絶祭，絶肺末以祭，《周禮》曰「絶祭」。湆使次賓，肉使司馬，大夫禮多，崇敬也。

釋曰：正俎，皆横執于席前，横設之。加俎，皆縮執于席前，縮奠之。羊湆俎，「湆」字衍。下尸酢主人，司馬縮奠湆俎于羊俎西。

尸坐執爵以興。次賓羞羊燔，縮執俎，縮一燔于俎上，鹽在右。尸左執爵，受燔，㨎于鹽，坐振祭，嚌之，興，加于羊俎。賓縮執俎以降。

鄭注：燔，炙。

釋曰：羞羊燔，亦當以羊肉湆之俎。鄭不言，或者自有俎與？當考。主人獻尸之從獻五，籩豆一、俎二、❶羊匕湆三、羊肉湆四、羊燔五。侑降于尸，無羊湆、❷羊肉湆。主人受酢從獻，與尸同五。主婦與侑同三，尊卑之差也。

尸降筵，北面于西楹西，坐卒爵。執爵以興，坐奠爵，拜。執爵以興。主人北面于東楹東，荅拜。主人受爵。尸升筵，立于筵末。主人酌，獻侑。侑西楹西北面，拜受爵。主人在其右，北面荅拜。

鄭注：不洗者俱獻，間無事也。主人就右者，賤不專階。

---

❶「俎」上，胡培翬《正義》引《集釋》有「羊正」二字。

❷「湆」上，胡培翬《正義》引《集釋》有「匕」字。

釋曰：獻間無他酢、酬，故不洗也。若爵自卑者來獻尊者，則否。

主婦薦韭菹、醢，坐奠于筵前，醢在南方。婦贊者執二籩麷、蕡，以授主婦。主婦不興，受之，奠麷于醢南，蕡在麷東。主婦入于房。

鄭注：醢在南方者，立侑爲尸，使正饌統焉。

侑升筵自北方。司馬橫執羊俎以升，設于豆東。侑坐，左執爵，右取菹擩于醢，祭于豆間。又取麷、蕡同祭于豆祭。興，左執爵，右取肺，坐祭之，祭酒。興，左執爵。次賓羞羊燔，如尸禮。侑降筵自北方，北面于西楹西。坐卒爵，執爵以興。坐奠爵，拜。主人荅拜。

鄭注：荅拜，拜于侑之右。

釋曰：侑與主婦無羊肉湆，故羊俎皆司馬設之。

尸受侑爵，降洗。侑降，立于西階西，東面。主人降自阼階，辭洗。尸坐奠爵于篚，興對。卒洗，主人升，尸升自西階。主人拜洗，尸北面于西楹西，坐奠爵，荅拜，降盥。主人降，尸辭，主人對。卒盥，主人升，尸升，坐取爵，酌。

鄭注：酌者，將酢主人。

司宮設席于東序，西面。主人東楹東北面拜受爵，尸西楹西北面荅拜。主婦薦韭菹、醢，坐奠于筵前。菹在北方。婦贊者執二籩麷、蕡。主婦不興，受。設麷于菹西北，蕡在麷西。主人升筵自北方，主婦入于房。

鄭注：設籩于菹西北，亦辟鉶。今文無「二籩」。案：今注疏本脱此五字。

釋曰：菹北當設籩、豆，于鉶西設籩。

長賓設羊俎于豆西。主人坐，左執爵，祭豆籩，如侑之祭。興，左執爵，右取肺。坐祭之，祭酒，興。次賓羞匕湆，如尸禮。席末坐啐酒，執爵以興。司馬羞羊肉湆，縮執俎。主人坐，奠爵于左。興，受肺，坐絶祭，嚌之。興，反加于湆俎。司馬縮奠湆俎于羊俎西，乃載之。卒載，縮執虚俎以降。

鄭注：奠爵于左者，神惠變于常也。言受肺者，明有授。言虚俎者，羊湆俎訖于此，虚不復用。

釋曰：神惠右不舉，變于飲酒也。賈氏曰：「羊俎西之南俎不復用。」則羞羊燔用北之豕俎。

主人坐取爵以興。次賓羞燔，主人受，如尸禮。主人降筵自北方，北面于阼階上，坐卒爵，執爵以興。坐奠爵，拜，執爵以興。尸西楹西荅拜。主人坐奠爵于東序南。

鄭注：不降奠爵于篚，急崇酒。

侑升。尸、侑皆北面于西楹西。

鄭注：見主人不反位，知將與己爲禮。

主人北面于東楹東，再拜崇酒。

鄭注：崇，充也。拜謝尸、侑以酒薄充满。

尸、侑皆荅再拜。主人及尸、侑皆升就筵。司宫取爵于篚，以授婦贊者于房東，以授主婦。

鄭注：房東，房户外之東。

主婦洗于房中，案：今注疏本作「洗爵于房中」，唐石經亦無「爵」字。出，實爵，尊南，西面拜獻尸。尸拜，于筵上受。

鄭注：尊南，西面拜，由便也。

主婦西面于主人之席北，拜送爵。入于房，取一羊鉶，坐奠于韭菹西。主婦贊者執豕鉶以從。主婦不興，受，設于羊鉶之西。興，入于房，取糗與腶脩，執以出，坐設之。糗在蕡西，脩在白西。興，立于主人席北，西面。

鄭注：飲酒而有鉶者，祭之餘鉶。無黍稷，殺也。糗，糗餌也。腶脩，擣肉之脯。今文「腶」爲「斷」。

尸坐，左執爵，祭糗、脩，同祭于豆祭。以羊鉶之柶挹羊鉶，遂以挹豕鉶，祭于豆祭，祭酒。次賓羞豕匕湆，如羊匕湆之禮。尸坐啐酒，左執爵，嘗上鉶，執爵以興。坐奠爵，拜。主婦荅拜。執爵以興。司士羞豕脀。尸坐奠爵，興，受如羊肉湆之禮。坐取爵，興。次賓羞豕燔。尸左執爵，受燔，如羊燔之禮。坐卒爵，拜。主婦荅拜，受爵。酌，獻侑。侑拜受爵，主婦主人之北，西面荅拜。

鄭注：酌獻者，主婦。今文無「西面」。

釋曰：亞獻之從獻五，鉶一、糗脩二、豕匕湆三、豕脀四、豕燔五，侑無鉶與豕匕湆，主人與尸同五。

主婦羞糗、脩，坐奠糗于醴南，脩在蕡南。侑坐，左執爵，取糗、脩兼祭于豆祭。司士縮執豕脀以升。侑興取肺，坐祭之。司士縮奠豕脀于羊俎之東，載于羊俎，卒，乃縮執俎以降。侑興。

鄭注：豕脀無湆，于侑禮殺。

次賓羞豕燔，侑受如尸禮，坐卒爵，拜，主婦荅拜。受爵，酌以致于主人。主人筵上拜受爵，主婦北面于阼階上荅拜。

鄭注：主婦易位，拜于阼階上，辟併敬。

主婦設二鉶與糗、脩，如尸禮。主人共祭糗、脩，❶祭鉶，祭酒，受豕匕湆，拜啐酒，皆如尸禮。嘗鉶不拜。

鄭注：主人如尸禮，尊也。其異者，不告旨。

釋曰：尸啐酒不拜而云「拜啐酒如尸禮」者，《特牲》《少牢饋食禮》「尸嘗鉶不拜」，則此尸嘗鉶拜，仍爲啐酒也。或「拜」字衍。

其受豕脀，受豕燔，亦如尸禮。坐卒爵，拜。主婦北面荅拜，受爵。尸降筵，受主婦爵以降。

鄭注：將酢主婦。

❶「共」，朱熹《通解》、胡培翬《正義》、阮本《儀禮注疏》作「其」，當是。

主人降，侑降。主婦入于房。主人立于洗東北，西面。侑東面于西階西南。

鄭注：俟尸洗。

尸易爵于篚，盥洗爵。

鄭注：易爵者，男女不相襲爵。

主人揖尸、侑。

鄭注：將升。

主人升，尸升自西階，侑從。主人北面立于東楹東，侑西楹西，北面立。

鄭注：俟尸酌。

尸酌。主婦出于房，西面拜，受爵。尸北面于侑東荅拜。主婦入于房。司宮設席于房中，南面。主婦立于席西。

鄭注：設席者，主婦尊。今文曰：「南面立于席西。」

婦贊者薦韭菹、醓，坐奠于筵前，菹在西方。婦人贊者執𩱧、蕡以授婦贊者。婦贊者不興，受。設𩱧于菹西，蕡在𩱧南。

鄭注：婦人贊者，宗婦之少者。

主婦升筵。司馬設羊俎于豆南。主婦坐，左執爵，右取菹抨于醓，祭于豆間。又取𩱧、蕡兼祭于豆祭。主婦奠爵，興取肺，坐絶祭，嚌之，興，加于俎，坐挩手，祭酒，啐酒。

鄭注：挩手者于帨。帨，佩巾。《内則》曰：「婦人亦左佩紛帨。」古文「挩」作「説」。

釋曰：主婦羊俎，嚌肺不祭肺，故絶祭挩手。

次賓羞羊燔。主婦興，受燔，如主人之禮。主婦執爵以出于房，西面于主人席北，立卒爵，執爵拜。尸西楹西北面荅拜。主婦入，立于房。尸、主人及侑皆就筵。

鄭注：出房立卒爵，宜鄉尊。不坐者，變于主人也。執爵拜，變于男子也。

上賓洗爵以升，酌，獻尸。尸拜，受爵。賓西楹西北面拜送爵。尸奠爵于薦左。賓降。

鄭注：上賓，賓長也。謂之上賓，以將獻異之，或謂之長賓。奠爵，爵止也。

釋曰：奠于薦左，尸後舉之，神惠右不舉。

主人降，洗觶。案：「觶」，今注疏本作「爵」，下「兩實觶」同，唐石經亦並作「觶」。尸、侑降。主人奠爵于篚，辭。尸對。卒洗，揖。尸升，侑不升。

鄭注：侑不升，尸禮益殺，不從。

主人實觶酬尸，東楹東北面，坐奠爵，拜。尸西楹西北面荅拜。坐祭，遂飲，卒爵拜。尸荅拜。降洗，尸降辭。主人奠爵于篚，對，卒洗。主人升，尸升。主人實觶，尸拜受爵。主人反位，荅拜。尸北面坐，奠爵于薦左。

鄭注：降洗者，主人。

釋曰：奠于薦左者，奠酬不舉也。神惠右不舉，而此左不舉者，賓尸而酬之，同于賓客，異于神惠。

尸、侑、主人皆升筵，乃羞。宰夫羞房中之羞于尸、侑、主人、主婦，皆右之。司士羞庶羞于尸、侑、主人、主婦，皆左之。

鄭注：二羞所以盡歡心，房中之羞，其籩則糗餌、粉餈，其豆則酏食、糝食。庶羞，羊臐、豕膮，皆有胾醢。房中之羞，内羞也。内羞在右，陰也。庶羞在左，陽也。

釋曰：内羞，穀物。庶羞，牲物。内羞，《周禮》曰：「羞籩、羞豆。」膮，許堯反。

主人降，南面拜衆賓于門東，三拜。衆賓門東北面，皆荅壹拜。

鄭注：拜于門東，明少南就之也。言三拜者，衆賓賤，旅之也。衆賓壹拜，賤也。卿大夫尊，賓賤。純臣也，位在門東。古文「壹」爲「一」。

釋曰：《特牲饋食禮·記》：「私臣，門東北面。」

主人洗爵，長賓辭。主人奠爵于篚，興，對，卒洗，升，酌，獻賓于西階上。長賓升，拜受爵。主人在其右，北面荅拜。宰夫自東房薦脯、醢，醢在西。司士設俎于豆北，羊骼一、腸一、胃一、切肺一、膚一。

鄭注：羊骼，羊左骼。上賓一體，賤也。薦與設俎者，既則俟于西序端。古文「骼」爲「胳」。

釋曰：俟，俟執薦俎從賓降。《鄉飲酒》：「司正升，相旅，退立于序端。」

賓坐，左執爵，右取脯擩于醢，祭之。執爵興，取肺，坐祭之。祭酒，遂飲，卒爵，執爵以興。案：各本脱「爵」字，據唐石經補。**坐奠爵，拜，執爵以興。主人荅拜，受爵。賓坐取祭以降，西面，坐委于西階西南。**

鄭注：成祭于上，尊賓也。取祭以降，反下位也。反下位而在西階西南，已獻，尊之。祭，脯、肺。

釋曰：賓自門東而位西階西南，猶《燕禮》「士卒于西方，已獻而位于東方」也。衆賓以下，則已獻而設薦俎于其位。

宰夫執薦以從，設于祭東。司士執俎以從，設于薦東。衆賓長升，拜受爵。主人荅拜。坐祭，立飲，卒爵，不拜既爵。

鄭注：既，盡也。長賓升者，以次第升受獻。言衆賓長拜，則其餘不拜。

宰夫贊主人酌，若是以辯。

鄭注：主人每獻一人，奠空爵于棜，宰夫酌授于尊南。今文「若」爲「如」，「辯」皆爲「徧」。

辯受爵，其薦脯、醢與脅，設于其位。其位繼上賓而南，皆東面。其脅體，儀也。

鄭注：徧獻乃薦，略之。亦宰夫薦，司士脅。儀者，❶尊體盡儀度餘骨，可用而用之。尊者用尊

---

❶「儀」上，四庫本及胡培翬《正義》、阮本《儀禮注疏》有「用」字，當是。

體，卑者用卑體而已，亦有切肺、膚。今文「儀」皆作「羲」，或爲「議」。

乃升長賓。主人酬，酢于長賓，西階上，北面，賓在左。

鄭注：言升長賓，❶則有贊者爲之。主人酬自酢，序賓意，賓卑不敢酢。

主人坐奠爵，拜，執爵以興。賓荅拜。坐祭，遂飲，卒爵，執爵以興。坐奠爵，拜。賓荅拜。賓降。

鄭注：降，反位。

❶ 「言升長賓則有贊者爲之」十字，朱熹《通解》、阮本《儀禮注疏》、胡培翬《正義》無。

儀禮集釋卷三十

有司徹

宰夫洗觶以升，主人受，酌，降，酬長賓于西階南，北面。賓在左，主人坐奠爵，拜。賓荅拜，坐祭，遂飲，卒爵，拜。賓荅拜。

鄭注：宰夫授主人觶，❶則受其虛爵，奠于篚。古文「酌」爲「爵」。案：今注疏本脱此五字。

釋曰：上主人卒爵，不言降，知虛爵。

主人洗。賓辭。主人坐奠爵于篚，對。卒洗，升酌，降復位。賓拜受爵，主人拜送爵。賓西面坐，奠爵于薦左。

釋曰：奠于左者後舉之，與不儐尸之禮奠酬同，神惠右不舉。

主人洗，升，酌，獻兄弟于阼階上。兄弟之長升，拜受爵。主人在其右，荅拜，坐祭，立飲，不拜既爵，皆若是以辯。

❶「授」，原作「受」，據朱熹《通解》、阮本《儀禮注疏》改。

鄭注：兄弟長幼立飲，賤，不别。大夫之賓尊于兄弟，宰夫不贊酌者，兄弟以親昵來，不以官待之。

釋曰：兄弟雖賤而親，故主人親酌之。士之兄弟，長則賓，衆兄弟如衆賓。

辯受爵，其位在洗東，西面，北上；升受爵，其薦脀設于其位。

鄭注：亦辯獻乃薦。既云「辯」矣，復言「升受爵」者，爲衆兄弟言也。衆兄弟升，不拜受爵。先著其位于上，乃後云「薦脀設于其位」，明位初在是也。位不繼于主人，而云「洗東」，卑不統于尊。此薦脀皆使私人。

釋曰：賓拜受，受爵拜，既爵，衆賓及長兄弟不拜既爵，衆兄弟又不拜受爵，故别言「升受爵」也。兄弟已獻，不變其位。《特牲饋食禮》兄弟位主人之南者，士卑，故繼主人言之。《士冠禮》「兄弟立于洗東，西面，北上」。

其先生之脀，折脅一、膚一，

鄭注：先生，長兄弟。折，豕左肩之折。

釋曰：折，分侑俎豕左肩之折。

其衆，儀也。主人洗，獻内賓于房中，南面拜受爵。主人南面于其右荅拜。

鄭注：内賓，姑姊妹及宗婦。獻于主婦之席東，主人不西面，尊，不與爲賓主禮也。南面于其右，主人之位恒左人。

釋曰：《特牲》：「主人西面。」

坐祭，立飲，不拜既爵，若是以辯，亦有薦脀。

鄭注：亦設薦脀于其位，《特牲饋食禮・記》曰：「内賓立于房中西墉下，東面，南上。宗婦北堂，東面，北上。」

主人降洗，升，獻私人于阼階上。拜于下，升受。主人荅其長拜。乃降，坐祭，立飲，不拜既爵，若是以辯。宰夫贊主人酌，主人于其群私人不荅拜，其位繼兄弟之南，亦北上，亦有薦脀。

鄭注：私人，家臣也，案：今注疏本無「也」字。所自謁除也。大夫言私人，明不純臣也。士言私臣，明有君之道。北上，不敢專其位。亦有薦脀。初亦北面，在衆賓之後爾。言繼者，以爵既獻爲文。凡獻，位定。

釋曰：大夫曰私人，辟君。《特牲饋食禮》：「私臣門東北面。」此亦然。既獻，乃位兄弟之南，北上，繼于兄弟，不敢別自爲列。凡專其位者，雖共方，皆別自爲上。《士喪禮》「朝夕哭，大夫即位于門外，西面，北上。兄弟在南，南上。賓繼之，北上」是也。謁除，謂謁于君，除其課役。

主人就筵。

鄭注：古文曰：「升就筵。」

尸作三獻之爵。

鄭注：上賓所獻爵，不言「三獻作之」者，賓尸而尸益卑，可以自舉。

司士羞湇魚，縮執俎以升，尸取膴祭祭之，祭酒，卒爵。

鄭注：不羞魚匕湇，略小味也。羊有正俎，羞匕湇、肉湇，豕無正俎，魚無匕湇，隆汚之殺。

司士縮奠俎于羊俎南，横載于羊俎，卒，乃縮執俎以降，尸奠爵，拜，三獻，北面荅拜，受爵，酌，獻侑。侑拜受，三獻北面荅拜。司馬羞湇魚一，如尸禮。卒爵，拜。三獻荅拜，受爵。

鄭注：司馬羞湇魚，變于尸。

酌，致主人，主人拜受爵。三獻東楹東，北面荅拜。

鄭注：賓拜于東楹東，以主人拜受于席，就之。

釋曰：賓之禮，當于西階。

司士羞一湇魚，如尸禮。卒爵，拜。三獻荅拜，受爵。尸降筵，受三獻爵，案：今注疏本脱「爵」字。**酌以酢之。**

鄭注：既致主人，尸乃酢之，遂賓意。

三獻西楹西，北面拜，受爵。尸在其右以授之。尸升筵，南面荅拜。坐祭，遂飲，卒爵，拜。尸荅拜。執爵以降，實于篚。二人洗觶，升，實爵，西楹西，北面，東上，坐奠爵，拜，執爵以興。尸、侑荅拜。

坐祭，遂飲，卒爵，執爵以興，坐奠爵，拜。尸、侑荅拜。皆降。

鄭注：三獻而禮小成。使二人舉爵，序殷勤于尸、侑。

洗，升，酌，反位。尸、侑皆拜受爵，舉觶者皆拜送。侑奠觶于右。

鄭注：奠于右者，不舉也。神惠右不舉，變于飲酒。

尸遂執觶以興，北面于阼階上酬主人。主人在右。

鄭注：尸拜于阼階上，酬禮殺。

坐奠爵，拜。主人荅拜，不祭，立飲，卒爵，不拜既爵。酌，就于阼階上酬主人。

鄭注：言就者，主人立待之。

主人拜受，案：此下各本有「爵」字，據唐石經删。**尸拜送。**

鄭注：酬不奠者，急酬侑也。

尸就筵，主人以酬侑于西楹西，侑在左。坐奠爵，拜，執爵興。侑荅拜。不祭，立飲，卒爵，不拜既爵，酌，復位。侑拜受。主人拜送。

鄭注：言「酌，復位」，明授于西階上。

主人復筵，乃升長賓，侑酬之如主人之禮。

鄭注：遂旅也。言升長賓，則有贊呼之。

至于衆賓，遂及兄弟，亦如之。皆飲于上。

鄭注：上，西階上。

遂及私人，拜受者升，受，下飲。

鄭注：私人之長拜于下，升受兄弟之爵，下飲之。

卒爵，升，酌，以之其位相酬，辯。

鄭注：其位，兄弟南位。亦拜受、拜送，升酌由西階。

釋曰：卒爵受獻，惟荅其長拜，故受酬亦其長得升受，群私人以之其位相酬耳。

卒飲者實爵于篚，

鄭注：未受酬者，❶雖無所旅，猶飲。

乃羞庶羞于賓兄弟、内賓及私人。

鄭注：無房中之羞，賤也。此羞同時羞，則酌房中亦旅。其始，主婦舉觶于内賓，❷遂及宗婦。

釋曰：「羞内賓」文在「私人」之上，私人得酬，則内賓亦旅可知。

兄弟之後生者，舉觶于其長。

---

❶ 「未」，原作「末」，據阮本《儀禮注疏》改。

❷ 「觶」，朱熹《通解》、阮本《儀禮注疏》、胡培翬《正義》作「酬」。

鄭注：後生，年少也。古文「觶」皆爲「爵」，延熹中，詔校書，定作「觶」。

洗，升，酌，降，北面立于阼階南，長在左，坐奠爵拜，執爵以興。長荅拜。

鄭注：長在左，辟主人。

釋曰：獻酬之位，主人在右。

坐祭，遂飲，卒爵，執爵以興，坐奠爵，拜，執爵以興。長荅拜，洗，升，酌，降，長拜受于其位。舉爵者東面荅拜，爵止。

鄭注：拜受、荅拜不北面者，儐尸禮殺。長賓言奠，兄弟言止，互相發明，相待也。

釋曰：爵止，謂奠之。此爵與前主人酬賓之觶，後並行爲無算爵。《特牲饋食禮》：「兄弟、弟子舉觶于其長，皆北面拜送。」

賓長獻于尸，如初，無湆，爵不止。

鄭注：賓長者，賓之長，次上賓者，非即上賓也。如初，如其獻侑、酌致主人、受尸酢也。無湆，爵不止，别不如初者，不使兄弟，不稱加爵，大夫尊也。不用觚，大夫尊者也。

釋曰：賓長，衆賓之長，次上賓者。湆，湆魚也。《特牲饋食禮》長兄弟洗觚爲加爵，衆賓長亦爲加爵。此言獻者，若三獻之外更容有獻，優之也。用爵者，爵尊于觚。

賓一人舉爵于尸，如初，亦遂之于下。

鄭注：一人，次賓長者。如初，如二人洗觶之爲也。遂之于下者，遂及賓兄弟，下至于私人，是言亦遂之于下。案：今注疏本作「故言亦遂之于下也」。上言「無湑，爵不止」，互相發明。

釋曰：賓長獻，一人舉爵，皆如初。「無湑，爵不止」，別其異者。「亦遂之于下」，明其同者。此禮皆如上「二人洗觶」至「卒飲者實爵于篚」，惟不奠爵于薦耳。

賓及兄弟交錯其酬，皆遂及私人，爵無算。

鄭注：算，數也。長賓取觶酬兄弟之黨，長兄弟取觶酬賓之黨，惟己所欲，無有次第之數也。

尸出，侑從，主人送于廟門之外，拜，尸不顧。

鄭注：拜，送之。

拜侑與長賓，亦如之，衆賓從。

鄭注：從者，不拜送也。

司士歸尸、侑之俎，

鄭注：尸、侑尊，送其家。

主人退，

鄭注：反于寢也。

有司徹。

鄭注：徹堂上、下之薦俎也。外賓尸，雖堂上，婦人不徹。

若不儐尸。 案：「儐」，各本作「賓」，據唐石經訂正。

鄭注：不儐尸，謂下大夫也。其牲物則同，不得備其禮耳。舊説云：「謂大夫有疾病，攝，昆弟祭。」《曾子問》曰：「攝主不厭祭，不旅，不假，不綏祭，不配。布奠于賓，賓奠而不舉。」而此備有，似失之矣。

釋曰：厭祭，陽厭也。旅，旅酬也。假，嘏主人也。綏祭，主人墮減黍稷、牢肉以祭也。配，言某妃配也。布奠，謂主人酬賓，奠觶于薦北。賓奠，謂取觶奠于薦南。舉，舉之以行旅酬也。此不儐之禮亦具有之。

則祝侑亦如之。

鄭注：謂尸七飯時。

尸食。

鄭注：八飯。

乃盛俎，臑、臂、肫、脡脊、横脊、短脅、代脅，皆牢。

鄭注：盛者，盛于肵俎也。此七體羊、豕，其脊、脅皆取一骨也，與所舉正脊、幹、骼凡十矣。肩未舉，既舉而俎猶有六體焉。

釋曰：俎有十一體，三脊、三脅皆二骨，既舉而三脊、三脅各遺一骨。

魚七。

鄭注：盛半也。魚十有五而俎，其一已舉。必盛半者，魚無足、翼，于牲象脊、脅而已。

釋曰：牲脊、脅亦各盛半。

腊辯，無髀。

鄭注：亦盛半也。所盛者，右體也，脊屬焉。言無髀者，云一純而俎，嫌有之。古文「髀」作「脾」。

釋云：❶下云「摭于魚、腊俎」，則腊不盡盛，亦盛半，與魚同。辯者，蓋辯盛右體也。右脛骨五，與脅骨三，而八。前已舉右肩，今盡盛，其餘三脊骨亦盛焉。俎所存者，左脛骨與脅骨八箇耳。上篇云「腊一純而俎」，其兩髀在祝俎，尸俎無髀自明。不儐尸之禮，髀之所用無文，故云「無髀」以明之。

卒盛，乃舉牢肩，尸受，振祭，嚌之，佐食受，加于肵。

鄭注：卒，已。

佐食取一俎于堂下以入，奠于羊俎東。

鄭注：不言魚俎東，主于尊。

---

❶「云」，四庫本作「曰」。

釋曰：魚在羊東，此俎又奠于魚東，繼羊言之耳。

乃摭于魚、腊俎，俎釋三個，其餘皆取之，實于一俎以出。

鄭注：個，猶枚也。魚摭四枚，腊摭五枚。其所釋者，腊則短脅、正脅、代脅，魚三枚而已。古文「摭」爲「揲」。

釋曰：祝、主人之腊用脛體，取于所摭，則所釋者蓋三脅骨。

祝、主人之魚、腊取于是。

鄭注：祝、主人、主婦俎之魚腊取于此者，大夫之禮文，待神餘也。三者各取一魚。其腊，主人臂、主婦臑，祝則骼也，與此皆于鼎側更載焉。不言主婦，未聞。

釋曰：《特牲》主人、主婦、祝皆無魚、腊。下主婦俎有腊臑，此經不言主婦，未聞其義，或傳寫脱耳。

尸不飯，告飽，主人拜，侑，不言。尸又三飯。

鄭注：凡十一飯。士九飯，大夫十一飯，其餘十有三飯，❶十五飯。

佐食受牢舉，如儐。

鄭注：舉，肺脊。

---

❶「十有」，集成本及朱熹《通解》、阮本《儀禮注疏》作「有十」。

釋曰：儐，謂上篇及此篇有賓尸之禮者。

主人洗，酌，酳尸，賓羞肝，皆如儐禮。卒爵，主人拜。祝受尸爵。尸荅拜。祝酌授尸，尸以醋主人，亦如儐。其綏祭，其嘏，亦如儐。

鄭注：肝，牢肝也。綏，皆當作「挼」，「挼」讀爲「藏其隋」之「隋」，古文爲「㨎」。

其獻祝與二佐食，其位、其薦脀皆如儐。主婦其洗獻于尸，亦如儐。

鄭注：自尸、侑不飯告飽至此與儐同者，在上篇。

主婦反，取籩于房中，執棗、糗，坐設之，棗在稷南，糗在棗南。婦贊者執栗、脯。主婦不興，受，設之，栗在糗東，脯在棗東。主婦興，反位。

鄭注：棗，饋食之籩。糗，羞籩之實。雜用之，下賓尸也。栗、脯，加籩之實也。反位，反主人之北拜送爵位。案：「送」，今注疏本訛作「還」。

釋曰：籩人掌饋食之籩，其實棗桌，加籩之實桌脯，羞籩之實糗餌。

尸左執爵，取棗、糗。祝取栗、脯以授尸。尸兼祭于豆祭，祭酒，啐酒。次賓羞牢燔，用俎，鹽在右。尸兼取燔，㨎于鹽，振祭，嚌之。祝受，加于肵。卒爵，主婦拜。祝受尸爵，尸荅拜。

鄭注：自「主婦反，取籩」案：各本脱「取」字，據經文補。至「祝受，加于肵」，此異于儐。

祝易爵洗，酌，授尸。尸以醋主婦。主婦主人之北拜受爵。尸荅拜。主婦反位，又拜。上佐食綏

祭，如儐。卒爵，拜。尸荅拜。

鄭注：主婦夾爵拜，爲不儐尸，案：「儐」，今注疏本訛作「賓」。降崇敬。今文「醋」曰「酌」。

釋曰：士妻獻尸不夾爵，內子獻尸夾爵拜。下大夫不儐尸雖與士同，仍同內子夾爵拜。

主婦獻祝，其酌如儐。拜，坐受爵。主婦主人之北荅拜。

鄭注：自「尸卒爵」至此亦與儐同者，亦在上篇。

釋曰：經無「尸卒爵」之文，鄭注云「尸」者，以經有「卒爵」之文多，故言「尸」以別之也。

宰夫薦棗、糗，坐設棗于菹西，糗在棗南。祝左執爵，取棗、糗祭于豆祭，祭酒，啐酒。次賓羞燔，如尸禮，卒爵。

鄭注：內子不薦籩，祝賤，使官可也。自「宰夫薦」至「賓羞燔」，亦異于儐。

釋曰：《特牲》：「主婦設籩。」

主婦受爵，酌，獻二佐食，亦如儐。主婦受爵，以入于房。賓長洗爵獻于尸，尸拜受。賓户西，北面荅拜。爵止。

鄭注：尸止爵者，以三獻禮成，欲神惠之均于室中，是以奠而待之。

主婦洗于房中，酌，致于主人。主人拜受。主婦户西，北面拜送爵。司宮設席。

鄭注：拜受乃設席，變于士也。

主婦薦韭菹、醢，坐設于席前，菹在北方。婦贊者執棗、糗以從，主婦不興，受，設棗于菹北，糗在棗西。佐食設俎，臂、脊、脅、肺皆牢。膚三，魚一，腊臂。

鄭注：臂，左臂也。《特牲》五體，此三者，以其牢與腊臂而七。牢腊俱臂，亦所謂「腊如牲體」。

主人左執爵，右取菹，擩于醢，祭于豆間，遂祭籩，奠爵，興，取牢肺，坐絕祭，嚌之，興，加于俎，坐挩手，祭酒，執爵以興，坐，卒爵，拜。

鄭注：無從者，變于士也，亦所謂「順而摭」也。

主婦荅拜，受爵，酌以醋，戶内北面拜。

鄭注：自酢不更爵，殺。

主人荅拜，卒爵，拜，主人荅拜。主婦以爵入于房。尸作止爵，祭酒，卒爵。賓拜，祝受爵，尸荅拜。

鄭注：作止爵乃祭酒，亦變于士。自「爵止」至「作止爵」，亦異于儐。❶

釋曰：一止爵，順上大夫儐尸之禮也。《特牲饋食禮》再止爵。

祝酌，授尸。賓拜，受爵。尸拜送。坐祭，遂飲，卒爵，拜。尸荅拜。獻祝及二佐食，洗，致爵于主人，

鄭注：洗致爵者，以承佐食，賤，新之。

主人席上拜受爵。賓北面荅拜。坐祭，遂飲，卒爵，拜。賓荅拜，受爵，酌致爵于主婦，主婦北堂。

❶「儐」，朱熹《通解》、阮本《儀禮注疏》作「賓」。

司宮設席，東面。

鄭注：北堂，中房以北。東面者，變于士妻。賓尸不變者，賓尸禮異矣。内子東面，則宗婦南面，西上。内賓自若，東面，南上。

釋曰：《特牲饋食禮》：「主婦房中南面，宗婦北堂東面，北上，内賓西墉下東面，南上。」宗婦與主婦易處，宗婦統于主婦，今西上。

主婦席北，東面，拜受爵。賓西面，荅拜。

鄭注：席北東面者，北爲下。

婦贊者薦韭菹、醓，菹在南方。婦人贊者執棗、糗，授婦贊者。婦贊者不興，受，設棗于菹南，糗在棗東。

鄭注：婦人贊者，宗婦之弟婦也。今文曰：「婦也贊者，❶執棗、糗，授婦贊者，不興受。」案：今注疏本脱此十七字。

佐食設俎于豆東，羊臑，豕折，羊脊、脅，祭肺一，膚一，魚一，腊臑。

鄭注：豕折，豕折骨也，不言所折，略之。《特牲》：「主婦觳折。」豕無脊、脅，下主人，羊豕四體，與腊臑而五。

❶「婦也」二字，朱熹《通解》無。

釋曰：下文「絶祭」，則離肺也。曰祭，主人以下肺或者因而名之乎？《特牲禮》其用以祭皆離肺。

主婦升筵，坐，左執爵，右取菹㨎于醢，祭之。祭籩，奠爵，興，取肺，坐絶祭，嚌之，興，加于俎，坐挩手，祭酒，執爵興，筵北東面立，卒爵，拜。

鄭注：立飲拜既爵者，變于大夫。

賓荅拜，賓受爵，易爵于篚，洗，酌，醋于主人，户西北面拜。主人荅拜。卒爵，拜。主人荅拜。賓以爵降，奠于篚。

鄭注：自「賓獻及二佐食」至此，亦異于儐。

釋曰：上篇「賓長獻不及佐食」，此「賓長獻」節内有十爵，獻尸一，主婦致爵于主人二，主人酢主婦三，尸酢賓四，賓獻祝五，獻上佐食六，下佐食七，賓致爵于主人八，于主婦九，賓受主人酢十。

乃羞。宰夫羞房中之羞，司士羞庶羞于尸、祝、主人、主婦。内羞在右，庶羞在左。主人降拜衆賓，洗，獻衆賓，其薦脀、其位、其酬醋，皆如儐禮。主人洗，獻兄弟與内賓與私人，皆如儐禮。其位、其薦脀，皆如儐禮。卒，乃羞于賓兄弟、内賓及私人，辯。

鄭注：自「乃羞」至「私人之薦脀」，此亦與儐同者。在此篇不儐尸，則祝猶侑耳。卒，已也。乃羞者，羞庶羞。

釋曰：儐尸之禮羞于侑，不儐尸則羞于祝。賓以下無内羞。

賓長獻于尸，尸醋，獻祝，致，醋。賓以爵降，實于篚。

鄭注：致，謂致爵于主人、主婦。不言如初者，爵不止，又不及佐食。

賓、兄弟交錯其酬，無算爵。

鄭注：此亦與儐同者，在此篇。

釋曰：《特牲饋食禮》堂下别尊，旅酬、無算爵兩有之。下大夫不敢同君禮，闕旅酬，直爲無算爵而已。兄弟舉觶于其長，亦當如儐禮，在羞于私人之後，賓長加獻之前，文不具耳。

利洗爵獻于尸，尸醋，獻祝。祝受，祭酒，啐酒，奠之。

鄭注：利獻不及主人，殺也。此亦異于儐。

釋曰：上篇、此篇皆無佐食獻。

主人出立于阼階上，西面。祝出立于西階上，東面。祝告于主人曰：「利成。」祝入，主人降，立于阼階東，西面。尸謖，祝前，尸從，遂出于廟門。祝反，復位于室中，祝命佐食徹尸俎。佐食乃出尸俎于廟門外，有司受歸之，徹阼薦俎。

鄭注：自「主人出」至此，與儐雜者也。先養徹主人薦俎者，變于士。《特牲饋食禮》曰：「徹阼俎、豆、籩，設于東序下。」

乃養，如儐。

鄭注：謂上篇自「司宫設對席」至「上餕興出」也。古文「養」作「餕」。

卒養，有司官徹饋，饌于室中西北隅，南面，如饋之設，右几，厞用席。

鄭注：官徹饋者，司馬、司士舉俎，宰夫取敦及豆。此于尸謖改饌，當室之白，孝子不知神之所在，庶其饗之于此，所以爲厭飫。不令婦人改徹饌敦豆，變于始也，尚使官也。佐食不舉羊、豕俎，親餕，尊也。厞，隱也。古文「右」作「侑」，「厞」作「茀」。

釋曰：主婦獻祝，宰夫薦，宰夫多主主婦之事，故敦、豆宰夫徹之。《特牲饋食禮》：「佐食徹尸薦、俎、敦。」

納一尊于室中。

鄭注：陽厭殺，無玄酒。

司官埽祭。

鄭注：埽，豆間之祭。舊説云「埋之西階東」。

釋曰：神位在西，故埋近西階也。《曾子問》：「凡幣、帛、皮、圭爲主命，埋之階間。」

主人出立于阼階上，西面。祝執其俎以出，立于西階上，東面。司宫闔牖户。

鄭注：閉牖與户，爲鬼神或者欲幽闇。

祝告利成，乃執俎以出于廟門外，有司受，歸之。衆賓出，主人拜送于廟門外，乃反。

鄭注：拜送賓者，案：「賓」下，今注疏本有「也」字。亦拜送其長。不言長賓者，下大夫無尊賓也。

婦人乃徹。

鄭注：徹祝之薦及房中薦俎，不使有司者，下上大夫之禮。

徹室中之饌。

鄭注：有司饌之，婦人徹之，外内相兼，禮殺。

附録

欽定《四庫全書》提要

《儀禮集釋》三十卷。❶宋李如圭撰。如圭，字寶之，廬陵人，官至福建路撫幹。宋《中興藝文志》曰：❷「《儀禮》既廢，學者不復誦習。乾道間，有張淳始訂其訛，爲《儀禮識誤》。淳熙中，李如圭爲《集釋》，出入經傳；又爲《綱目》，以別章句之指；爲《釋宫》，以論宫室之制。朱熹嘗與之校定禮書。蓋習于《禮》者」云云，則如圭當與朱子同時。而陳振孫《書録解題》言「如圭淳熙癸丑進士」，《文獻通考》引振孫語又作「紹興癸丑進士」。攷淳熙紀元凡十六年，中間實無癸丑。紹興癸丑爲高宗改元之三年。朱子校正《儀禮》乃在晚歲，疑當爲紹熙癸丑，陳氏、馬氏並訛一字也。

宋自熙寧中，廢罷《儀禮》，學者鮮治是經。如圭乃全録鄭康成注，而旁徵博引以爲之釋，多發賈公彦疏所未備。又撰《綱目》《釋宫》各一篇，世無傳本，故朱彝尊《經義考》俱云「未見」。今從《永

❶ 此句上，四庫本、集成本有「臣等謹案」四字。

❷ 「宋」上，四庫本有「案」字。

樂大典》録出，排纂成書。十七篇中，首尾完具尚十五篇，惟《鄉射》《大射》二篇及别行之《綱目》一篇均在《永樂大典》缺卷之内，無從攷補，姑仍其舊，然已得其十之九矣。《儀禮》一經，因治之者希，經文併注往往訛脱。如圭生于南宋，尚見古本，今據以校正，補注疏本經文脱字二十四，改訛字十四，删衍字一百六十九，併參攷唐石經，及校德明《經典釋文》、❶張淳《儀禮識誤》及各本文句字體之殊，各加辨證，❷附案語于下方。其《鄉射》《大射》兩篇，如圭之釋雖佚，亦參取惠棟、沈大成二家所校宋本，證以唐石經本，補經文脱字七，改訛字四，删衍字二，補注文脱字四十一，改訛字三十九，删衍字十七，以成《儀禮》之完帙。如圭舊本，本十七篇，篇自爲卷，其間文句稍繁者篇頁太多，難于分帙，今析之得三十卷。其《釋宫》則仍自爲一書，别著于録焉。

❶ 「校」，四庫本作「陸」。
❷ 「證」下，四庫本有「者不勝指數各」六字。

《儒藏》精華編選刊

已出書目

白虎通德論
誠齋集
春秋本義
春秋集傳大全
春秋左氏傳賈服注輯述
春秋左氏傳舊注疏證
春秋左傳讀
道南源委
桴亭先生文集
復初齋文集
廣雅疏證
龜山先生語録
郭店楚墓竹簡十二種校釋
國語正義
涇野先生文集
康齋先生文集
孔子家語　曾子注釋
論語全解
毛詩後箋
毛詩稽古編
孟子正義
孟子注疏
閩中理學淵源考
木鐘集
群經平議
三魚堂文集　外集

上海博物館藏楚竹書十九種校釋
尚書集注音疏
尚書全解
詩本義
詩經世本古義
詩毛氏傳疏
詩三家義集疏
書疑　東坡書傳　尚書表注
書傳大全
四書集編
四書蒙引
四書纂疏
宋名臣言行録
孫明復先生小集　春秋尊王發微
文定集

五峰集　胡子知言
小學集註
孝經注解　温公易説　司馬氏書儀　家範
揅經室集
伊川擊壤集
儀禮圖
儀禮章句
易漢學
游定夫先生集
御選明臣奏議
周易口義　洪範口義
周易姚氏學